やわらがアカデミズム
〈わかる〉シリーズ

よくわかる
地域社会学

山本 努

[編著]

ミネルヴァ書房

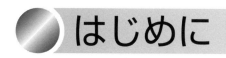

はじめに

○本書の約束

「少なくとも心に確実な実例をもたぬまま，3頁以上を書きとばしてはならない」（C. W. ミルズ，鈴木広訳『社会学的想像力』紀伊國屋書店，1965年，293頁）。これはミルズ（Mills, C. W.）「知的職人論」の名言です。社会学の論文を書くとき，2頁までなら，多少は抽象的なことも書くかもしれませんが，3頁目には，必ず具体的な事象が思い浮かばないような社会学の論文は困る，というわけです。

このミルズの名言は，社会学の論文やテキストを読んで，理解するときにも，とても大事な原則です。読者は「少なくとも心に確実な実例をもたぬまま，3頁以上を読みとばしてもならない」と思うのです。ただし，本書『よくわかる地域社会学』は2頁，または，4頁で1つのトピックを扱うので，そこで「確実な実例」が必ず，心に浮かぶように書かれています。これが本書の約束です。

ただし，本書でやや抽象的なのは，序章です。ここでは，具体例に言及しつつですが，地域社会学の必要性をやや概念的，抽象的に説明しています。概念的，抽象的な言葉使いは慣れの問題もありますので，ここが取っ掛かりにくい人は，最後にとっておいてください。まずは，各人の関心のある任意の章から読んでいけばいいでしょう。

このやや抽象的な序章を準備したのは実はモデルがあります。ソローキン（Sorokin, P.）とツィンマーマン（Zimmerman C. C.）の『農村──都市社会学の原理』（*Principles of Rural-Urban Sociology*）という，1929年に出た古い書物です（この本については，山本努「P. A. ソローキン──高度に都市化した社会の「都市・農村」の統合社会学から」『社会と調査』24，2020年，92頁）。この書物は今日でも見習うべき点の多い名著ですが，その1つが，冒頭の1章で一般社会学（General Sociology）から書き起こして，その連続上に彼らの意図する地域社会学（Rural-Urban Sociology）が構想されていることです。

地域社会学は社会学を土台にしますから，この両者の関係はやはり自覚的であるべきだと思います。地域社会学の入門書はほとんどありませんから，このような準備も必要だとの判断もあります。それで常識的には？　やや長いとも思える序章を用意しました。土台である社会学と地域社会学の関係は入門書であればきっちりと書いておくべきだと思うのです。

○本書の構成と基本コンセプト

本書の基本コンセプトは，下記のとおりです。

農村……いのちの元，食料と自然と人口を担う。社会の土台，基本。かつて
　　は，窮屈なところがあったし，貧しかったけれど，現代では，むしろ新し
　　いものを生むかも。人びとの共同作業（無償労働の場合も結構ある）が土台。
　　農山村の「持続と展開（発展）」がキイ。農山村の苦境も語られるが，農
　　山村への期待は大いに高まっている。

都市……農山村の余剰があってはじめて存立できる。新しいものの考え方，
　　自由な生き方を示してきた。お金と専門機関が生活の土台。お金がないと
　　暮らして行けないが，お金があっても，ライフ・ライン，都市的インフラ
　　が壊れたら，生活は破綻する。都市の「ダイバーシティ（多様性）」と「ア
　　ンコンベンショナリティ（自由さ，新規さ，型破り性)」がキイ。

　この両者（都市と農村）を取り扱うのが「地域社会学」です。マズローの欲
求段階説に依拠すれば，欲求の下部（基本的・本能的な「生理的欲求」→安心の暮
らしを求める「安全の欲求」→社会で受入られたい「所属と愛」の欲求）が農村，上
部（社会から尊敬されたい，認められたい「承認の欲求」→「あるべき自分」になりた
い「自己実現の欲求」）が都市という地域分化に一応，なると思います。ただし，
全体社会が都市的な「豊かな（affluent）」社会になった現代では，欲求の上部
のかなりの部分も農村が担うし，農村こそが，もしかしたら，もっとも新しい，
革命（新）的なものを生むのかもしれません。

　本書は上掲の基本コンセプトに基づいて，過疎論（1部），家村論（2部），
シカゴ学派都市社会学（のダイバーシティ論）（3部）の3部構想です。各部の冒
頭の章（Ⅰ章，Ⅴ章，Ⅸ章）は各部の導入的，総論的な内容になっていますので，
そこから読むのもいいでしょう。また，Ⅰ章は本書全体の導入的，総論的内容
も兼ねていますので，迷えばここから読んで下さい。

　いずれにしても，地域社会学は上記の3本柱が土台になるべきというのが本
書の構想です。そしてそれは，同時に，都市・農村社会学／地域社会学のもっ
とも豊穣な淵源からの現代的な展開になるはずです。

○地域社会学の課題，問題意識

　鈴木栄太郎の都市社会学に 聚 落 社会（≒地域社会, community）という概念
があります。聚落社会は「共同防衛の機能と生活協力の機能を有するために，
あらゆる社会文化の母体となってきたところの地域社会的統一であって，村落
と都市の２種類が含まれている」（鈴木栄太郎『都市社会学原理（著作集Ⅵ）』未來
社，1969年，80頁）とされています。ここに示された，共同防衛，生活協力，社
会文化の母体という聚落社会の３機能は，現代の巨大システム（都市的生活様
式を可能にする，専門機関，つまり，商業サービス，行政サービス）に取り囲まれた
暮らしが圧倒的になればなるほど，人びとの暮らしに必要です。それを問うの
が地域社会学です。

　この古い鈴木栄太郎の見解と瓜二つの見解は，現代アメリカの経済学者，
R. ラジャンにあります。

　「ワンクリックで地球の裏側の人たちと連絡がとれる時代に，なぜ隣人が重
要なのか。十全に機能している国家と活発な市場のある先進国で今日，近隣コ
ミュニティが果たす役割とは何だろうか。初期にコミュニティが果たしていた
機能の多くを国家と市場が引き受けるようになったとはいえ，近隣コミュニテ
ィはまだ重要な機能を担っている。コミュニティは私たちのアイデンティティ
の一部だ。コミュニティは私たちに力を持っているという感覚を与えてくれる。
グローバルな力を前にしても，自分たちの未来を作っていけるという感覚だ。
また，他の誰も助けてくれない境遇にある時，救いの手をさしのべてくれる」。

　「……他にも利点がある。地域コミュニティ政府は連邦政府の政策に対して
防波堤の役割を果たす。すなわち多数派の専横から少数派を守り，連邦政府の
抑止力になるのだ」（R. ラジャン，月谷真紀訳『第三の支柱──コミュニティ再生の
経済学』みすず書房，2021年，３頁，xvii 頁）。

　地域社会学の課題は，今日でもまったく古びていない（新しい）のです。

　なお，本書の各章には詳細な側注が付されています。それを辿って，本書の
説明の元になった文献やデータに行き着くことができます。この側注は，初学
者には少し，煩雑で面倒な印象を与えるかもしれません。しかし，このような
書き方にも慣れて欲しいと思います。さらには，慣れるだけでなくて，側注を
大いに活用して，どんどん勉強を進めて欲しいものです。興味がある項目なら
ば，側注に示された文献に直接あたるなどのやり方は，是非，試みて下さい。

文献や注釈の側注にくわえて，初学者が躓きそうな用語について簡単な説明を加えています。これらの用語はできれば，社会学辞典などでさらに詳しい説明を参照するといいでしょう（濱島朗他編『社会学小辞典』有斐閣，2005年，宮島喬編『岩波小辞典 社会学』岩波書店，2003年，N. アバークロンビー他，丸山哲央監訳・編集『新しい世紀の社会学中辞典』ミネルヴァ書房，2005年，などがいいでしょう）。

　最後になりますが，ミネルヴァ書房の中川勇士氏にはひとかたならぬお世話をいただきました。氏は大学時代に社会学を専攻されていたとのことで，本書の構想を私の研究室で楽しく相談することができました。同学の士というのは本当にいいものです。また，執筆をお願いした方は，お任せしておけば編者の私は大船に乗っておけばよい，熟達のベテラン研究者と，将来を嘱望される若手，中堅の研究者からなっています。性別も男女半々くらいで，性・世代もうまい具合に混じっているように思います。

　　　　　　山本　努　　　　　　2021年12月
　　　　　新型コロナオミクロン株のニュースに接しながら

もくじ

やわらかアカデミズム・〈わかる〉シリーズ

よくわかる
地域社会学

地域社会学の必要性を考えるための準備

1 社会／地域社会とは何か？という問題

　地域社会学とはどのような学問でしょうか？　これについて，はじめに説明をしておきます。そのためには，ちょっと寄り道して，社会学とはどのような学問かをお話しします。しばらくのあいだお付き合いください。ただ，序章を読むのは本書のいくつかの章を勉強してからでもいいでしょう。本書は各人の関心に応じて，どの章から読み始めてもいいのですが，いつかの段階で（最後にでもいいですが）本章を通読することをお薦めします。社会や地域社会とは何かということの社会学的な考え方が示されているからです。

　地域社会学は社会学の一部であり，社会学を土台にした学問（discipline）です。では，社会学とは何かといえば，これはとても大きな問題です。これについて本格的に考え始めると，ゆうに1冊の本が書けてしまいます。社会学とは経済でも，法律でもない，社会（society）といわれる領域を対象とします。では，社会とは何でしょうか？　本書の対象の地域社会（community）も社会の一種ですから，このことを考えておくのは，重要なことです。

2 社会という言葉の使い方

　「社会」という言葉は日本人には難しい言葉です。英語の society は幕末（慶応2〔1866〕年）の英和辞典では仲間，一致などと訳されていたそうです。この訳語は今日からみても味わい深い訳語です。その後，「会社」「社中」「俗間」などの訳語が当てられ，明治10（1877）年頃になってようやく「社会」という翻訳が確定しました。しかし，この言葉は古い日本語にはない翻訳語なので，日本人には理解が難しいのです。[*1]

　たとえば新聞の「社会」欄とは，朝日新聞では「事件・事故・裁判，災害・交通情報，その他・話題，おくやみ」，毎日新聞では「事件，事故，裁判，気象，地震，ダイバーシティ，皇室，訃報」となるようです。[*2]

　このように「社会」という言葉の使い方は，日常ではきわめて便宜的で厳密なものとはいえません。これでは困るわけで，社会学の専門家の見解を尋ねてみましょう。

▷1　蔵内数太『蔵内数太著作集（第一巻）』関西学院大学生活共同組合出版会，1978年，3-8頁による。
▷2　朝日新聞，毎日新聞のネット（https://www.asahi.com https://mainichi.jp）参照。

③ 富永健一の社会の理解から

　そこで**富永健一**の「社会」の捉え方から入っていきます。富永は日本の代表表的な理論社会学者の１人で，社会学の基礎概念や基礎理論をつくることに尽力した人物です。

　富永にしたがえば，社会には「広義の社会」（広い意味の社会）と「狭義の社会」（狭い意味の社会）の２つがあります。「広義の社会」とは社会科学という時の「社会」で，「人間が人為的につくり出したすべてのものをいい，宗教・道徳・法・制度・政治・経済，そして『狭義の社会』など」が含まれます。これに対して，「狭義の社会」とは社会学というときの「社会」で，ずっと限られた意味の言葉です。

　「広義の社会」は，自然に対する社会ということで，非常に広い範囲を含みます。これに対して，「狭義の社会」は「広義の社会」の一部で，本書が扱うのは，この「狭義の社会」です。

④ 「社会とは？」という疑問

　「狭義の社会」の説明をする中で，富永は次のようにいいます。「狭義の社会は複数の人間が集まっている状態に関わる概念です。集まっているといっても，必ずしも狭い空間に群がっている必要はなく，反面せまい空間に群がっていても満員電車の乗客は社会を構成しているとは言えません」。

　ここで皆さん疑問を感じないでしょうか？　「満員電車の乗客」は社会ではないというのです。社会とはそもそも何でしょうか？

　図序-1は私がいつも乗る電車の駅のポスターです。「電車のマナー違反いくつ見つけられますか」という表題です（正解は７つです）。電車ではこの他にもいろいろな「マナー」が共有されています。ひどい迷惑行為の場合は，警察に連れて行かれるかもしれません。ここにあるのは社会ではないのでしょうか？

（山本　努）

▷富永健一
富永健一（1931-2019年）は現代日本の社会学をリードしてきた社会学者の１人です。長く東京大学で教育，研究に従事。本章に示した書籍の他には，『社会変動の理論』（岩波書店，1965年），『社会学　わが生涯』（ミネルヴァ書房，2011年）などがあります。
▷３　富永健一『近代化の理論──近代における西洋と東洋』講談社，1996年，86-87頁。

▷４　同，87頁。下線は筆者。

「電車でのマナー」

さわがない×　席をゆずろう○　携帯電話で話さない×　降りる人を待って乗ろう○　並んで待とう○　ゴミを車内に捨てない×　床に座らない×　荷物で迷惑をかけない×「ながら歩き（スマートフォンやゲームなど）」をしない×

図序-1　電車マナーのポスター

出典：日本民営鉄道協会（https://www.mintetsu.or.jp/kids/manners/）。

「狭義の社会」と集団

▷相互行為

▷**相互行為**
社会的相互行為（social interaction）ともいう。複数の行為者（人びと）の間でのやり取りのこと。親密な2人の目と目でのやり取りから、国家間の軍拡競争までいろいろ含みます。

▷**社会関係**
序-6参照。「仲」のこと。たとえば、友人、夫婦、恋人、学生と教師、殿様と家来、親分と子分は、社会関係の典型的事例です。

▷**内と外とを区別する共属感情**
序-2の後掲参照。

▷1　富永、前掲書、87頁、ただし、下線とナンバーは筆者挿入。

▷2　本書の「はじめに」で紹介しましたが、「少なくとも心に確実な実例をもたぬまま、3頁以上を書きとばしてはならない」。これはミルズ（Mills, C. W.）「知的職人論」の名言です。C. W. ミルズ、鈴木広訳『社会学的想像力』紀伊國屋書店、1965年、293頁。

▷3　これについて、本章の4節以降の説明参照。

▷4　富永、前掲書、69頁、ただし、下線とナンバーは筆者挿入。なお、引用中の社会集団（social group）は集団と同意である。もちろん、集団の中には統計集団（statistical group：共通の属性を持った個体の集

1 「狭義の社会」

　このように富永の社会の考え方にはちょっと違和感を持ってしまいます。この違和感のよって立つところを探るには、富永の「狭義の社会」の定義をよく理解する必要があります。なぜ、富永は「満員電車」は社会とはいえないと考えたのでしょうか？

　富永によれば狭義の社会とは次のようなものです。すなわち、「①複数の人びとのあいだに持続的な**相互行為**の集積があることによって②**社会関係**のシステムが形成されており、かつ彼らによって③**内と外とを区別する共属感情**が共有されている状態が社会である、と」。

> 複数の人びとの持続的な相互行為の集積→社会関係→共属感情

図序-2　富永の「狭義の社会」の定義

出典：筆者作成。

　つまり、富永の狭義の社会とは**図序-2**の3つの条件、持続的相互行為の集積、社会関係、共属感情を満たす状態です。図中の矢印→は原因と結果の関係（「α→β」で「αがβを生み出す」という因果関係）と理解してください。また、富永は狭義の社会の実例として「家族・企業・学校・村落・都市・国民社会・国家など」を挙げています。

　抽象的な概念を理解するとき、実例で考えるのは非常に重要です。この「狭義の社会」の実例はすべて集団です。では、狭義の社会とは集団のことなのでしょうか？　普通の社会学の考えでは、社会は集団よりも広い概念です。富永では少し違うようです。

　では、富永において集団とは何でしょうか？　それは次のようです。「社会集団とは、①複数の行為者間に持続的な相互行為の累積があることによって②成員と非成員との境界がはっきり識別されており、また③内と外を区別する共属感情が共有されているような、行為者の集まりをさします」。つまり、富永の集団とは**図序-3**の3つの条件、持続的な相互行為の累積、境界識別、共属感情を満たす状態です。

> 複数の行為者間に持続的な相互行為の累積→境界識別→共属感情

図序-3　富永の集団の定義

　ここで「狭義の社会」と集団の定義（図序-2，3）を較べてみてください。両者は非常に似ています。「複数の行為者間に持続的な相互行為の集積（累積）→共属感情」という部分はまったく同じです。共属感情とは，同じ何かに所属しているという気持ちのことです。たとえば，同じ○○大学の学生であるとか，同じ△△家族の一員であるとか，同じ××という地域の出身であるとかの「私達」という意識（we-feeling）のことです。このような共属感情を持った人びとが「狭義の社会」であり，集団なのです。

合，たとえば，国勢調査の65歳以上の人口など）のように社会集団でない集団はあるが，本書で集団という用語は社会集団と同じ意味で使う。厳密には社会集団と書くべきだが，社会学では集団と略記するのが一般的なのである。

❷　狭義の社会と集団の違いは社会関係の有無にある

　では，その共属感情がどのように生まれるのでしょうか？　狭義の社会では「複数の人びとの持続的な相互行為の集積→社会関係→共属感情（図序-2）」という因果関係です。集団では「複数の行為者間の持続的な相互行為の累積→境界識別→共属感情（図序-3）」という因果関係です。

　この因果関係の違いは，狭義の社会には，「社会関係」という項目があるが，集団にはない，ということです。集団の定義に含まれる「境界識別」は内外の区分の境の識別ですから，「共属感情」の前提になる認識です。集団（成員と非成員）の境の識別がなければ，そもそも共属感情はあり得ないからです。したがって狭義の社会は，**図序-4**のように「複数の人びとの持続的な相互行為の集積→境界識別→社会関係→共属感情」と書くのが正確です。

> 複数の人びとの持続的な相互行為の集積→境界識別→社会関係→共属感情

　　　　　　　図序-4　富永の「狭義の社会」の厳密な定義

これが富永の「狭義の社会」の厳密な定義です。ということは，富永の狭義の社会は，集団の定義に社会関係を加えたものということになります（**図序-5**）。つまり，「狭義の社会」は集団よりも狭い概念です。ここで社会関係とは人と人との仲とか間柄のことですが，詳しくは，序-6で説明します。

> 1．集団　　2．狭義の社会：集団＋社会関係

　　　　　　　　図序-5　富永の集団と狭義の社会

▷5　高田保馬『社会学』有斐閣，1952年，7頁。なお，社会関係のより詳しい定義は序-6。富永の社会関係の概念も含めて説明している。

　でもここで疑問が湧かないでしょうか？　集団の定義に含まれる「複数の行為者間に持続的な相互行為の累積」（図序-3）があれば，普通，「社会関係」が生まれないでしょうか？　実際，生まれることも多いのです。先にみた狭義の社会の実例はすべて集団でした。これらの集団はすべて社会関係を持っています。家族なら夫婦関係，親子関係，企業なら社長と従業員，上司と部下とかの関係です。これがあるから，家族や企業は狭義の社会なのです。

　では，「複数の行為者間に持続的な相互行為の累積」が社会関係を生まないというのは，どのような状態でしょうか？　次節で説明します。（山本　努）

3 準社会

① 準社会とは？

　持続的な相互行為の累積が社会関係を生むのは分かりやすいと思います。た
とえば大学とか，企業とか，ママ友とか，趣味の会とか何かの集団を考えてく
ださい。その集団に入ったばかりの頃にはまったくなかった人間関係（大学な
ら友人関係や教員と学生の関係など）が，一定の時間がたつとできてきます。

　しかし，持続的な相互行為の累積があっても社会関係が形成されないことも
あると富永は考えます。その典型が売買行為です。「相互行為があっても，そ
れが社会関係の形成にまでいたらないことが多い典型的な例は，市場における
相互行為としての売買行為である。それゆえにここでは，市場を十分な意味で
社会をなしていない[1]」と考えるのです。ここで富永の考えでは，「相互行為が
あっても……社会関係の形成にまでいたらない」「十分な意味で社会をなして
いない」状態があるということを確認しておきましょう。これを富永は準社会
とよんでいます。

　「準社会とは，社会の定義にあげられている持続的な相互行為，社会関係の
システム，共属感情といった条件が不完全にしかみたされていない社会[2]」のこ
とです。富永はこれを「不完全（な）社会[3]」とも言い直しています。

② 売買行為は社会ではないのか？

　しかし，ここで疑問が湧きます。「市場における相互行為としての売買行為」
は「不完全な社会」でしょうか？　たとえば，「スーパーマーケットでの買い
物（レジでの支払い）」や「証券会社にお金を預ける」という行為は，売買行為
ですが，これらは社会ではないのでしょうか？　ここにも，図序-1「電車マ
ナーのポスター」「電車のマナー」と同じく，規範や道徳が共有されているは
ずです。これを確かめるには，試しにスーパーで「万引き」（あるいは証券会社
でお金を着服）して，捕まってみればいい（勿論，思考実験だけで充分です）。「万
引き」や「着服」は法律や道徳で禁止されていますから，「社会」的制裁が科
されるはずです。つまり，売買行為も社会といってもおかしくないのです[4]。

③ 準社会は「不完全な社会」なんでしょうか？

それでは，準社会は「不完全な社会」なんでしょうか？　準社会の具体例は，

▷1　富永健一『社会学講義──人と社会の学』中央公論社，1995年，16頁。

▷2　富永健一『社会学原理』岩波書店，1986年，8頁。

▷3　富永，前掲書，1995年，19頁。

▷4　ここについてのもう1つの疑問は富永の社会関係の概念に関するのですが，序-6参照。

群衆，市場，社会階層，民族，国際社会です[5]（これらをマクロ準社会とも富永はいいます[6]）。群衆はここでの議論から外したいと思いますが，それ以外は社会ではないのでしょうか？　たとえば，私はフィリピンのJollibeeという大人気ハンバーガーショップで大勢の客の列にならんで注文の順番を待っていたのですが，突然，見知らぬアメリカ人（とおぼしき白人の英語母語者）から，順番を抜かしたと（誤解され）えらく叱られたことがあります。フィリピンのJollibeeという大人気ハンバーガーショップの日本人（私）とアメリカ人（？）のこの光景は国際社会（フィリピンという外国における，日本人とアメリカ人という異国人同士のやり取り）の１コマですが，ここでもルール（順番を抜かしてはいけない）が共有されていたのです。だとすれば，国際社会も社会と考えてもおかしくはないでしょう。したがって，準社会は「不完全な社会」ではなく「狭義の社会」と同等の重み（意義）を持つ，対等な社会（「準」でなくて社会）と考えるべきではないでしょうか？

4　準社会の位置づけ

　富永は準社会の位置づけについてすこし混乱しているようです。富永によれば社会学は「狭義の社会についての学」です[7]。であれば，準社会（「不完全な社会」）は，社会学の対象から外されるはずです。あるいは，取り込まれるとしても，「狭義の社会」に較べれば，小さな意義においてのはずです。しかし，このような扱いは現実の社会学においてなされていないのです。

　社会階層，民族，国際社会（富永のいうマクロ準社会）は，社会学の有望な研究領域として，今日，さかんに研究がおこなわれています。であるが故に，社会学は「狭義の社会についての学」であるという主張は，富永自身によって，貫徹できないようです。「マクロ準社会」は「いわば不完全な社会である。しかしながら不完全な社会もまた，社会生活における有意味な人間の集まりであると認められ，社会学の重要な研究対象をなしてきた。だから，それらを社会でないとして排除するのは，明らかに妥当でない。ただそれらは，社会とはいちおう区別しておかねばならいので，「準」の字をつけたうえで，これを社会学の研究対象としての社会に包摂することにしよう」[8]というのです。

　ここには，準社会を「包摂する」ロジックは述べられていません。あるのは，準社会も「社会学の重要な研究対象をなしてきた」という現実です。これはロジックでなく，社会学研究の現状の追認です。「社会とはいちおう区別しておかねばならいので，『準』の字を」つける論理（あるいは理論）的な根拠が不明なのです。さらに「われわれはマクロ社会，マクロ準社会，ミクロ社会の３つを『狭義の社会』とよび，これを社会学の対象としての社会であるとした」[9]と富永がいうのは，やはり首尾が一貫していません。いつの間にか，マクロ準社会が「狭義の社会」に"格上げ"されているのです。　　　　　　（山本　努）

▷5　富永，前掲書，1996年，88頁。
▷6　富永，前掲書，1995年，19頁。
▷7　富永，前掲書，1986年，4頁。
▷8　富永，前掲書，1995年，19頁。
▷9　同，23頁。

高田の社会

▷高田保馬
高田保馬（1883-1972年）は社会学者，経済学者。長く大阪大学で経済学の教育，研究に従事しました。本章に示した書籍の他には，著書100余冊，論文500余，欧文論文28におよぶ膨大な業績があります（高田保馬博士追想録刊行会編『高田保馬博士の生涯と学説』創文社，1981年，参照）。また，大道安次郎『高田社会学』有斐閣，1953年は，高田社会学の優れた解説書です。

▷1　図序-6は高田保馬『社会学概論』岩波書店，1922年，99-100頁。同図の「望まれたる共存」とは，高田社会学のキイワードです。共存とは人びとが共に生きることです。これを高田は共同生存とよんでいます。この共同生存が，人びとによってそれ自体のために求められる，または，それが他の目的のために求められる時，それは，共同生存が人びとに求められているということです。このような共存を「望まれたる共存」と高田はいい，これが社会の本質であるというのです。高田の同上書，34-35頁，参照してください。

たとえば，何かの利益や便利のために共存することがあります。また，ただ愛着によって共存することもあります。いずれにしても，

高田の「抽象的な意義の社会」と「具体的な意義の社会」

　前節のような混乱がおこったのは，「狭義の社会」（≒集団）と準社会という社会の構想に無理があったからです。古典的な社会の理解は富永とは違うのです。以下，古典的な社会の理解をみていくことにします。そこで取り上げるのが**高田保馬**の社会の理解です。

> 1.「抽象的意義の社会」（望まれたる共存＝結合）
> 2.「具体的意義の社会」
> 2-1.　集団の意識を伴うもの（狭義の社会）→例：会社，家族など
> 2-2.　集団の意識の伴わざるもの（社会関係）→例：友人相互，商人と顧客

図序-6　高田の社会

注：「望まれたる共存[1]」は高田の重要用語である。
出典：高田保馬『社会学概論』岩波書店，1922年，99-100頁。

　高田によれば，社会には**図序-6**のように「抽象的意義の社会」と「具体的意義の社会」の2区分がまずあります。「抽象的意義の社会」は社会本質論（社会とは何ぞやの思弁）の領域です。高田の社会本質論は「望まれたる共存」という学説ですが，こちらは側注1を参照して下さい。

　今，われわれが注目したいのは「具体的意義の社会」です。「具体的意義の社会」には，「集団の意識を伴うもの」と「集団の意識の伴わざるもの」があります。前者を「狭義の社会」，後者を「社会関係」と高田はよんでいます。富永の「狭義の社会」という概念も高田から出たものと思います。

　さて，「具体的意義の社会」で「集団の意識を伴うもの」とは，「個人対個人の結合を含みはするが，それ以上に，一集団の意識を伴い，個人はこれと相結合する」ものです。具体的には，会社，学会，家族，同業者，階級などが示されています。「具体的意義の社会」で「集団の意識の伴わざるもの」とは，「個人的結合以上に何物もないのを常とする」ものです。具体的には，友人相互，商人と顧客などが示されています[2]。また，ここで「結合」（human associations）とは依存または親しみによる人と人の結びつきです[3]。

2 「具体的意義の社会」の総体／集団社会と集団外社会

　この高田の「具体的意義の社会」の総体は**全体社会**に出揃います。すなわち全体社会は「三重の結束結合としてあらわれる。全員社会ともいうべき国家，

時として民族が之を統一する。而も同時に個人と個人との結合は網の目の如く連なりていわば**微分的結合**を形成する。その上に各の集団は社会の異なれる範囲をそれぞれ一まとめに結束する」のです。

このように高田の社会は全員社会，集団，微分的結合の3種の結束結合として現れます（**図序-7**）。このうち，全員社会とは「国家という如き，成員のすべてを含む社会」です。集団とは「若干の紐帯により結束せられ個人相互の交渉とは異なり，一の全体乃至統一をなすものとして考えられる社会」です。微分的結合とは「個人対個人の結合にとどまるもの」です。5節で繊維社会とよぶものです。

高田はこの構想（図序-7）を「集団という形をもつ社会（集団社会／積分的社会）」（以下，集団社会と表記）と「集団の形をもたぬ社会（集団外社会／微分的社会）」（以下，集団外社会と表記）ともいいかえています（**図序-8**）。集団社会の特徴は「多数の人人に共通なる標徴の存在，ひいてその標徴による結合の規定（われら一体をなすという意識）」があることです。集団外社会にはこのような共通標徴（共通の徵）がないのです。

1，全員社会（国家など）2，集団　3，微分的結合（個人と個人との結合）

図序-7　高田の全体社会

出典：高田（1947：50）より作成。

1，集団社会・・・集団の形をもつ社会（積分的社会） 2，集団外社会・・集団の形をもたぬ社会（繊維社会と機能聯関／微分的社会）

図序-8　高田の社会

出典：高田（1952：32，42）より作成。

ここで大事なのは，高田は集団社会と集団外社会を同等の重みを持つ，重要な社会の構成要素と見ていることです（図序-6，図序-8）。集団社会は富永の狭義の社会（それは集団と大きく重なる概念でした），集団外社会は同じく準社会とほとんどまったく同じ概念です。準社会は狭義の社会の定義を不完全にしか満たさない社会で「不完全社会」とされてきました（**図序-9**）。では，準社会は不完全な社会なのでしょうか？ここは，高田と富永の見解が大きく別れるところです。この点は次節で説明します。

1，狭義の社会（≒集団） 2，準社会（＝狭義の社会の定義を不完全にしか満たさない社会／「不完全社会」）

図序-9　富永の社会

出典：富永（1995：18-19，1996：87）より作成。

（山本　努）

その共存を人びとが求める時，そこには「望まれたる共存」があるということなのです。

また，高田，前掲書，1952年，21-22頁では次のように説明しています。「結合は相互の接近を意味するが，此接近は相互の生命の肯定を指示し，此肯定は相手の生存欲求を含蓄する。かくて結合は望まれた共存である」。

▷2　同，99-100頁。

▷3　同，26頁。ただし，結合の英語表記は高田前掲，1952年，8頁。また，結合とはさらに詳しくは，「望まれたる共存」のことです。これについては側注1で説明しています。

▷**全体社会**

⇨ 序-9 参照。

▷**微分的結合**

微分的結合は個人と個人の結合の比喩的表現です。図序-7，参照。

▷4　高田保馬『世界社会論』中外出版，1947年，50頁。

▷5　高田，前掲書，1952年，32頁，42頁。

▷6　「狭義の社会」と準社会の概念は本章2節，3節，図序-4を参照してください。

▷7　富永，前掲書，1995年，18-19頁，富永，前掲書，1996年，87頁。

高田の社会（続）と富永の準社会

▷ 1　＊＊には集団の基盤になる何かの属性を入れてみて下さい。私たち X 家の家族とか，私たち Y 株式会社の同僚とかいう具合です。
▷ 2　高田，前掲書，1952年，42頁。
▷ 3　同，21頁。
▷微分的なる社会観
高田自身による自身の社会観の比喩的表現。図序 - 8 の集団外社会を社会の重要な要素とみる社会観です。
▷ 4　高田，前掲書，1952年，42頁の例示。
▷ 5　同，32頁。
▷ 6　同，42頁。

1　高田の集団外社会と富永の準社会

高田の集団外社会は富永の準社会とほぼ同じ概念です。集団外社会は，集団がなく，集団の元になる共通標徴（私たち＊＊という共通の徴）を欠いた社会です。したがって，そこでの結合は集団という大きな括り，纏まり（統一）がなく，「個人対個人の結合にして，いわば細胞的なる結合にしてそれ以上の統一をなすことはない」[1]ものです。

このような集団外社会を重んずるというのは，「国家，自治体，家族，教会，社会などの如く，身体の重要器官にあたるもののみならず，友人や道づれ，目を交わし合うはかなき交渉にいたるまで」[3]すべてを社会として注目すべきという「微分的なる社会観」を高田は採るからです。先（4 節）に見た，友人相互，商人と顧客に加えて，「縁者，愛人，主従」なども高田の「微分的なる社会観」の実例です。

ではなぜ，「微分的なる社会観」を高田は採るのでしょうか？　それはそれこそが社会だからです。上記の友人や道づれや商人と顧客……などの結合は「個人と個人との結合であるから，個人の自由の意志により改廃自由」[5]です。しかし，それらは改廃自由に見えても義理，習慣，道徳などで規制されています。さらには法律で拘束，監視されてもいる場合もあります[6]。つまりここにも厳然と社会はあって，「不完全な社会」（準社会）ではないのです。ですから，集団外社会は集団社会と同等の重みを持つのです。

2　繊維社会と機能聯関

この個人対個人の結合（集団外社会）には繊維社会と機能聯関とよばれるものが含まれます（**図序 - 10**）。機能聯関は繊維社会の中で特に重要な部分とされます。しかし，この「特に重要な部分」という説明は高田にしては，やや明晰ではありません。しかし，いわんとする区別はよく分かります。

1，繊維社会…友人や道づれ，目を交わし合うはかなき交渉など，インフォーマルで緩やかな規制。
2，機能聯関…商人と顧客（競争的経済，国民経済），政治（市民社会的社会），教育など，法律含めてフォーマルで強力な規制を含むのが一般的。インフォーマルな規制も繊維社会より強固。

図序 - 10　高田の集団外社会

出典：高田（1952：32, 42）より作成。

「個人と個人との結合であるから，個人の自由の意志により改廃自由」な要素が比較的強いのが繊維社会です。逆に「個人の意志によって改廃自由に見えても義理，習慣，道徳などで規制されており，さらには法律で拘束，監視されてもいる」要素が比較的強いのが機能関連です。特に，法律などのフォーマルで強力な規制が見られるのが機能聯関です。これに対して，繊維社会はそこまでの強い規制はないのです。もちろん，義理，習慣，道徳などのインフォーマルな規制はありますが，相対的には緩やかな規制にとどまっています。

③ 繊維社会，機能聯関と準社会

　富永の準社会は繊維社会としてのみ理解しています。たとえば，先にみた「市場における相互行為としての売買行為」は「社会関係の形成にまで至らないことが多い」ので準社会とされていました。先（3節）の例を持ち出せば，「スーパーマーケットでの買い物」や「証券会社にお金を預ける」という売買行為は，顧客とスーパーのレジ係や，顧客と証券会社の社員との相互作用からなる「繊維社会」といえるでしょう。その意味で「社会関係の形成にまで至らない」という富永の判断も了解できなくはありません。しかし，市場はもう一方で「国民市民的規模において形成された経済交換関係[8]」でもあります。こちらは，「機能聯関」的な社会を作ります。ですから，市場は繊維社会であり，機能聯関を備えた集団外社会です。

　市場を「不完全な社会」（準社会）とみたのは，市場の機能聯関の部分を適切な社会学用語と概念化しなかった結果です。「市場は相互行為の持続を欠くので社会関係のシステムを形成していると言えませんが（前段），経済交換という重要な相互行為が行われている場所であり，とりわけ高度に発達した資本主義的市場においては，人びとは一定の信用ないし信頼関係によって結ばれている（後段），ということが重要です[9]」（下線筆者）。この富永の市場の記述は非常に正確です。

　しかし，富永がこれを概念化するとき，上の引用の前段（一重下線部）のみすくいとり，その結果，消極的に準社会（不完全社会）と名づけることになったのです。加えて，後段（二重下線部）は社会学概念に組み込まれることなく，無視されています。つまり，富永では「実態はある」にもかかわらず，「概念的にはない」消極的な社会認識になっています。これに対して高田では「微分的なる社会観」に依拠して，前段は繊維社会，後段は機能聯関として正当な社会学概念に組み込まれています。したがって，機能聯関と繊維社会を合わせて集団外社会をなすという認識は，準社会という認識より正確に社会を概念化しています[10]。

（山本　努）

▷7　富永，前掲書，1995年，16頁。ただし，富永の社会関係の概念は3節の側注4と7に記したが検討の余地があります。これについては，後掲6節，7節で説明します。

▷8　富永，前掲書，1986年，9頁。

▷9　富永，前掲書，1996年，88頁。

▷10　富永の準社会は市場が代表的ですが，富永前掲，1986年，8頁では，社会階層と市場が，富永，前掲書，1996年，92頁，富永，前掲書，1995年，29頁ではこれに民族と国際社会が加わっています（群衆は今，議論から除く）。社会階層，民族，国際社会とも高田の「微分的なる社会観」に依拠して考察すれば，準社会という位置づけは改訂すべきように思います。なぜなら，社会階層，民族，国際社会に繊維社会の要素がないとは思えないからです。この点は，たとえば社会階層や民族や国際社会での交際圏とか通婚圏とか考えればいいでしょう。また，社会階層，民族，国際社会に機能聯関の要素もあります。たとえば，社会階層を固定する（あるいは変容せしめる）所得の再分配システムや教育システム，多民族の存在を承認する法体系（や憲法），国際社会での国際機関や国際法や非政府活動に機関などを想起すればいいでしょう。

社会関係と繊維社会

▷1　富永，前掲書，1995
年，16頁。
▷2　「具体的意義の社会」
で「集団の意識の伴わざる
もの」（社会関係）の具体
例は，友人相互，商人と顧
客，主従あげられています。
これらの関係は，「個人的
結合以上に何物もないのを
常とする」とされています。
高田，前掲書，1922年，99
-100頁，参照。
▷ウェーバー
ウェーバー（Weber, M）
は1864年4月21日生まれ，
1920年6月14日に亡くなっ
ています。つまり，夏目漱
石（1867～1916年）や森鴎
外（1862～1922年）とほぼ
同時代人ということになり
ます。デュルケーム（Dur-
kheim, E）と並んで，現代
社会学の基礎を作った人物
です。
▷3　M.ウェーバー，清
水幾太郎訳『社会学の根本
概念』岩波書店，1972年，
42頁。
▷4　高田，前掲書，1952
年，8頁。「仲」は高田の使
った言葉です。「間柄」は
高田の仲をいいあらわす別
の表記として筆者（山本）
が採用した表記です。なお，
引用の「相互的用意」と
「相互的準備」は同じ意味
を言い換えたものです。
▷5　富永の社会関係の定
義は以下のようです。「相
互行為が持続的——もちろ
ん中断の時間は入ってよい

1 再び，売買行為は「社会」ではないのか？

　富永は「相互行為があっても，それが社会関係の形成までにいたらないこと
が多い典型的な例は，市場における相互行為としての売買行為である。それゆ
えにここでは，市場を十分な意味で社会をなしていないと考えて……準社会の
一形態として扱うことにする」と書きました。つまり，市場が準社会と見なさ
れる主な理由は「社会関係の形成にまで至らない」ことにあります。

　売買行為を考えるとき，富永は機能聯関の部分を概念化しなかったので，売
買行為を準社会と判断したということを，前節で説明しました。しかし，それ
は富永の考える理由ではないのです。上記の引用からわかるとおり，富永の論
理の中で重要なのは社会関係の方なのです。であれば，富永のいう社会関係と
はどのような状態かを確かめる必要があります。

2 社会関係とはどのような状態でしょうか

　社会関係を考えるとき，富永と高田の違いは，典型的には，売買行為（「商
人と顧客」）の理解にあらわれます。売買行為は富永では「社会関係の形成にま
で至らない」「不完全な社会」（準社会）でした。これに対して，高田では繊維
社会（つまり，図序－6の「集団の意識の伴わざるもの」〔社会関係〕）と理解されま
す。**図序－11**には**ウェーバー**も示していますが，後に議論します。ウェーバ
ーも実は高田と同じく市場交換を社会関係に含めています。

1．富永（売買行為）──→不完全な社会である／「相互行為があっても，それが社会関係の形成に
　　までいたらないことが多い典型的な例」（準社会）の範疇。
2．高田（商人と顧客）──→社会である／「具体的意義の社会」で「集団の意識の伴わざるもの」
　　（社会関係）の範疇，繊維社会の一部で特に重要なものである「機能聯関」でもある。
3．ウェーバー（市場交換 marktaustausch／economic exchange）──→社会である／「双
　　方の行為の相互関係（相互の方向付け）が少しでもあることが社会関係という概念の基準にな
　　る。」社会関係の範疇。

図序－11　「商人と顧客」（高田），「売買行為」（富永），「市場交換」（ウェーバー）の理解

出典：高田（1922：99），富永（1995：16），ウェーバー（1972：42-45）より。

　このような違いがあらわれたのは，社会関係という言葉の意味が高田と富永
で異なるからです。高田の社会関係とは「仲」（「間柄」）のことです。たとえば，
「仲のいい（悪い）人たち」は，お互いに相手が自分にどのようにふるまうか

大体，見込みがたつはずです。そこで，社会関係とは「相互にある作用をしようとする相互的用意である。又相互的準備である[44]」と定義されます。

富永の社会関係も似た内容ですが，富永の定義のポイントは，「相互行為は一回限りで，短時間に終了してしまうが，社会関係はそうでなく，長期にわたって持続する[46]」という持続性の認識を付加する点です。相互行為が持続的，すなわち，将来にわたって同様な様式で持続する。このような持続性の認識は高田（次節にみるウェーバー）の社会関係の定義には入ってないのです。

❸ 社会関係の高田と富永の理解はどちらをとるべきでしょうか？

では，社会関係の高田と富永の理解はどちらをとるべきでしょうか？　社会関係の定義に持続性を持ち込むと，社会関係の持続的でない（はかない，1回限りの）部分が見えなくなってきます。それでいいのかという問題です。「袖触れ合うも他生の縁[47]」といいますが，われわれはこのような非常にささやかな（多分，1回限りの）「関係」も含んで，社会を暮らしているのではないでしょうか？　また，これは日本に限ることでもないでしょう。

たとえば，筆者は公衆電話もない，アメリカの山の中で車のブレーキ付近から煙が出て困り果てたことがあります（携帯電話もない時代です）。延々と続く下り坂でブレーキを使いすぎたためでした。そのとき助けてくれた（車を点検してくれた）のは，行きずりのバイクに乗った，大量のピアスをつけた黒人の若者でした。同じくアメリカの小さな町のダウンタウンで「おまえの車はパンクしている」と教えてくれたのは，対向車の白人女性でした（お互い窓を開けて，ジョージ・ルーカスの映画『アメリカン・グラフィティー』の舞台の町をのろのろと走っていました）。このような経験は私だけではないでしょう。ここには，高田の繊維社会（図序-10）があるというべきです。

このようないろいろな相互行為（たとえば，固い約束で持続する社会関係や，堅い約束をしても本当に守られるかどうかはわからないようなはかない社会関係）を含んでわれわれは社会を生きています。

ここに「弱い紐帯」（Weak Ties）の知見を加えてもいい。「強い紐帯」（Strong Ties）とは別に，「弱い紐帯」は生きていくのに結構頼りになるようです[48]。これは，高田ならば繊維社会とよんだでしょう。いいかえれば，富永の「狭義の社会」の定義は，満たすべき条件（図序-2，持続的な相互行為の集積→社会関係→共属感情）がきついが故に，高田の「微分的なる社会観」なら社会である領域が準社会（「不完全社会」）とされてしまうのです。富永の社会は，高田との対比で「積分的なる社会観」とよんでいいようです。これは前節の「微分的なる社会観」という高田による比喩的表現との対比で，示しています。積分的とは，図序-8の集団社会を社会の重要な要素とみる社会観です。

（山本　努）

が将来にわたって続くことが双方の行為者によって期待されている——である場合，自我と他者とのあいだには社会関係が形成されている」。富永，前掲書，1986年，111-112頁。あるいは，以下の定義の方が分かりやすいかもしれません。「社会関係とは，人Aと人Bのあいだに相互行為がくりかえし行なわれ，その結果，今日会って一度別れても，明日か来週か来月か，ともかく将来なお同様な様式で相互行為が持続するのが当然という期待が当事者のあいだに共有されている状態のことである。相互行為は一回限りで，短時間に終了してしまうが，社会関係はそうでなく，長期にわたって持続する」。富永，前掲書，1995年，16頁。

▷6　ここの引用は側注5にある文書の最後の部分。富永前掲，1995年，16頁。

▷7　道で袖が振れ合うというような，偶然でささやかな出会いの意味です。

▷8　玄田によれば，「弱い紐帯と訳されたweak tiesの存在が，日本での幸福な転職のためにも重要な役割を果たす」。玄田有史『仕事のなかの曖昧な不安——揺れる若年の現在』中央公論新社，2005年，193頁，より。玄田のこの知見は，M.グラノヴェター，渡辺深訳『転職——ネットワークとキャリアの研究』ミネルヴァ書房，1998年，から示唆を得ている。グラノヴェターは米国の研究で強い紐帯（いつも会う人）より，弱い紐帯（まれにしか会わない人）が，有益な転職情報を得るよい手段となっていることを示した。

社会関係と集団

1 社会関係という言葉の定義と含意

　社会関係という概念について富永と高田で大きな違いがあることを前節でみました。それではそもそも社会関係という言葉は本来，どのように使われてきたのでしょうか？　これを理解するにはウェーバーの社会関係の概念を参照する必要があります。

　ウェーバーによれば社会関係（social relationship）とは「意味内容が相互に相手を目指し，それによって方向を与えられた多数（複数）の人々の行動のこと」です[1]。たとえば友人関係は「私はあなたと友人である」と思い，「あなたも私と友人であると」と思うという相互の意味づけによる社会的行為です。前節で高田の社会関係の定義[2]をみましたが，ウェーバーの定義に依拠してできています。ですから，両者はとても似た内容になっています。

　またほんのささやかな相互の意味づけでも，社会関係の定義をみたすのがウェーバー（や高田）の使い方です。「双方の行為の相互関係（相互の方向づけ）が少しでもあることが社会関係という概念の基準になる」のです。つまり，最小限の相互の方向づけがあれば，社会関係は成り立ちます[3]。

　富永の定義に含まれた，社会関係の持続性については，ウェーバーも高田も，定義に含めません。「社会的関係には，非常に一時的なものもあるし，永続的なものもある」のです[4]。したがって，社会関係は非常にはかない場合もあるのです。ですから，ウエーバーは「市場交換」を，（高田と同じく）社会関係に含んでいます。ここが富永との大きな違いです（図序 - 11）。

　人が恋に陥るのは「互いに視線を交えたため」[5]だそうですが，これも立派な社会関係です。ただし，恋愛関係も非常にはかない場合もある。さらには，ウェーバーの社会関係は「相互的行為の当事者同士が社会関係に同じ意味内容を含ませる」とは限らないのです。つまり「一方が友情，愛情……を持っていても，他方がまったく違った態度で報いることがある」[6]。このような意味の食い違いも含めて，社会関係という概念を使います。であれば，一方が恋のつもりで，他方がそう思っていなくても，社会関係になるのです。

2 集団という言葉の定義と含意

　さて，社会は社会関係と集団からできていました（図序 - 6，8）。では次に

▷1　ウェーバー，前掲書，1972年，42頁。M. Weber, *Economy and Society 1*, University of California Press, 1978, p. 26，ただし，翻訳を一部改変。

▷2　社会関係とは「相互にある作用をしようとする相互的用意である。又相互的準備である」という定義でした。高田，前掲書，1952年，8頁。

▷3　ウェーバー，前掲書，1972年，42頁。最小限の相互の方向づけは，at least a minimum of mutual orientation とある。Weber, 1978, p. 27.

▷4　本文引用はウェーバー，前掲書，1972年，44頁。M. Weber, 前掲，1978年，p. 28には以下のようにある。A social relationship can be of a very fleeting character or of varying degrees of permanence.

▷5　V. ユーゴー，豊島与志雄訳『レ・ミゼラブル（三）』岩波書店，1987年，290頁。

▷6　ウェーバー，前掲書，1972年，43頁。

集団の定義をみておきましょう。富永の集団の定義はすでにみましたが，それを含めて有力な集団の定義は以下の４つがあります。(**図序 - 12〜15**)

集団とは相互に接触し①，お互いのことを意識し，かつある意味をもった共通性（commonality）を意識している多数（複数）の個々人②と定義できよう。集団の本質的特徴は，その成員が共通した何かを有し，かつ共通に所有しているものが少しは重要であると信じられていることである。

> **図序 - 12　オルムステッドの集団の定義**

出典：オルムステッド（1963：13）より。

結合している人びとが自分たちを一の集団と見，一の集団という意識乃至観念①が成員を支配している。ひいては彼等の行動態度が此観念によって規定②せられざるを得なくなる。…これを今，社会集団又は単に集団という。…此一の集団をなすという観念といったが，それは一定の人びとが何等かの共通の徴（しるし）をもつという意識内容③をさす。この徴によって人びとが互いに同一のものと見ることである。

> **図序 - 13　高田の集団の定義**

出典：高田（1952：31）より。

社会集団とは，複数の行為者間に持続的な相互行為の累積①があることによって成員と非成員との境界がはっきり識別②されており，また内と外を区別する共属感情が共有③されているような，行為者の集まりをさします。

> **図序 - 14　富永の集団の定義**

出典：富永（1996：69）より。

集団は二人結合と異なりその成員の交替にかかわらず持続する①ことができる。…一つの集団をなしているといわれるのはそこに何等かの「我等意識」が成立②しているからである。…集団には必ず集団の名において成員を拘束するもの‐規制が成立③している。

> **図序 - 15　蔵内の集団の定義**

出典：蔵内（1978：351）より。

　まず，これらの集団の定義で共通なのは，人びとが何等かの共通性の意識を持っていることです。つまり「私たちは同じ○○だ」という気持ちです。集団のこの要素は，「我等意識」（蔵内），「共属感情」（富永），「共通性（commonality）を意識」（オルムステッド），「共通の徴をもつという意識」（高田）といい方は異なりますが，４つのそれぞれの定義で言及されています。したがって，共通性を意識していることは集団の定義に非常に重要です。しかし，共通性の意識だけで集団は成り立つでしょうか？　このことを次に考えてみたく思います。

③ オルムステッド，高田の集団の定義：共通性と相互接触の定義

　共通性の意識だけでは集団にならないことを面白く示しているのはオルムステッドです。動物園のトラの檻の前の人びとは，共通の関心（共通性の意識）があって，かつ，みんな近くにいますが，集団ではないというのです。しかし，檻からトラが逃げ出し，人びとが近くの食堂に逃げ込み，トラに襲われる恐怖

▷ 7　M. S. オルムステッド，馬場明男他訳『小集団の社会学』誠信書房，1963年，13頁。

高田，前掲書，1952年，31頁。

富永，前掲書，1996年，69頁。

蔵内，前掲書，1978年，351頁。

▷ 8　○○のところには集団の基盤になる何かの属性を入れて下さい。たとえば，同じ野球部とか，同じ家族とか，同じ趣味の仲間とかです。

▷9　オルムステッド，前掲書，13頁。
▷**共属感情**
⇨序−2参照。
▷10　富永の集団の定義は図序−3も参照。
▷11　富永の「積分的なる社会観」は6節参照。なお，「トラが逃げ出した状態」を仮に富永の定義でも集団に含むにしても，定義の中核におかれる事例ではないのははっきりしています。これに対して，オルムステッドはこの例を中核において集団の定義をしています。ここに富永とオルムステッドの大きな違いがあり，高田はオルムステッドに非常に近い立場なのです。
▷12　富永の「持続的な相互行為」は個人間での相互行為の持続です（たとえば，ゼミの同期生のつき合いが続くこと）。逆にいえば，ゼミの同期生という集団は，同期生同士のつき合い（という，個人間での相互行為）がなくなれば，集団もなくなります。これに対して，蔵内の定義では，集団の持続（たとえば，ゼミという集団が成員の交替を経ても代々続くこと）ですから，より条件が重たいのです。
▷13　たとえば，某大学弓道部の「部規則（1年生用）」は次のようです。「1章　日常生活　2章　道場における規則（1，全般について　2，練習時間　3，出欠，開始，解散　4，練習内容　5，矢取り）3章　食事における規則（・おごってもらった際は「いただきます。」「ごちそうさまでした。」と感謝の気持ちを忘れない。・おごってもらった際は，会計を見ずに店

を共有し，協力してドアにバリケードを作り，おびえる子どもを励ましたりすれば，そこには集団ができるというのです。

　つまり，集団に重要な要素は共通性（共通の関心）もですが，相互接触（人びととの活動）が必要なのです。図序−12のオルムステッドの集団の定義の①相互接触は，このような意味で使われています。つまり，オルムステッドの集団の定義は**図序−16**のように要約されます。

　これに非常に近いのは高田の定義です。図序−13の高田の定義では③共通の徴を持つという集団の観念によって，②人びとの行動態度が決まってくることを集団とみています。つまり，多少表現は異なりますが，図序−16にあるように，高田とオルムステッドの集団の定義は同義です。

> 共通性／共通の徴を持つ集団の観念＋相互接触（人々の活動）／行動態度
>
> 図序−16　オルムステッド，高田の集団の定義

❹　蔵内，富永の集団の定義：持続性，拘束性を含む定義

　これに対してやや異なるのが，図序−14の富永の定義です。富永では，境界識別②，**共属感情**③とありますが，これは，オルムステッド，高田（図序−16）の「共通性／共通の徴を持つ集の観念」と同義です。ただし，富永の①「複数の行為者間に持続的な相互行為の累積」は，オルムステッド，高田の集団の定義とは少し異なります。上記のトラが逃げ出した状態は「持続的な相互行為の累積」というよりは，その日限りのアクシデントです。したがって，富永の定義では集団には含まれないとみるべきでしょう。富永が言及する集団の実例は家族，組織，国家などです。ここから「持続的な相互行為の累積」という条件が付されたのでしょう。このあたりにも，高田の「微分的なる社会観」と富永の「積分的なる社会観」の違いがでています。

　さらに異なるのが図序−15の蔵内の定義です。蔵内では，何らかの「我等意識」②は，オルムステッド，高田（図序−16）の「共通性／共通の徴を持つ集の観念」と同義です。これに加えて，蔵内では「成員の交替にかかわらず持続する」①と，集団の持続性が条件に入ります。これは富永よりもよりもさらに重い条件というべきです。それに「集団の名において成員を拘束するもの−規制」③と，集団の拘束性が条件に付加されます。

　たとえば，蔵内の集団（**図序−17**）はクラブ活動などを考えれば了解できます。クラブはメンバーを交替しながら存続します。クラブは種々の決まりごとがあって成員を拘束します。場合によってはそれを文書にしていることもあります。

我等意識（＝共通性／共通の徴を持つ集団の観念）＋持続性＋拘束性

（図序-17 蔵内の集団）

❺ オルムステッド，高田の集団の定義／蔵内，富永の集団の定義

集団の一般の定義としては，オルムステッド，高田の定義が妥当です。4者の中で最も広い定義だからです。またこの定義は，人びとの微細な活動（相互接触）にも集団を見いだすのに大いに役立ちます。たとえば，資料序-1の歌舞伎町の記事をみて下さい。ワンコが逃げて出してしまったのを「あわてて追いかけているうちに，出勤途中のホストやキャバクラ，風俗の子たちが次々と追跡に加わってくれて……ようやくワンコは戻りました。その間，行き交う車やバイクに一度もクラクションを鳴らされず，怒鳴られもしなかった。『よかったね』とみんなすぐ去っていきました」（朝日新聞2020年7月31日朝刊）。ここにあるのは，オルムステッド，高田の集団です。ここから歌舞伎町人びとの集団生活の一断面に気づきます。

逆にもっとも狭く，集団らしい集団を定義した蔵内の定義も有益です。たとえば，資料序-2は持続性と拘束性を備えた地域社会という集団に気づかせてくれます。ふるさとへの郷愁が決め手で帰郷した著者は，母校の小学校，神社の森への道を散歩し，「自分を育んでくれたなじみの風景」に出会い，庚申塚の縄飾りが掛け替えられているのも「何だかうれしい」と思います（朝日新聞2021年3月17日朝刊）。ここからは，持続性と拘束性を備えたローカルな地域社会の一断面が見えてきます。 （山本 努）

外に出て待つ。……など）4章 飲み会における規則（・オーダーはテーブルで一番後輩が率先してとる。・乾杯はグラスを両手で持ち，目上の人よりグラスを下げる。・飲み物を注ぐ時はラベルを上にする。……など）5章 車における規則 6章 遠征における規則 7章 メーリングリストにおける規則」

また，ある暴力団（これも集団です）では「組員がどうでも守らにゃならん規約」「体現できない者は即刻破門するくらいの」厳しい規制が定められていました（田岡一雄『山口三代目田岡一雄自伝（仁義編）』徳間書店，1982年，75-78頁）。

「夜の街」の中でも名指しで批判される新宿・歌舞伎町に住んで，もう20年ほどになります。……敵や競合相手には怖い歌舞伎町の住人ですが，不思議なやさしさも感じます。

少し前，うちのワンコが散歩中に逃げてしまった事件がありました。あわてて追いかけているうちに，出勤途中のホストやキャバクラ，風俗の子たちが次々と追跡に加わってくれて，大騒ぎの末，ようやくワンコは戻りました。その間，行き交う車やバイクに一度もクラクションを鳴らされず，怒鳴られもしなかった。「よかったね」とみんなすぐ去っていきました。

そのとき私が感じたのは，町内の顔なじみの一体感とも，水商売に生きる人間の連帯意識とも違いました。それは「他人に過大な期待をかけてはいけない」ことを，過去の人生で学んだ人たちからにじみ出る，一種のやさしさの形でした。最初から人に期待しすぎなければ裏切られもしないと経験的に知る人は，逆に，深入りしない関係の限りではやさしくなれるし，協力もしてくれるんです。（朝日新聞，2020年7月21日朝刊）

（資料序-1 「ワケあり」ゆえ，やさしい）

夕方の散歩が日課である。コースは川沿いの遊歩道が主だが，……曲がり角に来ると，どっちへ曲がろうと迷うのも楽しい。右に曲がれば線路を越えて母校の小学校へと続き，左に曲がれば神社の森へと続く。そこに広がるのは，自分を育んでくれたなじみの風景だ。

最近興味を持ったのは，道端にある庚申塚。新年に掛け替えられたのか，縄飾りが真新しい。庚申塚は，豊作への祈りや災難から地区を守る願いが込められていると聞く。縄飾りがその地区で継承されているのも，何だかうれしい。

今までの人生で「曲がり角だらけ」と言うほど多くの岐路に立ったことはないが，夫の定年時に長年暮らした広島に住むか，山口の下関に帰るかで随分悩んだ。帰郷の決め手はやはりふるさとへの郷愁だった。（朝日新聞，2021年3月17日朝刊）

（資料序-2 曲がり角の先は）

全体社会

1 集団，社会関係と生活

　社会関係と集団の概念をみてきました。図序 - 6で示しましたが，「具体的意義の社会」には「集団の意識を伴うもの」と「集団の意識の伴わざるもの（社会関係）」がありました。あるいは図序 - 8で示しましたが，集団社会（集団の形を持つ社会〔積分的社会〕）と，集団外社会（集団の形を持たぬ社会〔繊維社会と機能聯関／微分的社会〕）がありました。

　社会学の視点で把握する場合，生活とはこのような「集団や社会関係への人びと（個人）の参与（の総体，束）」のことです。たとえば，資料序 - 1の歌舞伎町の集団生活は，逃げたワンコを捕まえるのに見知らぬ人びとが「次々と追跡に加わってくれ」ました。それは，丁度，オルムステッドの「檻から逃げたトラ」に対する人びとの活動（相互接触）と同じです。

　歌舞伎町の生活では，「他人に過大な期待をかけてはいけない」「深入りしない関係の限りではやさしくなれるし，協力もしてくれる」のだそうです。それは，「町内の顔なじみの一体感」とも，「水商売に生きる人間の連帯意識」とも違う。逆にいうと，ここにあるのは，歌舞伎町に住む人の多層的な交わり（「深入りしない関係の限りでの協力」「町内の顔なじみ」「水商売の連帯」などの集団や社会関係への参与の束）です。この交わりは社会関係や集団という概念で社会学では把握します。

　同じく資料序 - 2の下関への「帰郷」でも同じです。「母校の小学校」や「神社の森」は集団や社会関係への参与であって，「そこに広がるのは，自分を育んでくれたなじみの風景」で，「帰郷の決め手はやはりふるさとへの郷愁」だったわけです。ここにも，「集団や社会関係への人びと（個人）の参与（の総体，束）」としての生活があります。

2 生活構造と全体社会

　社会学ではこのように生活を社会への参与として捉えるのですが，社会とは集団と社会関係からできていました。加えて，先の「郷愁」の事例にあるように，生活での気持ち（生活意識）も重要です。生活意識は文化体系との接触によって大きく決まってきます。つまり，社会学的に捉えた生活（**社会学的生活構造**）とは，個人の集団と社会関係への参与の束と文化体系への接触と規定できます。

▷1　山本努「地域社会学入門／都市研究から」同編著『地域社会学入門——現代的課題との関わりで』学文社，2019年，6頁。
▷2　前節の檻からトラが逃げ出した事例，参照。オルムステッド，前掲書，13頁。

▷3　社会のこのような理解は図序 - 6の「具体的意義の社会」を参照して下さい。
▷**社会学的生活構造**
ただし，「社会学的」は煩雑なので省略して，生活構造と表記する。
▷4　この生活構造の理解は鈴木広『都市化の研究』恒星社厚生閣，1986年，177頁に負う。ここで鈴木は生活構造を「生活主体としての個人が文化体系および社会構造に接触する，相対的に持続的なパターン」と定義しています。

さてこの生活の展開する場が全体社会です。全体社会の定義もいろいろあり

ますが,「通例民族とか国民とかの言葉で指示されているところの高度に複合[5]

的で自足的な社会範囲」といった定義が有力です。つまり,ある社会範囲(の[6]

人びと)の暮らしに必要な,ほぼありとあらゆるもの(たとえば,食料,言葉,

お金,社会集団などなど……)がそこで手に入って(つまり「高度に複合的」で),

それ故に,その人びとの暮らしがその社会的範囲で完結している(つまり,自

足的な)とき,そこには全体社会があるというわけです。ですから「全体社会

は大きな複合的な社会であり,……そこで人間生活の全面が展開されていると

ころの自足的な社会範囲であり,あらゆる種類の文化がになわれる場である」[7]

と規定されるわけです。

大昔なら,邪馬台国は1つの全体社会です。現代なら,日本社会や中国社会

は一応,全体社会といってよいと思います。ここで,一応といったのは,日本

社会も中国社会も他所の全体社会(たとえば,外国)と相互交流しているので,

完全に自足的とはいえないからです。しかし,相当に自足的でもあるわけで,

全体社会は程度の概念と理解しておきましょう。言い換えれば,現代社会は世

界社会という極大の全体社会を作る途上にあるともいえるのです。[8]

③ 全体社会と基礎的社会

さて,この全体社会という概念で理解に苦しむのは,自足的という規定です。

全体社会は「自足的範囲を限ること,すべての結合,成員のすべてという三つ

の成分をもつところの概念である」とされています。これを「すべての結合,[9]

成員のすべて」という2つの成分のみで概念規定はできないでしょうか?

この問にここで答えを与えることは難しいです。しかし,全体社会と似た概

念に基礎的社会という概念があります。「それは現実において最大の社会集団

を形造るものであり,多数の社会成員と社会集団を自己のうちに含むものであ

って,自己の保存と発展とを目ざしつつこれらの社会成員並に社会集団に向か

って統制を行うものである」と定義されています。この概念は自足性という要[10]

件を含まず,「すべての結合,成員のすべて」という2つの成分のみでの概念

規定になっています。またそれは統制を行う集団であるとされています。

ただし,全体社会は集団かどうかは微妙です。図序-7の「三重の結束結

合」として成り立つからです。また「集団であるならば共通の標徴を中心とす

る結合であるのに,これさえ考へ得べくもない」からです。[11]

「日本」や「アメリカ」は全体社会であり,基礎的社会の実例ですが,このよ

うな言葉で代表される包括的な社会的空間を社会学は想定しています。この「日[12]

本」や「アメリカ」という社会は非常に具体的で,歴史的な存在でもあります。[13]

本書ではこのような社会を全体社会とよぶことにします。基礎的社会という言

葉よりも,広く使われているという便宜上の理由からです。 (山本 努)

▷5 高田保馬『社会と国家』岩波書店,1922年,72頁,17頁の「私の見る全体社会は結合の網の自足的封鎖的組織に外ならぬ」というのが,全体社会の最も簡潔な定義です。また,高田保馬『社会学概論』岩波書店,1922年の次の定義も重要です。「一定の地域を以て限られ,自ら一集団をなすと意識し,また内部に殆ど一切の社会的結合関係を包括する社会」(101頁)で,「一定範囲の人々が他の範囲との交渉を切断しても,現在のままあらゆる方面に自足的生活を営み得るほどの結合に立入れる場合,これらの結合の網を一括して全体社会という。それは程度的なる概念である」(165頁)。なお,全体社会の構成は4節の側注4の文献からの引用の「三重の結束結合」として現れる。

▷6 蔵内,前掲書,1978年,234頁。

▷7 同,352頁。

▷8 同。

▷9 高田,前掲書,1952年,44頁。蔵内,前掲書,1978年,236頁。

▷10 清水幾太郎『社会的人間論』角川書店,1954年,76頁。

▷11 高田,前掲書,1952年,44頁。ただし,全体社会は側注5の定義では集団とされます。

▷12 蔵内,前掲書,1978年,235頁。このような社会は初期の社会学が有機体として取り扱った社会でもあります。同,352頁。

▷13 同,353頁。

9 地域社会

1 全体社会と社会学的地域社会（コミュニティ）

　「日本」は全体社会であり，その内部で日本の人びとのほとんどの暮らしが展開します。もちろん，日本の外にまったく生活がないわけではありません。しかし，日本の人びとの暮らしのほとんどは日本の中での活動です。これが日本が全体社会であるということの実態です。その全体社会の中により小さな「全体社会に近い社会」があります。それが地域社会です[41]。具体的には，序-7の歌舞伎町（資料序-1）や下関（資料序-2）などがそれです。全体社会を経験的に把握するのは難しいです。これに対して，地域社会ならば，調査に出かけていって，経験的に人びとの生活を観察することが可能です。ここに，地域社会という概念が必要な1つの根拠があります。

　全体社会は全員社会（国家など），集団，微分的結合（個人と個人との結合）の「三重の結束結合」から成り立ちます（図序-7）。それらの集団や微分的結合は，全体社会内の一定の地理的範囲に集まります。具体的には，歌舞伎町の人は歌舞伎町の中で，下関の人は下関の中で集団に参加し，微分的結合を持ちます。そして，歌舞伎町や下関を自分の地域社会と感じています[42]。このような状態がある時，そこには地域社会があるといいます。

　つまり①一定の土地の広がり（地理的範囲）があり，②そこで人びとの多くの社会生活（＝集団に参加したり，社会関係を結ぶこと）が営まれており，③そこに人びとが帰属意識（＝そこが自分達の地域であるという気持ち）を持っていれば，そこには地域社会があるといいます。

　さらに地域社会の外側には，①あまり帰属意識は持てないが（＝つまり，自分達にとっては「よそ」の地域だが），②社会生活のいろいろ活動でそこを利用するので（たとえば，通勤，通学，通院，購買，交際など），③一定の親しみ（や「なじみ」の感覚）を持てる地理的範囲（や場）がある。これを地域利用圏といいます[43]。

　地域社会を広義に捉える場合には，（上記のような狭義の）地域社会と地域利用圏の両方を含むことにします。ただし，ここでの地域社会は広義であれ，狭義であれ，ある程度の地域意識（＝地域への帰属意識や「なじみ」の意識など）と，そこでの社会生活を基盤に持ちます。その点でここでの地域社会（広義であれ，狭義であれ）を社会学的地域社会（コミュニティ：community）と名づけます。つ

▷1　ここでの地域社会の理解は，地域社会を「全体社会の内部の全体社会」と考えた鈴木，前掲書，1986年，134頁の指摘に負う。

▷2　歌舞伎町や下関はもちろん，例示ですから，ここには，＊＊と具体的な地域名を入れて，一般論として理解してください。

▷3　たとえば，○○市（という地域社会）の住民は，××市の職場や△△町の病院に行くのだとすれば，××市や△△町は○○市の人びとの地域利用圏です。地域利用圏はそこを利用する（○○市の）人びとにとっては，よその土地であり，自分の所属する地域ではありません。しかし，いつも行く（使う）場所なので，「親しみ」や「なじみ」の感情を持つことが多いのです。

まり，人びとの意識（気持ち）と社会生活（集団と社会関係）が累積している，一定の地理的範域（土地の広がり）が社会学的地域社会（コミュニティ：community）です。

2 なぜ，「地域社会の社会学」が必要なのか

社会学には，家族社会学，産業（職場）社会学，教育（学校）社会学など個々の集団や社会関係の社会学がありますが，それをいくら集めても社会学は完成しません。それは生活の一部を担う個々の集団や社会関係の社会学の並列にとどまるからです。

社会学は人びとの生活を理解する学問です。生活はこれらの集団や社会関係への参与が累積し，連関し，展開する全体（Totality）です。全体は部分の合計以上のものであり（Totality is more than sum），社会学はその生活を捉える必要があるのです。その生活が営まれる場が地域社会です。だから，地域社会学が必要なのです。

つまり，地域社会（小さな全体社会）という入れ物（空間）の中に，種々の集団や社会関係があり，それら集団や社会関係に人びと（個人）が参与することで人びとの生活（暮らし）というTotality（全体）が営まれます。そのような社会での生活（暮らし）を研究するのが地域社会学です。

ということは，地域社会（＝という，入れ物，空間）の性質によって，集団や社会関係の性質が変化し，それによって，人びとの生活も変わります。つまり，〈「地域社会」→「集団（や社会関係)」→「生活」〉という因果関係や社会過程が想定できるのです。それはちょうど，鍋（入れ物／地域社会）の種類によって，鍋の中の肉や野菜や米（集団や社会関係）の煮え方（や焼け方）が異なり，でき上がり（生活）が違うのと似ています。それを探るのが地域社会学の課題です。たとえば，都市か農村かという「地域社会」（入れ物）の違いによって，余暇集団の種類（＝「集団」）は違ってきます。それによって，人びとの遊び方（＝「生活」）は変わってきます。

ただし，ここでは，矢印（因果の方向）を「→」と一方向的に描きましたが，逆の方向（「←」）も必要です。人びと（の生活）は受動的なだけでなく，主体的，能動的な性質も持つからです。「生活（者）の論理」とか「行為者の主体性」などとよばれるものがそれです。そこが上記の肉や野菜や米と生活（集団や社会関係，つまり人間）との違いです。したがって，正確には，〈「地域社会」⇄「集団（や社会関係)」⇄「生活」〉という因果関係や社会過程を探るのが地域社会学ということになります。[4]

以下，各章はその興味深い例解です。本書で地域社会学の旅に出て「眼から鱗が落ちて」くだされば幸いです。「眼からウロコが落ちることがなければ，旅にでることもない[5]」のですから。

（山本　努）

▷ 4　本節は，山本，前掲書，3-5頁を参照した記述になっています。
▷ 5　小田実『地図をつくる旅』文藝春秋，1981年，7頁。

（理解促進のために）
C. W. ミルズ，鈴木広訳『社会学的想像力』紀伊國屋書店，1965年。
高田保馬『社会学概論』ミネルヴァ書房，2003年。

第 1 部

現代農山村の社会分析

地域社会には都市と農村がある

▷1　序-9 参照。

▷2　奥井復太郎『現代大都市論』有斐閣，1940年，440頁。

▷過疎地域
Ⅰ-5，6 参照。
▷限界集落
Ⅰ-7 参照。

▷3　本章で使う農村という言葉には，山村，漁村を含みます。ですから，正確には農山漁村と書けばよいのですが長いので「農村」と略記しています。なお，都市社会学の様々な都市の定義については，山本努「地域社会学入門／都市研究から」同編『地域社会学入門——現代的課題との関わりで』学文社，2019年，1-38頁，参照。

① 地域（社会）とは

　地域社会とは，人びとの暮らし（生活）と気持ち（意識）が累積している，一定の土地の広がり（地理的範域）のことです[1]。

　また，地域とは「其処に或る特定の統一性の（その強弱は別問題として統一性そのものの）存する面積的拡張」あるいは「或る統一性に基づいて封鎖された，外部とは一応切り離された空間」でもあります[2]。ここで「統一性」は特定の身分や生活に基づく封鎖性を意味します。たとえば，労働者の街なら労働者という身分が，別荘の街なら別荘の生活が「特定の統一性」（あるいは封鎖性，独立性，絶縁性）を生み出すという具合です。いずれにしても，「一定の土地の広がりの中にある暮らしと気持ち」が地域社会を作ります。

② 都市／農村とは何か？という問題

　このような地域社会（community）には都市と農村（村落）があります（本章では農村と村落は互換的に用います）。本章の課題は，農村の中でも**過疎地域**とか**限界集落**とよばれる地域の現状です。ただ，その前に都市と農村という言葉の意味をはっきりさせておく必要があります。都市も農村もありふれた日常の言葉ですが，この言葉の正確な理解はなかなか難しい問題です。日常の言葉には，学問的に詰められていないものは多くありますが，都市や農村もその1つなのです[3]。

　しかも，農村は「都市にあらざるもの」として，消極的に示されることも多く，これも好ましいことではありません。好ましい定義は，都市と農村の特質を適切に対比し，検討したものです。

③ ソローキンの都市と農村の8項目対比

　そこで，都市と農村の特質を適切に対比，検討した定義が，ソローキンの都市と農村の定義です。ソローキンはアメリカの都市と農村を以下のように8項目にわたって対比しています。

①職業：農村では農業，都市では非農業（製造業，機械業，商業取引，専門職業，行政，その他）が中心です。

②環境：農村では自然が人間社会的環境に優越します。都市では人為的環境が自然に対して優越します。

③人口量：同一国家，同一時代においては，農村よりも都市で人口量が多いです。

④人口密度：同一国家，同一時代においては，農村よりも都市で人口密度が高いです。

⑤人口の同質性・異質性：農村は同質性が高いです。同質性とは言葉，信念，意見，風習，行動型などの社会心理的性質の類似のことです。都市は異質性が高いです。都市は宗教，教養，風習，習慣，行動，趣味などの異なる，多様な人びとが投げ込まれた溶解鍋のようなものなのです。

　都市では人間の最も対立的な型，天才と白痴，黒人と白人，健康者と最不健康者，百万長者と乞食，王様と奴隷，聖人と犯罪者，無神論者と熱烈な信者，保守家と革命家が共存します。都市の異質性は，移住者の流入，分業（分化）や階層化に起因します。

⑥社会移動：都市は農村よりも水平的，垂直的移動性が大きいです。「社会移動の通路をなすあらゆる機関――大学，教会，財政・経済の中心，軍隊の本部，政治勢力の中心，科学，美術，文学の中心部，国会，有力新聞などの社会的昇降機（social elevators）――は都市にあって，農村にない」からです。したがって，「驚嘆すべき田園詩人も，都市の印刷物や都市の承認なしには，単に"彼の隣人たちの詩人"にすぎない」のです。それ故に，人口は農村から都市へ移動するのです。

⑦社会分化・階層分化：都市は農村よりも社会分化と階層分化が大きいです。都市は農村より，機能の特殊化が大きく進んでいます。たとえば，職業や娯楽などを想起しても，都市では農村にはない特殊な職業や娯楽があります。かつてジンメルが指摘した，**パリの第14番目役**というまことに奇妙な商売などがその突出した事例です。

　また「都市はあらゆる方面において最高権威者のいる所であり，同時に最も才能に恵まれていない人々のいる所で……略言すれば，都市の社会的ピラミッドは概して同じ社会，時代の農村のそれよりも遥かに高い」のです。

⑧社会的相互作用組織：農村においては**第一次的接触**が多いです。都市においては第二次的接触が優位です。すなわち，「都市人が相互作用する人々の……大部分はただ，"番号"であり，"住所"であり，"顧客"，"お得意"，"病人"，"読者"，"労働者"，あるいは，"雇人"にすぎない」のです。

　これに対して農村では「住民の相互作用組織においてパーソナルな関係が一般的（prevalence）です。すなわち，まず S. H. スミス氏，M. E. ハビット氏，ジョーンズ夫人というようなよく知っている個人があり，次いで，これらのスミス氏，ハビット氏，ジョーンズ夫人といった知り合いの人々の中に，農夫，鍛冶屋，八百屋，教師のような機能がある」。つまり，農村では知り合いの中村さんがお百姓で，知り合いの田中さんが市役所職員という具合なのです。

（山本　努）

▷パリの第14番目役
食事の会が13人という不吉な数になりそうな時に，求めに応じて14人目としてふさわしい服装で会に加わる職業。G. ジンメル，居安正訳「大都市と精神生活」『橋と扉』白水社，1998年，281頁。

▷第一次的接触
⇨ IX-5 参照。

▷4　ここでの「」の文言は P. ソローキン／C. C. ツインマーマン，京野正樹訳『都市と農村』巌南堂書店，1940年，3-98頁からの引用ですが，P. Sorokin and C. C. Zimmerman, *Principles of Rural-Urban Sociology*, Henry Holt and Company, 1929から，翻訳を筆者が一部改変しています。

Ⅰ　地域社会には都市と農村がある，過疎農山村の現在

2 都市・農村とは何か？
──都市／農村的生活様式による認識

 奥井復太朗の都市と農村の5項目比較

　前節ではソローキンによる，アメリカの都市と農村の8項目対比を見ました。日本でこれに似た考察をしたのは奥井復太郎です。奥井の5項目対比は，(A)職業　(B)自然的物的環境　(C)人口量及び人口密度　(D)組織及び制度　(E)社会構成からなりますが，日本の都市と農村を対象にした点で重要です。

　このうちで(A)職業　(B)自然的物的環境　(C)人口量及び人口密度　(E)社会構成は（個々の項目の考察には光るものがありますが），ソローキンの①職業　②環境③人口量　④人口密度　⑧社会的相互作用組織とほぼ重なる内容です。違うのは以下の2点で，こちらが重要です[1]。ここには日本の都市，農村の特徴が出てくるからです。

　まず奥井には，ソローキンの⑤人口の同質性・異質性　⑥社会移動の対比（項目）がありません。奥井によれば，これら2項目は，アメリカの都市，農村の対比にこそ適切な項目です。日本の都市や農村を考える時，この2項目は「その適用に多少の困難を感じ」るのです。アメリカの都市理論の特色は，「第一は非伝統的なる点であり，したがって第二に著しき可変性運動性であり，第三に**雑異性**の理論」[2]だからです。この可変性運動性は⑥社会移動，雑異性は⑤人口の異質性に対応するのです。「シカゴ市！　これについてのあらゆる統計はそれが諸君の手に届く頃にはもう時代遅れになっている」[3]といわれるくらいに，アメリカでは都市の変貌（可変性運動性）が激しかったのです。

 日本における都市と農村の違い：奥井復太郎

　これに対して，奥井が強調したのは(D)組織及び制度の項目です。この項目は，ソローキンの⑦社会分化・階層分化と近いのですが，奥井の独創が大きく，非常に重要です。長くなりますが，引用しておきます。

　「組織及び制度による特質：社会は集団的生活である故に，常に何等かの組織と制度とを持つ。多数の人々が一緒に生活している為に，（イ）全体の為に個人を規律する組織や制度が必要になると共に，（ロ）個々の人々が処理するよりも，全体を包含して特定の機関に処理せしむる方が便利の場合があり，其処に再び組織が生まれて来る。例をもって云えば交通統制の如きは巨大なる人口集団の社会にもっとも必要な事であって，人口集団が小さい場合はその必要

▷1　奥井，前掲書，11-18頁。

▷**雑異性**
「雑異性」と「異質性」はともに，ソローキンの het-erogeneity の訳語であり，したがって意味はおなじです。奥井がソローキンの heterogeneity を「雑異性」と訳したのは，奥井，前掲書，78-79頁で確認できます。ただし，今日では，異質性という訳語が定着しているので，本書でも，こちらの訳語を使います。ただ，奥井の雑異性という訳語はアメリカ都市社会学の雰囲気を伝えるいい訳語です。
▷2　引用は奥井，前掲書，71頁。
▷3　この引用の文言はGeorge Duhamel というフランス人の批評とのことで奥井，前掲書，76頁で紹介がある。

を見ない。之れと同様な取締規則が田舎に比して都会に多い。さらに田舎では各自が銘々井戸を掘って飲用水を用意するが都会では水道経営者に委せて飲用水の供給を得る。宴会の如きも田舎では自宅で自家の手で行うに対して都会では料理屋でやる。又は自宅で行うにしても料理屋を出張せしめてやる。このように多勢の人々が一緒に生活していると，色々の組織や制度が出来てくる。……かくの如き組織や制度の反面は，分業という事実に外ならない」。

ここから都市と農村の2つの対比が示されます。1つは分業ということです。たとえば，家事，育児，教育，医療衛生，治安，消防，ゴミ・汚物処理，救護救恤……等々が都市では専門の機関（組織や制度）に委ねられます。これらは農村では家族の中で行われます。ここから，都市は生活上の営みを（極端に云えば）悉く委託できる，専門的な組織や制度を生み，それに依存した生活を生むのです。もちろん，この依存には金銭が必要です。したがって，都市生活は貨幣的でもあり，「ドウです儲かりますか」というのは，都市での挨拶代わりにもなるのです。

さらには，もう1つ重要なのは，「取締規則」が都市に多いという点です。都市ではフォーマルな統制が必要になってくるので，法律規則が多いのです。法律規則のへの対応は，個人的に対処，善処したりすること（つまり，個人的裁量）を許しません。「敏捷の故をもって，赤信号を無視して自動車・電車の間を走り抜けたりする事」はできないのです。これに対して，農村にも慣習などはありますが，個人的に対処，善処して（個人的な裁量をして）差し支えない場合が少なくないのです。これについては，きだみのるの面白い農村記録があります。たとえば，山仕事を始めるのに山の神様にお酒を差し上げる習慣がありますが，「酒の代わりに『神の酒』なる石清水が入っていたかもしれない。英雄（村人のこと：筆者注）たちは酒が好きだ。途中で神さまの目を盗んだということもありえよう」というのです。

③ 日本における都市と農村の違い：倉沢進

奥井のアイデアをさらに明晰にしたのが倉沢の都市的生活様式論です。倉沢が重視したのは奥井のいう都市における専門的な組織や制度，および，それへの依存主義の生活です。

倉沢によれば，村落と都市の生活様式上の差異は，「村落おける個人的自給自足性の高さ，逆にいえば都市における個人的自給自足性の低さ」です。これは奥井の都市の依存主義と同じです。また，村落と都市の共同の様式に関わる差異もあります。こちらは「非専門家ないし住民による相互扶助的な共通・共同問題の共同処理が村落における共同の原則であるとするならば，専門家・専門機関による共通・共同問題の専門的な共同処理が，都市における共同の原則的なあり方」とされます。

（山本　努）

▷4 奥井，前掲書，16-17頁。ただし，引用では旧字などを改めた。以下同様。

▷5 同，483頁。

▷6 同，492-502頁。

▷7 同，505-506頁。
▷8 きだみのる『気違い部落周游紀行』冨山房，1948年，97頁。ここで紹介したのは，罪のないような話ですが，そのような話ばかりではありません。たとえば，上記の『気違い部落周游紀行』，170-171頁の「部落の英雄たちは始めて一つの異論なしに一致すること，そして一致が後ろめたきものであることを発見すること」という53節などを読むといいでしょう。
▷9 倉沢の都市（農村）的生活様式論は，倉沢進「都市的生活様式論」鈴木広・倉沢進・秋元律郎『都市化の社会学理論──シカゴ学派からの展開』ミネルヴァ書房，1987年，293-308頁。

Ⅰ　地域社会には都市と農村がある，過疎農山村の現在

 都市的生活様式の限界

都市／農村的生活様式論の源流

　前節でみた倉沢の都市的生活様式論は奥井が都市における専門的な組織や制度に着目した内容と同じです。それは，奥井の次の文言にも明らかです。これも重要なので，引用しておきます。「都市に於いては各種の動きが社会化されて，制度化される事実がある。農村では各戸に於いて各自，給水準備を行うに対して，都市に於いては水道経営となって現はれる。農村に於ける隣保匡 救^{きょうきゅう}の仕事は，都市に於いて社会事業となる。斯くの如くして都市に於いては多くの働きが社会化され組織立てられ，制度化されて来る。又農村に於ける綜合的な多角的な働きは，都会に於いて単一専門化特殊化される。例えば，家事，育児，教育等々が都会に於いては，それぞれの専門の機関に委ねられて，各人の活動を単一，専門化するのに対して，農村に於いては，其れ等が家庭の綜合・多角的な営みの内に含まれている」[41]。

▷1　奥井，前掲書，483頁。

　なお，倉沢には，奥井が注目した都市の「取締規則」への論及はありません。倉沢は奥井に言及していないのでその理由は不明です。とはいえ，倉沢の都市（村落）的生活様式論は都市・農村の基底を探示す重要な認識ですが，その源流は奥井にあったのです。倉沢は自らの都市的生活様式論の淵源をジンメル，パーク，ワース系のアーバニズム論への不満にあることを示しています[42]。この理路は，奥井も同じであるにも関わらず奥井への論及がないのです。倉沢が奥井の『現代大都市論』を読んでいなかったとは考えられず，まことに不思議なことです。

▷2　倉沢，前掲論文，299
-300頁。

② 都市／村落（農村）的生活様式の問題提起：都市的生活様式の限界

　さて，奥井にしろ，倉沢にしろ，都市的生活様式とは，多くの生活領域で専門機関（商業サービス・行政サービス）が成立し，それらの専門的処理に依存する生活のことです。これに対して，村落的生活様式とは，自家・自律的処理と住民（非専門家・素人）の相互扶助からできている生活のことです。

　ただし，倉沢が都市的生活様式論で提起した問題意識は，専門機関では対処できない多くの課題があるということです。この指摘は倉沢の独創であり，重要です。倉沢は次のように問題提起しています。「古典的コミュニティの解体とは，素人の住民の相互扶助による問題の共同処理のシステムが専門機関によ

るそれに置きかえられた結果であったが，生活の社会化の新しい局面は，商業サービス・行政サービスなど専門的処理のみでは処理しきれない問題の多いことを示した。都市社会のなかに新しい相互扶助的・自律的な問題処理システムが必要だということであった。コミュニティ形成における住民運動の意義に，非常な期待がかけられたのも，このためであった」[3]。

　このことは，商業サービスや行政サービスに頼り切った（依存した）生活で，すべてが問題なく，順調に進むかどうかを考えてみれば分かります。

　たとえば，電気の供給は電気料金を払って，あとは電力会社に任せておけばいいのでしょうか？　人々の安心・安全は警備会社や警察に任せておけばいいのでしょうか？[4]　医療や教育や福祉は病院や学校や福祉サービス機関に任せておけばいいのでしょうか？　必要な情報の入手は，新聞やテレビやインターネットに任せておけばいいのでしょうか？　そして，究極的には，われわれの様々な生活ニーズの充足は，すべて国（行政）や企業に任せて（依存して）おけばいいのでしょうか？

　この答えが「否」であるのは，明らかです。ここには，都市的生活様式の限界があります。都市的生活様式においては，お金を払えば，快適なサービスを受けられることも多いのは事実です。しかしまず，お金を払えない人には，このサービスは使えません。また，快適なサービスが労働現場の著しい低賃金や非人間的な労働によって担われている場合もままあります[5]。さらにはお金があってもそれですべて解決というわけにはいきません。

　このことは，原発の安全神話を信じて，原発に依存した暮らしが，福島の原発事故の2011年3月11日以降，破綻したことを想起しても明らかです。ここで，原発の有用性や安全神話を流布した莫大な「原発広告」もあることも重要です（**図1-1**）。それによって，原発に安心して依存する人びとが作られます。これら広告は広告会社が作ります。広告会社は専門機関（商業サービス・行政サービス）に依存する生活を受け入れる（好む）人びとを作る，専門機関というべきです。本間はそれを国民への「洗脳」「国民扇動プロパガンダ」とよんでいます[6]。実際，福島の原発事故以後でも，原発を受け入れる人（原発を過大に評価し，原発を否定できない人）が随分多いことは，本書2章9節で示しました。人びとのこのような意識は都市的生活様式の中で社会的，意図的に作られてきたのです。

（山本　努）

図Ⅰ-1　原発広告

出典：本間龍『原発広告』（亜紀書房，2013年），222頁。

▷3　倉沢進「生活の都市化とコミュニティ」『都市問題研究』第28巻第2号，1976年，40-52頁，参照。

▷4　ここでの人びとの安心・安全の事例を考えるのは，Ⅰ-9資料1-4は参考になります。

▷5　労働現場の著しい低賃金や非人間的な労働は，B.エーレンライク，曽田和子訳『ニッケル・アンド・ダイムド』（東洋経済新報社，2006年），J.ブラッドワース，濱野大道訳『アマゾンの倉庫で絶望し，ウーバーの車で発狂した』（光文社，2019年）などを参照。

▷6　これについては，本間龍『原発広告』（亜紀書房，2013年）。ここには，250点の原発広告が示されています。本間龍『原発プロパガンダ』（岩波書店，2016年）も重要。

Ⅰ　地域社会には都市と農村がある，過疎農山村の現在

 都市的生活様式論の日本的展開と農村的生活様式の切り崩し

 都市的生活様式論の日本的展開

　前節に示したように都市的生活様式には種々の限界があります。つまり，「生活や社会」vs.「専門機関（商業的，行政的サービス機関）」というべき問題が都市的生活様式論の重要な問題提起なのです。今日，この問題は，さらに重要になってきたようです。たとえば，電力会社（原発）と生活，病院（医療）と患者（生活），行政（合併や行政サービス）と住民，ネットと個人，マスコミと人間……などの論点です。

　専門機関依存型の都市的生活様式は，依存的，従属的な暮らしを作ります。しかし，依存して，「お任せ」していることはできない多くの問題があり，それをリスクと呼ぶなら，そのリスクを補完し，そのリスクに対抗，対処する人びとの共同は非常に重要です。そこで専門機関による問題処理システムの中に素人の住民の相互扶助のサブシステム（≒村落的生活様式）をいかに組み込むかという課題が指摘されるのです。[1]

　鈴木栄太郎の都市社会学に聚落社会という概念があります。聚落社会は「共同防衛の機能と生活協力の機能を有するために，あらゆる社会文化の母体となってきたところの地域社会的統一であって，村落と都市の2種類が含まれている」とされています。[2]ここに示された，共同防衛，生活協力，社会文化の母体という聚落社会の3機能は，現代の巨大システム（都市的生活様式を可能にする，専門機関，つまり，商業サービス，行政サービス）に取り囲まれた暮らしが圧倒的になればなるほど，人びとの暮らしに必要です。それを問うのが地域社会学です。巨大システムの例としてネットでの買物など考えてみてください。そこには，「口コミ」とか「カスタマーレビュー」などがついていて人びとに「安心」を与えています。[3]これも聚落社会（≒コミュニティ）の「共同防衛」の実例だと思います。鈴木栄太郎のこの地域社会の機能についての認識，問題意識がまったく古びていないのは，本書「はじめに」で示した，R.ラジャンの引用を参照して下さい。[4]現代アメリカの経済学者もまったく同じ問題意識を持っているのです。

　このような問題提起は都市的生活様式論の日本的展開で重要です。欧米の都市的生活様式論には，なぜか，この「生活や社会」vs.「専門機関」という問題構図がないようです。欧米（特にアメリカ）の都市的生活様式論を検討した

▷1　倉沢，前掲論文，1976年，51-52頁。
▷**鈴木栄太郎の都市社会学**
Ⅸ-1　Ⅺ-5　参照。

▷2　鈴木栄太郎『都市社会学原理（鈴木栄太郎著作集Ⅵ）』未來社，1969年，80頁。

▷3　この例は，筆者と共同で開講した熊本大学大学院ゼミでの，環境社会学者の牧野厚史氏（熊本大学教授）の発言に負う。
▷4　R.ラジャン，月谷真紀訳『第三の支柱──コミュニティ再生の経済学』みすず書房，2021年，1-29頁，および，序文，参照。

倉田によれば、「都市的生活様式の特質は、①多様性（異質性）②非人格的関係 ③匿名性 ④流動性であることが普遍的に承認されて」いるのです。この結論は、本章１節にみたソローキンの都市における、⑤人口の異質性、⑧社会的相互作用組織**第二次的接触**が優位、⑥社会移動　にほぼ対応します。

日本の都市的生活様式論（専門機関依存性）は、ソローキンの⑦の社会分化の指摘との関連が強いようです。社会分化とは専門機関を作ることと等しいからです。これが、日本では「生活や社会」vs.「専門機関」の問題になって出てきています。これに対して、アメリカでは、社会分化の議論は異質性、匿名性、階層性への議論に近づいていきます。

② 農村における都市的生活様式の浸透，過疎という言葉の登場

さてこのように現代の都市でも村落的生活様式は重要です。しかし、農村の暮らしも大きく都市化しているのも事実です。高度経済成長以降の農村では「水の共同利用を除いて、ほぼ個別農家単位での農業経営を可能にした。……いま農村で、隣家との相互扶助なしに生活できないという局面は、ほとんどないといってよい」のです。高度経済成長とは1950年代後半からのすさまじい経済成長を指しますが、それにともない農村の生活も大きく変わったのです。ここにみられるのは、農村における都市的生活様式の浸透ということです。

この都市的生活様式の浸透が、旧来の農村生活の基盤を切り崩していったのが、過疎問題です。過疎問題は高度成長の頃にまず現れたのですが、「過疎」という言葉がはじめて登場したのが、「経済社会発展計画（昭和42年３月13日閣議決定）」であり、次いで「経済審議会地域部会報告（昭和42年11月30日）」でした。そこでは、下記のように述べられています。

「……（昭和）40年代においては、生活水準、教育水準の向上や産業構造の高度化に伴って、人口の都市集中はいっそうの進展をみせるとともに、他方、農山漁村においては、人口流出が進行し、地域によっては地域社会の基礎的生活条件の確保にも支障をきたすような、いわゆる過疎現象が問題となろう」。

「……都市への激しい人口移動は人口の減少地域にも種々の問題を提起している。人口減少地域における問題を「過密問題」に対する意味で「過疎問題」と呼び、「過疎」を人口減少のために一定の生活水準を維持することが困難になった状態、たとえば防災、教育、保健などの地域社会の基礎的条件の維持が困難になり、それとともに、資源の合理的利用が困難となって地域の生産機能が著しく低下することと理解すれば、人口減少の結果、人口密度が低下し、年齢構成の老齢化がすすみ、従来の生活パターンの維持が困難となりつつある地域では、過疎問題が生じ、または生じつつあると思われる」。

（山本　努）

▷5　倉田和四生「都市的生活様式の特質」『関西学院大学社会学部紀要』36号、1978年、19-31頁。
▷**第二次的接触**
⇨ Ⅸ-5 参照。

▷6　山本陽三『農村集落の構造分析』御茶の水書房、1981年、184頁。

▷7　総務省『令和元年度版 過疎対策の現況』2021年、1頁。下線は筆者が付した。以下の引用は前者が「経済社会発展計画」、後者が「経済審議会地域部会報告」。

I　地域社会には都市と農村がある，過疎農山村の現在

高度経済成長による過疎のはじまり

 高度経済成長と過疎のはじまり

高度経済成長は1955年頃から1970年の約6000日で日本社会を一変させました[41]。この大変貌を一言でいえば，日本は「貧しい農村中心の社会」から「豊かな都市中心の社会」に変わったということです[42]。

このような社会の大変化から，**資料Ⅰ-1**，**資料Ⅰ-2**の歌詞のような事態が農村の若者におこります。資料Ⅰ-1は1959年に大ヒットした「僕は泣いちっち」という唄ですが，農村の青年の恋人が東京にいってしまったという唄です。「僕の恋人東京へ行っちっち」ではじまり，「僕も行こう　あの娘の住んでる東京へ」と唄われます。また，資料Ⅰ-2はこちらも大ヒットした，1955年12月発表された「別れの一本杉」です。こちらでは，「村はずれ」で恋人と別れて，東京に出た農村の青年が，村で待つ恋人のことを哀しく唄っています。

これらの唄にみられるのは，農村から都市への人口移動という事態です。この頃に日本の人口は高度経済成長によって，有史以来はじめて，都市人口が半数を超えています（逆にいえば，農村人口が半数を割り込みます）。市部人口は第1回国勢調査の1920年18.0％でしたが，1950年までは37.3％で，市部人口は郡部人口よりも少なかったのです。これが1955年に市部人口は56.1％となり，はじめて郡部人口を上まわります。以後，1960年63.3％，1965年67.9％，1970年72.1％と市部人口は増えていきます（**表Ⅰ-1**）。

さらに，1920年国勢調査（53.8％）から1955年（41.1％）までは，第1次産業就業人口が最多でした（**表Ⅰ-2**）。つまり，1955年時点では，

▷1　この詳細は，吉川洋『高度成長——日本を変えた6000日』中央公論新社，2012年，参照。
▷2　もう少し詳しくいえば，日本社会は「自然」から離脱して（＝産業化），都市に暮らし（＝都市化），「物」に囲まれ（＝「豊かな」社会になり），「学校」に行く（＝学校化），現代の社会（＝産業化した都市型社会）に変貌したのです。山本努「地域社会学入門／過疎農山村研究から」同編『地域社会学入門——現代的課題との関わりで』学文社，2019年，48頁，参照。

資料Ⅰ-1　僕は泣いちっち

僕の恋人
東京へ 行っちっち
僕の気持を 知りながら
なんで なんで なんで
どうして どうして どうして
東京がそんなに いいんだろう
僕は泣いちっち
横向いて 泣いちっち
淋しい夜は いやだよ
僕も行こう
あの娘の住んでる 東京へ

祭の太鼓が
テンテケテンと 鳴っちっち
みんな浮き浮き 踊るのに
なんで なんで なんで
どうして どうして どうして
僕だけションボリ みそっかす
涙がホロリ
ひとりで 出っちっち
お祭なんか いやだよ
僕は思う
遠い東京の ことばかり

上りの急行が
シュッシュラシュッと 行っちっち
いやな噂を ふりまいて
せめて せめて せめて
遠い遠い東京の
空に飛んでけ ちぎれ雲
汽笛がなっちっち
遠くで なっちっち
夜汽車の笛は いやだよ
早く行こう
あの娘の住んでる 東京へ

出典：JASRAC 出 2200672-201

資料Ⅰ-2　別れの一本杉

泣けた 泣けた
こらえきれずに泣けたっけ
あの娘と別れた哀しさに
山のかけすも鳴いていた
一本杉の石の地蔵さんのよ
村はずれ

遠い 遠い
想い出しても 遠い空
必ず東京へついたなら
便りおくれと云った娘
りんごの様な赤い頬っぺたのよ
あの泪

呼んで 呼んで
そっと夜にゃ呼んでみた
嫁にもゆかずにこの俺の
帰りひたすら待っている
あの娘はいくつとうに二十はよ
過ぎたろに

出典：JASRAC 出 2200672-201

市部人口が半数を超えてはいますが、この時点では、まだ第1次産業の比重は大きいのです。これには、1955年当時の昭和の大合併が関与しています。当時、合併による新市が多くできて、農村的な地域が「市」に含まれていたのです。

これが、1960年には第3次産業（38.2%）が首位になり、第1次産業は2位（32.7%）に落ちます。さらに、1965年には第3次産業が首位（43.7%）、ついで第2次産業（31.5%）、最下位が第1次産業（24.7%）になります。

以上の統計から、以下の2点が指摘できます。

表Ⅰ-1 市部・郡部別人口および市町村数：1920～2015年		

年次	人口割合（%）	
1920	18.0	82.0
25	21.6	78.4
30	24.0	76.0
35	32.7	67.3
40	37.7	62.3
45	27.8	72.2
47	33.1	66.9
50	37.3	62.7
55	56.1	43.9
60	63.3	36.7
65	67.9	32.1
70	72.1	27.9
75	75.9	24.1
80	76.2	23.8
85	76.7	23.3
90	77.4	22.6
95	78.1	21.9
2000	78.7	21.3
05	86.3	13.7
10	90.7	9.3
15	91.4	8.6

出典：総務省統計局『国勢調査報告』による。

表Ⅰ-2 産業（3部門）別就業人口および割合：1920～2015年		

年次	割合（%）		
	第1次産業	第2次産業	第3次産業
1920	53.8	20.5	23.7
30	49.7	20.3	29.8
40	44.3	26.0	29.0
50	48.5	21.8	29.6
55	41.1	23.4	35.5
60	32.7	29.1	38.2
65	24.7	31.5	43.7
70	19.3	34.0	46.6
75	13.8	34.1	51.8
80	10.9	33.6	55.4
85	9.3	33.1	57.3
90	7.1	33.3	59.0
95	6.0	31.6	61.8
2000	5.0	29.5	64.3
2005	4.8	26.1	67.2
2010	4.0	23.7	66.5
2015	3.8	23.6	67.2

出典：総務省統計局『国勢調査報告』による。

1. 合併による新市を含むとはいえ、1955年にはじめて、市部人口が郡部人口を超えました。これ以降、日本は都市中心の社会になったのです（都市化）。

2. 1965年にはじめて、第1次産業人口は最下位になりました。ここから、1965年以降、日本は第3次、第2次産業中心の社会になったのです（産業化）。

したがって、日本が本格的な都市型の産業社会に変貌したのは、1955年から1965年にかけてです。この時期に激しい過疎が始まります。**表Ⅰ-3**をみると、この頃に過疎地域の人口減少率（1965/60年−8.8%、1970/1965年−9.3%）が非常に大きいことがわかります。この人口減少はすべて社会減によるものです。つまり、転入人口にくらべて転出人口が多いことに起因する人口社会減型過疎です。これはまさに資料Ⅰ-1、Ⅰ-2の唄の示す事態なのです。 （山本　努）

表Ⅰ-3 地域別人口増減率の推移					

年	1965-60	70-65	75-70	80-75	85-80	90-85
過疎地域	-8.8	-9.3	-5.2	-2.0	-2.5	-4.8
三大都市圏	15.0	12.4	10.2	4.9	4.2	3.6

年	95-90	2000-1995	2005-2000	10-05	15-10
過疎地域	-3.9	-4.4	-5.4	-6.9	-8.1
三大都市圏	1.9	2.0	2.2	2.1	0.6

出典：総務省『令和元年度版 過疎対策の現況』2021年より。

▷3 ここに示した以外の高度経済成長による社会の大変化は、山本努、前掲書、2019年、43-48頁に追加の統計分析があるので、参照されたい。

▷4 いい方をかえれば、この時期の過疎地域は人口自然増（出生数が死亡数より多い）ですが、人口は減少しているのです。これについては、山本努、同上書、52頁、参照。過疎地域は1988年ころまでは人口自然増でかつ、人口社会減なのです。

I　地域社会には都市と農村がある，過疎農山村の現在

6 農村的生活様式の切り崩し（１）
──過疎論

1 安達生恒の過疎論

　過疎という言葉をはじめて使ったのは，「経済社会発展計画」，「経済審議会地域部会報告」でした。この文書では，過疎とは「人口減少のために一定の生活水準を維持することが困難になった状態」とされてきました。この定義は間違いではないのですが，社会科学的には安達生恒の過疎概念が重要です。

　安達は過疎を次のように定義しました。「農村人口と農家戸数の流出が大量かつ急激に発生した結果，その地域に残った人びとの生産と社会生活の諸機能が麻痺し，地域の生産の縮小とむら社会自体の崩壊がおこること。そしてまた住民意識の面では資本からの疎外という農民のもつ一般的疎外の上に普通農村からの疎外がもう一つつけ加わる形でいわば二重の疎外にさいなまれるという意識の疎外状況がおき，これが生産や生活機能の麻痺と相互作用的にからみ合いながら，地域の生産縮小とむら社会の崩壊に向かって作用していく悪循環過程である[2]」。

　つまり，「農村人口と農家戸数の流出」によって「地域の生産縮小とむら社会の崩壊に向かって作用していく悪循環過程」が過疎なのです。ここにあるのは，農村的生活様式の切り崩しです。この安達の定義は，次の点が重要です。まず，人口のみならず農家戸数の流出が取り入れられています。安達は，過疎には「人口過疎」と並んで「戸数過疎」があるとみています。**挙家離村**[3]の問題を重く見るためです。

　さらに過疎地域の住民意識も重要な問題とみます。「二重の疎外にさいなまれるという意識の疎外状況」というのがそれです。ここでは，「疎外」を「本来の価値より不当に低く見られること」とか，そのゆえに「過疎地域の住民自身が自分の地域に誇りをもてないこと」というくらいに理解してください。安達の例示では，“何をやってももう駄目だ”とか，“もうこんな村には住まない”という“住民意識の後退”とされています[3]。この問題は『経済審議会地域部会報告』などにはまったくないものであり，重要な問題提起です。

　なお，安達の過疎概念は**図Ⅰ-2**のように整理されます。この過疎の図式は，後の限界集

▷1　[Ⅰ-4]の「経済審議会地域部会報告」下線部分より。

▷2　安達生恒「過疎とは何か──その概念と問題構造（1968年時点で）」安達生恒『過疎地再生の道』日本経済評論社，1981年，79-100頁。引用は88頁。

▷挙家離村
⇨[Ⅶ-3]参照。

▷3　安達，前掲書，97頁。
▷4　山本努『人口還流

図Ⅰ-2　過疎化のメカニズム

出典：安達生恒（1981：98）より。

落論を先取りしたすぐれたものとなっています。この図式の最後は部落（農村集落）の消滅ですが，安達の調査によれば，部落単位での消滅は方々の村で少なからず現実にあった事態なのです。

② 高度経済成長が終わったあとの過疎の深まり

　高度経済成長によって過疎の問題が出てきたことは先にみました。その後，高度経済成長が終わった1980年の頃の過疎地域の人口減少率は－2.0％（1980/1975年），－2.5％（1985/1980年）とかなり小さくなりました。高度経済成長の終了で都市の人口吸収力が弱まったのです。

　1977年の日本レコード大賞は「津軽海峡冬景色」ですが，ここには東京から地方に帰る人びと（人口還流）が唄われています（**資料Ⅰ-3**）。実際，1980/1975年の都道府県別人口増減率（国勢調査）をみると，東京都のみが人口減というきわめて特異な事態を示しています。それでこのまま過疎はなくなるという楽観論もあったのですが，そうはなりませんでした。表Ⅰ-3をみると，過疎地域の人口減少率は－4.8％（1990/1985年），－5.4％（2005/2000年），－8.1％（2015年/2010年）と再び大きくなっています。

資料Ⅰ-3　津軽海峡冬景色

　　上野発の夜行列車 おりた時から 　　　ごらんあれが竜飛岬 北のはずれと
　　青森駅は 雪の中 　　　　　　　　　　見知らぬ人が 指をさす
　　北へ帰る人の群れは 誰も無口で 　　　息でくもる窓のガラス ふいてみたけど
　　海鳴りだけを きいている 　　　　　　はるかにかすみ 見えるだけ
　　私もひとり 連絡船に乗り 　　　　　　さよならあなた 私は帰ります
　　こごえそうな鴎見つめ 泣いていました 風の音が胸をゆする 泣けとばかりに
　　ああ 津軽海峡冬景色 　　　　　　　　ああ 津軽海峡冬景色

　　出典：JASRAC 出 2200672-201

　ここに見られる人口減少の拡大には，人口自然減が関与します。かつて過疎地域は人口社会減のみで人口減少していたのですが，1989年以降，人口自然減と人口社会減で人口減り始めました。しかも，表Ⅰ-4によれば，人口減少に占める人口自然減の占める割合が急速に拡大（1989年5％，2005年45％，2019年62％）しています。ここからかつての過疎は農村人口の都市への流出に起因したのですが，今日（1989年以降）の過疎は少子高齢化による人口自然減による部分が大きくなっているのです。

（山本　努）

（Uターン）と過疎農山村の社会学（増補版）』学文社，2017年，169-183頁，参照。

▷5　安達，前掲書，98頁。

▷6　⇨Ⅰ-5 表Ⅰ-3参照。

▷7　山本努『現代過疎問題の研究』恒星社厚生閣，1996年，6頁の表Ⅰ-4，参照。

▷8　山本努，前掲書，2019年，52-53頁，参照。

▷9　『過疎対策の現況（令和元年度版）』により，今日（2019年）の過疎の基本的情報を付記しておきます。過疎市町村の数は817（47.5％），非過疎市町村数902（52.5％）。過疎地人口1,087万8,797人（＝日本の人口の8.6％）。過疎地面積は日本の総面積の59.7％。

　過疎地域は法律（過疎地域自立促進特別措置法）で定められた地域であり，その指定要件はなかなか複雑です。詳細は総務省『令和元年度版　過疎対策の現況』（223頁），参照。ここでは，その要件の大枠の内容のみ示せば，「人口減少が大きく，高齢化が進み，若者が少なく，財政力が弱い」地域ということになります。

表Ⅰ-4　過疎地域の人口減少の内訳（社会増減と自然増減）

年次	社会増減 a（千人）	自然増減 b（千人）	社会増減寄与率 a/(a+b)(%)	自然増減寄与率 b/(a+b)(%)
1987年	－157	＋14	110	－10
88年	－151	＋4	103	－3
89年	－146	－8	95	5
90年	－122	－13	90	10
2000年	－69	－50	58	42
05年	－87	－71	55	45
10年	－58	－89	39	61
19年	－72	－116	38	62

注：社会増減＝「転入数－転出数」，自然増減＝「出生数－死亡数」
出典：『過疎対策の現況（令和元年度版）』の住民基本台帳人口台帳の数字による。

Ⅰ　地域社会には都市と農村がある，過疎農山村の現在

7 農村的生活様式の切り崩し（2）
——限界集落論

1 大野晃の限界集落論：基本枠組み

▷シカゴ学派都市社会学

シカゴ学派都市社会学は
Ⅸ-1〜Ⅸ-8参照。シ
カゴがいかに極端な社会だっ
たかは，山本努「地域社会
学入門／都市研究から」同
編『地域社会学入門——現
代的課題との関わりで』学
文社，2019年，14-16頁で示
した，シカゴの急激な人口
膨張を参照。また，Ⅸ-2
も参照。

▷1　限界集落論へのいく
つかの反論は本章で紹介し
ます。シカゴ学派都市社会
学については，本書9章に

　高度経済成長期に過疎研究を牽引したのが安達の過疎論でした。これに対し
て，高度成長が終了しても続く過疎を問題にしたのが，大野晃の限界集落論で
す。限界集落論は高知のもっとも条件の不利な山村の調査から，過疎の極北を
示したところに意義があります。これはちょうど，アメリカ都市社会学がシカ
ゴという極端から都市を描いたのと似ています。**シカゴ学派都市社会学**の命題
がいろいろな反論にさらされたように，限界集落論もいろいろな反論にさらさ
れました[1]。しかし，これは限界集落という過疎の極北を描いた研究の衝撃の強
さというべきです。では，限界集落論とは，どのような主張でしょうか？

　まず限界集落論は現代山村を対象にしています。大野によれば，山村とは
「地域の多くが森林で覆われ，山地農業と林業によって生活の基盤が支えられ
ている人びとが，その生産と生活を通して相互に取り結んでいる社会」です。

そして，現代山村とは「戦後
日本資本主義の展開過程で商
品経済が山村生活の深部にま
で浸透していった高度経済成
長以降の山村」です[2]。

　この現代山村は戦後日本資
本主義の展開から取り残され
るというのが，大野の主張で
す。**図Ⅰ-3**は大野の考える
現代社会の危機の構造の全体
像です。ここから，山村の問
題の背後には農工間，地域間
の不均等発展があり，さらに
その背後には，アメリカと同
盟関係にある戦後日本資本主
義の展開があるというのが，
限界集落論の枠組みになって
います。

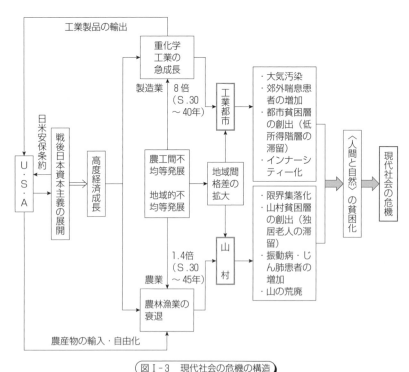

図Ⅰ-3　現代社会の危機の構造

出典：大野晃『山村環境社会学序説——現代山村の限界集落化と流域共同管理』農山漁村文化協会，2005年，35頁より。

② 限界集落論の現状分析

　この図Ⅰ-3の枠組みを具体的な山村調査で用いた研究に，大野の高知県池川町（現，仁淀川町）調査があります。この論文は「総じて農林漁業の輸入依存政策が，国内の農村，山村，漁村の地域破壊につながることの問題性」を描いたものです。

　たとえば，この論文では池川町の森林組合が請け負った1987年の杉間伐材の売り上げ明細書が示されています。これによれば，8トン車2台の杉間伐材の売り上げ代金が25万6,325円で，経費合計23万4,710円（伐出費約15万，運搬費約5万，資材費約2万など）が引かれて，生産者の手取りは2万1,615円です。つまり，8トン車1台で1万800円ですが，20年前は8トン車1台で10万円にはなったというのです。ここには，外材の圧迫による林業不振が端的に示されています。

　さらには，集落の非常に厳しい状況も示されます。論文に出てくるのは，人口減少の一番きびしいK集落ですが，葬式もできず，墓堀もできず，棺桶もかつげないのです。老人の暮らしは，「子どもからの仕送りもなく，野菜を自給しながら現金支出をできるだけおさえた生活を余儀なくされて……集落全体が“ボーダーライン層”におかれている。……健康状態をみれば，ほとんどの老人が何らかのかたちで健康を害しており，……通院はバスがないので片道2,070円のタクシーを使っている」。さらに「山村の老人は……意外に相互交流に乏しく，テレビを相手に孤独な日々を送っている」のです。大野の限界集落論はこのように非常に厳しい状況を描くのです。

③ 限界集落化のプロセス

　このような状況から，限界集落化のプロセスが進みます。第1に人口，戸数が激減し集落が縮小，第2に後継ぎ確保世帯の流出と老人独居世帯の滞留，第3に社会的共同生活の機能の低下，交流の乏しい暮らし（「タコツボ」的生活）への転化，第4に集落の社会生活の限界化，というプロセスです。

　ここに限界集落が立ち現れます。限界集落とは「65歳以上の高齢者が集落人口の50％を超え，独居老人世帯が増加し，このため集落活動の機能が低下し，社会的共同生活の維持が困難な状態にある集落」と定義されます。

　ただし，限界集落と過疎の概念をあまり対立的に峻別するのは，生産的ではないでしょう。安達の過疎化のプロセスは次のようです。①中味（人口，戸数）が減る　②入れ物（集落）の維持が困難になる　③入れ物が縮小する　④入れ物が縮小して，中味が入りきれなくなる　⑤それで中味が減る　⑥この悪循環で入れ物がなくなってしまう。この過疎化のプロセスは限界集落論と同じ課題を考えているのです。

（山本　努）

解説があります。

▷2　大野晃『山村環境社会学序説──現代山村の限界集落化と流域共同管理』農山漁村文化協会，2005年，7頁。

▷3　大野晃「現代山村の高齢化と限界集落」大野，前掲書，81-99頁。

▷4　大野，前掲書，93頁によれば，高知の山村では土葬が主流なのです。

▷5　同，96-97頁。なお，交流の少ない老人の暮らしを，大野は「タコツボ」的生活と呼んでいます。また，引用にあるボーダーライン層という概念は ⅩⅠ-7 の説明を参照してください。

▷6　同，99頁。

▷7　同，22-23頁。

▷8　限界集落と過疎の概念を対立的に峻別するのは，大野です。大野，前掲書，295頁，参照。これについては，次節でふれます。

▷9　安達，前掲書，93-100頁，参照。「2．入れ物（集落）の維持が困難になる　3．入れ物が縮小する」ということの実例は，前者なら，部落の道路や農道の修理ができなくなるなど，後者なら，生産（田畑，耕境）の縮小，耕作放棄，分校・学校の統廃合など，です。また，この過疎化のプロセスを圧縮して示したのが ⅰ-6 の図1-2 なのです。こちらも参照してください。

Ⅰ　地域社会には都市と農村がある，過疎農山村の現在

過疎・限界集落論の検討

　過疎と限界集落の概念

　限界集落論はインパクトが大きく，それをマスコミなどが取りあげて，一般でもお馴染みの議論になっています。このようになってくると，やはり，あまり厳密とはいえない使い方も出てきて，この点は，正しておくべきです。

　まず，限界集落の定義に含まれる，「65歳以上の高齢者が集落人口の50％を超え」という量的規定（7節の定義の引用，下線部）が一人歩きしているようです。65歳以上人口が50％を超えると，集落機能が低下して，社会的共同生活が困難になるというのは，機械的に結びつけるのは非常に危険です。この数字は「高知の山村ではこれくらいが限界集落が現れる大体の目安になるのじゃあるまいか」というくらいの大まかな基準と解すべきです。ですから，日本の過疎地域に一律にこの基準が適用できると考えるのはまったく不適切です。

　高知の山村に限っても，「65歳以上の高齢者が集落人口の50％を超えると，集落活動の機能が低下し，社会的共同生活の維持が困難な状態になる」という因果関係は，厳密には実証されていません。そもそも，このような因果関係を社会調査によって確定するのは，非常に難しいことなのです。[1]

　また，過疎と限界集落の概念をあまり対立的，峻別的に使うのも好ましくありません。大野は「より事態が深刻化しているにも関わらず過疎という言葉ですませていいのだろうか，という疑問をもっている」ので，過疎という言葉は使いません。[2]しかし，前節でみたように，大野の限界集落化のプロセスと安達の過疎化のプロセスはほとんど同じ内容を持ちます。であれば，両概念を残すならば，限界集落の量的規定はカットして，過疎地域の中でも過疎が非常に深刻な集落を限界集落とよぶ（こともある）というのが，現実的です。[3]

　限界集落論の社会調査

　限界集落論の現状分析には，いくつかの反論も出されてきました。また，それと密接に関係して，限界集落論の社会調査の項目にも異論が出ています。たとえば，大野のK集落調査ならば，**表Ⅰ-5**の世帯構成，土地所有（農地，山林），就労・生活状態，健康状態，備考の各項目です。限界集落の調査項目は大枠，このような項目が通常です。[4]ここから，限界集落論の社会調査は社会学にしては，社会学的な調査項目があまりないことに気づきます。

▷ 1　山本努「限界集落論への疑問」山本，前掲書，2017年，169-183頁，参照。この量的規定が一人歩きして使われているのはマスコミ報道ではよく見かけます。山本，前掲書，2017年，171頁に例を示しています。

▷ 2　大野，前掲書，295頁。

▷ 3　このような提案は山本，前掲書，2019年，66頁。

▷ 4　大野，前掲書，72-73頁，参照。他の調査も大枠同じ項目です。

▷ 5　山本，前掲書，2019年，3-7頁。

▷ T 型集落点検，他出子調査

T 型集落点検については，Ⅳ-2 参照。他出子調査については，Ⅳ-4 参照。

▷ U ターン

⇨Ⅲ-6 参照。

▷ 6　木下謙治「高齢者と家族——九州と山口の調査から」『西日本社会学会年報』創刊号，2003年，3-14頁。徳野貞雄「人口減少時代の地域社会モデルの構築を目指して——「地方創

表Ⅰ-5　K地区調査結果一覧（1990年）

調査世帯番号	世帯構成				土地所有状況		就労・生活状態	健康状態	備考
	続柄	性別	年齢	員数	農地	山林			
1	世帯主 妻	男 女	82 84	2	畑20a，13筆 自給野菜，こんにゃく，楮	4ha （30年生の杉）	2人の老齢年金年70万円ほどで生活。仕送りなし。	世帯主は心臓病で現在高知市の病院へ入院中。妻は腰痛で月1回通院。	前老人会長。
3	世帯主 妻	男 女	69 61	2	畑15a，15筆 自給野菜，ゼンマイ，こんにゃく	0.4ha （杉と雑木）	営林署に勤めていたので，その恩給年150万円で生活。	世帯主は酒量多く，体調くずし通院。妻は健康だが難聴。	

出典：大野晃，前掲書，94-95頁より。

社会学の立場では，「集団や社会関係」への人びと（個人）の参与（の束，総体）が「生活」です[*5]。限界集落論を批判した木下や徳野の調査では，集団や社会関係が重要な調査項目として出てきます。木下の「家族ネットワーク」の調査や徳野の**T型集落点検**，**他出子調査**などがそれです。同じく，限界集落論を批判した，山本の調査では住民意識や人口還流（**Uターン**）が重要な問題として取り上げられています[*6]。これに対して，限界集落論では住民意識の問題もほとんど触れられていません[*7]。つまり，限界集落論は「生活」と「生活意識」（住民意識）をほとんどみないのです。これは，社会学の地域調査としては異例です。なぜ，限界集落論はそのようになるのでしょうか？

③ 限界集落論の背後仮説

その答え（ないし仮説）は図Ⅰ-3の基本枠組みに求められます。この図では，限界集落化の淵源は，アメリカと同盟関係（日米安保条約）にある戦後日本資本主義の展開にあるとされています。ここにあるのはマルクス主義的な図式です。大野は資本主義という言葉を頻繁に使います。そもそも，限界集落論は「現代山村」の問題を取り上げた研究でした。大野の「現代山村」という概念は戦後資本主義の商品経済が浸透した山村と定義されているのは，7節にみたとおりです。このように資本主義という概念が頻出するのが，限界集落論の特徴です。資本主義という概念は社会学で使うことはありますが，「長い間それは，マルクス主義に近い層の外ではほとんど用いられなかった」というのも事実です[*8]。

つまり，限界集落論の背後仮説にはマルクス主義があるということです。背後仮説とは，明示された仮説や知見の背後にあって，明示された仮説や知見を導く理論や観念というほどの意味です[*9]。背後仮説は「理論づくりの作業の〈影の協力者〉であり，……理論の定式化とその結果生まれる研究とに，終始影響を及ぼす」のです[*10]。このマルクス主義の背後仮説のゆえに，土地所有（農地，山林），就労・生活状態，健康状態が重視されたのでしょう。ここで就労・生活状態とは，生活の経済基盤が調査されています（表Ⅰ-5）。　　　（山本　努）

生」への疑念」徳野貞雄監修『暮らしの視点からの地方再生――地域と生活の社会学』九州大学出版会，2015年，1-36頁。山本努，ミセルカ・アントニア「過疎農山村生活選択論への接近――大分県中津江村の人口還流と地域意識からの例解」山本，前掲書，2019年，89-118頁。

▷7　大野，前掲書，139-150頁には，「山村住民の意向調査」があります。これは仁淀村60集落の区長への調査です（回答者53人）。1993年調査実施で当時の人口が2985人です。53人の区長の調査から「山村住民の意向」が分かるのか，疑問が残ります。

▷8　J.コッカ，山井敏章訳『資本主義の歴史――起源・拡大・現在』人文書院，2018年，i-ⅲ頁。

▷9　明示された仮説や知見とは，限界集落論ならば，「現代山村は集落間格差が拡大するなか，限界集落化や消滅集落への流れが着実に進行しつつある」といったような仮説ないし知見がそれである。

▷10　A.W.グールドナー，岡田直之・田中義久訳『社会学の再生を求めて1――社会学＝その矛盾と下部構造』新曜社，1974年，36頁。

Ⅰ　地域社会には都市と農村がある，過疎農山村の現在

 限界集落論への異論

 集落解体の要因

　限界集落化の根源は，アメリカと同盟関係（日米安保条約）にある戦後日本資本主義の展開にあるというのが，限界集落の基本認識でした（7節）。しかし，農村集落の解体は，それよりずっと前に始まっています。これについて，山本陽三は次のように考えます。ムラは，江戸時代には農民支配の最末端機構でしたが，農民の生産と生活の自治の砦でもありました。これが，明治22年の町村制施行，戦後の農村民主化運動，昭和の市町村合併，高度経済成長という各契機で，解体に向かうというのです。ここに示されるのは，近代化にともなう，ムラの解体です。限界集落論の考える，解体の淵源は，**高度経済成長**の重要なパーツではあるでしょうが，それ以上では，ないのです。

　さらに，熊本県の山村（矢部町）の調査から，山本は「ムラは生きている」と主張します。矢部では「部落の組織はきちんとしており，共有財産をもち，共同作業がいまなおきちっと行われている。また年中行事も多く，祭りも盛ん」だというのです。この調査は1976年実施ですから，高度経済成長の末期で，過疎化が大きな問題になっていた頃です。

2　ムラは生きているか？

　それでは，山本陽三の「ムラは生きている」という主張は今でも有効でしょうか？　この問題に徳野は修正拡大集落という地域モデルで答えようとします。今では人びとの暮らしは，かつてのように集落で完結しているわけではありません。それに加えて近隣に他出している人びととの互助やつき合いでできています。それらを加えれば，集落住民の生活の範域，つまり，修正拡大集落（集落＋近隣）では，紡錘型の人口ピラミッドに近くなり，そこに農村的生活様式はなお生きているというのです（**図Ⅰ-4**）。たしかにここには，就業，農業，買物，医療，教育，娯楽などの互助があり，集落の会合や祭り，運動会などもここでの関係が大いに役に立ちます。

　さらには山村の限界集落といえども，資料Ⅰ-4にあるように，「悪質商法を地域で撃退する」生活防衛の機能をまだ残しています。この集落では「私たちは二重三重の人間関係で守っている。まちの人は大丈夫なんだろうか」と集落の町内会長さんは述べています。山本努はこの集落の高齢者の生きがい意識を

▷1　山本陽三，前掲書，180-185頁。
▶**高度経済成長**
⇨Ⅲ-5 参照。

▷2　矢部調査は山本陽三，前掲書，1-167頁。引用は53頁より。
▷3　1976年（矢部調査）のころの過疎地域の人口減少率は Ⅰ-5 の表Ⅰ-3，参照。
▷4　徳野，前掲書，2015年，30頁。
▷5　山本努「限界集落高齢者の生きがい意識——中国山地の山村調査から」山本努，前掲書，2017年，186-209頁。
▷6　山本努，ミセルカ・アントニア，前掲論文。
▷7　徳野，前掲書，2015年，33頁。
▷8　「高齢者減少」型過疎は，山本努「市町村合併前後（1990年〜2010年）にみる過疎の新段階——少子型過疎，高齢者減少型の発源」山本努，前掲書，2017年，22-39頁，山本努，高野和良「過疎の新しい段階

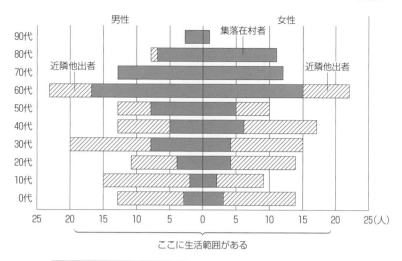

男性　集落在村者　女性

近隣他出者　　　　　　　　　　　近隣他出者

ここに生活範囲がある

図Ⅰ-4　山間集落在村者＋近隣他出者（車で40分以内）の人口ピラミッド

出典：徳野，前掲書，31頁より。

悪質商法　地域で撃退

「この地区での訪問販売は皆でお断りしています」……広島市佐伯区湯来町の上多田集落には，そんな看板が道路脇のあちこちに立つ。集落に七つある町内会の会長の一人，白井義和さん（78）によると，２年ほど前，それぞれの町内会が費用を出して計14枚作った。

シロアリ駆除に呉服，リンゴ販売……。集落にはいろんな業者が入ってくる。

「移動スーパー以外の訪問販売は，安くても買わんでおこう」と住民の間で申し合わせている。

「看板のお陰で断る理由が相手にも見えて，抑止力になってます」と白井さん。一方で，こうも思う。

「私たちは二重三重の人間関係で守っている。まちの人は大丈夫なんだろうか」（朝日新聞，2012年6月23日）

資料Ⅰ-4　山村限界集落の集落機能

出典：山本努，前掲書，2017年，202頁。

調査していますが，生きがい意識は決して低くありません。[5]

また，過疎山村（大分県中津江村）の2016年実施の地域意識調査では，「この地域は生活の場としてよくなる」という人は4.2％しかいませんでした。それにも関わらず，ほとんどの人は「この地域に住み続けたい」（82.1％），「この地域が好きだ」（82.4％）と思っています。さらに，この厳しい山村でも，**Ｕターン**が21.3％，結婚で転入が22.7％，仕事で転入が6.7％いて，住人の半数は流入人口です。[6]

③　高齢者減少型過疎という難問

限界集落論の落とし穴の１つは，今暮らしている人びとの生活基盤に目が行かないことです。[7]本節の知見は限界集落にまだ残る生活の基盤を示しています。このことへの着目は地域社会学の非常に重要な課題です。ただし，2005年頃から過疎の進んだ地域で出てきた高齢者人口の減少（高齢者減少型過疎）と，それにともなう地域人口の全年齢層での縮小は，新たな過疎の難問です。[8]村に高齢者（老親）が住むから，他出した子どもと修正拡大集落ができるし，Ｕターンにも老親への気がかりが大きな動機になっているからです。[9]　　（山本　努）

と地域生活構造の変容──市町村合併前後の大分県中津江村調査から」『年報村落社会研究』49号，2013年，81-114頁。

▷9　老親への気がかりというＵターンの動機は山本努，ミセルカ・アントニア，前掲論文。

（理解促進のために）

高野和良編『新・現代農山村の社会分析』学文社，2022年。

徳野貞雄『農村（ムラ）の幸せ，都会（マチ）の幸せ──家族・食・暮らし』NHK出版，2007年。

山本努編『地域社会学入門──現代的課題との関わりで』学文社，2019年。

Ⅱ　環境と農的世界——農的自然と農村の生活

 農的自然とは

 「農」とはなにか

　「農」がつく言葉には様々なものがあります。たとえば農家，農民，農村，農地，酪農などがすぐに思いつくところでしょうが，これらはどれも，産業としての農業に関連するモノやコトであるということができます。

　それに対して，少し以前から，食と農，農のある暮らしなど，もう少し広く，もう少し原点に戻って「農」をとらえようという意図を込めてこの語が用いられるようになってきました。近年では，農山村あるいは都市部の自然環境の問題を論じるときにも，農的世界，農的自然という言葉が使われるようになっています。

　なぜこのような言葉が生み出され，そして，このような用語によって地域社会の何をみようとしているのかでしょうか。このことを説明する前に，ここでは2つの視点から，「農」という語が指し示すことがらについて整理しておきたいと思います。

　まず農学の視点からみれば，農とは，人間が自分の身体を維持し生活を営んでいくために，自分では作り出せないモノを動植物に作り出してもらうための介入（世話）であるということができます。具体的にどのような世話するのかといえば，水と土があれば太陽エネルギーを自らの成長や生命維持のためのエネルギーに変換（光合成）し自身の中に固定化できる存在である植物が，人間にとって都合よくその能力を発揮し，人間が食用や道具などとしてその成果を利用しやすいようにするための環境整備だといえます。そしてそれを利用する動物に対してもまた，人間自身のエネルギー（乳や肉）や資源（毛皮など）を生み出すように世話していくことです。

　つぎに，人類史の研究成果から考えると，農という営みは定住化とほぼ時を同じくして始まり，以来かたちをかえながら現在にいたるまで続いている営みです。定住するということは，動ける範囲あるいは隣の集団と競合しない範囲の土地で，食物や日常生活に必要な物資やエネルギーを獲得し続けねばならないということでもあります。したがって，定住生活を長く続けてきたようなところでは，それを可能にするための技術や知恵だけではなく，持続的に続けていくための社会的しくみや組織も発達してきました。

② なぜ「農的自然」か

　「農」の営みをこのように広くとらえてみると，それにかかわる自然もまた，水田や畑や放牧地から，それに水や肥料をもたらす川や水路や池や山にまで広げて考える必要が出てきます。さらに，それにかかわる動物や人間の生活まで考えれば，もっと広く，もっと細かく分けることもできます。たとえば同じ山や水路でも，木材を得る場所，草を利用する場所，炭や薪などのエネルギーを得る場所など，用途ごとに分けられ，競合を避けながら継続的に利用するための様々なルールもつくられてきました。農的自然とは，このような，農を中心とした生活にかかわる自然の全体のことを指しています。高度経済成長期を迎えるころまでは，農的自然とかかわった営みや社会関係（農的世界）が暮らしの大きな部分を占めているのは当たり前であり，それが農村の景観や生活を特徴づけてきたということもできます。

　ところで，この農的自然が社会的に注目されるようになったのは1980年代以降のことです。戦後の近代化の過程では，生産力向上という観点から，農業においても田や畑の自然性をできるかぎりコントロールすることに重点が置かれてきたのですが，深刻な公害の時代を経たこのころになると，自然環境の保護や保全に対する関心も高まり，人と自然の距離を再度近づけようとする活動が活発になってきました。有機農業への関心などのかたちで食の安全性や環境保全に対する関心が近代化された農業（農地）の中にも広がりを持つようになりました。さらに重要なことは，このときに保全の対象と考えられた山や川や草原などの多くは，実は農村の人々が生産に利用してきた自然，すなわち農的自然だったということが徐々に自覚化されはじめたということです[1]。

　このことはひるがえって見れば，長期にわたって利用されてきた農的自然の，自然としての豊かさを示しているといえます。それと同時に，農業や農村の生活様式が大きくかわり，混住化や過疎化がすすんだ結果，農的自然が保全しなければならない状態に陥っていると考えることもできます。

　地域社会学においては，農村の環境，とくに農的自然は，経済的な基盤，あるいはそれを利用する組織や人間関係という視点から研究され，描かれることが多かったといえます。というのも，日本においては，農村の地域社会（村落）が，自分たちがかかわる農的自然を「領土」として認識し，その維持管理に大きくかかわってきたからです。本章は，このようにして利用管理されてきた，個々の農的自然と地域社会とあり方やその変化を概観し，それをとおして現在の都市や農村の「農」とのかかわりがどこに向かうのか，今後，どのような可能性があるのかということについて考えてみたいと思います。

（藤村美穂）

▷1　牧野厚史「シンポジウムの概要」西日本社会学会ニューズレター No. 143：3，2014年。

Ⅱ　環境と農的世界——農的自然と農村の生活

 # 山からみた農的世界

 ### 農的自然としての山

　まず最初に，「山」をとりあげ，農的自然がどのように研究の対象となってきたのかについて述べましょう。日本の国土は，列島を背骨のように走る山脈からもわかるように，どこに行っても山があることがおおきな特徴で，山は農的世界の重要な構成要素でした。したがって，農村研究の中でも「山」は様々なかたちでとりあげられてきました。

　地目からみれば，われわれの身近な山には森林や原野が広がっています。この，いわゆる山林原野が農村研究の中で関心を持たれたのは，その多くの場所では農地のように私的土地利用が展開されず，「ムラの土地」として，ムラで定められたルールの中で利用管理され続けてきたこと，**地租改正**の際に官有（国有）地に編入された場所においても慣習的な利用権を主張する住民の異議申し立てが各地で繰り広げられたことなどからです。このように共同で利用されてきたムラの土地は，**入会地**と呼ばれていたため，これらの土地に関連する研究は入会研究と呼ばれています。

　農村社会学における入会研究では，入会地を介したムラの共同性や支配秩序，集団的なまとまりのあり方やそれを支えるシステムなどが議論されてきました[1]。また，戦後の共同体論の中においても，この共同的な土地利用が，共同体的な規範意識を温存し村全体の生産構造の近代化を阻むものとして論じられてきました（福武 1956）。

　しかしその後は，燃料革命や化学肥料の普及，農業の機械化もあって，これまでのように水田の肥料や家庭用の薪の供給源としての山林原野の重要性が減少し，代わって，国の政策によって山への植林（育成林業）が進められていきました。それにともなって農山村の研究も，第二次世界大戦後の産業化，都市化にともなう**農民層分解**論，山村経済の衰退とそれにともなう山村の相対的な貧困や過疎化を扱う研究など，農山村の社会構造や経済構造に関心が向けられるようになります。所有のあり方とともに「山」そのものが再び注目されるようになったのは，1970年代から80年代にかけてです。

環境としての「山」，「森林」への注目

　変化のきっかけとなったのは，これまでの農村研究や，1970年に発表された

▷地租改正
明治6年の地租改正法の公布により着手され，同14年にほぼ完了した土地制度・課税制度で，土地の所有者をはっきりとさせて地価に応じて課金するというもの。

▷入会もや
生産や生活にとって不可欠の場であったために集団的に管理されてきたところ。

▷1　有賀喜左衛門や喜多野清一，鈴木栄太郎，竹内利美などの入会林野や親方の山林など林野を介した社会結合についての研究などがその例です。

▷農民層分解
戦後の農地解放などによって誕生した自作農（農民層）が，土地からはなれ，資本主義の発達にともなって労働者へと分解していくこと。

▷農林業センサス
1950年からはじまり，統計法に基づく基幹統計調査として5年ごとに作成されるセンサス。

第一回世界**農林業センサス**の結果をうけて，「日本の村落には意識された領域があり，その内部の土地については，たとえそこが個人の耕す田畑であったとしてもムラが保有意識をもっている」という事実が指摘（川本 1972，鳥越 1985，渡辺 1986，守田 1973）されるようになったことです。

地租改正から数十年がたった時代において，入会地の歴史を持つ山林原野だけではなく，私有地として登記されている農地や屋敷地にたいしても「ムラの土地」という意識が人々の感覚のなかにも行動の中にも残り続けていることは，農村調査の現場からも明らかにされ，「土地所有の二重性」（鳥越 1985）や「重層的土地所有」（嘉田 1997）とよばれるようになりました。このような所有のあり方は，その後，環境破壊や自然環境の保全に関する関心が高まるとともに，大規模な開発を可能にした私的所有権およびそれに裏づけられた社会経済システムを相対化するものとしても注目を浴びるようになります。このような慣習を積極的に評価し，乱開発から地域資源を守るための対抗手段とする研究もみられるようになり，**コモンズ論**へと展開されていきました。

③ 過少利用にともなう問題

身近な自然が農的自然であったことに社会全体が気づくのは，それとのかかわり方が問題化したり，その変化に違和感を覚える人が増加したときでしょう。先に述べた入会地をめぐる紛争は，国の制度の変化とそれに対する農山村の人々の抵抗をきっかけに，農山村の生活にとって山や森林がなくてはならないものであること，つまり山林原野が重要な農的自然であったことを意識させることになりました。

同様に，現在のわれわれが，農的自然としての山を意識するのは，豪雨による山の大規模な土砂崩れや，そこから流れ出た木材が海まで流出して漁業の妨げになることなどをとおしてです。土砂災害の問題では，海に流出した木の多くが杉であったこと（久保田 2019）から，かつては農業や農村の生活と密接なつながりを持っていた山が，育成林業のための場となっていることや，それにも異変が生じていることが認識されるようになりました。

生活や農業と切り離されたかたちで進められた山の利用，すなわち育成林業が，すでに1950年代から「人と自然の貧困化」をもたらし，木材価格が低迷しはじめると山村の過疎化をまねくようになったことも指摘されてきました（大野 2005）。このような現在の森林・山村問題を克服するために，国は手厚い補助金のほか，林業の施業規模の拡大や機械化の促進などの政策をすすめてきましたが，それが林業の担い手の実態とは乖離していることも指摘されています（佐藤 2016）。近年では，農村社会学でも「山」が共通のテーマとして議論されるようになり，長い目で山との関わりをみながら，農的自然としての山を復活させる試みが始まっています。　　　　　　　　　　（藤村美穂）

▶**コモンズ論**
土地や環境としてのコモンズの共同性，公共性に注目して現代の資源や環境をめぐる問題について論じた議論の総称。

▶2　村落社会研究学会においても，2015年の大会共通テーマとして「山」が議論され，その成果が，年報として2016年に出版されています。

〔引用・参考文献〕
大野晃『山村環境社会学序説──現代山村の限界集落化と流域共同管理』農文協，2005年。
嘉田由紀子「生活実践からつむぎ出される重層的所有観」『環境社会学研究』第3号，1997年：72-7。
川本彰『むらの領域と農業』家の光協会，1983年。
久保田哲也「平成29年7月九州北部豪雨災害と流木の特徴」水利科学 No.365，2019年：10-22。
藤村美穂編『現代社会は「山」との関係を取り戻せるか』村落社会研究 52，農山漁村文化協会，2016年。
鳥越皓之『家と村の社会学』世界思想社，1985年。
福武直「現代日本における村落共同体存在形態」『村落共同体の構造分析』時潮社，1956年。
守田志郎『小さい部落』朝日新聞社，1973年。
渡辺兵力『村を考える──集落論集』不二出版，1986年。

〔理解促進のために〕
藤村美穂編，『現代社会は「山」との関係を取り戻せるか』村落社会研究52，農山漁村文化協会，2016年。

Ⅱ　環境と農的世界──農的自然と農村の生活

草からみた農的世界

① 地域全体での管理

　具体的な農の営みをみるために，ここでは先ほど述べた「山林原野」の中の原野，つまり草原に焦点をあててみましょう。下の**図Ⅱ-1**は，草原の研究を行ってきた小椋（小椋 2006）が，古い統計を読み解いて日本の草原の面積の推移を現したものです。これをみると，明治時代以降日本の草原面積は大きく減少してきていることがわかります。おそらく，現代のわれわれが1920年代の日本をみると，阿蘇の草原にはじめてやってきた修学旅行生のように，山の視界が広々と開けていることに驚くのではないでしょうか。

　温暖多湿な日本の気候の中で，森林化を押しとどめて草原が存在するには，人間が何らかの形で手を入れる必要があることは明らかです。われわれは，なぜ，そしてどのように，草原という農的自然をつくりだしてきたのでしょうか。

　佐賀県富士町（**写真Ⅱ-1**）のある地区で共有山（入会地）の歴史をきくと，かつては，そのほとんどが草を利用するための山であり，現在の阿蘇の草原のように，ムラの行事として野焼きをすることによって草の状態を維持していたことがわかります。共有林の歴史をまとめると次のようになります。「かつて，山は，草や萱や薪をとる場所で，それぞれ山の口（切りはじめてもよい期間）があった。萱は，一軒から300斤ずつムラに納めなければならなかったので，子供も提灯をもって夜明けから作業した。これらの草場を維持するため，1960年頃までは毎年のように，年寄りから子供まで総出で，共有林のうち半分くらいを野焼きした」

　「草の利用がなくなってくると，ムラではそこに杉・檜の植林をはじめ，

▷1　目方または重さの単位。尺貫法では1斤（きん）＝160匁（もんめ）＝600グラム。

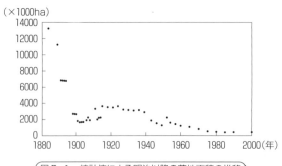

（図Ⅱ-1　統計値による明治以降の草地面積の推移）

注：1913年までの値にはとくに大きな問題があるところが多い。
出典：『林野面積累年統計』（林野庁経済課 1971）などより作成。

（図Ⅱ-2　富士町の現在の姿（藤村撮影））

1960年頃には**分収林**として個人に貸しはじめ，1970年頃からはそれを払い下げた。こうして残ったのが現在，**地縁団体**として管理している80haの山で，間伐の収入や木材からの収入は，ムラ（地区）の運営に使っている」。

2　草原と農業

　かつてムラでルールを定めて草を利用し，野焼きなどによって草原を管理していたという話は，日本の各地で聞くことができます。なぜこれほどまでに草が必要だったのでしょうか。それには農業の方法が大きく関係しています。

　たとえば，西ヨーロッパの封建農業では，土地をローテーションして耕地の3分の1を常に休閑地にすることによって生産性を維持する三圃式農業が一般的であり，スリランカの乾燥地帯の水田では，マメ科の木を植えることで水田に窒素固定すると同時にその木に集まるオオコウモリの糞を肥料源の一つとするしくみをつくりあげてきました。それに対して，温暖で湿潤な気候の日本では，人力で田畑からできるかぎりの雑草を取り除き，山野・河川・湖沼で採取した草を田畑に投入することにより地力を維持してきました。

　このように，草を肥料として利用する農業は**草肥農業**と呼ばれ，近世に至るまで日本各地で行われていました（伊藤 2012）。急激な人口増加に伴って水田面積が急速に増加した江戸時代には，農耕用牛馬の飼料に加えて耕地にいきわたるだけの草や小枝を確保するためには，畦や河川や土手だけでは足りず，水田の周りには少なくともその5倍以上の面積の草地が確保されていたと考えられています（小椋 2006）。

3　多様な草原

　ところで，富士町でも萱場と肥料用の草を切る場所が区別されていたように，かつての農村では，優占する植生が異なった草原が生活の中で細かく使い分けられてきました。このことは，日本と同様，水田稲作を中心としたスリランカの乾燥地帯の農村でも同じでした。野菜や果物の栽培のため森の中に集団で大きな焼畑をつくっていましたが，数年間の耕作を終えると土地を休ませ，場所をかえて新たな焼畑を作っていたため，森の中には，焼き畑を終えた時期によって様々な長さ（遷移の段階）の草地が散在していました。おもしろいのは，これらの草原のなかでも多年草が生え始めた草原は，荷物の運搬などでも使われてきたゾウの最も好む餌場であり，それがゾウを森の中にとどめ集落や水田まで侵入させない役割を果たしていたといわれています。

　日本とスリランカ，気候や農業の在り方も異なりますが，いずれも，人間が手をいれることによって草原が農的自然の重要な一部を構成していたこと，農業の近代化によって集団的な維持作業（野焼きなど）が必要な草原が最初に消えていったことは共通しています。
(藤村美穂)

引用文献

伊藤幹二「草（くさ）の歴史：時代が変えた緑地景観」草と緑 Vol. 4, 2012年。
小椋純一，日本の草地面積の変遷，京都精華大学紀要(30)，159-172，2006年。

Ⅱ　環境と農的世界——農的自然と農村の生活

水からみた農的世界

1 生活に必要不可欠な水

　人びとは先祖代々どのように水と付き合ってきたのでしょうか。日本の集落の多くは，できるだけ水の豊富なところを選んでつくられました。これは，人びとが集団的に水を利用しなければならなかったからです。一方，集落の創設時からある家の中には，敷地内に個人の湧き水や井戸を持っている家もありました。ただし，それらの家も農業では共同で水を利用している場合がほとんどでした。また，中世やそれ以前に成立した古い集落は，高台につくられる傾向がありました。その理由の1つに洪水に対する恐れがあったと推測されています。その場合もできるだけ水を利用しやすい場所が選定されました。人びとは時に水を有難み，時に水を恐れつつ，水と共に暮らしてきたのです。

　農村で水は様々に利用されてきました。飲用，洗い，灌漑，農工用，漁撈，防災などです。ここでは，主に灌漑，つまり農業への水利用に焦点をあててみていきましょう。

2 農業における水利用

　みなさんは，棚田や田んぼの広がった風景を美しいと感じたことがあるでしょうか。その風景の背後には1年を通した農作業と営々と続けられてきた水の管理があります。

　人びとは田んぼに水を供給するために昔から様々な苦労を重ねてきました。田んぼに水をひくには，川や池から水を持ってこなければなりません。何キロメートルも水路を掘り，苦労して水をひく集落は決して珍しくありませんでした。昔は重機などを使わず，住民が鍬などをつかって手掘りで水路をつくりました。近くに水源がない場合には，人工的に池をつくることもありました。これはため池とよばれ，現在も特に西日本でよく見られます（**図Ⅱ-3**）。これらは集落（水利組合という集団の場合もあります）の共同労働でつくられてきました。

　水路を一度つくれば安泰かといわれればそうではありません。水路の壁が崩れて水が漏れたり，水路に土砂が堆積して水の流れが悪くなったりと様々なトラブルが起こります。そ

▷1　鳥越皓之『水と日本人』岩波書店，2012年，4-6頁。

▷2　詳しくは鳥越皓之・嘉田由紀子編『水と人の環境史——琵琶湖報告書』（御茶の水書房，1984年）や，鳥越皓之・嘉田由紀子ほか編『里川の可能性——利水・治水・守水を共有する』（新曜社，2006年）などを参照。

図Ⅱ-3　広島県東広島市志和町のため池

出典：筆者撮影（2014年9月）。

の場合も人びとは共同で対処をしてきました。今でも水路付近の草刈りや水路掃除を，共同でおこなう年間行事として設定している集落は多く存在します。

　このように苦労を重ねて手に入れた水ですが，農繁期や日照りの際には十分な量を確保できないこともあります。水不足になると，住民同士の水げんかが起きたり，水泥棒がでないよう夜通しの見張りがおこなわれたりしました。稲作を営む人びとにとって，水利用がいかに重要な関心事であるかが分かります。このようなトラブルを未然に防ぎ地域で安心して生活していくために，地域社会では水利用に関して詳細で厳しいローカル・ルールが定められてきました。ルールの内容は地域によって様々ですが，その原則は平等です。地域社会ではローカル・ルールに基づいて水利用に秩序が生まれ，それが固定化していきました。このような水利用のルールを権利化したものを慣行水利権とよびます。柳田國男は明治40年に日本の農業水利の特質について「灌漑用水ニ対スル権利ノ主体ハ個人ニ非スシテ村方ナリ」と述べています（柳田 1964：440）。日本の美しい田園風景は，強固な水の管理体制，ひいてはその管理を担う地域社会の共同性によって100年以上も守り続けられてきたのです。

③ 水路をまもる工夫

　現在，日本の農山村では過疎化・高齢化が進み，稲作を続けられない人が増えてきています。これは，特に彼らと同じ集落の中で稲作を営む人にとって大変悩ましい問題です。なぜなら，先に見てきたように，灌漑用水路の管理は個人でおこなうことがむずかしいからです。機能的な面から見ても，水路は一部分への働きかけのみでは機能せず，水路全体を管理してはじめて各箇所が機能するようになっています。稲作を続けられない人の多くは，水路に関する共同作業も続けられなくなってきています。

　広島県庄原市のある集落では，集落全体で所有に関係なく耕作地を組み直すことによってこの問題に対処しています。稲作を続けられる人は水路の大動脈に沿って耕作をすることにし，耕作しない土地を水路の末端部に移動させることにしたのです。この方法で，集落はなんとか水利体系を守ることができています。この方法は一見すると個人主義的にも見えますが，詳しくみていくと，強い共同性に基づいています。その理由は，ここでは一部しかあげられませんが，耕作面積の配分が集落全体で考えられていることや，集落内の社会関係への配慮があったことなどです。

　人びとは，灌漑用水路にかんして，共同利用という原則を変えることなく水路を守っていく知恵を持っています。そしてそれは生活環境や地域社会そのものの存続につながっています。現代農山村において「水」がいかに地域社会の中で重要な位置づけにあるかが分かります。

（福本純子）

▷3　詳しくは余田博道『農業村落社会の論理構造』弘文堂，1961年，180-236頁を参照。

▷4　詳しくは福本純子「生産基盤縮小にみる集落の自律的再編──広島県庄原市の中山間地域における稲作の縮小を事例として」『熊本大学社会文化研究』17，2019年を参照。

（引用文献）
柳田國男『定本柳田國男全集』第31巻，筑摩書房，1964年。

（理解促進のために）
鳥越皓之・嘉田由紀子編『水と人の環境史──琵琶湖報告書』御茶の水書房，1984年。

Ⅱ　環境と農的世界——農的自然と農村の生活

干潟がつくる農的世界

 ネットワークをなす農的世界

　九州の有明海沿岸にある佐賀平野は，わが国有数の穀倉地帯で，米作を中心に麦，野菜などに高い生産をあげています。このような食物エネルギーの一大生産地がどのようにして形成され，どのように変化しつつあるのかを見ると，農的世界は，一つの集落やコミュニティだけではなく，山から海までをつなぐ大きな単位で形作られ，維持されていることがよくわかります。

　有明海の干拓地である佐賀平野は，江戸時代に鍋島藩の家老であった成富兵庫茂安によって，広大な干拓平野に水を貯えるとともに分配し，さらに想定外の洪水に備えるための社会基盤が構築されました。それが，佐賀平野全体にわたる水に関する掟を破れば佐賀平野全体が生き残れないという共通認識を背景にした「水システム」（荒巻 2017）を形成したことで知られています。

　佐賀平野は，有明海に注ぎこむ筑後川と嘉瀬川のあいだに広がる広大な平野です。日本の他の地域と比べても平野が大きく，都市である佐賀市と有明海のあいだには異なる時代に異なる主体によって干拓された多くの農村集落が存在しているのが特徴です。その地形的特徴を農業用水とのかかわりで整理すると，①平野の後背山地が浅く集水面積が小さいため，山地からの水資源に乏しいこと，②平野東側を流れる筑後川の河床が低く，下流域では自然流下の形式で本川の水を農業用水として利用できなかったこと，③干満差が非常に大きい有明海に面していること（八木 1982）だといえます。

　内海で一日の干満差が大きい有明海は，堤防を築くとすぐにその前面に潟泥の堆積が始まり，干潟が成長しはじめます。そして堤防の内側の干拓地（耕地や集落）は，徐々に沈下していくため，やがて，堤防の外の干潟のほうが内陸より標高が高くなり，内陸部の古い干拓地が湿田化して排水にも支障をきたすようになります。したがってふたたび数十年後には干拓が必要になります。そのため，少なくとも 6 世紀から20世紀半ばの1968年まで干拓が続けられ，そのたびに干拓地には新たに耕地が整備され，堀がはりめぐらされてきました。

 堀のある暮らしとその変化

　以上の成り立ちからも推察できるように，佐賀平野の農的自然を特徴づけるのは，縦横にはりめぐらされた「堀」です。佐賀平野の農村である川副町では，

堀は農業用水だけではなく，生活用水，防火用水，田畑の肥料のための泥，馬の飼料のための土手の草，食料供給としての魚などを得るためにも利用されていました。ある地区では，1960年代頃までは，飲料水を汲む，洗濯する，農耕馬を洗う，水泳，などの場所や時間はほぼ決まっていたそうです。その他，堀の近くには共同風呂もたてられていました。

水田の肥料や馬の飼料のための土手の草刈りは日常的に行われ，水田の肥料のために冬に行われる堀の**泥土上げ**のあとには，水がなくなった堀で子供たちが魚を取り，それを調理して宴会が開かれるなど，地域一帯となって堀の利用管理していました。このような時代には，水や泥，草などを利用することが水路（水流）の維持にもつながってきました。

異なった地域間の農業を介した交流もありました。農耕用の馬が多く使われていた佐賀平野では，農閑期には草原がたくさんある山沿いの村に馬を預けて放牧を依頼していました。その山沿いの村の人たちは，田植え時期になると住み込みで，広大な佐賀平野の田植えの労働者として働いていました。

このような農的世界が大きく変化したのは，1950年代になって戦後の食糧増産政策の一環として嘉瀬川上流部にダムが建設されるとともに，国・県営事業によって平野全体にわたる新たな水路網が完備されたころからです。その結果，米の生産は飛躍的に伸びましたが，水道の普及，小学校のプール導入，消火栓の整備などにより，堀の利用は徐々になくなっていきました。高度経済成長期を迎えると，混住化が進んで非農家の住民も増え，自動車の普及によって，集落内の道路拡張や宅地造成のために堀を埋める人も出てきました。その結果，集落の中を流れる堀は，現在でも，排水路や洪水時の貯水路として使われているにもかかわらず，堀の清掃や土手の草刈りのための労働力の確保にも苦労するようになっています。

3　新たな「水システム」

堀の清掃が必要なのは，集落の生活や農業のためだけではありません。有明海でこの40年の間に盛んになった海苔養殖にとって，海に流れ出るゴミは，それが網に絡むと，海苔の品質にも影響を与える大きな問題です。そのため，有明海沿いの市町村では，地域の一大行事として堀の清掃が行われています。また，海苔養殖のためには，海水の栄養塩の濃度も必要であり，それを海に注がれる堀や川の水から補給する必要があります。そのために，県の下水処理場では**季別運転**が行われている他，栄養塩供給を目的として冬期には，県知事が国土交通省に依頼するかたちで上流のダム等からの緊急放流も行われています。これらは，海苔の養殖場という新しいかたちの農的自然のために新たに生み出された「水システム」であるともいえます。

（藤村美穂）

▷**泥土上げ**
水をせき止めて堀にたまった泥をくみ出して掃除すること。

▷**季別運転**
栄養塩類の放流濃度を低い水準に維持する期間と，栄養塩類の放流濃度を高い水準に維持する期間に分けて，季別に運転方法を切り替える運転

（引用・参考文献）
荒巻軍治「有明海講座　干拓から有明海沿岸道路まで――有明粘土とのつき合い方」（http://www.npo-ariake.jp/act-report/symposium/img/220120/220120ariakekaikouza.pdf）。
八木宏典「クリーク農業の展開過程」『国連大学人間と社会の開発プログラム研究報告』1982年。

（理解促進のために）
加藤仁美『水の造形――水秩序の形成と水環境管理保全』九州大学出版会，1994年。

Ⅱ　環境と農的世界——農的自然と農村の生活

 イヌからみた農的世界の変化

　動くものからみる

　動くもの，つまり動物から農的世界をみることもできます。柳田國男は，「明治大正史世相篇」の序文に世相の歴史はとるに足りない日常生活の最も尋常平凡なものの上を推移したと記していますが，この「明治大正史世相篇」には，動物のことについてもとりあげられています。「猿は敏捷であるがよく人の真似をして失敗し，兎は智慮が短くイタチは狡猾でよく物を盗んだ。狐は陰鬱で復讐心が強く，狸も悪者ながらする事がいつもとぼけて居るといふ類の概括も，決して昔話の相続ばかりでは無かつた。誤つて居たにしても兎に角に誰かの実験（体験：筆者注）であつた」と述べています（柳田 1931=1993）。我々がかつて当たり前だと思っていた動物との関係はどのように変わっていったのでしょうか。この節では，イヌをとおしてみた農村の生活の断面のいくつかを紹介し，それをとおして農的自然の変化を考えたいと思います。

　イヌと人間の関係は，人類学などの分野では古くから関心が高いテーマでした。イヌは，農耕・牧畜がはじまりウシやヤギやヒツジなどの動物の家畜化が始まるずっと以前から，人間と生活領域をともにしていたことがわかっているからです。また，人間との長い歴史の中で，食糧というだけにはとどまらない多くの役割を担ってきたからであり，そのために人間の側からの絶え間ない働きかけもあったからです。近年では，イヌの遺伝子や形質や行動などの研究をとおして，イヌの起源や人間の介入の歴史を探ろうとする研究の他に，イヌとヒトの社会史とでもよべるような研究も増えています。[41]

　ここでは，イヌとヒトの世相史や社会史から，獣害問題を考えてみたいと思います。例えば，生息数調査によって昔からイノシシや山に生息していたことが明らかにされている宮崎県の猟師は，1960年代頃までは，山の中に焼畑や畑もたくさんあったが，集落の近辺どころか山の中の畑でもイノシシを目にすることはほとんどなかったといいます。当時は買い物も不便であったため，猪肉はごちそうであり，みながイノシシの動向には敏感であったにもかかわらず，月に数度しか肉にありつくことはできなかったそうです。

　その理由として，猟師による捕獲圧が高かったこともありますが，当時は放し飼いであったイヌが，自分たちの行動範囲に来る小動物は獲物として摑まえていたこともあげられます。人間も豊ではなかった当時，猟犬は猟期にだけ餌

▷ 1　例えば推薦図書にあげた 2 冊などはイヌとヒトの社会史を扱っている。

を与えられ，それ以外の時期には残飯の他は自分で餌を調達する必要があったため，集落近辺には田畑の畦を壊すモグラさえいなかったそうです。そして，イノシシのほうもまた猟犬の怖さを学習しているため，水田の周りをイヌに歩かせて臭いをつけるだけで近寄らなくなったといいます。

2　イヌがいる世界

　このようなかたちでイヌが放し飼いできた環境とは，イヌが少々花壇や畑を踏み荒らしても，飼い主との人間関係の中で解決できる社会であり，迷子になった若い猟犬がいたら繋いで飼い主が現れるまで待つことができる程度に，イヌを扱える人たちがいる社会だからでしょう。それは，みながイヌのこともよく観察していて，野犬とムラに所属するイヌを区別できたということです。おもしろいことに，江戸時代の各藩の産物帳をみると，狼，犬，野犬，里犬，むくいぬ，山犬など，様々な呼び名でイヌが記録されています。人びとはイヌをよく観察しており，放し飼いであっても，日々の生活の中で出会うイヌを区別して認識していたということでしょう。そして，もっと重要なのは，イヌと人間の立場の違い（イヌとして許されること許されないこと）についてムラで共通の了解があり，誰もが自分の家のイヌだけではなく屋敷地に紛れ込んできたイヌにも繰り返してそれを示し続けることで，イヌに「自分の領分をわきまえさせてきた」ともいえます。

　しかし，農村の人たちがこのように駆け引きしてきたのは，イヌやイノシシとだけではありません。同じ村の老人によれば，かつてのカラスは木の枝を構えて鉄砲を撃つような恰好をするだけで逃げたそうです。同様に，佐賀県馬渡島の猟師によると，島にいる野性ヤギは，猟師が打合せをする身振り手振りを理解してその道を避けたり，岩の上で足跡が残らないように方向転換をしたりして，猟師や猟犬と駆け引きをすると話します。このように，農的自然のなかには，多くの動物がいて，人間とイヌ，人間やイヌとそれらの動物が，それぞれを観察しながら，駆け引きをしていました。

　現在，**狂犬病予防法**が徹底されて以降，狩猟中以外のイヌの係留が義務づけられ，農村においても，放し飼いのイヌを見ると，恐怖心や田畑を荒らされるのを嫌う気持ちから，役場や警察に通報する人が増えています。こうしてイヌが厳しく管理されるようになる一方で，頭のいいイノシシが罠の餌をうまくつかって子育てをしたり，人間が努力して再生した緑のネットワークを使って山から移動し，都市部にまで出現するようになったという報道も増えています。われわれは，現在に見合う形で動物たちと駆け引きをしていかなければいけないのでしょうが，ここにとりあげたことからは，駆け引きには「繰り返し」が必要で，そのためには地域全体で動くもの（動物）たちに関心を持ち続けることが必要なのは確かだと考えられます。

（藤村美穂）

▷狂犬病予防法
狂犬病の予防や発生時の処置などについて定めた法令で，1950年に公布された。

（引用文献）
柳田國男『明治大正史世相篇』講談社，1931=1993年。

（理解促進のために）
卯田宗平編著『野生性と人類の論理──ポスト・ドメスティケーションを捉える4つの思考』東京大学出版会，2021年。

Ⅱ　環境と農的世界——農的自然と農村の生活

7 農的世界から生み出されるエネルギー（1）
——小水力発電

1 古くから存在している小水力発電

▶**固定価格買取制度（FIT）**
再生可能エネルギーを用いて発電された電気を，一定期間，固定価格で電気事業者が買い取ることを義務づけた制度。

▶**再生可能エネルギー発電**
太陽光・風力・地熱・中小水力・バイオマスといった

図Ⅱ-4　1954年設置の広島県東広島市志和堀発電所

出典：筆者撮影（2014年4月）。

図Ⅱ-5　1962年設置の広島県庄原市小奴可発電所の発電機

出典：筆者撮影（2015年8月）。

小水力発電と聞くと，若い世代の中には，「脱炭素社会」実現のために有用なエコで新しいエネルギー発電だと考える人もいるかもしれません。実際に，小水力発電は福島第一原発事故後に導入された**固定価格買取制度（FIT）**が適用される**再生可能エネルギー発電**の1つでもあります。一方で，小水力発電は日本で古い歴史を持っています。

現代と同じように機械を使う小水力発電のはじまりは明治時代ですが，水車の動力利用まで含めると，小水力発電の歴史は飛鳥時代までさかのぼるといわれます。もともと地域社会の伝統的なエネルギーは火と水と風でした。江戸時代には農業に水車がよく使われていました。線香の原料を粉にするための水車など，今でも使われている産業用の水車もあります。

電力を作る小水力発電に話を戻すと，昭和初期には各地の電力会社だけではなく，町や村などの地域社会も小水力発電所を経営していました。地域社会が経営する小水力発電所が1年間に100カ所近く新設された年もあったそうです。また，1952年に制定された「**農山漁村電気導入促進法**」によって，1967年までに全国に約200カ所の小水力発電所が設置されました（図Ⅱ-4，5）。当時，電気が十分に供給されていなかった農山漁村は，この法律を使って地域に電気を導入しました。日本はある時代まで，発電施設と地域社会が密接に関わり合って地域の電力を作ってきたのです。

2 小水力発電と稲作

日本には，農業用水を利用して発電をおこなってきた小水力発電所がいくつもあります。そこでは，農業に多くの水を必要とする住民と小水力発電所とで，水をめぐって利害関係が発生してしまうこともありました。ただし，先に紹介したように，かつては発電施設と地域社会は密接に関わり合っていたため，たとえば「水が不足した場合は必ず農業を優先する」というような地元でのルールを設定し，うまく折り合いをつけてきました。

小水力発電所は，農業用水を利用することによって，水利

用の恩恵を受けるだけでなく水路新設の手間や経費を免れることもできました。小水力発電所を新しく作る場合には，ふつう川から水をひく水路を新しく設置しなければなりません。水路の設置には，立地にもよりますが，発電機そのものよりも大きな費用がかかってしまう場合もあります。農業用水を利用するということは，地域の人びとがもともと使っていた灌漑用水路（川からの水を農地まで運ぶための水路）を利用することができるということでもあります。

　他にも農業用水を利用することで小水力発電所が得をすることがあります。広島県庄原市にある口南発電所も，農業用水を利用している発電所の1つです（図Ⅱ-6）。ここでは，農業用水が稲作だけでなく人びとの生活や鯉がすむ池などにも利用されています。住民は田はもちろんのこと，庭の池の鯉に何かあっては大変ですから，農業用水の様子を毎日厳しくチェックしています。これは同時に（住民は意図していませんが）発電所のシステムのチェックにもなっています。この発電所は1962年に設置され，約60年稼働を続けています。農と小水力発電は，工夫によって有機的な関係を築くことができるのです。

③ 小水力発電をいかした地域づくり

　近年は，小水力発電を利用して新たな取り組みをおこなっている地域もみられます。岐阜県郡上市石徹白地区にある石徹白番場清流発電所（2016年設置）は，地域のほぼ全戸が加入している石徹白農業用水農業協同組合（2014年設立）のメンバーが全戸出資し，農業用水を利用して新設された小水力発電所です。この発電所の売電収入は，農業用水の維持管理や耕作放棄地対策などに使われています。小水力発電を利用して地域の農の維持がおこなわれているのです。ここでは，農だけでなく，今まで著しい人口減少が続いてきた地域自体にも持続可能性が広がりつつあります。小水力発電所設置などの地域おこしをきっかけに，18世帯46人もの人びとがこの地域に移住しました（2021年9月時点）。石徹白地区では「将来にわたっても，石徹白小学校を残す！」をスローガンに様々な取り組みがおこなわれています。その主軸となる小水力発電所を新設した，石徹白農業用水農業協同組合の設立趣意書には「石徹白の田んぼに水を送っている農業用水は（略）明治時代の人たちが，朝日添川から3kmの水路を手掘りでつくってくれました。そして，毎年春と秋に，集落総出で『ゆざらい』を行うことで，用水の維持管理を行ってきました。100年近く続くこの作業のおかげで，石徹白の田んぼでは，お米を収穫できるようになりました」と記され，代々続く農にまつわる営みに感謝し，小水力発電を活用して農業用水を守り引き継ぐ意志が表明されています。

（福本純子）

自然界に常に存在するエネルギーによる発電。

▷1　小林久・金田剛一編著『事例に学ぶ　小水力発電』オーム社，2015年，ⅲ-ⅴ頁。

▷2　鳥越皓之「伝統社会から新しい社会へ」鳥越皓之・小林久ほか『地域の力で自然エネルギー！』岩波書店，2010年，50-62頁。

▷3　詳しくは小林・金田編著前掲，2015年，ⅲ〜ⅴ頁や，奈良泰史「市町村の再生可能エネルギー政策──各地の取り組みとその意義を問う」小林久『再エネで地域社会をデザインする』京都大学学術出版会，2020年，250-254頁などを参照。

▷農山漁村電気導入促進法
電気の供給が十分でない農山漁村に電気を導入し，農林漁業の生産力の増大と農山漁村の生活文化向上を図ることを目的とした制度。小水力発電所建設のための費用を農山漁村に貸し出すもの。

▷ゆざらい
農業用水の側溝を清掃する作業。

図Ⅱ-6　口南発電所が利用する灌漑用水路

出典：筆者撮影（2016年2月）。

Ⅱ　環境と農的世界——農的自然と農村の生活

 8 農的世界から生み出されるエネルギー（2）
——木質バイオマス

 エネルギー源としての木材

　先述したように，山は，農地への肥料や用材の供給源，そして林業の場として重要な空間でしたが，それとともに，古くから食物以外のかたちでエネルギーを生み出す材料が豊富な場所でした。前節でとりあげた水力の他に，山にある木材もそのひとつです。木材は，伐って乾燥させれば，日常生活に必要な「火」をおこすための薪になるし，炭化させればさらに効率のよい木炭ができます。日本全国で，明治期から昭和前半まで，多くの山村で木炭が主要な生産物となっていました。ガスや電気の普及によってその需要はほとんどなくなっていくのですが，2012年に **FIT制度** が始まって以降，再びこの木材がエネルギー源として脚光を浴びるようになっています。「環境にやさしい自然エネルギー」として，木質バイオマス発電が国をあげて推進されるようになったのです。

　木質バイオマス発電は，これまでは放置されていた未利用材（搬出されない根元や枝葉）も利用できることから，林業不振に悩む生産者にとっても，企業にとっても，新たな雇用を生み出す救済主となることが期待されたのですが，同時に問題点も指摘されはじめています。

2 **効率を重視したバイオマス事業**

　宮崎県の耳川の上流部の山元の林家たちは，1950年代以降，国の政策にしたがって拡大造林をおこない，場合によっては森林組合に委託しながら間伐や伐採を計画的におこなう林業を営んできました。そこでは，A材とよばれる優良材（建築用材）の生産を中心に，副産物としてのB材（合板用）やC材（チップ）をあわせて収入源とした林業が営まれてきました。

　ところが耳川の下流，日向市の沿岸部には，FIT制度が始まって以降，次々と木質バイオマスの発電工場が建設されるようになり，それを機に，林業の様相は変わりつつあります。大規模なものとして，伊藤忠商事の他に，大手総合木材企業である中国木材が運営する日向工場（2014年稼働）があり，国産と外国産木材の製材から乾燥・加工までを一貫処理すると同時に，その過程で出た残材から木質チップを製造して発電に利用している他，同じ沿岸部には，他にも大小いくつかの工場が沿岸部で稼働されています。

　これらの成果もあって，木材の需要は高騰し，間伐材から未利用材にいたる

▷**FIT制度**
⇨Ⅱ-7 参照。

▷**木質バイオマス発電**
木質バイオマスを燃やしてタービンを回し，発電する仕組み。

まであますところなく引き取られることになりました。しかし，稼働以前から地元の森林組合や山主たちが危惧していた不安もまた現実化しはじめています。バイオマス発電（とくに直接燃焼[※1]）は規模が大きいほど発電コストが下がるため，大規模な事業が計画される傾向にあります。しかし大規模な工場が乱立すれば，短い期間に膨大な木質バイオマス需要が生まれることになり，それが地元の林業だけではなく環境にも悪影響を与えるのではないかという危惧です。

　たとえば，耳川森林組合への聞き取りによると，ひとやま（山）の単位で木を買い，それを自社で伐採，搬出，製材までおこなっている大規模バイオマス工場の1つは，最近（2016年），「未利用材」に位置づけられる根元部分が大きくなるように，すなわち従来は利用材としていた部分の一部まで未利用材に含めるように製材方法を変化させているようだといいます。

　よい木材を育てることを励みとして山の手入れを続けてきた山元の生産者がこの話を聞くと，意欲や張りあいが奪われるでしょう。さらに，良材生産のための間伐ではなく大面積の皆伐へと山主たちの気持ちを誘いかねず，伐採したあとには，**地拵え**[※2]や造林というもっとも厳しい作業だけが山元の地域に残されることになります。こうした状況は，資力も情報収集能力も大きく，補助金をうまく利用しながら材料の調達も操作できる大企業のみがバイオマス発電の利益を追求できる形であり，当初いわれた「山村への利益還元」には結びつかない可能性が大きくなっています。

　多くの地域では，現在60〜70歳代の林業の担い手は，子どもの頃に，荒れた山に父親らが造林する姿を見て育った世代です。その木が伐期を迎えるときになって立木価格が急落し，新たなサイクルを考える必要に直面していました。そこに沸き起こったのがバイオマス発電でした。高齢化によって山林地主の経済的・肉体的な体力は以前よりも低下しています。木材価格の低迷が続く中，苦労して植林してきた山からできるだけ元を取りたいという思いや，息子世代が帰村して生活できるようにしたいという気持ち，政策に協力しようという思い，高い買い取り価格が追い風となって，企業による大規模な皆伐が進行し，高齢の所有者が再造林できず，放置された山も出始めているといいます。

　近年の豪雨による土砂災害の被害地の多くは，このようにして大規模な皆伐がすすめられた場所や林道作業道を起点とした場所で多く発生していることも報告されつつあります。

　現在，大規模化や機械化を重視した林業政策やバイオマス事業が，山の管理の窮状を打開する救済者にはならないことを感じた人びとが，日本の各地で，勉強会をつみかさね，地域社会が一体となった自伐型林業や，「現実的な」方法，すなわち搬出のコストがかからずかつ伐採の規模やスピードが生産の場における現実にあわせられるような，小規模の発電所を山元（上流部）につくる方法を模索しています。

（藤村美穂）

▷1　木質バイオマス発電には，廃材や製材端材，未利用材などを加工した木質チップを直接燃焼させて発電させる「蒸気タービン方式」と，木質バイオマスをガス化して燃焼させる「ガスタービン方式」がある。

▷地拵え
雑草や灌木を取り除くこと。

Ⅱ　環境と農的世界——農的自然と農村の生活

 福島原発事故後の大学生の
原子力発電についての意識

▷ 1　U. ベック，東廉・伊藤美登里訳『危険社会——新しい近代への道』法政大学出版局，1998年，75頁。
▷ 2　同，5頁。
▷ 3　同，75頁。
▷ 4　同，40頁。
▷ 5　調査実施：2018年，6/27国立 A 大学文学部，7/2私立 B 大学文学部，7/2私立 D 大学生活科学部，8/13国立 E 大学工学部，9/26公立 F 大学工学部（合計275名，理系116名，文系153名，その他 6 名）。授業で調査票を配布し，回収。理系，文系，国公私立などミックスして，できるだけ平均的な大学生調査に近づけた。熊本，福岡，山口各県の大学である。なお，山本努「付論　若者（大学生）の原子力発電についての意識」山本努・福本純子編『地方地域社会に暮らす若者の社会意識——「九州・山口在住の若者」に関する社会調査から』熊本大学大学院人文社会科学研究部（地域社会学研究室）刊，2019年，80-82頁にこの調査の報告がある。また，福本純子「若者（大学生）のエネルギーについての意識——何がエネルギーについての意識に影響を与えるか」同上書，2-17頁に若干のデータ分析の試みがある。

1　階級社会と危険社会

本章では農的世界と持続可能なエネルギーについて学んできました。これに対して本節は，原子力発電，つまり，リスクに満ちた，持続可能でないエネルギーについての意識調査の結果を紹介します。

ドイツの社会学者ベック（Beck, U.）によれば，かつての階級社会の大問題は欠乏や貧困でした。これに対して，現代＝危険（リスク）社会の大問題は不安です[1]。現代は多くの巨大な危険に曝されているからです。その「危険は，風や水と共に移動し，あらゆる物とあらゆる人の中に潜り込む。そして危険は生命に最も不可欠なものの中にも潜んでいる。たとえば，呼吸のための空気，食料，衣服と住居の中に」[2]もあるのです。

したがって，危険社会が求めるのは安全という価値です。これは，かつての階級社会が平等という価値を追求したのと大いに異なってきます[3]。

2　原子力発電をめぐる意識

その危険社会の不安の最たるものの 1 つは原発です。原発は，核エネルギーの暴走で人類に大きな厄災をもたらすかもしれません。加えて，核兵器の拡散，ミスや災害による事故や，事故の影響の持続性などのリスクもあります[4]。

そうであればこそ，人びとに原発を受け入れさせるための「原発広告」が膨大に作られたのは 1 章 3 節でみました。それでは，福島の原発事故後，原発についての意識はどのようになっているのでしょうか？　ここではそれを，大学生の意識調査で探ります。なぜ，大学生か。大学生とは「若者の中で，多少は自覚的な層」であることが期待されている人達だからです。調査は福島原発事故（2011年 3 月11日）から約 7 年後の2018年 6 月～ 9 月に実施されています[5]。

3　データと分析：今後の原発の稼動

では意識調査の結果を見ていきましょう。まず，**表Ⅱ-1**から今後の原発の稼動について，以下の知見を得ます。

知見 1．原発事故後も即時原発ゼロは4.0％と非常に少ない。

知見 2．将来原発ゼロは9.5％で，即時原発ゼロの4.0％と合わせて原発ゼロ派とみても13.5％と少ない。

表Ⅱ-1　あなたは日本における原子力発電所の稼働について，長期的にはどう思いますか。

1．今もこれからもずっと稼働させて良い（稼動肯定）	9.1%（25人）
2．今もこれからもずっと稼働させざるをえない（稼動容認）	26.5%（31人）
3．今は稼働させて良いが，将来的には稼働数を減らしていくべきだ（稼動縮小）	29.5%（81人）
4．今は稼働させて良いが，将来的には稼働数をゼロにすべきだ（将来原発ゼロ）	9.5%（26人）
5．今は稼働をやめるべきだが，条件が整えば将来稼働させてよい（将来稼動）	6.5%（18人）
6．今すぐ稼働をやめるべきであり，今後も稼働すべきでない（即時原発ゼロ）	4.0%（11人）
7．分からない	12.4%（34人）
8．NA	2.5%（7人）

表Ⅱ-2　あなたの印象では，現在の日本のエネルギー源のうち，原子力の割合はどのくらいを占めていると思いますか。

1%未満	5%	10%	15%	20%	25%	30%	30%より多い	NA
2.2%	7.3%	11.3%	11.6%	18.9%	9.1%	9.8%	26.9%	2.9%

知見3．稼動肯定9.1%・稼動容認26.5%・将来稼動6.5%は合計42.1%と多い。

知見4．稼動縮小も29.5%とやや多い。

知見5．分からないは12.4%，NAは2.5%で合計14.9%と少ない。

以上を要約すれば，

知見6．稼動派（稼動肯定・容認・稼動縮小・将来稼動）71.6%＞分からない・NA14.9%＞原発ゼロ派（即時原発ゼロ・将来原発ゼロ）13.5%となり，原発事故後も稼動派（原発稼動を認める者）が非常に多い。

④ データと分析：今現在の原発の認識

ただし，この表Ⅱ-1の解釈は，「今」をどう解釈しているかが重要です。表Ⅱ-1の回答の選択肢には「今は（も）」という言葉が含まれているからです。そこで，原発の「今」についての認識を知るために，「現在の日本のエネルギー源の中で原子力がどれくらいを占めていると思いますか」と尋ねてみました。表Ⅱ-2を見ましょう。

知見7．まず現在の日本のエネルギー源に占める実際の原子力の割合は0.8%（2016年度）ですが，これを正確に認識している者（1%未満と答えた者）は2.2%とごく少数です。

知見8．電源構成（エネルギー源ではなく）ならば，2018年で6.2%が原子力を占めるから，大雑把には，表Ⅱ-2の5%の回答者7.3%を「正解」と見てもいいかもしれません。

知見9．この両者を加えても，現実を正確に答えた者（「正確」派）は9.5%（＝2.2%＋7.3%）と少ないのです。つまり，9割程度の人びとが原子力を

▷6　経済産業省資源エネルギー庁『総合エネルギー統計』からの数字。

▷7　震災後の電源構成における原子力の割合は震災から1年8カ月後の2012年11月で2.7%です。その後，2018年（調査実施の年），2019年とも6.2%です（経済産業省資源エネルギー庁，電力調査統計）。表Ⅱ-2の質問文は，表頭に示したが，「日本のエネルギー源」を「電源」と誤解して答えた者がいるかもしれないのです。

表Ⅱ-3　「正確」派・「単なる誤解」派・「原発事故前準拠の誤解」派と原発稼動の可否（9セルの合計＝100%）

	稼動派	原発ゼロ派	分からん派＋NA
「正確」派	6.0%　（16人）	3.0%　（8人）	0.7%　（2人）
「単なる誤解」派	41.9%　（112人）	4.9%　（13人）	5.6%　（15人）
「原発事故前準拠の誤解」派	25.1%　（67人）	6.0%　（16人）	6.7%　（18人）

表Ⅱ-4　「正確」派・「単なる誤解」派・「原発事故前準拠の誤解」派と原発稼働の可否

	稼働派	原発ゼロ派	分からん派＋NA	合　計	
「正確」派	62.5%　（16人）	30.8%　（8人）	7.7%　（2人）	100%	26人
「誤解」派	74.3%　（179人）	12.0%　（29人）	13.7%　（33人）	100%	241人

（注）「誤解」派には「単なる誤解」派と「原発事故前準拠の誤解」派を両方含む。

表Ⅱ-5　お住まいの市町村に原子力発電所が建設されることになったらどう思いますか。

賛成	やや賛成	どちらでもない	やや反対	反対	DK．NA
2.5%	5.5%	31.3%	32.7%	26.2%	1.8%

（2018年時点の）現実よりも過大にイメージしています。

知見10.　ただし，表Ⅱ-2の最頻は「（原子力の割合が）30％より多い，および，30％」で合計36.7%（＝26.9%＋9.8%）です。この「30％より多い，および，30％」は，福島原発事故前の原子力発電の割合（＝31.3%，2011年2月[8]）にほぼ符合しています。つまり，かなり多く（36.7%）の人びとは，原発事故前の電源構成比率が「今」のイメージとなっています。この人びとを「原発事故前準拠の誤解」派とよぶことにします。

知見11.　あとは，「（原子力の割合が）10％〜25％」の人びとが50.9%います。こちらは「単なる誤解」派です。

知見12.　全体の67.0%（＝41.9%＋25.1%）もの人びとが，今の原子力の割合を過大に誤解してかつ，原発稼働を認めています（**表Ⅱ-3**の稼動派で「誤解派」の数字）。

知見13.　「正確」派には稼動派が62.5%とやや少なく，「誤解」派には稼動派が74.3%とやや多いのも重要な知見です。逆に，「正確」派では原発ゼロ派は30.8%とやや多く，「誤解」派では原発ゼロ派は12.0%とやや少ない。つまり，「正確」派の認識は「誤解」派の認識より原発ゼロに親和的なのです（**表Ⅱ-4**）。

知見14.　稼動派（71.6%）は多いが（知見6），「自分が住んでいる市町村に原発が建設されること」に賛成は，8.0%（＝2.5%＋5.5%）と少ない（**表Ⅱ-5**）。つまり，稼動派は多いが，原発は自分の地域には来て欲しくないのです。

▷8　経済産業省資源エネルギー庁『日本のエネルギー2020』より（資源エネルギー庁のWeb上の資料）。

❺　見田宗介のロジスティック曲線

　現代社会は，見田宗介が示す，図Ⅱ-7のロジスティック曲線の実線と点線の分岐点にいます。実線に向かえば，成功した生物種がたどる，安定平衡期とよばれる時期に入っていきます。点線に向かえば，繁栄の頂点から滅亡に向かいます。さて，この分かれ目にいる我々にとって，原発は非常に大きな課題です。原発を持ったまま，安定平衡期に入って，それが持続するという未来は想定し難いからです。

　安定平衡期（第Ⅲ局面）の基本的価値は「「成長と開発」に代わって「共存と共生」が基調となる⁹」のですが，原発は「共存と共生」とはおよそ縁遠い存在です。実際，先に知見14で見たように，原発は自分の地域には来て欲しくない。つまり，多くの人は原発と同じ地域で暮らしたくないのです（「共存と共生」はできないのです）。

　「人間の歴史の第Ⅲの局面である高原は，生存の物質的基本条件の確保のための戦いであった第Ⅱ局面において，この戦いに強いられてきた生産主義的，未来主義的な生の〈合理化〉＝〈現代の空虚化〉という圧力を解除されることによって，あの〈幸福の原層〉とでもよぶべきものが，この世界の中に存在していることの〈単純な至福¹⁰〉を甘受する力が，素直に解き放たれるということをとおして，無数の小さな幸福たちや大きな幸福たちが一斉に開花して地表の果てまでおおう高原であると思う¹¹」というのは見田宗介の未来展望です。この魅力的な未来展望の土台に原発おくというのはあまりにもディストピア（dystopia）的です。であれば，やはり暮らし（地域¹²）と原発の課題がでてくるのです。

（山本　努・福本純子）

▷9　見田宗介『現代社会はどこに向かうか──高原の見晴らしを切り開くこと』岩波新書，2018年，67頁。

▷10　〈単純な至福〉とはここでは，「身近な人たちとの交歓，自然と身体との交感」のことです。見田，前掲書，90頁。
▷11　同，91頁。
▷12　暮らしは地域に中にある。これについては，序-9参照。

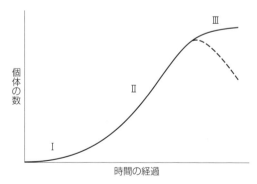

Ⅰ：大増殖以前期
Ⅱ：大増殖期
Ⅲ：大増殖以後期（安定平衡期）

図Ⅱ-7　ロジスティック曲線

出典：見田宗介『現代社会はどこに向かうか──高原の見晴らしを切り開くこと』岩波新書，2018年，8頁。

理解促進のために

本間龍『原発プロパガンダ』岩波書店，2016年。

Ⅲ　福祉と子育て

 福祉と高齢化
——高齢化の地域差

　福祉とは

　本章では，「福祉」について学びます。「福祉」とは何でしょうか。例えば，高齢者福祉，児童福祉，障害者福祉などの言葉を聞いたことがあるかもしれません。「困っている人や社会的に弱い立場にある人に対する援助や支援のことを指して『福祉』という場合」があります。こうした意味で「福祉」という言葉を用いる場合，それは，「狭義の福祉」と呼ばれます。これに対して，「広義の福祉」と呼ばれるものがあります。「福祉」の語源を考えると，「『福祉』は，同じく『しあわせ』や『さいわい』を意味する『福』と『祉』という二つの漢字から成り立つ熟語」とされています。個人や人びと，社会全体の「幸福」という意味で，「福祉」という言葉が用いられる場合もあり，これを「広義の福祉」と呼びます。本章では，「広義の福祉」として「福祉」という言葉を捉えています。

　「福祉」に関する社会学的研究には，どのようなものがあるでしょうか。福祉社会学会の学会誌『福祉社会学研究』の書評欄で取り上げられた書籍を確認すると，ボランタリズム，ケア，生と死，障害，家族，福祉国家や福祉政策，格差や不平等と幅広いテーマが扱われています。対象としても，高齢者，子ども，若者，女性，障害者など，さまざまな人びとを対象として，研究が進められています。こうした**福祉社会学**のテーマと地域社会学のテーマは，どのように接続するでしょうか。本章では主に高齢者や子どもについて論じますが，私たちの生活は地域社会において営まれています。このことは，「地域社会という入れ物（空間）の中に，種々の集団（や社会関係）があり，それら集団（や社会関係）に人々（個人）が参与することで人々の生活（暮らし）という totality（全体）が営まれる。……地域社会（＝という，入れ物，空間）の性質によって，集団（や社会関係）の性質が変化し，それによって，人々の生活も変わる」と説明されます。例えば高齢者の生活を取り上げて考えてみても，都市部に居住しているのか，農村部に居住しているのかによって，生活の実態は異なるでしょう。福祉社会学と地域社会学のテーマは相互に重なり合う部分も多くあります。さらに，本章で後述するように，高齢者の生活あるいは育児は地域社会によっても支えられています。高齢者や子どもの生活について研究することは，福祉社会学のテーマであるとともに，地域社会学のテーマでもあるといえます。

▷ 1　「狭義の福祉」と「広義の福祉」については，武川正吾『福祉社会学の想像力』弘文堂，2012年，26-27頁。

▷ 2　武川正吾「福祉社会学の現状と構図」福祉社会学会編『福祉社会学ハンドブック——現代を読み解く98の論点』中央法規出版，2013年，2-5頁。

▷**福祉社会学**
福祉に関する社会学のことを福祉社会学と呼びます。領域別の社会学として，地域社会学，都市社会学，農村社会学，環境社会学，家族社会学などの呼び方をするときがあります。福祉社会学もこうした領域別の社会学の１つです。

▷ 3　山本努「地域社会学入門／都市研究から」山本努編『地域社会学入門——現代的課題との関わりで』学文社，2019年，4頁。

② 高齢化の進展

　日本における高齢化率（65歳以上の人口割合）の推移を確認すると，1950年には4.9％だったものが2020年には28.8％と約6倍になっており，高齢化が急速に進展していることがわかります。[4] 高齢化率は今後も上昇を続けると推計され，2050年には37.7％になるとされています。

　高齢化率は65歳以上の人口割合を示すものであり，「高齢者」とは「65歳以上の人びと」であるという見方が一般的に広まっています。本章でも便宜上，「高齢者」を「65歳以上の人びと」を指す言葉として用いていますが，「高齢者とは誰か」ということについては，慎重な議論が必要といえます。[5] 日本老年学会・日本老年医学会の「高齢者に関する定義検討ワーキンググループ」は，近年の高齢者は身体的・心理的機能が10～20年前と比較して，5～10歳若返っていることを報告しています。[6] 高齢社会対策大綱でも，「65歳以上を一律に『高齢者』と見る一般的な傾向は，現状に照らせばもはや，現実的なものではなくなりつつある」とされています。[7]

③ 高齢化の地域差

　高齢化率は全国でどこも同じ割合というわけではなく，地域差があります。**表Ⅲ-1**は高齢化率の高い都道府県と低い都道府県（上位5位）を整理したものです。最も高いのは秋田県で37.2％，最も低いのは沖縄県で22.2％であり，15.0ポイントもの開きがあります。表Ⅲ-1からは，東北地方や中四国地方の都道府県において高齢化率が高く，他方で，沖縄県や東京都などにおいて，高齢化率が低いことがわかります。

　国勢調査の結果をもとに，全国と過疎地域の高齢化率の推移についても確認します（**表Ⅲ-2**）。高齢化率は1970年には全国7.1％，過疎地域9.8％であり，この時期にはあまり差は大きくはありませんでした。しかし，1970年以降，過疎地域では速いペースで高齢化が進展し，2015年には36.7％となっています。1970年には2.7ポイントだった全国と過疎地域の高齢化率の差は，2015年には10.1ポイントへと広がっています。表Ⅲ-1や表Ⅲ-2といったデータを確認してきましたが，おおむね大都市圏において高齢化率は低く，地方や農村，過疎地域において高齢化率の高いことがわかります。　　（吉武由彩）

表Ⅲ-1　高齢化率の高い都道府県と低い都道府県（上位5位）

都道府県名	高齢化率	都道府県名	高齢化率
秋田県	37.2	沖縄県	22.2
高知県	35.2	東京都	23.1
島根県	34.3	愛知県	25.1
山口県	34.3	神奈川県	25.3
徳島県	33.6	滋賀県	26.0

出典：内閣府『令和3年版 高齢社会白書（全体版）』2021年（https://www8.cao.go.jp/kourei/whitepaper/w-2021/zenbun/03pdf_index.html 2021年7月1日取得）11頁より筆者作成。

▷4　内閣府『令和3年版 高齢社会白書（全体版）』2021年（https://www8.cao.go.jp/kourei/whitepaper/w-2021/zenbun/03pdf_index.html 2021年7月1日取得）。

▷5　吉武由彩「地域生活構造への接近(2)――高齢者の生きがい調査から」山本努編『地域社会学入門――現代的課題との関わりで』学文社，2019年，150-151頁。

▷6　日本老年学会・日本老年医学会『高齢者に関する定義検討ワーキンググループ 報告書』2017年（http://geront.jp/news/pdf/topic_170420_01_01.pdf 2018年4月30日取得）。

▷7　内閣府前掲，80頁。

表Ⅲ-2　全国と過疎地域の高齢化率の推移

	1970年	1975年	1980年	1985年	1990年	1995年	2000年	2005年	2010年	2015年
全国	7.1	7.9	9.1	10.3	12.1	14.6	17.4	20.2	23.0	26.6
過疎地域	9.8	11.6	13.4	15.4	18.6	22.7	26.7	30.0	32.7	36.7

出典：総務省地域力創造グループ過疎対策室『令和元年度版 過疎対策の現況』2021年（https://www.soumu.go.jp/main_content/000743329.pdf 2021年5月2日取得）48頁。

Ⅲ　福祉と子育て

高齢者の世帯構造の変化と地域社会への期待

 世帯の小規模化

▷**世帯**

同居し生計を共にしている人の集まりのことを世帯と呼びます。家族の状況を把握したい場合に，世帯に関する統計データが用いられる場合もあります。

▷**世帯の小規模化**

単独世帯や夫婦のみ世帯などの世帯員数が少ない，小規模な世帯が増加していることをさします。

▷**家族**

世帯と家族は似た概念ですが異なります。世帯という場合には，同居家族は含まれますが，別居家族は含まれません。反対に，家族という場合には，同居しているかどうか，生計を共にしているかどうかは問われません。

▷1　吉武由彩「福祉——高齢化と支え合う社会」山

前節では，日本における高齢化率の高まりについて確認してきましたが，高齢者はどのような生活を送っているのでしょうか。まずは世帯構造についてみてみます。**図Ⅲ-3**は，高齢者のいる**世帯**の世帯構造の推移を示したものです。1975年には「三世代世帯」が約5割（54.4%）を占めていたことがわかります。しかし，「三世代世帯」の割合はその後大きく低下し，2019年には約1割（9.4%）となっています。他方で，近年は「単独世帯」（1人暮らし）や「夫婦のみ世帯」の占める割合が高くなっており，「**世帯の小規模化**」が見られます。2019年には「単独世帯」約3割（28.8%），「夫婦のみ世帯」約3割（32.3%）となっています。

しかしながら，高齢者は**家族**との接点を失ったわけではありません。子どもや孫と同居する高齢者の割合は低下していますが，別居の子どもと会ったり電話で話したりする高齢者は多いことが報告されています。別居の子どもと週に1回以上連絡を取る高齢者は5割を超えるとされています。

世帯構造の地域差

図Ⅲ-3より，全国的な傾向として，世帯の小規模化が進みつつあることを確認しましたが，世帯構造にも地域差があります。高齢者のいる世帯の世帯構造について，すべての都道府県を取り上げることはできませんが，**図Ⅲ-4**では，鹿児島県，山形県，東京都の3都県について示しています。東京都に加えて，高齢者の単独世帯の割合が最も高い都道府県として鹿児島県を，他方で，高齢者の

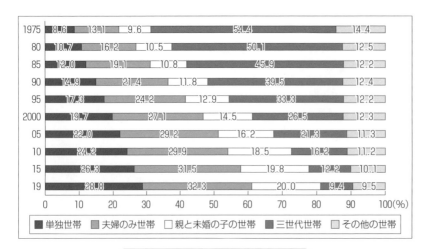

図Ⅲ-3　高齢者のいる世帯の世帯構造の推移

出典：厚生労働省「令和元年版 国民生活基礎調査」2020年より筆者作成。

三世代世帯の割合が最も高い都道府県として山形県を取り上げます。図Ⅲ-4を見ると，鹿児島県では「単独世帯」35.9％，「夫婦のみ世帯」35.9％であり，合わせて7割を超えます。東京都でも「単独世帯」や「夫婦のみ世帯」の割合は高いです。他方で，山形県

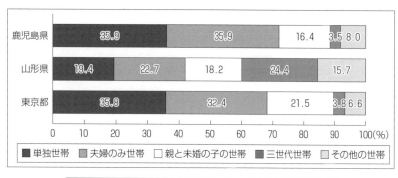

図Ⅲ-4　都道府県別に見た世帯構造（鹿児島県，山形県，東京都）

出典：厚生労働省，「令和元年版 国民生活基礎調査」2020年より筆者作成。

では最も割合が高いのは「三世代世帯」であり，24.4％となっています。都道府県別で，高齢者のいる世帯の世帯構造は大きく異なることがわかります。おおまかな傾向として，東日本の都道府県において「三世代世帯」の割合が高く，西日本の都道府県において「単独世帯」の割合が高くなっています。

③　地域社会における支え合いへの期待

　近年，高齢化が急速に進展し，他方で，高齢者における世帯の小規模化が進んでいます。これまで人びとの生活は親族関係や地域関係に支えられてきましたが，都市化や産業化の進展とともに，こうした関係性は希薄化し，生活を支える力は弱まってきています。とりわけ単独世帯の高齢者においては，孤立死を身近な問題と感じる割合が高く，約5割を占めることも報告されています。[2]他方で，生活に不安を抱えているのは単独世帯の高齢者だけではありません。高齢の夫婦のみ世帯や，高齢者が日中1人になる世帯，高齢の親と障害を持つ子どもの世帯などでも，生活に不安を抱えている場合があるでしょう。80歳の親と未婚の50歳の子どもの同居世帯が抱える問題は，近年「8050問題」とも呼ばれています。住民の抱える福祉ニーズは多様化し，従来の公的な福祉サービスでは対応が困難な複合的な事例も出てきています。

　こうした変化からは，高齢者の生活を本人あるいは同居家族のみが支えることは難しくなっていることがうかがえ，そうした中，地域社会における支え合いが重要だとされています。地域における実情に通じた住民同士が，日頃の生活の変化に気づきながら，支え合うことによって，暮らしやすい地域社会が形成されることが指摘されています。政策的には，「地域共生社会」として，「制度・分野ごとの『縦割り』や『支え手』『受け手』という関係を超えて，地域住民や地域の多様な主体が『我が事』として参画し，人と人，人と資源が世代や分野を超えて『丸ごと』つながることで，住民一人ひとりの暮らしと生きがい，地域をともに創っていく社会」が目指されています。[3]近年地域社会には大きな期待が寄せられているといえるでしょう。　　　　　　（吉武由彩）

本務編『新版 現代の社会学的解読——イントロダクション社会学』学文社，2016年，118-120頁。

▷2　内閣府，前掲，51頁。内閣府「高齢者の在宅と生活環境に関する調査」では，「孤立死」は「誰にも看取られることなく，亡くなった後に発見される死」と定義されています。孤立死と地域での支え合いについては，高野和良「つながりのジレンマ」三隅一人・高野和良編著『ジレンマの社会学』ミネルヴァ書房，2020年，8-11頁も参照。

▷3　厚生労働省「我が事・丸ごと」地域共生社会実現本部，『「地域共生社会」の実現に向けて（当面の改革工程）』2017年（https://www.mhlw.go.jp/file/04-Houdouhappyou-12601000-Seisakutoukatsukan-Sanjikanshitsu_Shakaihoshoutantou/0000150632.pdf, 2頁，2021年5月2日取得）。

Ⅲ　福祉と子育て

 3 # 農村高齢者の生活

1　農村高齢者における地域の生活環境に対する評価と地域意識

　農村高齢者はどのような生活を送っているのでしょうか。大分県日田市中津江村地区における2016年の質問紙調査の結果から考えます。まずは，農村高齢者が地域の生活環境をどのように評価しているのかを確認します。図表は省略しますが，地域の生活環境の中でも，自然環境，住まい，安全（災害や事故）の各項目については，肯定的な評価が8〜9割を占め非常に高くなっています。他方で，就業の場，買い物，交通については評価が低く，肯定的な評価は1〜2割にとどまります。しかし，そうした不便さにも関わらず，9割近い高齢者は今後も地域に住み続けたいと考えています（**図Ⅲ-5**）。8割超が地域へ愛着を持っており，約7割が地域へ貢献したいという思いを持っています。同時に，図Ⅲ-5からは高齢者が地域の将来展望について明るいものとは捉えていないことも分かります。「子供や孫が地域から出て行くのももっともだ」と捉える高齢者の割合は高くなっています。さらに，「この地域はこれから生活の場としてだんだん良くなる」と捉える高齢者の割合は低くなっています。

2　農村高齢者の生活継続の要因

　世帯の小規模化が進展する中，農村高齢者が生活を継続しうる要因は何でしょうか。先行研究においては，「農業」「他出子からのサポート」「集団参加」という要因が指摘されています[2]。農村高齢者は自家消費用や子どもたちに送るために，米や野菜づくりなどの農業や農作業をしています。この時の農業とは，生活費を稼ぐためといった経済的な意味合いよりも，働き続けることが生きがいになり，生活の張り合いになってい

▷1　「日田市における住みよい地域づくりアンケート」2016年1月12日〜2月上旬に郵送法にて実施。調査対象者数は20歳以上の1,000人（うち中津江村地区300人），有効回収数460票（うち中津江村地区156票）。選挙人名簿より無作為抽出を実施（JSPS科研費JP25380740，研究代表：高野和良）。
▷**他出子**
地区外に転出している子どものことを他出子と呼びます。農村高齢者の生活は，定期的に訪ねてきて，生活のサポートを担う他出子によっても支えられています。
▷2　高野和良「地域の高齢化と福祉」堤マサエ・徳野貞雄・山本努編『地方か

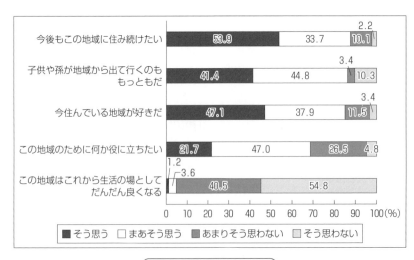

図Ⅲ-5　地域意識（65歳以上）

出典：中津江村2016年調査のデータより筆者作成[1]。

ると理解することができます。都市部の会社員は60代で定年退職になることもありますが，農村部では，高齢になっても体が動く限り農業をつづけることができます。高齢期とは一般的に役割縮小期であるとされますが，農業は農村高齢者の社会的役割の維持にもつながっています。

次に，「他出子からのサポート」について，農村高齢者は，1人暮らしであっても，別居の子どもと連絡を取り合っていることも多いです。別居の子どもが，車で1時間程度の距離に住んでいて，定期的に高齢の親を訪ねては，食料品の買い物や通院の送迎などのサポートを担っています。そのような手段的なサポートだけでなく，電話をかけて話をしたりと情緒的なサポートもなされています。世帯の小規模化が進展する中，農村高齢者の生活は，同居家族だけでなく，別居家族によっても支えられています。

「集団参加」に関して，農村高齢者においては，地域集団や地域行事への活発な参加が見られます。農村高齢者は青年期から高齢期にかけて切れ目のない形で，青年団，消防団，婦人会，老人クラブなどへの参加を経験しています。さらに，地域でのお祭りや草取り，葬式の手伝いなどの共同作業や行事への参加もなされます。こうした「集まる」ことを大切にした生活構造に農村高齢者の生活は支えられています。

高齢者の集団参加については，**図Ⅲ-6**も見てみましょう。高齢者においては，「自治会，町内会」「老人クラブ」「氏子，檀家，祭礼集団」「商工会，農協，森林組合などの協同組合」「スポーツ，趣味，娯楽の団体やサークル」の参加率が高いことがわかります。他方で，いずれの団体にも参加していない人びとは14.0％います。農村では8割以上の高齢者がいずれかの団体に参加しており，活発な参加がなされています。しかし，近年農村でも集団参加が弱まっていることが指摘されています。市町村合併により従来の地域団体が再編成され，廃止される場合もあります。

集団参加は，近所の人びとと定期的に顔を合わせることによって，関係性がより緊密化することにもつながっています。近年の地域団体をめぐる変化が，農村高齢者の生活にどのような影響を及ぼすのか，今後も注意深く見ていく必要があるでしょう。

（吉武由彩）

らの社会学——農と古里の再生をもとめて』学文社，2008年，132-136頁。

▷3 徳野貞雄『生活農業論——現代日本のヒトと「食と農」』学文社，2011年，11頁。徳野は「生活農業論」として経済的側面から農業を捉えるのではなく，生活面から捉えることの重要性を指摘していますが，農村高齢者は農業を「お金になるから」しているのではなく，それ自体が生きがいになっているからしていることがうかがえます。

▷4 Ⅲ-2 参照。

▷5 高野，前掲，135-136頁。

▷講
講はもともと信仰を同一にする人びとの集団を意味していました。特定の神仏などを信仰の対象とする講には，念仏講，観音講などがあります。のちに様々な講が現れるようになり，経済的な相互扶助や社交を目的とする講もでてきます。頼母子講は，相互に金銭を出し合うものであり，相互扶助の機能を有しています。

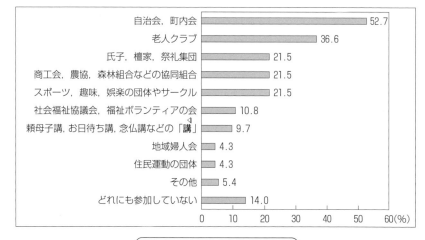

自治会，町内会 52.7
老人クラブ 36.6
氏子，檀家，祭礼集団 21.5
商工会，農協，森林組合などの協同組合 21.5
スポーツ，趣味，娯楽の団体やサークル 21.5
社会福祉協議会，福祉ボランティアの会 10.8
頼母子講，お日待ち講，念仏講などの「講」 9.7
地域婦人会 4.3
住民運動の団体 4.3
その他 5.4
どれにも参加していない 14.0

図Ⅲ-6 地域団体の参加（65歳以上）

出典：中津江村2016年調査のデータより筆者作成。

Ⅲ　福祉と子育て

4　地域社会における支え合い活動
——地域福祉活動，ボランティア活動

1　住民相互の支え合い活動

　高齢化率の高まりや世帯の小規模化を背景としながら，地域社会における支え合い活動に期待が寄せられています。地域社会においては，どのような支え合い活動がなされているのでしょうか。例えば，町内会・自治会は，行政からの情報連絡，防災・防犯，レクリエーション，環境美化と多岐にわたる活動を展開していますが，高齢者の生活を支える役割も果たしています。敬老会などの行事を開催している他，1人暮らし高齢者への訪問活動が行われている場合もあります。老人クラブにおいても，レクリエーション活動だけでなく，1人暮らし高齢者への訪問活動が行われます。訪問活動では安否確認や話し相手などの活動がなされます。こうした活動は，高齢者の異変に気づくという見守り活動にもつながっていますし，訪問時の声かけを通して，地域における活動への参加を促す点では，孤立防止にもつながっています。加えて，高齢者の生活は，**民生委員**によっても支えられています。民生委員は地域の高齢者を訪問し，見守りや相談，生活支援，福祉に関する情報提供などを行っています。

　さらに，地区社会福祉協議会と呼ばれる地域組織が設置されている場合もあります。校区社会福祉協議会，校区福祉委員会，自治会福祉部会などの名称で呼ばれる場合もあります。地区社会福祉協議会は，地域における福祉の課題について自分たちの問題として受けとめ，専門機関等と連携しながら解決することを目指す住民主体の地域組織であり，任意組織であるため，組織されている地域と，されていない地域があります。活動内容は様々ですが，1人暮らし高齢者世帯の訪問や見守り活動，配食サービスや料理教室，外出支援，**ふれあい・いきいきサロン活動**，高齢者と小学生の交流活動（世代間交流），福祉に関する講座や研修会が行われています。

2　農村における地域福祉活動

　農村における具体的な地域福祉活動の事例として，山口県下関市豊北町における活動を見ていきましょう。下関市豊北町には7つの地区社会福祉協議会がありますが，7地区すべてにおいて取り組まれているのが「小地域福祉推進会議」です。この会議では，**表Ⅲ-7**のような資料が配布され，1人暮らし高齢者や2人暮らし高齢者などについて，1人ひとりの抱える福祉ニーズと支援状

▷**民生委員**
民生委員は，地域から推薦され厚生労働大臣から委嘱を受けて地域福祉活動をする非常勤の地方公務員であり，児童委員を兼ねています。少額の活動費の支給はありますが，無給で活動しています。

▷**ふれあい・いきいきサロン活動**
ふれあい・いきいきサロン活動では，月1，2回程度地域の集会所や公民館に集まり，手遊びやカラオケ，健康体操，茶話会や昼食会などが行われます。

▷**1　吉武由彩「地域活動，地域組織への接近——地域福祉の展開，高齢者の見守り活動と社会福祉協議会」山本努編『地域社会学入門——現代的課題との関わりで』学文社，2019年，192-197頁。**

▷**地域包括支援センター**
高齢者への包括的な支援を行う機関のことであり，市町村が設置主体になっています。市町村から委託され，

況の確認が行われます。

会議は班ごとに年に２～３回開催され，地区社会福祉協議会関係者，自治会長，民生委員，老人クラブの代表者，市町村社会福祉協議会職員，**地域包括支援センター**の専門職などが参加しています（１～８の自治会が合わさって１つの班を形成）。地域における福祉ニーズを潜在化させず，丁寧に掘り起こしを行い，地域で支えていこうとしていることがわかります。さら

表Ⅲ-7 小地域福祉推進会議の配布資料

①ひとり暮らし高齢者（70歳以上）

自治会	氏名	ニーズ，支援状況等（※）	相互支援者（※）
△△自治会	○○ ○○	足が弱っているので，集金集会に出にくいようだ。息子がよく来ている。	○○さん（隣） ○○民生委員
	○○ ○○	元気。まだ田を作っている。家が離れていて声かけが難しいが民生委員さんの畑が近い。	○○さん（近所） ○○民生委員
	○○ ○○	元気。息子がちょくちょく帰っている。生活バスを利用している。	○○さん（実弟） ○○さん（近所）
	○○ ○○	元気だが，１か月前にご主人を亡くされて気落ちしているようだ。	○○さん（兄嫁） ○○さん（福祉員）
	○○ ○○	元気。畑仕事。バイクで通院。毎日の食事づくりが心配だが，娘が週に三回程度食事をつくりに来ている。	○○さん（実妹） ○○さん（近所）
	○○ ○○	元気。耳が遠いので訪問してもなかなか出て来ない。近くの友達と毎日のようにウォーキング。畑づくりなど。	○○さん（近所）
	○○ ○○	元気。今は自分で買物に行けるが，将来が不安な様子。近くの友達と毎日のようにウォーキング。	○○さん（近所）

注：※の欄は参加者が記入

出典：山口県社会福祉協議会『山口県内の社会福祉協議会における総合相談・支援活動の実施体制のあり方についての提言』2015年，25頁。

に，支え合いマップの作成を行い，見守りネットワークを可視化して把握する他，緊急時の対応も話し合われています。

③ ボランティア活動

「ボランティア」とは何でしょうか。「ボランティア」とは，自発性，援助性，無償性，継続性を満たす行為だと定義されています。[2] 高齢者の生活を考えるうえでは，ボランティア活動が大きな役割を果たしています。１人暮らし高齢者の見守り活動，ふれあい・いきいきサロン活動の運営，配食サービスなどは，ボランティア活動として行われている場合があります。鈴木広は「ボランティア」概念の幅広さを指摘しています。活動をしている本人に「その行為はボランティアですか」と尋ねると，本人はそうと自覚していない場合もあります。そのような場合でも，上記の４つの要素を満たす行為であり，例えば高齢者の生活のサポートなどがなされていれば，それはボランティアに含まれると言います。地域における相互扶助行為もボランティアの範疇に含まれることを指摘しています。さらに，鈴木広は，ボランティアの要素の１つである「無償性」をめぐって，完全に無償という場合だけでなく，最低賃金以下の謝礼を受け取り活動する場合も「ボランティア」に含まれると述べています。そのため，ボランティアの中には，「有償ボランティア」と呼ばれるものもあります。加えて，厚生労働大臣の委嘱を受けて地域で活動する民生委員について，「委嘱型ボランティア」と表現する場合もあります。[3] 他者のために金銭を提供する寄付・募金を「ボランティア」の範疇に含める場合もあります。 （吉武由彩）

社会福祉法人や社会福祉協議会などが運営している場合もあります。総合相談，権利擁護，介護予防ケアマネジメント，包括的・継続的ケアマネジメントの機能を担っています。

▷2 鈴木広「ボランティア的行為における"K"パターンの解読」木下謙治・小川全夫編『シリーズ［社会学の現在］③家族・福祉社会学の現在』ミネルヴァ書房，2001年，274-294頁。

▷3 小松理佐子「地域福祉の時代の民生委員制度」『月刊福祉』2007年，90(11)：14-15頁。

理解の促進のために

堤マサエ・徳野貞雄・山本努編『地方からの社会学──農と古里の再生をもとめて』学文社，2008年。

上野谷加代子・松端克文・永田祐編『新版 よくわかる地域福祉』ミネルヴァ書房，2019年。

Ⅲ 福祉と子育て

5 子育ての社会化の必要性

① 子育てをだれが担ってきたのか

　現在，子育てを社会全体や地域で支えることは，大事なことだと考えられるようになっています。しかし，最近までの子育ては，家族の責任で行われ，特に母親が主たる担い手として位置づけられてきました。このように子育てが母親の責任となったのはどの社会でもみられますが，昔から続いてきたことではありません。母親が育児の担い手となったのは近代以降とされています。近代社会となり，人びとの暮らしは公的な領域と私的な領域に分かれました。そしてそれぞれの領域の役割は，男女という性で分かれ，公的領域では男性が仕事の役割を担い，私的領域では女性が家事や育児の役割を担うことが主流になっていきました。日本でこうしたあり方がみられるようになったのは，明治末期から大正期にかけて近代化とともにみられるようになった**新中間層**で，妻たちは家事や育児に専念するようになったといわれています。[1]

　それまでの日本の社会では，育児の担い手は，母親に限定されていませんでした。例えば江戸期の下級武士の家族では，家を継承していくことが重要視される中で，父親が子どもの躾や実際に世話をしていたことが分かっています。[2]また江戸期の研究からは，捨て子を地域社会で育てる仕組みがあったという事実が発見されています。[3]さらに明治・大正期から戦後の**高度経済成長期**を迎える前までは，農業に従事する人口が多い産業構造でした。その中で，母親は働き手としての役割を担い，子どもの世話は祖父母やきょうだいの役割でした。

　母親が専業的に子育てを担うようになったのは，大正期の新中間層であり，[4]一般的に普及するのは，高度経済成長期以降といわれています。それまでは，重要な農業労働力とみなされ，仕事も家事も育児も担っていた女性たちが，専業主婦化し，育児や教育に専念するようになったのです。雇用されて働くことが一般化し，同時に家事育児に専業する女性が多くなった高度経済成長期に育児の担い手は母親に定着しました。[5]女子労働力率が一番低く，働く女性が最も少なかった年は，1975年です。このように女性が専業主婦となり，母親が育児に専念する形が主流となったのは，比較的新しいことなのです。日本の社会では，この母親の育児責任が強くインプットされた社会となってきました。

　しかしながら次に述べる少子化という社会構造の変動や，実態としては家族生活の個人化が進んでいることにより，1980年代頃から家族のみで，子育てを

▷**新中間層**
自営業や農業など職業的家産を有し，次世代に継承可能な人びとは旧中間層とよばれます。それに対し，新中間層とは，明治後期から大正期になって登場しホワイトカラーや官僚，教員，軍人など近代的職業についた人びとを指します。

▷1 小山静子『家庭の生成と女性の国民化』勁草書房，1999年

▷2 太田素子『江戸の親子──父親が子どもを育てた時代』中央公論社，1994年。

▷3 沢山美果子『江戸の捨て子たち──その肖像』吉川弘文館，2008年。

▷4 大正期において新中間層の割合は，全国の5％程度，また東京府でも13％程度ですので，少数派だったといえるでしょう（小山，1999参照）

▷**高度経済成長期**
日本の社会は，戦後大きな経済成長をとげました。特に経済成長率が年平均10％を超えていた1955年から1973年までの約20年間が高度経済成長期とよばれています。産業構造が転換し，農村から都市への大規模な人口移動が起こり，家族のあり方も変容した時期でした。

▷5 落合恵美子『21世紀家族へ──家族の戦後体制

していくことの限界が認知されるようになっていきます。そして育児の社会化[6]が政策課題や地域社会の課題となっていったのです。

2　少子化の進行

　少子化の進行は，国が育児の社会化政策に着手するきっかけとなりました。日本の**出生率**の推移と出生数をみてみると，1950年代後半から1970年代後半にかけて，出生率はおよそ2.0という数値で安定していました。社会学者の落合恵美子は，この期間は，多くの人が，結婚をし子どもを2人くらいもった家族の安定した時期として，「家族の戦後体制」と名づけています[7]。この時期を経て，1970年代後半から2000年代半ばにかけて出生率は下がり続けました。こうした出生率の低下の原因は未婚化がすすんだことが主な原因とされています。

3　育児を地域社会で支える動き

　こうした出生率の低下を食い止めるために，国は，1990年代半ばから育児支援政策に着手しました。それまで育児，介護を含むケア政策は，基本的に家族に責任を求めるスタンスをとっていましたので，少子化が進行したことをきっかけに，育児を社会で支える方向へ舵をきったことになります。国の最初の子育て支援政策は，1994年の**エンゼルプラン**でしたが，この際には，子育てと仕事の両立に主眼がおかれ，保育サービスを充実させることが施策の中心となっていました。しかしながら，その後，子育て中の親子の相談場所・居場所となる地域子育て支援センターの整備策や地域の特性に応じた支援ニーズの充足など，地域社会で育児を支えるということが育児支援政策の柱の1つとなってきました。育児の社会化は，地域社会を舞台として展開されてきたのです。

　このような公的な動きと軌を一にする形で，民間でも育児の社会化をめざす活動がみられるようになります。1990年代以降，阪神淡路大震災をきっかけに地域社会におけるボランティア活動や市民活動が広まっていきます。これに呼応し，「特定非営利活動促進法（以下，NPO法と略記）」という形で法整備も進み，地域にはたくさんの住民主体の組織が生まれ，多様な展開がみられました。このうちの1つが育児を支援しようとする動きでした。心理学者の大日向雅美は，この時期に様々な子育て支援活動が生まれていることを指摘し，「孤独な育児に悩み，苦しんできた母親たち」が育児サークルとして活動しはじめていること，「子育てが一段落した先輩ママたちがリーダー」となる活動が生じていることを紹介しています[8]。NPO法が施行されて10年がたった2010年頃，地域社会を基盤に子育て支援活動を行っている団体を調査した筆者は，親子の居場所づくりやイベントの活動，相談事業，育児情報の発行，学習会の活動など多様な活動を行っている団体と出会いました[9]。民間レベルでも地域社会を舞台にして，育児を支えようとする住民の動きがみられたといえます。　　　　　（山下亜紀子）

の見かた・超えかた（第3版）』有斐閣，2004年。

▷6　後藤澄江『ケア労働の配分と協働——高齢者介護と育児の福祉社会学』東京大学出版会，2012年。

▷**出生率**
ここで，出生率は，合計特殊出生率と同義で用いています。合計特殊出生率については，Ⅲ-6を参照。

▷7　この体制は，①女性の主婦化，②二人っ子化，③人口学的移行期世代による核家族化の3つの家族変動要因により特徴づけられています。（落合，前掲書参照）

▷**エンゼルプラン「今後の子育て支援のための背策の基本的方向について」**
当時の文部省，厚生省，労働省，建設省の4つの省庁の大臣合意によって策定されました。少子化の影響に鑑み，子育て支援を社会的課題と位置づけ，子育て支援のための基本的方向と施策を示した10カ年の計画として示されました。

▷8　大日向雅美「第5章　子育ての共有」大日向雅美・荘厳舜哉編『子育ての環境学（実践・子育て学講座）』大修館書店，113-131頁，2005年，127頁。
▷9　山下亜紀子「住民主体型育児支援組織の特徴と展開」，『社会分析』第38号，137-154頁，2011年。

Ⅲ　福祉と子育て

 ## 農山村地域における子育ての実態

 ### 出生率の地域差と育児環境

　少子化の進行は日本全体で一様に進行したわけではなく，実は地域による差がみられます。大きな傾向でいうと，首都圏，関西圏の大都市圏では出生率が低い傾向があります。また最近では北東日本の出生率が低迷し，西南日本，特に九州では出生率が回復していることがわかっています。出生率は，地域によって異なっているということです。

　興味深いデータを紹介しましょう。**表Ⅲ-2**は，市町村別にみた**合計特殊出生率**の上位10市町村を示しています。これをみるとすべてが九州の自治体であり，特に南西諸島の自治体が複数含まれていることがわかります。

　社会学者の松田茂樹は，出生率の地域差の要因について，都道府県レベルの分析を行い，次の３点をあげています。第１は地域の雇用状況です。雇用状況がよくないと，若者が結婚することが難しくなり，既婚者も子どもを設けることが難しくなることから，出生率が低くなるとされています。第２に親族による子育ての援助であり，特に同居・近居している祖父母からの援助が多い地域において出生率が高いことを指摘しています。第３に結婚や子育てに対する肯定的な意識が関係しており，都市よりも地方において結婚や子育てにポジティ

▷1　松田茂樹『［続］少子化論——出生率回復と〈自由な社会〉』学文社，2021年，130頁。

▷**合計特殊出生率**
合計特殊出生率とは，15〜49歳までの女性の年齢別出生率を合計したもので，1人の女性がその年齢別出生率で一生の間に生むとしたときの子どもの数に相当するものとされています（厚生労働省Webページ https://www.mhlw.go.jp /toukei/saikin/hw/jinkou/geppo/nengai11/sankou01.html 2021年9月1日取得）。

順位	都道府県	市区町村	合計特殊出生率
1	沖縄県	国頭郡 金武町	2.47
2	鹿児島県	大島郡 伊仙町	2.46
3	鹿児島県	大島郡 徳之島町	2.40
4	沖縄県	宮古島市	2.35
5	沖縄県	島尻郡 南大東村	2.30
6	沖縄県	国頭郡 宜野座村	2.29
7	鹿児島県	大島郡 天城町	2.28
8	鹿児島県	大島郡 知名町	2.26
9	熊本県	球磨郡 錦町	2.26
10	沖縄県	島尻郡 南風原町	2.22

表Ⅲ-2　合計特殊出生率が上位10位の市町村

出典：厚生労働省，2020，『平成25年〜平成29年人口動態保健所・市区町村別統計の概況』（2021年9月1日取得，https://www.mhlw.go.jp/toukei/saikin/hw/jinkou/other/hoken19/index.html）。

ブな意識を持っており，ほしい子どもの数が多いことが示されています。大都市圏よりもそれ以外の地域で出生率が高い傾向にありますが，それには，雇用の環境，親族による育児の支援，結婚や子育てに関する規範意識など，育児にかかわる環境が大きな要因となっていることがわかります。

2 鹿児島県徳之島の伊仙町にみる子育て

　筆者たちの研究グループでは，南西諸島で出生率が高い地域が多いことに疑問を持ち，鹿児島県の徳之島にある伊仙町という町で子育てがどのようになされているのかを含めて調査を行いました。伊仙町の人口構成をみると，人口約6,000人，高齢化率は35.4％（2015年国勢調査のデータ）となっており，産業構造は農業従事者が3割を超えています。徳之島全体で，長生きの人が多く，長寿の島として有名な地域です。そして，驚くべきことに，表Ⅲ-2に示されたように，徳之島内にある徳之島町，天城町，伊仙町はいずれも出生率の高い自治体ベスト10に入っており，伊仙町が最も高くなっています。2018年に住民を対象として実施したアンケート調査の結果からは，過疎地域である伊仙町で，多くの人が暮らしやすさや生活上の安心感を感じていることが明らかになりました。また伊仙町の育児においては，親族からの支援が充実していることがわかりました。特に情緒面のサポートにとどまらず，「子どもを預かる」という道具的サポートも機能しており，近接別居している子どもの祖父母がサポート源となっていました。伊仙町では，暮らしやすさや安心感があるという生活上の基盤があり，そのうえで緊密な家族関係による子育てのサポートにより，子育てをしやすい状況が形成されていることがわかりました。

　この点について同じ研究グループの益田仁は，さらに詳細な調査を実施し，福岡市城南区と比較する形で伊仙町の子育て中の親の分析を行っています。この調査の分析からは，都市部である福岡市の子育て中の親の社会関係が，距離の離れた範囲を含めて分散しているのに対し，伊仙町の子育て中の親の社会関係は島内に凝縮されていることがわかりました。また子育てを支援する社会関係について，福岡市よりも伊仙町において親族が重要な子育てサポート源になっており，子どもを預かるという道具的なサポートも行われていることが再度立証されました。ただし，伊仙町における親族というカテゴリーの解釈には注意が必要であり，親族が近所の人であることが少なからずあることもわかっています。さらに伊仙町の父親は，福岡市の父親よりも積極的に育児にかかわっているがわかりました。つまり伊仙町では，島内に凝縮された社会関係があり，こうした人々によって育児を支えるネットワークがあったということになります。

　この調査では，地域住民の子ども観や子育て観についても興味深いことが明らかになりました。伊仙町では，「くゎーどぅ宝（子どもこそ宝）」という 諺

▷2　松田，前掲書。

▷3　2016年度〜2018年度科学研究費補助金基盤研究(B)16H03695「過疎地域の生活構造分析による人口減少に対応する地方社会モデルの再構築」（研究代表：高野和良，九州大学）2019年度〜2021年度科学研究費補助金基盤研究(B)19H01562「過疎地域と地方都市間の関係分析による人口減少社会モデルの生活構造論的構築」（研究代表：高野和良，九州大学）

▷4　高野和良編『「伊仙町生活構造分析調査」報告書1　2016-18年度科学研究費補助金基盤研究(B)研究成果報告書』2019年。鹿児島県大島郡伊仙町において20歳以上の住民2000人を対象に「伊仙町における住みよい地域づくりアンケート」を実施した。調査は郵送法にて2018年1月30日〜2月末に行い，回収率は21.7％であった。

▷5　益田仁「地域的多様性と育児——福岡市と徳之島を事例として」，日本家族社会学会第31回大会テーマセッション報告資料，2021年9月4日，オンライン開催。

があります。地域の人がみんなで子どもを大切にしているということを表す言葉なのですが，この言葉が実際に人びとの行動に体現されているのです。その例として，まず出産祝いについての調査結果を紹介しましょう。アンケート調査では，子育て経験がある人に，「出産祝いを持ってきてくれた人数」を聞きました。そうすると「50人以上」から出産祝いをもらった人が半数以上となっており (56.6%)，「100人以上」も約 3 割を占めていました (28.5%)。多くの人が子どもの誕生を喜ばしく思っていることがわかり，都市では想定できないほど多くの人びとが実際に子どもの誕生を祝っていることに驚きました。またその後の子どもの成長過程においても，地域の人に見守られ，安心した環境で，楽しく子育てをしていることが多いことも明らかになりました。伊仙町へのＩターン者である松岡由紀氏は，伊仙町で 2 人の子育てをしている経験について，「島の人たちはよく気づき，すぐに声かけしてくれるので，ちょっとした悩みも深刻になる前に他愛のないことに昇華されてしまう」と感じており，地域には「血縁にかぎらない，縦や斜めの関係性が育まれている」と述べています[6]。伊仙町では地域社会の人びとみなで子どもを大切に育てることが実現しており，安心した子育てができていることが示されています。

　このように伊仙町では，暮らしやすさや生活上の安心感があり，地域の中に凝集的な社会関係があることがわかりました。またそうした地域内の社会関係が育児を支えており，道具的サポートも機能していることも明らかになりました。さらに地域の人びとに縦横無尽に支えられている安心感の中で子育てがおこなわれていることもわかりました。この地域が農山村地域の代表例とはいえませんが，都市地域とは異なる地域において，安心した子育てが成立している例といえるでしょう。おそらくこうしたことは，出生率の高さに影響していると考えられます。

❸　農山村地域の子育ての実態

　育児支援の問題は都市地域を前提として検討され，また研究も都市地域を対象にして中心に蓄積がなされています。例えば保育園，保育所の**待機児童**数の問題は長く世間の耳目を集めてきましたし，母親の孤立の問題が多くの研究で取り上げられてきましたが，これらの多くは都市地域の研究で明らかになったものといえます。しかしながら，都市以外の地域の育児や育児支援に目を向けた政策や研究は今のところ多くはありません。

　この中で，伊仙町のように，育児を支えるネットワークが豊潤で，また地域の人びとの意識にも支えられながら，安心して子育てができる地域があることがわかりました。その他にも都心，郊外，村落と都市度という観点から地域を分類し，育児ネットワークの比較を行った研究では，村落の母親の子育てネットワークが豊かで多様である，ということがわかっています[7]。また家規範が強

▷ **Ｉターン**
主に進学や就職を契機に生まれ育った地域を離れ，その後再び生まれ育った地域に戻ることをＵターンというのに対して，生まれ育った地域とはまったく別の地域に移住することをＩターンといいます。地域的には都市部から農山村地域への移動パターンが多いといえます。

▷ 6　松岡由紀「都市の子育て・島の子育て──『子宝日本一』の町より」沼尾波子編『シリーズ田園回帰4　交流する都市と農山村──対流型社会が生まれる』農村漁村文化協会，91-112頁，2016年，98-100頁。

▷ **待機児童**
利用資格があると認定されているにもかかわらず，保育施設が不足していたり，定員が一杯であったりといった理由で，保育施設を利用できずに待っている児童を指します。

▷ 7　立山徳子「都市空間の中の子育てネットワーク──『家族・コミュニティ問題』の視点から」『日本都市社会学会年報』29，93-109頁，2011年。

いとされる山形市という地方都市と，大都市郊外住宅地の朝霞市を比較しながら，パーソナル・ネットワークによる援助を分析した野沢慎司の研究では，山形市では居住地域内における親族関係において援助を受ける傾向が顕著であること，一方で朝霞市では，親族ネットワークは弱く，夫の職場を通じたネットワークと妻による近隣ネットワークが機能していることが論じられています。大都市に比較すると地方都市ににおいて親族ネットワークが生活上の援助に役立っているということです。さらに先に紹介した松田茂樹の研究でも，大都市に比較して，地方の方が親族による育児支援が充実していることが紹介されています。このように研究の蓄積はあまりありませんが，育児を支える社会関係は，農山村地域の方が豊かであることが想定されます。

　一方で，農山村地域特有の育児支援のニーズがあることも分かっています。まず家同士が離れているために学校以外の子どもたちの遊び場所が確保しづらいことや，自然環境は豊かである一方で子どもが安全に遊ぶことのできる場所が少ない，といった遊ぶ環境に関する問題が指摘する研究があります。また農山村地域は，産業構造において第一次産業の従事者の比率が高いことが特徴の１つです。このうち酪農業で朝夕の時間が忙しく，その時間に子どもを預かる支援ニーズがあること，また農業には一般的に農繁期という忙しい時期があり，数カ月単位で育児支援ニーズが生じるといった独自のニーズがあることも明らかになっています。加えて上述したように，親族ネットワークによるサポートを得やすい一方で，農業には定年がないことから祖父母も現役の労働力であることが多いという事情があることも指摘されています。さらに地方暮らしの若者について研究をしている轡田竜蔵は，仕事と子育ての両立において，実家を頼ることのできる地元層とそうでない層がいることを示しています。実家というサポート源がない転入層は，子育てが孤立する可能性があるということです。近年，農山村地域にはUターンする人やIターンする人が増えており，こうした人びとは子育ての支援が得にくくなる可能性があることが示されています。

　このように，農山村地域では，育児を支える社会関係が都市地域に比較して豊かであり育児支援が得やすいと考えられる一方で，農山村地域固有の地理的条件や生業による条件があり，地域独自の理由から育児の社会化が必要とされていることがわかります。育児の社会化の動きは官民ともにみられましたが，これまで農山村地域は前提となっておらず，その多くは都市地域を前提としていました。今後は農山村地域においても育児の社会化について考えていく必要があるといえるでしょう。

　　　　　　　　　　　　　　　　　　　　　　　　（山下亜紀子）

▷8　野沢慎司『ネットワーク論に南画できるか──「家族・コミュニティ問題」を解く』勁草書房，2009年。
▷9　松田，前掲書。

▷10　古川大輔・佐藤洋平・佐藤伸彦「子どもの遊びに着眼した中山間地域の環境整備への提案──長野県長谷村を事例として」『農村計画論文集』3，2001年，223-228頁。

▷11　地域社会研究所編著「農村・農家での子育て支援ニーズと課題（特集 出産と育児を支えるコミュニティ）」『コミュニテイ＝The community』150，2013年，70-73頁。

▷12　轡田竜蔵『地方暮らしの幸福と若者』勁草書房，2017年。

Ⅲ　福祉と子育て

 ## 農山村地域における子育ての社会化

1　地域における育児支援の担い手

　地域社会において育児を支える際，どのような担い手が想定できるでしょうか。先に述べたように，育児の社会化が社会的課題と位置づけられるようになり，地域社会には様々な育児支援の担い手が誕生しました。筆者は地域社会における育児支援の担い手について，**図Ⅲ-7** のような分類を行っています。分類の軸は 2 つあり，1 つ目の分類の軸は，活動の目的が公共性や公益性をともなうものかどうかというものです。2 つ目の分類の軸は，支援する主体が専門機関であるのか，住民主体であるのか，というものです。この 2 つの軸の組み合わせで，理念的に 4 つの担い手が想定されます。第 1 の類型は，公共性が高い目的を持ち，支援主体が専門機関であり，行政組織が関わる担い手として行政関与型と名づけています。実際にある例としては，地域子育て支援センターやファミリー・サポート・センターがあげられるでしょう。第 2 の類型は，公共性が高いとは限らず，専門的な支援サービスの主体であり，企業型の担い手となります。例としては，民間企業によるベビーシッターサービスがあります。また近年では，企業が社会貢献，地域貢献するという活動もあり，例えばタクシー会社において，保育技術を学んだドライバーによる子どもや親子の送迎を行う子育てタクシーの活動がみられます。第 3 の類型は，特定の活動目的はなく，住民が支援主体となるものであり，インフォーマルな集団となります。親族や近隣の人，また親同士のつながりでいわゆるママ友やパパ友というものが該当します。第 4 の類型は，公共性の高い目的にたち，住民が主体的に担い手となる団体が考えられ，住民主体型としました。例えば先にあげた地域社会に

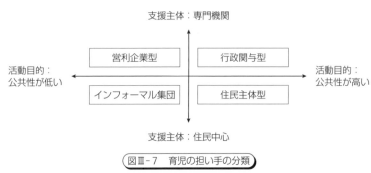

図Ⅲ-7　育児の担い手の分類

出典：筆者作成。

おいて親子の居場所づくりや子どもの託児事業を行っている NPO 法人や，育児に関する学習会などを行っている親当事者の団体などが該当します。

　農山村地域では，親族を中心とするインフォーマル集団による育児ネットワークによる支援が充実しており，これまで育児の社会化については，あまり検討されてきませんでした。つまり上の図では，第 3 の類型となるインフォーマル集団による子育て支援が機能していると理解されてきました。しかし先に述べたように，農山村地域においても育児支援のニーズがあり，育児の社会化が必要となっています。ただし農山村地域には，上記に示した第 2 類型の企業型や第 4 類型の住民主体型の担い手の参入は少なく，選択肢が限られている状況となっています。

❷　地域に根付いた組織による支援

　それでは，農山村地域では，どのような主体が子育て支援の担い手としての可能性を持っているのでしょうか。筆者が農山村地域で出会った地域婦人会とNPO 法人の例を紹介しましょう。

　1 つ目の事例は，宮崎県の地域婦人会で行われていた子育て支援活動です。この育児支援活動の萌芽は，宮崎市の木花地区という農村部を含む地域においてみられました。この木花地区婦人会では1999年から「地域のおばあちゃん事業」というものを始めています。この事業は，月に一度，一時預かり保育を行うというものでしたが，2001年より，「出前託児」として，小学校の授業参観日の託児活動に着手しました。これは，授業参観をする際，他の小さい子どもを連れていると保護者がゆっくり参観できないという事情に鑑み，授業参観時にきょうだい児を預かるという内容の活動でした。そして同年，こうした 1 つの地区レベルの活動が全県下に広がっていきます。全県にまたがる育児支援活動への取り組みが始まった事実上のきっかけは，行政による子育て支援事業の委託があったことでした。2005年半ばには，県内市町村レベルの婦人会のうち，農山村地域も含めて 7 割以上の婦人会が子育て支援活動を実施し，活動が盛んになっていきました。木花地区婦人会で始まった参観日の託児ボランティアが活動の中心であり，その他に相談活動や交流事業が展開されていきました。

　婦人会のリーダーに対するインタビュー調査からは，地域婦人会においてこのような活動が成立した背景として，以下の 3 つのポイントが分かりました。第 1 は「子育ての先達としての役割」で，子育て経験をした人をメンバーとする組織として，「子育てをしている母親たちに先輩として子育ての経験を伝えたい，支援をしたい」という思いがあることが分かりました。第 2 は，「地域の代替性」で，かつてあった近隣関係，地縁関係における助け合いを行うことが今は難しくなっており，そうした関係性を婦人会のメンバーで代替しようとする意識がみられました。婦人会のメンバーが子育てをしていた時には，隣近

▷ 1　久木元美琴「地方圏の子育て支援をめぐる変化と課題」『地理科学』71(3)，2016年，133-143頁。

▷ 2　山下亜紀子「地域婦人会による育児支援についての考察──宮崎県下で行われた活動の分析」神田健策編著『新自由主義下の地域・農業・農協』筑波書房，2014年，151-169頁。

所のおばちゃんたちから助けてもらったけれど，今のお母さんたちには，助けてくれる人が近くにいないので，私たち婦人会が助けたい，という動機づけをあらわしています。第3は，「親教育の必要性」で，親になる準備を備える機会が少なかったり，実際に子育てをする中でどうしたらよいのかわからなかったりすることが多い，ということを問題に感じており，親としての教育を行う必要性を感じて支援を行いたい，という背景がありました。

　育児支援活動を行った地域婦人会は，いずれも50人以上という規模の組織構成であり，また行政からの委託事業となったことも影響して，2000年代後半には活動が盛んにおこなわれていました。しかし，2010年代になると行政事業の委託が終了し，同時に子育て支援事業からの撤退がみられました。NPO法人など新しい形態による団体による育児支援活動の広がっており，地域婦人会としての役割が終焉したとの認識も影響しました。こうして地域婦人会では，地域社会にある子育て支援のニーズにフレキシブルに対応し，役割が終焉したという認識から活動から撤退したプロセスがみられたのです。

　地域婦人会は，地域社会の子育て支援の担い手の類型としては，第4の住民主体型の類型に該当します。住民を主体とした地域での福祉への取り組みは，NPO法人のように都市地域を中心にみられる新しい組織によるものの他に，農山村や地方の中小都市などでみられる従前からの地域のまとまりやつながりを基盤とした取り組みがあり，町内会，自治会，民生委員などの各種団体の関係者が世話人や担い手となり推進されるものとされています。[3]地域婦人会の育児支援の活動は，こうした旧来型の組織が地域課題をくみ取り，対応できる可能性があることを示しているといえるのではないでしょうか。

　2つ目の事例は，熊本県に隣接する宮崎県五ヶ瀬町という中山間地域にあるNPO法人の事例です。[4]NPO法人「五ヶ瀬自然学校」は，首都圏からのIターン者である杉田英治氏によって設立された団体です。杉田氏は，自然体験活動の教育プログラム活動を中心に，地域内外の多様な年齢層を対象にした多様な活動を行っています。こうした多様な事業の中に育児支援活動も含まれており，「放課後子ども教室」として「五ヶ瀬風の子自然学校」が実施されてきました。五ヶ瀬町にある4つの小学校のうち，鞍岡小学校に通う児童が対象であり，いわゆる学童保育の事業といえます。この「五ヶ瀬風の子自然学校」の利用率は非常に高く，2015年度では小学校全児童29名中，26名が利用者となっていました。ここでの学童保育の内容を簡単に紹介すると，平日は，学校が終わった時間からから夕方までの時間，毎日実施されています。また春休み，夏休み，冬休みなどの長期休みと週末は終日運営されています。利用料としての保護者の負担は月額1,000円です。平日には，子どもたちは，宿題をしたり，遊んだりして過ごしています。また長期休暇中には，本法人の特徴をふまえ，様々な体験学習や自然体験の活動が行われています。

▷3　園田恭一「地域福祉計画の意味と意義」『新潟医療福祉学会誌』3(2)，2003年，20-32頁。

▷4　山下亜紀子「農山村地域における育児の社会化の可能性」三浦典子・横田尚俊・速水聖子編著『地域再生の社会学』学文社，2017年，242-265頁。
▷Iターン
⇨Ⅲ-6参照。

　この活動が実施された理由について，代表の杉田氏に対するインタビュー調査からは，農山村地域に固有の課題があり，それに対応して事業が必要だと考えられていたことがわかりました。五ヶ瀬町の学校の通学区域は，他の農山村地域と同様に広範囲となっており，多くの保護者が送迎をしなければならない状況で，仕事に支障があることを杉田氏は認識していました。また子どもの祖父母が近くに住んでいても，「畑，田んぼを守っているのは，じいちゃん，ばあちゃんなので，途中で仕事やめないといけないのね。2時くらいに孫を迎えにいくために，いったい農作業をやめないといけない」と，やはり子どもの送迎が祖父母世代の農作業のネックになっていたと語っています。そして杉田氏は，このような農山村地域特有の課題に対応する事業として，学童保育の事業がうまくマッチしたと分析していました。

　もともと「五ヶ瀬自然学校」の特徴は，地域に根差した事業展開といえます。自然体験の教育体験プログラム以外にも，五ヶ瀬町の自然環境や農林業を生かし，体験型の観光事業，町独自の農産物の加工やブランド化，また地域移住者の促進など，地域活性化の事業にも取り組んでいました。また代表者の杉田氏は，地域の活性化事業を担い，地区や町全体と重層的な範囲で地域づくりの仕掛け人ともいうべき役割を担っています。こうして農山村地域特有の育児支援ニーズを認識し，育児支援を活動した背景には，地域再生を見据え，地域活性化の活動を行っていたことや，地域に必要な役割を担っていたことがあったといえます。

　NPO法人は，育児支援の類型としては，やはり第4の住民主体型になります。ただし「五ヶ瀬自然学校」という団体は，都市にみられるNPO法人とは少し異なり，地域を活性化し，地域を再生しようとする志向性を持っていた点に大きな特徴があります。このような地域に根づいた団体だからこそ，五ヶ瀬町という山間部においても，NPO法人として，子育て支援が可能になったといえます。

　以上の2つの事例は，農山村地域を含む地域でみられた育児支援の事例です。いずれも住民主体型の事例ですが，先にも述べたように，農山村地域では，営利企業やNPO法人など民間事業者の参入があまりみられない状況にあります。このような中で，どのような育児支援の担い手を想定できるか，ということを考えたときに，やはり地域社会に根づき，地域社会のことをよく知り，地域社会の未来を考えるような主体が担い手としての展開可能性を持っていることを，2つの事例が示しているといえます。

（山下亜紀子）

（理解促進のために）

松田茂樹・汐見和恵・品田知美・末盛慶『揺らぐ子育て基盤──少子化社会の現状と困難』勁草書房，2010年。

西野理子・米村千代編『よくわかる家族社会学』ミネルヴァ書房，2019年。

Ⅳ　コミュニティリサーチと集落点検

 参加と協働の社会調査へ

1　社会調査における住民参加とエンパワーメント

「社会実験」「実証実験」ということばをよく見聞きします。パークアンドライド，コミュニティバス，カーシェアリングといった制度や政策の導入に先立ち，地域を限定して実験と評価を行うといったものです。

「社会実験」は主に工学分野で使われる用語ですが，いくつか興味深い特徴があります。第1は住民参加です。実験では住民の参加と評価，それに基づいた計画の修正や代替案の試行がなされます。コミュニティと専門家の協働とよんでもよいでしょう。第2に，実験の遂行自体が地域コミュニティにおける合意形成をもたらすということです。住民は実験に参加することによって計画をよりよく知ることができ，それについて合理的な判断を下せるわけです。

社会的課題の解決に向けたコミュニティと専門家／研究者との協働によるコミュニティリサーチは，1990年代以降，公衆衛生や地域保健，貧困・地域社会開発などの分野で本格的に発展してきました。その特徴は，住民参加やコミュニティの合意形成に加えて，調査研究の成果がコミュニティの人びとに利用可能となり，コミュニティのエンパワーメントにつながることにあります[1]。

2　コミュニティと専門家／研究者との協働

たとえば，2005年の介護保険法改正によって設置された地域包括支援センターはこうしたコミュニティと専門家／研究者との協働を目標の1つに掲げています。地域包括支援センターは高齢者への包括的・継続的な支援を行う「**地域包括ケア**[4]」の中心となる制度です。その業務マニュアルを見ると[2]，地域のニーズと資源を把握するところから始まり，問題の共有の仕組みづくり，資源を結びつけるネットワークづくり，課題の把握と共有，対応策の工夫と実施など，業務の各ステップにわたって住民とのコミュニケーションと働きかけが想定されていることがわかります。

社会福祉士の平坂義則は，社会福祉士を対象としたフォーカスグループ・インタビューを行い，「地域におけるネットワークの構築」業務（**表Ⅳ-1**）に対する社会福祉士の低い自己評価を改善しようとしています[3]。このような働きかけと振り返り，フィードバックとコミュニケーションの繰り返しがコミュニティと専門家／研究者との協働を支えているわけです。

▷1　私たちがこうしたコミュニティリサーチの思想に強く影響を受けたのは次の書籍がきっかけでした。Stoecker, Randy, 2005, *Research Methods for Community Change : A Project-Based Approach,* 2nd ed., Sage.（『参加型アクションリサーチの方法：コミュニティを変えるために（仮題）』ミネルヴァ書房，近刊）

▷**地域包括ケア**
2005～6年の介護保険法改正，医療制度改革関連法をきっかけとした高齢者医療介護体制の新しい考え方のこと。これにより，医療機関で完結していた従来の高齢者医療提供体制から，地域の様々な医療介護機関や専門職が連携して1人の高齢者に関与する予防重視の地域完結型医療提供体制への転換が図られた。

▷2　厚生労働省『地域包括支援センター業務マニュアル』2005年（https://www.wam.go.jp/wamappl/bb05kaig.nsf/vAdmPBigcategory20/79EA61DDF2EF4633492570DC0029D9A8?OpenDocument　2021年11月1日閲覧）

▷3　日本社会福祉士会地域包括支援センター評価研究委員会『地域包括支援センターにおける総合相談・権利擁護業務の評価に関す

る研究事業報告書　中間報告』2007年。平坂義則「地域包括支援センターにおける地域支援の方向性」『日本の地域福祉』21号，19-30頁，2008年。

③　学際性と公共性の構築

　地域コミュニティが抱える問題は多岐にわたっています。産業振興，雇用，医療福祉，交通インフラ，防災，環境，育児と教育，貧困，まちづくり，空き家，これらの問題の社会的解決には，異分野が協働する必要があります。たとえば，過疎地などで生活必需品や医療サービスの入手が困難となる「買い物難民」「医療難民」の問題は，小売店や病院の移転・廃業，公共交通機関の衰退が複合して起こるものです。対応策として，安全な移動技術，無人輸送・遠隔医療技術の開発から「小さな拠点」の整備や移動販売に至るまで様々な分野で解決法が提案されています。

　私たちは，社会学だけで何かをしなければならないわけではありません。「社会学／社会調査には何ができるか」という問いは，学際的・異分野が協同して地域コミュニティに対して何ができるか，という問いでもあるのです。

　2000年に入って公共社会学への関心が高まってきました。「公共性」を社会的事実として分析するだけでなく，いかに「公共性」を構築していくのかという側面も重視されるようになりました。そこで社会学は学際的なリサーチプロジェクトをコーディネートする役割を果たすことができるのです。

　次節では，以上のような参加と協働，学際性と公共性の構築を目指して，筆者たちが関わったコミュニティリサーチ・プロジェクトの事例を紹介します。

（水垣源太郎）

表Ⅳ-1　「地域におけるネットワークの構築」業務の評価項目（一部）

	項　目	評価の着眼点（例）	＊
1	地域に対してセンターについての理解が深まるように働きかける	・働きかけの内容・方法	39.7
2	地域のニーズを把握する	・統計資料，計画書，報告書等 ・地域への訪問 ・地域住民との懇談（個別訪問，会合参加） ・アンケート調査	16.2
3	地域の社会資源を把握する	・統計資料，計画書，報告書等 ・地域への訪問 ・関係者・関係機関からの情報収集	45.6
4	地域の住民，組織，機関から情報が得られるようにする	・コミュニケーション ・認知度	41.1
5	地域の課題について，地域住民と共に理解を深めるための取り組みを行う	・情報の共有化 ・学習（地域住民・専門職双方） ・啓発	12.1
6	ネットワークの必要性について共通理解をもてるように，地域住民や専門職を含めた関係者に働きかける	・ネットワークの意味についての理解 ・コミュニケーション ・学習	26.5
7	地域住民同士の支えあい活動ができるよう働きかける	・ストレングスの活用 ・コーディネート（機会・場所の提供，きっかけづくり，学習，相談，支持）	8.8
8	地域の当事者組織，家族会などの組織化や活動を支援する	・ストレングスの活用 ・組織の目的と運営 ・相談	8.4
9	高齢者虐待防止ネットワーク等，支援に必要となるネットワークを構築（改善・活用）する	・目的・機能についての関係者との共通理解（情報提供・学習） ・協議 ・既存のネットワークの改善・活用 ・コーディネート（維持・発展）	19.5
10	必要に応じて社会資源の開発（活用，改善，開発）を行う	・ニーズ把握 ・情報収集 ・社会資源（人，物，金，時間，情報） ・ニーズと資源のマッチング ・コーディネート ・関係者・行政への働きかけ	9.9
11	制度，施策の課題等について，地域の関係者・関係機関とともに，行政に対してその解決に向けた取り組みを行う	・課題の実態把握 ・課題・方向性の共有 ・協働	16.9

注：＊「ある程度できている」＋「かなりできている」の合計（％）。
出典：日本社会福祉士会地域包括支援センター評価研究委員会（2007）より一部改変のうえ引用。

Ⅳ　コミュニティリサーチと集落点検

2 らくらく農法プロジェクトの構成と社会学的営みの位置づけ

1　問題の気づきからリサーチへ

　奈良県の中山間地域は高齢化と人口減少の激しい地域です。一方，柿の大産地でもあります。そうした地区の1つ，下市町 X 地区の集落ぐるみで対策を打ちたいという話がわれわれにも伝わり，X 自治会，県の農業研究センター，町役場で話し合いがもたれました（**写真1**）。その結果 X 地区は当面，高齢者による農業コミュニティとして維持していかなければならないことがわかりました。さらに話し合いを重ねると問題が次々と浮かび上がりました。

▷他出子
⇨Ⅲ-3参照。
▷生業
⇨Ⅶ-1参照。
▷1　地方再生における

　・山あいの柿づくりは危険で重労働であるにもかかわらず，樹形や農機具は高齢者や定年帰農者を考慮しない設計であり，それが営農継続の障壁になっている（**写真2**）。

　・畑や家屋敷を将来どうするかは，農地の状況や後継者の有無，**他出子**の動態，集落のまとまりなどが大きな影響を与える。しかし役場では，他出子とその家族までを含めた家族構成や潜在的な農業の担い手にはわからない。また個別の農地の現況や今後の営農（放棄）の意思についても把握した人はいない。こうした情報がなければ対策の立てようがない。

| 写真1　X集落の風景（手前は青葉の柿畑） |
出典：らくらく農法 PJ 提供。

　・X 地区の人は農作業で体を鍛えていると信じているが，重労働によるダメージや作業リスクもあるのではないか。

2　「持続可能な農村コミュニティの4次元」という考え方へ

　議論を続けるうちに，それらは「持続可能な農村コミュニティの4次元」という考え方に整理されていきました。それは①コミュニティ（ムラ）②**生業**③身体　④機械（道具）です。
　すぐに4つの次元をそれぞれ課題化し，サブグループを結成しました。①社会学が中心となる集落点検グループ，②柿葉を商品化し楽な作業で畑を維持する栽培法の開発（「らくらく栽培グループ」，県の農業研究機関が担当），③農作業を分析し身体へのリスクを把握し対処法をアドバイスする PPK（ピンピンコロリ）グループ（スポーツ科学の専門家が担当），そして

| 写真2　急斜面で木に登って収穫作業を行うこともある。 |
出典：らくらく農法 PJ 提供。

④高齢者でも簡単安全に操作できる電動運搬車を開発するグループ（地元企業）です。（図Ⅳ-1）

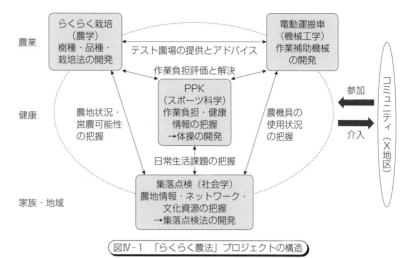

図Ⅳ-1　「らくらく農法」プロジェクトの構造

出典：帯谷・水垣・寺岡（2017：61）。

これを「方法」という観点からみると，①地域の人たちが状況を客観的に認識して，自らそれに立ち向かえる基礎情報を提供する，②効果が期待できる具体的な方策を示し，課題は十分に克服できるという意識を持てるようにする，③その方策を地域の人たちと一緒に実施し，有効性が実感できるような成果を上げることの3段階に整理できます。この3段階は，コミュニティリサーチ必須のプロセスだと思います。

3　社会学の役割

社会学者による集落点検の役目は前項①と地域への還元です。私たちは当初から農村社会学者の徳野貞雄氏が考案された「T型集落点検」が念頭にありました。T型集落点検は，地域の人が寄り合いのように集まり，調査者（ファシリテーター）と一緒に集落の地図を描きながら，村の外にでている他出子の状況も含めた状況を把握・共有し，それをもとに集落の将来や取り組むべき課題について話し合うという実践的な手法です。[1]

私たちはそれに加え，X地区の人たちが知りたい農地の今後について知るための「農地点検」を考案し，さらにX地区の人達と交流を重ねる中でX地区の生活における小字（こあざ）[1]の重要性・多様性に気づき，小字の状況を明らかにする「ムラ資源点検」を考案しました。こうして3つの点検からなる集落点検を，T型集落点検の発展型ということで「寄り合い点検」と名づけました。寄り合い点検の後に，それらをもとにした戸別の訪問調査を予定しました。そしてもちろん，地区の方たちへの成果報告と将来を考える集会（集落展望）を置きました（図Ⅳ-2）。

このように，コミュニティリサーチのプロジェクトにおいて，社会学者はその開始段階から重要な役割を担うため，フィールドに飛び出していくことになります。しかし，実は，そうする前にできること，やっておかなければならないことがあるのです。それはより広い視野からより客観的に地域の状況を知ること（事前リサーチ）です。

（寺岡伸悟）

図Ⅳ-2　「寄り合い点検」の構成と他グループとの連関

T型集落点検の意義・可能性については以下の書籍を参照してほしい。徳野貞雄監修，牧野厚史・松本貴文編著『暮らしの視点からの地方再生——地域と生活の社会学』九州大学出版会，2015年。

▷小字

町村内の行政区画のひとつである大字（おおあざ）よりさらに小さな範囲をさす土地の名前。奈良県では伝統的に垣内（カイト）と称される。小字は，人家がある場合や，田畑だけ，森林だけの場合など多様である。複数の人家がある場合，近隣（いわゆる「ご近所」）としてのまとまりをもっている場合も少なくない。本論はまさにそうした事例である。

Ⅳ コミュニティリサーチと集落点検

 ひとりでもできる事前リサーチ

1 容易になった統計データへのアクセス

下市町は，江戸期には日本最初の手形を発行するなど商業の中心地として栄えた町でした。しかし戦後は，鉄道駅から離れていたこともあって衰退していきました。隣接の町には，鉄道駅がありながら人口減少が進んでいるところもあり，大阪都市圏への通勤世帯の移住で人口を維持しているところもあります。では下市町は周辺町村と比べてどのような特徴を持つのでしょうか。

近年，多くの統計データへのアクセスが容易になり，それをマップで表現したり，様々な形のグラフや図像で表現したりすることも容易になりました。これによって研究者が対象のコミュニティを知るのに役立つだけでなく，コミュニティがこれらを用いて自ら考えることも可能となっています。

2 人口ピラミッドと小地域統計

▷**国勢調査小地域統計**
基礎自治体（市区町村）よりも小さい単位で集計された統計のこと。国勢調査については1990年以降，住居表示における街区に対応した基本単位区が設定され，町丁目や字ごとの集計（町丁・字等）が入手可能になっている。

まず手始めに作ったのは人口ピラミッドです。少子高齢化が進んでいることは地域の人なら誰でも分かっているものです。しかし将来どうなるのかを具体的にイメージし，課題とアクションを考えてもらうためには「見える化」が必要です。Ｘ地区の人口ピラミッドを作成したところ，2010年時点で高齢化率33.1%，55歳以上人口率49.3%だということがわかりました（図Ⅳ-3）。

この人口ピラミッドは表計算ソフトで作成することができます。1年ごとの変化を捉えるために，役場に依頼して自治会の単位で集計した年齢別住民基本台帳人口を入手し，全地区の人口ピラミッドを作成するとともに，高齢化率をマップ化しました（図Ⅳ-4）。また，**国勢調査小地域統計**からは，世帯，住居，15歳以上人口の労働状況，移動

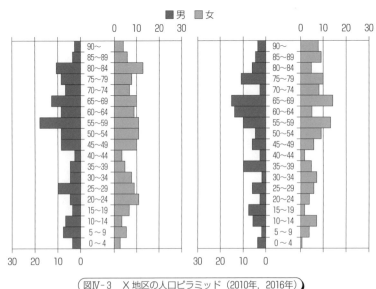

図Ⅳ-3 Ｘ地区の人口ピラミッド（2010年，2016年）

出典：筆者作成。

状況など多くを知ることができました。

　その結果分かったことは，南部に高齢化率が70％を超える地区を抱えていること，また農業が盛んな地区はX地区だけだということでした。広大な果樹栽培地帯を持つ隣市と連続しているX地区以外の地区では農業が生業として成り立たなかったのです。それでは下市町はどのような経済活動に支えられているのでしょうか。

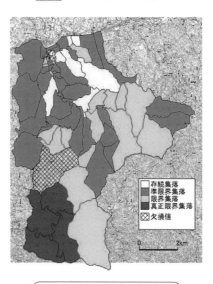

③　RESASと地域経済循環

　市町村レベルの経済活動を把握するには，内閣官房・経済産業省「**地域経済分析システム**」（RESAS）や環境省「**地域経済循環分析自動作成ツール**」が便利です。前者は，産業構造や人口動態，人口移動などに関するデータを集約・可視化してくれます。後者は，市町村GDPや産業連関表，貿易・サービス収支などを自動で出力してくれます。読み方には経済学の知識が必要ですが，インターネット上の詳細な解説を参照すればおおまかな特徴を理解することができます。

図Ⅳ-4　下市町各地区の高齢化率
出典：筆者作成。

▷**地域経済分析システム**（https://resas.go.jp/）
▷**地域経済循環分析自動作成ツール**（http://www.env.go.jp/policy/circulation/）
いずれも使い方や分析事例については多くのサイトが開設されており，「地域経済分析システム　使い方」「地域経済循環分析自動作成ツール」などで検索できる。

　RESASでは地域経済を「生産」「分配」「消費」の3面から見る地域経済循環図を出力することができますが，これによると，下市町は町外で働く人が多く，買い物も隣町の大型小売店に依存している様子が分かりました。鉄道駅があるにもかかわらず人口減少が進んでいる隣町は町内での地域経済循環が比較的完結しており，人口を維持しているもう1つの隣町は町外で働く人が多く，奈良県南部一帯の商圏の中心であることが分かりました。

　産業連関のダイアグラムからは，食料品や製材・木製品の製造が町内生産の多くを占めることが分かりました。しかしながら農業や林業など一次産品の生産と町内製造業との関連は小さいようです。後で分かったことですが，X地区には全国に得意先を持つ農家がいくつもあり，次世代への引継ぎが地区の存続にとっても町の存続にとっても重要だったのです。

④　事前リサーチではわからないこと

　地域経済を知るには，他にも農業センサスなど多くのソースがありますが，まずは以上のような情報だけでも地域の人びとには役に立つものです。私たちは地区の方々に報告会を行ない，ディスカッションをしてもらいました。

　もちろんこうした事前リサーチでは分からないことも多くあります。たとえば，町内の小商店の経済活動は重要な役割を果たしていますが，規模が小さいため産業連関表では把握できません。また農地や農作業の実態，家族の状況，人びとの健康と今後の見通しなどは直接お話を聞かなければ分かりません。そこで行ったのが次に紹介する寄り合い点検です。　　　　　　（水垣源太郎）

Ⅳ　コミュニティリサーチと集落点検

4 寄り合い点検（1）
──家族点検

前節では，事前リサーチにより地区および町レベルの特徴を把握しました。次はいよいよ当該地区の現状調査「寄り合い点検」です。「寄り合い点検」とは，調査対象地域の農地・農業や家族，ムラ（地域）の現状と課題，展望について，全**世帯**（家族）を対象に行う調査のことで，家族点検・農地点検・ムラ資源点検の3つから構成されます。具体的には，地区内の集落（**小字**）ごとに，地域の集会場などに集まって（＝寄り合って）もらい，数人のグループに分かれて，農地（農業）と家族，ムラ（集落）について聞き取りを行っていきます。その結果はグラフやマップに「見える化」して，参加者と共有し，現状や問題点を把握してもらいます。

▷世帯
⇨Ⅲ-2 参照。
▷小字
⇨Ⅳ-2 参照。

1 家族点検

まずは家族点検です。同じ「高齢化」地域であっても，子ども世代が遠方に出てしまって盆正月にしか帰ってこない地域と，実は比較的近隣に住んでいて比較的頻繁な行き来がある地域とでは将来像も異なってくるはずです。そこで家族点検によって既存の統計ではわからない家族の状況を知ろうとしたのです。

家族点検の目的は，**図Ⅳ-7**のような家族図を作成することです。あとで述べるムラ資源点検や農地点検と同時並行で行います。集落（小字）のみなさんが集まってムラ資源点検を行っている間，家族ごとに別の部屋に来てもらい，家族ごとに1枚の家族シートを使用して，下記の項目を差し支えない範囲で話してもらい，家族図と関連情報を書きこんでいきます。

▷他出子
⇨Ⅲ-3 参照。
▷Uターン
⇨Ⅲ-6 参照。

- 本人と同居家族の年齢，性別，職業，出生地
- 他出家族の年齢，性別，居住地（市町村），帰省頻度（例：月に1回，年に2回など）とその内容，職業，など。

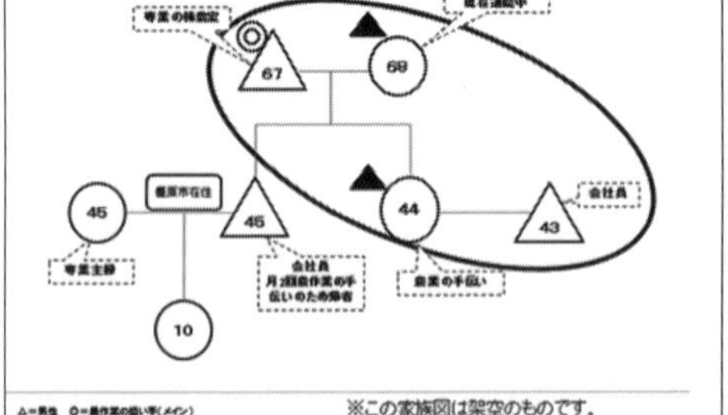

プライバシーに踏み込むのが難しい，あるいはみんなで話し合う場づくりのきっかけにしたいという場合は，簡易版として，質問ごとに手やカラー画用紙を挙げてもらって，楽しい雰囲気を作りながら集計することもできるでしょう。

その結果興味深いことがわかりました（**図Ⅳ-8**）。65歳以上の高齢者のみの世帯が全体の約1/4におよぶ一方で35歳未満の若者がいる世帯も半数近くあること，**他出**

図Ⅳ-7　家族点検シート

出典：筆者作成。

子とその家族をみると，その大半が日帰りで行き来でき
る「近距離」「中距離」の範囲に居住していました。と
くに他出子には30代が最も多く，この世代との家族のつ
ながり，農との関わりをいかに維持・発展させるかが課
題として浮かび上がったのです。

② 他出子調査

　それでは地区外，特に町外へ出ていった他出子は地区
や町のことをどのように思っているのでしょう。そこで
X地区を含む下市町5地区出身の地区外居住者を対象
として，実家の家屋や農地，山林の管理状況と今後の意
向，帰省の実態やUターン希望などについてアンケー
ト調査を行いました。

　この種のアンケート調査では対象者の情報把握と調査
票の配布が困難であることも少なくありません。そこで
調査への協力を了承いただいた地区から対象者の実家に
調査票を配布してもらい，年末の帰省のタイミングを見
計らって対象者に渡してもらいました。回答は大学へ直
接郵送してもらいました。

　その結果，男性の4割，女性の6割は20歳までに他出
していたことが分かりました。残った男性は結婚や転職
を機におもに隣町に引っ越していました（**図Ⅳ- 9**）。

　また，回答者の大半が日帰りで行き来できる「近距
離」「中距離」の居住者でした。しかも半数は月に1回
以上帰省していました。いずれ帰郷し定住する予定があ
る人は約3割いました。さらに将来「帰郷し，定住した
い」人と「二地域居住」を希望する人を合わせると約5
割になりました。しかしこれには性差があり，男性は
「二地域居住」を希望する人が多いのに対して，女性は
概して「帰郷したくない」と答えていました。

　この調査結果は地区を通して対象者に渡すとともに，
あちこちのワークショップで報告してディスカッション
をしてもらいました。それから半年ほど経って，私たち
が秋祭りに行った時のこと，久しぶりに会ったと思しき
2人の若い女性が他出子調査のことについて話題にして
いました。地区について振り返ってもらう機会となった
こととうれしくなりました。　　　　　　（水垣源太郎）

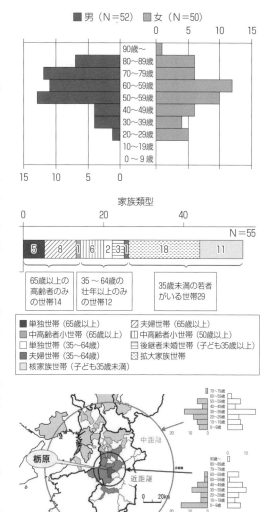

図Ⅳ- 8　家族点検の結果

出典：筆者作成。

・転出時の年齢と理由：

男性の4割、女性の6割が20歳までに他出する。

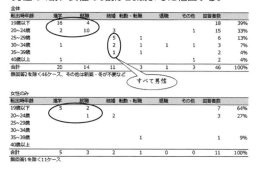

図Ⅳ- 9　他出子調査の結果の一例

出典：筆者作成。

Ⅳ　コミュニティリサーチと集落点検

5 寄り合い点検（２）
——農地点検とムラ資源点検

1　必要な調査を考案する

▷1　農地点検も詳しい方法を整理しマニュアル化して公開した。帯谷博明・片上敏喜・水垣源太郎・寺岡伸悟『集落点検マニュアル準備実践編』2014年（https://opac2.lib.nara-wu.ac.jp/webopac/TD00003140_000001_nw._?key=GJZBYU）『集落点検マニュアル整理分析編』2014年（https://

写真3　農地点検の風景

出典：らくらく農法PJ。

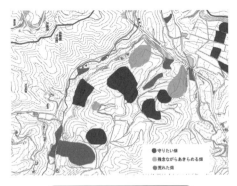

図Ⅳ-10　農地マップ（モデル図）

注：点検データを清書した状態。守りたい畑，荒れる畑，条件によっては耕作をあきらめる畑を3色に塗り分ける。

出典：らくらく農法PJ。

　ここまで読み進めてくれた読者にはわかっていただけるように，コミュニティが取り組む課題の解決に必要なリサーチを，コミュニティの人たちと一緒に考案し，プロジェクトに組み入れていく柔軟性や力が大切です。ある意味そうした力こそがリサーチ力といえるようにも思います。さて，私たちの場合，地元の人たちと話し，お祭りや寄り合いに参加しているうちに，以下のようなことに気づきました。①柿農家の高齢化が進んでおり，それぞれの農家がこれからも営農を続けていく意欲がどの程度あるのか（「お隣はそのうち辞めてしまうのか……」），そして将来の畑はどうなってしまうのか，という「漠然とした不安」が地元にあること，②大字Ｘ地区は8つの小字（垣内とよばれる）からなり，この垣内ごとの凝集性が強く，行事や祭礼にも違いがあるが，それらはお互いにはあまり知られておらず，これらを知ることで「Ｘ地区意識」や集落を大切にしていこうという気持ちが高まるのではないか，この2点でした。そこで地元の区長さんたちと話して考案し，実施したのが，農地点検とムラ資源点検です。以下ではこの2つの方法を結果について説明していきます。

2　農地点検の方法

　農家ごとに，用意した白地図を見ながら，畑の場所・広さ，状況（傾斜など），作物，そして10年後の耕作意思を畑1枚ごとに聞き，一緒に地図に描いていきます（**写真3**）。その際，10年後も維持したい畑（例えば青色に塗る），10年後には耕作放棄せざるを得ないと思われる畑（同・赤色），状況によっていずれにもなりえる畑（同・黄色）を塗り分けていきます（**図Ⅳ-10**）。これで，集落の畑の10年後の様相が可視化されます。このデータがあれば，次に赤の畑の理由を聞いて明らかにすることができます。つまり集落の畑の状況や営農を継続する際の障害となっているポイント，さらにそこで営農する農家から，農地や営農がどのように見えているか，という

主観的側面も知ることができます。

　この結果，X地区の多くの農家は10年後も営農を続けたいという強い意志があることがわかりました（**図IV-11**）。これは地元の人にとっては心強い結果だったようです。しかし一方で半数以上の農家が10年後の耕作が困難になりえる畑を1枚以上所有していることがわかりました（**図IV-12**）。困難になる理由は，後継者の問題，畑の条件（急傾斜・狭隘であること）などが代表的なものでしたが，楽な畑であっても10年後の営農を断念する可能性のある畑も見つかりました。こうしたデータは，高齢になっても続けられる「楽な（身体的な負担の少ない）農業」や，条件の良い畑の貸し借りの仕組み，集落営農など，集落の農業の方向性を考えていく資料となりました。

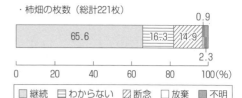

柿畑の10年後の見通し

・柿畑の枚数（総計221枚）

継続	わからない	断念	放棄	不明
65.6	16.3	14.9	0.9	2.3

・意外と青が多い。赤が少ない。
→農業を続けたいという気持ちの人が多い！

図IV-11　農地点検の結果1（住民報告会のスライドより）

出典：らくらく農法PJ。

家単位で見た10年後の柿畑（N＝44）

29.5	22.7	47.7

□ 赤の畑がある家　13軒
目 赤はないが黄色の畑がある家　10軒
❚ すべて青の家　21軒

・半分以上が赤または黄の農地を持っている
　（現在柿畑をもっている農家の総数：44軒）

図IV-12　農地点検の結果2（住民報告会のスライドより）

出典：らくらく農法PJ。

3　ムラ資源点検の方法

　集落の歴史・文化（食・農作物・伝統行事など）は，これまで年上の者から年下の者へと，共同体的生活の中で自然に伝承されてきました。しかし若者がムラを離れて暮らし，さらにムラの生活も近代化・現代化する中で，そうした事柄は伝承されなくなり，忘却されつつあります。ムラの活性化を考えるとき，かつてムラに存在したこうした事柄は，重要な資源であり，地域の皆で再確認し，できれば周辺集落の資源も含めて公開・共有することが望ましいでしょう。そこで，集会所に垣内ごとに寄り合ってもらい，かつてのムラの年中行事，農作物，食文化，祭礼，祠などの位置について思い出すものをどんどん出し合い，テーブルの上に広げた模造紙上に書き出していきます。同じ地区の住民同士でも知らない（忘れている）郷土料理や作物が出てきて驚きの声があがることもありました。大変積極的に，かつ楽しくできました。これらの結果は，垣内ごとの小集落ごとの「資源表」として大判で清書して作成し，結果報告会の際に，会場に張り出し，住民の皆さんに披露し，それをもとに自由にX地区について話し合っていただきました（**写真4**）。そしてこの中から，ムラで作られなくなっていた料理（里芋のおはぎ）にムラの人たちは魅力を感じ，集会場での試作・試食会が実施されました。さらにそれを奈良女子大学で学生たちと一緒に作って食べる会が催され，そこで出た学生の意見を参考にしてムラの女性グループが改良を重ね，「ごんた餅」という新しい郷土食が誕生したのです。

写真4　集会所に掲示された各垣内の「資源」を見て語り合うX地区の人たち

出典：らくらく農法PJ。

opac2.lib.nara-wu.ac.jp/webopac/TD00003139_000001_nw._?key=BYWTIE）。

▷小字⇨IV-2参照。

（寺岡伸悟）

Ⅳ　コミュニティリサーチと集落点検

地域の自発性を応援する

① 仲良しグループインタビュー

　もう1つ重要なものは「仲良しグループインタビュー」です。ムラの60代以上の女性グループからの「若い世代の女性たちからどのように見られているのか，代わりに聞いてほしい」という要望を受け，私たちは若い女性世代のAさんに，お友達3～4人に集まってもらえるようお願いし，インタビューを開きました。寄り合いはとても盛り上がりました。「お互いの気持ちがよくわかった。もちろん女性グループを尊敬してます。」要約すればこんな内容でした。

　しかもこの集まりをきっかけに，彼女たちは同世代のグループを結成したのです。ロゴマークまで作り，柿渋染めのショールなどを販売しています。「仲良しグループインタビュー」は，新たなグループづくりにつながるのです。

② 地域の自発性の応援──プロジェクトの成果と拡がり

　「地域の自発性の応援」というコミュニティリサーチの思いは，集落点検グループだけでなく，他の3つのサブグループでもかたちになりました。たとえば，集落点検による後継者難の見通し，PPKチームによる果実栽培の具体的な危険性，さらに柿の葉栽培チームによるその収益性などを知ったX地区の人びとは，柿の葉寿司用の柿葉を集荷し出荷する組織を立ち上げたのです。その結果，地域で生産される柿葉の量は徐々に増えていきました。また，県内企業と村人が連携して作った電動運搬車は，下市町が購入し貸し出すという方式でたちまち十数台が普及しました。PPKチームが高齢の柿農家に適した体操を考案し，それは地元のケーブルテレビで定期放送されることになりました（図Ⅳ-13）。さらに，X地区に負けじと活動を始める集落も現れました。またトルコの研究者からも注目され，私たちは下市町の人とトルコで電動運搬車のテスト走行やPRを行ないました（図Ⅳ-14）。

③ それでも過疎高齢化は止まらない。次のステップをどう考えるか。

　さて，これだけの時間と熱量をかけておこなった私たちのプロジェクトで，X地区の過疎高齢化問題は解決したでしょうか。答えはノーです。私たちの「もう10年楽に楽しく」という計画は，抜本的な解決策を示せないコミュニティの延命策でした。しかし，いうまでもなくコミュニティは「生きて」います。

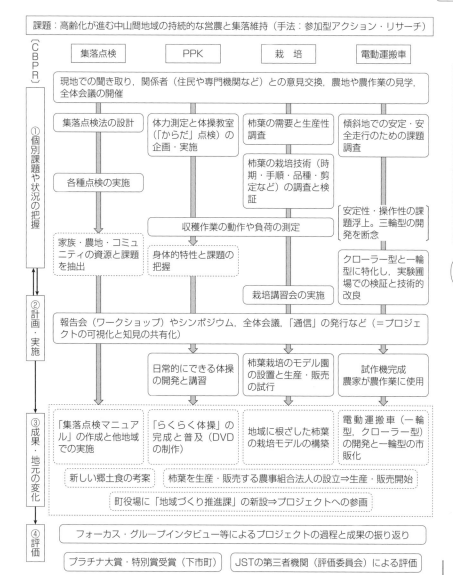

図Ⅳ-14 トルコのザクロ畑での実証実験

出典：らくらく農法 PJ。

図Ⅳ-13 サブグループごとに見た「らくらく農法」プロジェクトのリサーチ過程と成果

出典：帯谷博明・水垣源太郎・寺岡伸悟「参加型アクション・リサーチとしての『集落点検』――『らくらく農法』プロジェクトの事例から」『ソシオロジ』61巻3号，2017年，p. 63，図2より。

常に課題と向き合い，多少なりとも解決し，その結果また次の課題を明確化して，それに取り組んでいく。こうして地域の人びとはそこで長年暮らしてきたのです。助成金が終了した平成27年以降も，私たちはこの場所（下市町）に足を運び続けています。その後，町内に大学のサテライトを置くことができ，地元との教育交流も継続した結果，学生2名が役場に就職しました。この地域とのつながりは深まるばかりです。地域の人びとと学びあいながら進む私たちのリサーチも，終わりのない旅となりそうです。

（寺岡伸悟）

理解促進のために

JST社会技術研究開発センター，秋山弘子編著『高齢社会のアクションリサーチ』東京大学出版会，2015年。

冷水豊編著『「地域生活の質」に基づく高齢者ケアの推進――フォーマルケアとインフォーマルケアの新たな関係をめざして』有斐閣，2009年。

徳野貞雄監修，牧野厚史・松本貴文編著『暮らしの視点からの地方再生――地域と生活の社会学』九州大学出版会，2015年。

第 2 部

伝統農村の変容と継承

V　「家・村」論のあゆみと現在

農村社会を支える「家」と「村」

▷1　この章では，農村社会の原型を確認することに力点を置いているので，その変化や現状については最低限の記述に留めています。高齢化や過疎化については1部，環境や生業，女性と農村の関わりについてはVI〜VIII章を参考にしてください。

▷家族
「家」と対比される「家族」としては，夫婦と子供からなる核家族（夫婦家族）がよく取り上げられます。

▷2　松本通晴『農村変動の研究』ミネルヴァ書房，1990年，81-111頁。家の構成要素を考える場合の参考になります。

▷3　家の変動についても多様な議論が展開してきました。概略については，松本（前掲書），家の変動を女性の役割や葛藤からさぐる方向性についてはVIII章を参考にしてください。

▷4　論争の整理については，以下の文献を参照してください。藤井勝『家と同族の歴史社会学』刀水書房，1997年，22-38頁。

▷生活集団
有賀喜左衛門「日本の家」『有賀喜左衛門著作集VII 社会史の諸問題』未來社，1969年（初出：1952）265-272頁。有賀は，この生活集団を家業経営と生活保障の点から捉えています。

▷「家族」集団
喜多野清一『家と同族の基

1　日本農村の基礎論

　「家・村」論は，日本の農村社会を知るうえで最も基礎となる議論です。農村生活の土台を知ることは，その精巧な仕組みや人びとの思いに迫ることを意味します。また日本社会の固有性や地域づくりの方向性，あるいは都市とは異なる考え方や生き方を探ることにもつながるはずです。この章では，「家・村」論（以下，家村論）のこれまでのあゆみと現在の議論についてみていきましょう。[1]

2　「家」とは何だろうか？

　家というと，何をイメージするでしょうか。日常会話で使う「家」は，**家族**と似ていますが，社会学でいう「家」は幅広い意味を含んでいます。予想外のメンバーを含むことがありますし，住んでいる家屋や屋敷地，所有している田畑や山林，そして祖先や子孫とのつながりなどもその射程に入ってきます。

　こうした特質を理解するために，家を構成する諸要素を確認しておきましょう。[2]まず家は親と後継ぎ夫婦の連続的継承を志向する「直系家族」の形態を基本としています。成員役割や集団性などの社会的要素にくわえて，共通の姓を名乗り，家の永続を願う価値規範やシンボルといった文化的要素にも家は支えられています。また土地や財産などの物質的基盤（経済的要素，自然的要素）を保持しながら，農業などの家業に従事し家産の再生産を目指す面もあります。

　さらにメンバーの諸活動を機能面からみれば，特に2つの特徴があったといえます。1つは法事や盆，彼岸，正月に，家の成員が集まり儀礼を行い，飲食などをともにする祖先祭祀の機能であり，もう1つは，農作業や家計の協力，子どもの養育や親の世話など成員相互の助け合いを行う生活保障の機能です。

3　家をめぐる論争：有賀喜多野論争

　家を構成する諸要素や機能をめぐっては，じつは論者によってその考え方が大きく異なっています。[3]最も代表的な論者で互いに論争を繰り広げた有賀喜左衛門と喜多野清一の考えを確認しておきましょう。[4]端的にいえば，有賀は，家を「**生活集団**」と捉えたのに対して，喜多野は伝統的な「**家族**」**集団**とみなしました。この考え方の違いを生んだ1つの背景として，家の中にいた非親族成員（以下，非親族）をいかに評価するかという問題がありました。日本の家は，

奉公人や農業の手伝いなど血のつながっていないメンバーをそのうちに含み，家の成員として，労働と寝食をともにしてきた長い歴史を持ちます。有賀は，この非親族を家業に組み込み，その生活を保障してきたことこそ家の本質と考えました。それに対して，喜多野は血縁関係を重視し，小家族の特質に家産の維持や扶養の意識を加えた，伝統的な家族集団として家を規定しました。見方を変えれば，有賀は家と家族をまったく別のものと考え，非親族さえ含む生活保障という機能面を重視したのに対して，喜多野は家と家族を同じ土俵で考え，それを貫く家族結合という構造面に力点を置いたのです。

この論争は一般的に有賀喜多野論争とよばれていますが，結果的に明確な決着がついたわけではありませんでした。むしろこれを機に，有賀の議論は，「生活」をキーワードとして，**日本社会論**や**自然環境の議論**を創り出していきます。また喜多野の議論は，伝統家族の国際的比較研究の礎になっていきます。[5]

④ 家の理念型と多様性

日本の家は，実際には多様な形をとってきました。1つの理念型として，稲作を営み，親子同居と長子相続を基本とする直系家族を据えてみると，その様子がわかってきます。たとえば鹿児島や長崎，瀬戸内海の村々には，必ずしも長子相続が意識されない「末子相続」といわれる慣行がありました。内藤莞爾によれば，この相続形態は厳密にみると，長子に固定することなく，次三男や末子を含めて相続を行う仕組みだったとされます。[6] また三重県伊勢地方や京都府丹後地方などの調査から，親が後継ぎの子と別々に住み小家族が分立する「隠居制」の仕組みも明らかにされました。[7] こうした地域は漁業や畑作が盛んでしたから，生業形態と家の多様性との関わりも重要な論点となりました。

多様な家のあり方を理解する方法として，家が他の家々や村落などの外部主体によって承認された単位であることを重視する考えがあります。[8] この社会的単位には，村落社会における土地利用や祭礼参加などの権利と，共同労働や生活互助といった義務が付随していました。住民間では，そうした権利義務の束を，「株」「一軒前」「一戸前」などと呼称し，村落の成員であることを相互に承認してきたのです。[9] この考えは，理念的な狭義の家に対して，内外の承認を軸とすることで，多様な家を含みうる点で広義の家の規定だといえるでしょう。

⑤ 「村」はどう呼ばれてきたのか？

つぎに「村」についてみてみましょう。村といえば，自治体の村を考える人が多いと思います。しかし，ここでいう村は自治体の下位単位となってきた「村」です。村とはもともと人の群れや集まりを意味し，町（マチ）や市（イチ）とは異なり，農民が古くから「定住集居」するところだとみなされてきました。[10] あとから漢字を当てたとみるならば，「村」より仮名の「むら」「ムラ」

礎理論』未来社，1976年，87頁。喜多野は，伝統的な家族の中枢にM.ウェーバーの「家産」と「扶養」の概念を据えています。

▷**日本社会論**
中根千枝『タテ社会の人間関係』講談社，1967年。有賀の議論を元にした日本社会論としてはこの中根の議論などがあります。

▷**自然環境の議論**
この議論の系譜については，Ⅵ章を参考にしてください。

▷5 光吉利之「概説 日本の社会学 伝統家族」光吉利之，松本通晴，正岡寛司編『伝統家族』（リーディングス日本の社会学，3）東京大学出版会，1986年，3-15頁。

▷6 内藤莞爾『末子相続の研究』弘文堂，1973年，169-176頁。内藤の研究は，理念的な家を再検討する一出発点と位置づけられます。

▷7 姫岡勤・土田英雄・長谷川昭彦『むらの家族』ミネルヴァ書房，1973年，268-297頁。

▷8 長谷川善計・竹内隆夫・藤井勝・野崎敏郎『日本社会の基層構造』法律文化社，1991年，55-144頁。

▷9 藤井，前掲書，32-86頁。藤井は，公的単位としての家を強調する長谷川の考えと，村落内の社会的承認単位として家を捉える農村社会学上の考えをつなぎ合わせたといえます。

▷10 竹内利美『村落社会と協同慣行』（竹内利美著作集1）名著出版，1990年，1-2頁。

がもともとの表記であり，地域の人びとの通称だったともいえます。他にも明治時代以降，「大字」「部落」「集落」「自治会」などの用語も使われてきましたが，以下では，呼称の混乱を避けるため，古くからの呼称の1つであり，社会学上，独自の意味を与えられた「村落」という言葉で統一します。

6 地域の単位と3つの社会地区

　日本の農村地域には大小様々な単位がありますが，大まかにいえば，4つの地域単位に分けることができます。図V-1はそれを示したものです。村落はこの中で最も小さな単位に相当します。もともと村落は江戸時代の村である藩制村と重なることが多くありました。その後，明治時代になり町村合併を経験し，複数の村落が1つの行政村に統合されます。さらに昭和時代の町村合併と近年行われた平成時代の合併により，新たな自治体ができました。注意しなければならないのは，市町村の拡大により，それまでの小さな地域単位がなくなったかといえばそうではないという点です。最も小さな村落も，様々な理由で行政上利用され続けましたし，住民生活の共同の単位であり続けたのです。

　しかしながら，近代以降も村落が重要な社会単位であることは，じつは政策のうえでも，学問のうえでも自明のことではありませんでした。その位置づけを明確化したのが農村社会学者の鈴木栄太郎です。鈴木は昭和初期の農村地域に存在する社会集団を10種類に分類し，地域空間の中にそれを落とし込んでいきます。[11] その結果，諸集団が累積する3つの「社会地区」を抽出します。近隣集団を含む「第一社会地区」とその上位にある明治の町村域である「第三社会地区」[12] はともに重要でしたが，最も集団が累積していたのは「第二社会地区」であり，それこそが村落に相当する範域だったのです。しかもこの地区には，他にはみられない独自の共同意識があったことを突き止めます。鈴木はこの意識を「村の精神」と名づけました。こうして鈴木の整理によって，住民にとって最も重要な地域単位として村落が明示されることになったのです。

7 村落の2つの見方：自然村論と家連合論

　村落もいくつかの構成要素から考えることができます。[13] 1つは家々の関係や村落内の諸集団，階層など人のつながりにあたる社会的要素であり，もう1つは，村落成員に共有化された意識や価値規範などの文化的要素です。これに農地などの自然的要素も加えることができるでしょう。

　こうした諸要素からなる村落も，やはり何を重視するかによって研究者の立場が大きく異なってきます。2つの異なる村落理解を示したのは，鈴木栄太郎と有賀喜左衛門です。鈴木は，集団が累積し「村の精神」を備えた日本の村落を**「自然村」**と規定しました。ここでいう自然とは，住民が自ら生活を組み立てていくことを含意し，そうした

▷11　鈴木栄太郎『日本農村社会学原理』（鈴木栄太郎著作集Ⅰ・Ⅱ），未來社，1968年（初出：1940年），97-136，419-470頁。10種類の集団とは，行政的地域集団，氏子集団，壇徒集団，講中集団，近隣集団，経済的集団，官設の集団，血縁的集団，特殊共同利害集団，階級的集団を指します。

▷12　近隣集団については3節で説明します。なお，近隣集団の自律性が高い場合は，そちらが最小の社会単位とみた場合がよいケースもあります。

▷13　村落の構成要素については，松本（前掲書，27-54頁）の「むらの社会構造」「むらの外枠」「物質的基盤」に分けた考えが参考になります。

▷自然村
自然村は一般的に近代行政村に対峙されますが，藩制村とは重なることが多いため，必ずしも対立的に位置づけられてはいません。

▷14　有賀喜左衛門「都市

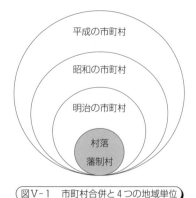

図V-1　市町村合併と4つの地域単位

出典：筆者作成。

自律的な地域単位を自然村と捉えています。これに対して，有賀は家々の関係である「家連合」として村落を捉えました[14]。村落を家から自律した存在としては考えず，家では不十分な事柄（経済的協力や相互扶助など）を補完するものと考えたのです。自然村論は，村落の社会的，文化的要素を重視し，その自律性を重視したのに対して，家連合論は家々にとって必要最低限の要素しか認めなかったともいえるでしょう。

　それでは家々から「自律」した村落とは何を指しているのでしょうか。たとえば，農村生活では，村落全戸に適用される決まり，共同作業などの労働提供や行事参加などの義務がありますし，あるいは祭りのときの独特の雰囲気なども生起します。そうした「決まり」や「義務」や「雰囲気」を家々の総和として考えるか，その総和を超えた村落独自のものと考えるか，このあたりが村落理解の分岐点になったのです[15]。

⑧　村落の理念型と多様性

　ここでは自然村論を出発点とした議論がいかに展開し，村落の一理念型を探ったかを確認しておきましょう。たとえば，村落独自の特質としては，次のような点が引き続き指摘されてきました。**厳格なメンバーシップ（成員権）**，**村落の「領域」の存在**，意思決定や共同財産の管理などです[16]。人的な境界線や空間的な境界線を明確化することで，村落のより強固な集団としての特質が浮かび上がってきます。また，地域の内外で交渉して合意形成を行い，自らの財産を共同で管理していくことは，村落が政治的，経済的活動も担う「**団体**」としての特質も加えたことを意味します。このように明確な境界線と社会的，文化的，政治的，経済的要素をあわせ持つ村落を1つの理念型として位置づけてみると，日本の村落の際だった特質を理解することができるでしょう。

　こうした村落の明確な姿を頭に置いたうえで，日本各地の様々な村落のあり様を考えてみる必要があります。さきほど紹介した家連合の考え方は，主に東北地方を中心として指摘されてきました。岩手県煙山村を調査した中村吉治らの研究によると，家々の共同の範囲が，農業水利や林野の利用などの契機ごとに異なり，村落の一体性や共同意識が希薄になることが明らかにされました[17]。また鹿児島県の調査では，村落の領域が不明瞭で，畑作中心のため水利の共同が微弱で共有地を欠くなど，強固な村落像とはほど遠いものでした[18]。

　村落の特質が不明確になってくると，その単位を特定することが難しくなってきます。その場合には，周囲の村落や上位の地域組織，あるいは行政がどの単位を地域や自治の単位として認識しているかが1つの目安になります。通常，自治体や地域組織は範域内の下位の地域単位を一覧表などにして認識しています。その公表された単位と住民の認識が一致しているか否かを確認すれば，村落の有無や結合の強弱を知る手がかりを得ることができます。　　　（福田　恵）

社会学の課題』『有賀喜左衛門著作集Ⅷ』未來社，1969年（初出：1948年），151-203頁。

▷15　この違いは社会学的にいえば，「創発特性」を認めるか否かという問題に関係してきます。創発特性とは，部分が集まり全体になったとき，部分の総和以上の特性を生み出すことを意味します。1＋1が2ではなく，3以上になるというとわかりやすいでしょう。

▷**厳格なメンバーシップ（成員権）**

鈴木，前掲書，453-470頁。

▷**村落の「領域」の存在**

川本彰『むらの領域と農業』家の光協会，1983年，235-294頁。

▷16　⇨ V-3 参照。

▷**団体**

M. ヴェーバー，清水幾太郎訳『社会学の根本概念』岩波書店，1972年。こうした点からみると，M. ウェーバーが社会集団のより安定化した形態として「団体」を設定していたことを参照する必要があるでしょう。

▷17　中村吉治『村落構造の史的分析――岩手縣煙山村』日本評論社，1956年。

▷18　川本，前掲書，300-333頁，内藤，前掲書，373-424頁を参照してください。

理解促進のために

鈴木栄太郎『日本農村社会学原理』（鈴木栄太郎著作集Ⅰ・Ⅱ）未來社，1968年（初出：1940年）。

鳥越皓之『家と村の社会学（増補版）』世界思想社，1993年。

日本村落研究学会編『むらの社会を研究する――フィールドからの発想』農文協，2007年。

Ⅴ　「家・村」論のあゆみと現在

 タテとヨコにつながる家々

 家々のつながり

　家は村落の中で様々なつながりをもってきました。この家と家とのつながりは通常「家連合」と称され，さらに2つの形に区分されてきました。1つは，本家分家や親方子方の関係にみられるような垂直的な家連合であり，もう1つは**講**や近隣関係に代表されるような水平的な家連合です。農村社会学では，前者を同族結合，後者を講組結合とよんできましたが，ここではより幅広い関係性を把握するために，タテの関係とヨコの関係とよぶことにします。

2　タテ関係としての本家と分家

　タテの関係の中では，本家分家が最も重要な関係だとみなされてきました。その関係の成り立ちについて，ある2人の兄弟がいる家の例を考えてみましょう。2人のうち長男が生家に残り，次男が家を出て独立した生活を送ることになったとします。このとき，生活を維持するための土地を生家から分与され，さらに結婚して子どもが生まれたのちも生家への挨拶や農作業の協力，日頃のつきあいを欠かさず，代が替わってももとの家を忘れずに認識している。この関係のうちもともとの家を本家，その家から分出した家を分家と呼んでいます。

　通常，親戚関係は，ある当事者にとって血縁や**姻戚**のうえで近い関係を身近に感じますが，本分家関係は，数代前に枝分かれして分家した点，あるいはもともとの家の出所である「出自」を強く認識する点に特徴があります。親等上近しい関係よりも，遠い関係を重視することがあるのです。そのため，ある本家に複数の分家がある場合，最近分家した家よりも，古く分家した家のほうが本家とのつながりが強いということも生じてきます。

　この本家分家は，農村社会学のみならず，戦後の社会科学の中で大きな論点となってきました。その理由の1つは，本家分家を解明することが日本社会の特質を解明する鍵とみなされたからです。本家分家は専門用語としては「同族」と呼ばれ，その本質的な部分をめぐって論争がなされました。有賀喜左衛門は，本家分家の間の「主従関係」と「生活保障」の関係を重視し，喜多野清一は，本家分家同士の「系譜関係の相互認知」や家の系譜に対する「**恭順**」の意を同族の中核におきました。この解釈の背後には，家の議論と同様に，血縁関係のない分家（奉公人分家など）をいかに評価するかという問題が横たわって

▷**講**
⇨ Ⅲ-3 参照。

▷**1**　有賀，前掲書，151-203頁。福武直「同族結合と講組結合」『日本農村の社会的性格』東京大学出版会，1949年，34-48頁。

▷**姻戚**
結婚を契機とした親戚関係を指します。

▷**2**　前節で説明した有賀喜多野論争を指しています。この論争は，家，同族以外にも親方子方などの問題を含み込みながら多面的に展開されました。

▷**3**　有賀喜左衛門「家族と家」『有賀喜左衛門著作集Ⅸ』未来社，1970年，36，49-50頁。

▷**4**　喜多野清一『家と同族の基礎理論』未來社，1976年，43頁。

▷**恭順**
ドイツ語のピエテート（Pietät）の訳語です。マックス・ウェーバーが概念化した支配の3類型のうち，伝統的支配の正当性を支える精神的態度として位置づけられました。

▷**5**　同族の議論は，家の議論と同様に，一方では，日本社会の独自性を解明する手がかりを与え，他方では，血縁関係の国際比較研究の基盤をつくることになっていきます。

▷**6**　具体例としては，「組・大組・小路・耕地・木戸・カイチ・カイト（垣

います。有賀は非血縁分家の存在を重視し，本家分家関係の本質を血がつながっていなくても生活上助け合う関係とみたのに対して，喜多野は，非血縁分家を例外と考え，伝統的な意識を持った血縁形態（家長的家族）と捉えたのです。[5]

③ ヨコ関係としての近隣と親類

　隣近所の近隣関係や，結婚で生じる姻戚関係など，タテの関係とは異なるヨコの関係の特質も究明されてきました。まず近隣関係については，特定の形態や複数の機能があることが指摘されてきました。竹内利美は，村落の下位単位にある近隣組織が，区画割によって編成されるケースと，家数を基準にして成立するケースがあることを指摘しています。[6][7] その基本的機能としては，**表V－1**に示すように家同士の互助や協働，祭祀など生活に密着した機能がみられます。[8]

　近隣関係と同様に，親戚づきあいもヨコのつながりを基本としています。オジやオバ，イトコなどが一番イメージしやすいかもしれません。ただし，注意が必要なのは，この中に，先ほど説明した本家分家やある祖先を出発点とした系譜を同じくする集団（出自集団）などのタテの関係を含んでしまうことがある点です。そこで，ヨコの関係を基本とする「親類」とタテの関係を基本とする「同族」を概念的に区別する工夫がなされてきました。[9] 実際には，分家してすぐの兄弟同士のように，親類でも本分家でもある場合があるわけですが，概念的に分けて考えるとお互いの違いが理解しやすくなります。

　親類の大きな特徴は，婚姻関係を１つの契機としている点です。結婚すると，配偶者の親，キョウダイ，祖父母などとのつきあいが始まります。また本家分家が明確な集団の範囲を持つのに対して，親類は１人１人そのつきあいの範囲が変わるので，社会関係としての性格を強く持ちます。時間の経過の中で，親類関係は，個々人の近親者の結婚や死去などによって生成と消失を繰り返しますから，同族に比べると流動的な面も保持しています。親類同士が行き来する機会としては，婚礼，出産，葬式，農業経営，祭り，家の建築，屋根の葺き替え，病気の見舞い，法事，正月，盆，彼岸，節句などが挙げられます。[10]

　ここで紹介したタテとヨコの関係の現れ方には，ずいぶんと地域差がありますが，いずれも生活の助け合いを主眼とする点で共通しています。ですから，地域によって，タテの関係とヨコの関係が補い合い，ときにはその役割を入れ替えることもあったのです。[11] こうした人間関係の柔軟な点も日本農村の特質だったといえるでしょう。

（福田　恵）

外）・マワリ・坪・方限（ほうぎり）・平・条・村（東村・西村のように）・フレなど」があります。竹内利美『村落社会と協同慣行』（竹内利美著作集1），名著出版，1990年（初出：1967年），56頁。

▷7　竹内，前掲書，51-96頁。竹内は前者のケースを「村組」，後者のケースを「近隣組」と「トナリ関係」に分けています。近隣組は五人組や隣保制度など政治機構との関係でつくられた社会集団（支配・行政の末端）であり，トナリ関係は家ごとに隣り合った家々とつくった社会関係を指します。

▷8　竹内，前掲書，64-70頁

▷9　鳥越皓之『家と村の社会学（増補版）』世界思想社，1993年，44-65頁。

▷10　米村昭二「僻地山村における同族と親族」喜多野清一博士古稀記念論文集編集委員会編『村落構造と親族組織』未來社，1973年，577-646頁

▷11　竹内，前掲書，97-117頁。有賀喜左衛門「都市社会学の課題」『有賀喜左衛門著作集Ⅷ』未來社，1969年（初出：1948年），151-185頁。

表V－1　近隣組織（村組）の生活に関わる諸機能

機能の類別	具体的な活動内容
互助機能	農耕・家普請などの労力互助や，葬婚の合力あるいは災害の見舞い
協同機能	道路修理，山道の草刈り，用水路の修理・揚水・水番，共有山の下刈り
祭祀機能	秋葉社，エビス社などの共同祈願，地蔵・観音・阿弥陀・薬師などの小堂の行事，庚申，山の神，日待，精進などの講祭祀

出典：竹内利美『村落社会と協同慣行』（竹内利美著作集1），名著出版，1990年（初出：1967年）。

Ⅴ　「家・村」論のあゆみと現在

③ 農村の自治をみる
──共同作業と村落財政から

▷1　福与徳文『地域社会の機能と再生──農村社会計画論』日本経済評論社，2011年，7-10頁。福与は，この他に自治機能を挙げていますが，本節では一連の機能をまとめる「自治」の包括的な機能に着目しています。

▷2　橋浦泰雄「協同労働と相互扶助」『山村生活の研究』民間伝承の会，1937年，101-129頁。

▷ユイ
もともとは幅広く人びとの結合を意味したと考えられていますが，農林漁業や生活上の作業を家々の助け合いで行う慣行を指すようになりました。通常，一戸のための作業を複数の家で行い，同様の作業を全戸で繰り返す形態が一般的です。

▷農業の共同化
細谷昂『日本の農村──農村社会学に見る東西南北』筑摩書房，2021年，276-291頁。

▷獣害対策
藤村美穂「ムラの環境史と獣害対策──九州の山村におけるイノシシとの駆け引き」『年報 村落社会研究』46号，2010年，73-114頁。

▷3　長谷川昭彦「相互扶助慣行と農村自治──徳島県神山町神領地区野間の場合」『村落社会研究』17集，1981年，61-97頁

▷4　本多俊貴「近代日本山村における村落社会の再

① 村落の諸機能と農村自治

農村社会で行われる地域の諸活動には，多面的な機能が備わっていることが指摘されてきました。地域社会に必要とされる諸機能として，水路管理，草刈りなどの「資源管理機能」，都市農村交流などの「地域振興機能」，冠婚葬祭，高齢者の見回りなどの「生活互助機能」，祭りや言い伝えなどを伝承する「価値・文化維持機能」，地震水害時の避難誘導などの「災害対応機能」があります[1]。

村落はそうした諸機能を調整，統合する社会的な要として，地域を治めています。たとえば，役職者の選出，寄り合い，会計，共同作業などは，みな住民が自主的に行っているものです。その点からみれば，村落は「自治」の担い手だったといえます。通常，社会科学の一般的な地方自治論では，都道府県や市町村の自治を重視しますが，社会学では住民にとって最も身近な村落の自治を取り上げるのです。以下では，農村の自治を根底で支えてきた，村落の共同作業と，独自の収入・支出の仕組みを持った村落財政についてみてみましょう。

② 共同作業にみる「つながり」と「まとまり」

村落の共同作業は，大きく分けて2つの種類があります[2]。1つは，家と家との関係に基づいた相互扶助や労働交換であり，もう1つは，村落の一体的な集団に基づいた共同作業です。前者は，田植えにみられる**ユイ**など，本分家ないしは近隣の家々の「つながり」によって支えられました。後者は，古くからつづく道や共有地の管理，神社運営の他，その時々の農業問題に応じた，**農業の共同化**や**獣害対策**など，村落全戸の「まとまり」を基本としてなされました。

共同作業は，住民の共通の課題に対処するために行われてきましたが，高度経済成長期以降になると共同作業の一部が解体し，村落自治の果たす役割も全体としては縮小しました。ただし祭礼・神社運営・災害援助・共有地・施設の管理といった，地域生活に欠かせない共同作業が，住民自身の考え方に基づいて継続していく地域もあります[3]。こうした点からみて，地域ごと時代ごとに住民が手放し難いと思う共同作業が何かを見定める必要もあるでしょう。

この共同作業の多くは無償労働で行われるという特徴もありました。無報酬の作業には義務ばかりではなく，村落の成員としての権利も付随しています。著者が調査する宮崎県諸塚村黒葛原では，最重要の「林道」「水源管理」の作

業に参加することで、村落の一員として認められてきました。一軒一軒の家が役割を果たすからこそ、村落全体の活動は支えられたわけであり、その逆にときとして脱落しそうな家を守るために村落は積極的な救済さえしてきたのです。[14]

❸ 村落財政からみた公共性と平等性

「部落財政」「部落協議費」と呼ばれた会計は、自治体の財政とは別の村落独自の財政であり、「各戸徴収金」や共有財産などにより収入を確保し、地域の行事や活動、インフラの整備などに支出されてきました。

この村落財政は、歴史的に振り返ってみると、自治体や国の財政を支える役割も担ってきました。日本では、1889年の地方自治制によって、市町村の行財政制度が確立されましたが、十分な財政基盤を持っていなかったため、江戸時代に起源を持つ住民によって自主的に運営される村落財政が頼りにされたのです。戦前の調査をみると、「土木費」「神社費」「水利費」「衛生費」などを中心として、村落の土地保全・開発を含めた生活に必要な事業費の多くが、行政ではなく村落によって負担されていたことがわかります。[15] こうした行政の村落依存は、「地方行財政の二重構造」とよばれ、村落を利用して公行政機能が営まれている点を問題視することもありましたが、見方を変えれば、村落が、地域社会の公共的な機能、ひいては公共性の一端を支えてきたともいえます。[16]

その後、高度経済成長期以降になると、政府の財政負担が増加し、村落の負担は急速に減少しました。ただし、現在でも自主財源を活用して、独自の地域活動を行っている村落もあります。たとえば、黒葛原では、行政からの補助金のほかに、会費・共有地収入・寄付金によって自主財源を確保し、水利・道路・共有地・集会所、祭りの運営、産業視察にその資金を充当しています。

財政収入のうち、各家に課される徴収金をみてみると、その村落の家々の関係性もみえてきます。[17] 会費の徴収方法としては、すべての家に均一の負担金額を設定する方法（均等割、平等割）があります。ですが、その場合、経済力のある家とない家に同じ負担が課されるという難点もあります。そのため、村落では、「見立割」を用いて、家々の負担を平等化してきました。見立割とは、各家の経済力や生活状況に応じて、会費に差額を設ける仕組みです。余力のある家が会費を多めに納入することで、生活の厳しい家の負担を軽減することができました。[18] 均等割は各戸に一律の負担を求める点で形式的な平等の原則にたっていますが、[19] 見立割は各戸の社会的、経済的状況に応じた負担を設定する点で実質的な平等の原則を保持しています。[10] 村落は2つの平等性を組み合わせながら、住民生活をサポートしているのです。村落の徴収金は、全居住者に課されるとは限らず、移住者や流入者については、その対象に含まれない場合と含まれる場合があります。[11] 財政の状況を細かくみると、村落のメンバーシップのあり方を確認することもできるのです。　　　　　（本多俊貴・福田　恵）

編と『自然村』——宮崎県諸塚村黒葛原の協議録・共同作業記録に注目して」『「共助」をめぐる伝統と創造——日韓コミュニティ比較の視座』岩田書店、2021年、85-110頁

▷5　橋本元「部落協議費に関する研究」『農村調査報告書』京都帝国大学農学部農林経済研究室、1939年、132-148頁

▷6　高橋明善『自然村再考』東信堂、2020年、107-150頁

▷7　今里悟之「区費等級割にみる同族型村落の家格秩序変動——諏訪地方萩蔵集落を事例として」『村落社会研究ジャーナル』13(1)、2006年、13-24頁

▷8　ただし、それにより、村落の有力者の影響力が強まる場合もみられました。

▷9　川島武宜「『ゲルマン的共同体』における『形式的平等性』の原理について——特にわが国の入会権との関連に焦点をおいて」『川島武宜著作集8』、岩波書店、1983年、39-62頁

▷10　安原茂「ムラの変化・断想」『村落社会研究ジャーナル』10(2)、2004年、4頁。見立割について「それぞれの世帯の経済実態を反映するものとして、実質的平等性志向への表現」と論じられていました。

▷11　徴収金の対象となる流入者と対象外の流入者の違いは、今里悟之（前掲論文）を参照。また、流入者を村落活動に取り込む事例は、本多俊貴「現代山村の区費等級割にみる村落結合の再検討——宮崎県諸塚村黒葛原の事例」『共生社会システム研究』10(1)、2016年、268-294頁。

V　「家・村」論のあゆみと現在

4　土地と人のつながり

①　〈土地の共同〉の解体と見直し

　農村社会は，豊富な田畑や山林，池，海などに囲まれています。日本の農村は，そうした土地や自然環境との強いつながりをしばしば指摘されてきました。そのつながりを見定める手がかりとなってきたのが，〈土地の共同〉です。農村の土地は，個人的に所有・利用されるばかりではなく，頻繁に共同で所有・利用されてきました。土地の共同をもとにした日本農村のつながりは，社会学に限らず学問分野を超えて広く関心を集めた経緯もあります。ここでは，戦後以降，近年に至るまでの関心の変化について確認しておきましょう。

　戦後直後，日本社会は，半ば古い秩序が残っている農村社会の改革に燃えていました。地主小作関係や共同体を解体し，個人化，民主化することが，社会科学の 1 つの使命だったのです。その際，ヨーロッパの農村の歴史や理論が参考にされました。一言でいえば，共同体が崩れ個人化が進むプロセスを，〈土地の共同〉の解体から把握しようとしたのです。ヨーロッパでは共同の畑がそのメルクマールとなりましたが，日本では私有化の進む田畑よりも，共同の山林や水の利用にフォーカスが集まりました。

　しかしながら，その後，こうした土地の見方が大きく変わっていきます。たとえば，私有の田畑であっても勝手に売買ができず，村落の「領域」の中にあれば，村落の承認が必要であるといった特質が指摘されたり，共有地だけではなく，農業の改良のために，私有地の交換利用や共同耕作を行うといった「集団的土地利用」の例が報告されたりしました。つまり，共同所有と私的所有を二項対立するものとは考えず，共同所有がその根底にあるとの考えや両者の併存状態を重視する考えが広がっていったのです。

　土地の共同は，日本の村落の重要な特質であり，戦後期には個人を縛るものとしてマイナス面が強調されましたが，近年では村落による土地管理の能力や機能といったプラスの面が見直される状況にあります。以下，土地の中でも重要だった水と山について，共同のからくりをみてみましょう。

②　水と水路によるつながり

　日本農業を支える水田は，田んぼや米などに関心が向きがちですが，土地の観点からみると，水や水路が重要な意味を持っています。田んぼは個人の所有

▷ 1　以下の文献は特に大きな影響力を持ちました。K. マルクス，飯田貫一訳『資本制生産に先行する諸形態』1949 年，岩波書店。大塚久雄『共同体の基礎理論』（大塚久雄著作集 7）1969 年（初出：1955），岩波書店。

▷ 2　川本彰『むらの領域と農業』家の光協会，1983 年。

▷ 3　磯辺俊彦『日本農業の土地問題──土地経済学の構成』東京大学出版会，1985 年。

▷ 4　これ以外に海も共同の利用地でした。日本の沿岸部には漁業権が設定されており，漁村集落，地域が漁業の慣習的な権利を持ってきました。

物ですが，水路は共同で利用・管理していることが多くあるからです。

　このあたりの事情を，水田の所有と水路のあり方から確認してみましょう。現在の水田は土で盛られた畔で区切られています。その一枚一枚の田をみると，一個人がある区域の田を隣り合った形で何枚も所有していることは少なく，たいていの場合は，複数の人があちこちにある田を所有しています。隣り合う田んぼは別々の人が所有・耕作している状況にあるのです。こうした水田所有の分散・交錯状態を「分散錯圃（制）」とよんでいます。そして，川や池から田んぼに水を引いてくるわけですが，その水は小さな溝から田に入り，田から田へ流れ，再び溝か川へと戻っていきます。水利研究の基礎をつくった余田博通は，主要な川や池から取水し，水や溝を共同で利用している水田の集合を「溝がかり田」と名づけ，水利用の最小社会単位と考えました。[5]

　水稲作では，水の多寡や流れ具合によって収穫量が大きく変わりますから，水の利用を同じくする農家は，不平等が生じないように堰などを使って水の量をいかに配分するか，話し合いや取り決めを交わしていますし，池や川の掃除なども共同作業で行ってきました。こうした水利の単位は，日本農村の共同性の重要な源泉だと考えられたのです。[6]

③ 山と入会地のつながり

　農村社会の大部分を占める山林原野も，農村社会を考える重要なパーツです。[7]山も水と同様に共同の所有や利用がなされてきましたが，その関係はかなり多様な形をとっています。山の所有と利用を考える場合，土地の権利が地盤所有権と地上権から構成されていることに注意する必要があります。山自体の地盤の所有の権利と，地上にある木々や林産物の権利は分離されることがままあります。Ａさんの山だが，その木々を使う権利はＢさんにあるということが生じるのです。同じように，ある地域集団の山だが，個人が利用していたり，国有林を地元住民が利用したりということも生じます。

　もともと山は，江戸時代頃までさかのぼると，農業の肥料となる草や木を採取する場所でした。ほかにも薪炭材や放牧など，様々な場面で共同利用してきたのです。その際，村落の中のみんなで利用し，お互いに入りあう場所を，入会地（いりあいち）とよび，またその権利を入会権とよんできました。

　入会地は，明治以降現在に至るまで，国有林や市町村有林になったり，個人に分割化されたりしましたが，いまなお村落が利用権を保持しているケースも少なくありません。過疎化が始まってからも，入会地をもとにして住民が一体感を保持した事例，[8]共有地が住民活動のシンボルとみなされた事例などもありました。[9]現在，山の管理不足などの問題が広がっていますが，そうした問題に取り組む場合も，農村住民や村落組織を母体として，様々な人びとや組織が関与してきた経緯を十分に理解することが必要でしょう。　　　（福田　恵）

▷5　余田博通『農業村落社会の論理構造』弘文堂，1961年。

▷6　水利については以下の文献も参考になります。小林和美「農業水利研究のへの社会構造論的アプローチ——余田博通『溝掛かり』論の学説史的検討」『社会学雑誌』12，1995年，80-97頁。山本早苗『棚田の水環境史——琵琶湖辺にみる開発・災害・保全の1200年』昭和堂，2013年。池上甲一『日本の水と農業』学陽書房，1991年。

▷7　ここで説明する内容については，以下の文献で詳述しています。福田恵「森林問題と林野資源の可能性」日本村落研究学会編『むらの資源を研究する——フィールドからの発想』農文協，2007年，66-74，229-231頁。

▷8　米村昭二「へき地山村の統一と再編成——岡山県大佐町大井野の事例」日本村落社会学会編『村落社会研究』13，1977年，123-174頁，御茶の水書房。

▷9　山本陽三・木下謙治・佐々木衛「イエとムラと伝統的価値観——生活破壊を拒むもの——熊本県矢部町の場合」『村落社会研究』13，御茶の水書房，1977年，93-122頁。

V　「家・村」論のあゆみと現在

5　人の移動から農村社会を眺める

▷1　細谷昂『家と村の社会学──東北水稲作地方の事例研究』御茶の水書房，2012年。柿崎京一「移動と定住社会の構造」『東アジア村落の基礎構造──日本・中国・韓国村落の実証的研究』御茶の水書房，2008年。細谷が「定住小農社会」，柿崎が「定住文化型社会」を提起しています。

▷2　福田恵・長坂格「山間地域における移住者の社会的役割──その継承と生成に着目して」日本科学者会議編『日本の科学者』第55巻10月号，本の泉社，2020年，17-23頁。匹見町の移住者の事例に関して分析しています。

▷3　福田恵編・日本村落研究学会企画『人の移動からみた農山漁村──村落研究の新たな地平』（年報村落社会研究56），農山漁村文化協会，2020年，20頁。

▷4　細谷昂・小林一穂・秋葉節夫・中島信博・伊藤勇『農民生活における個と集団』御茶の水書房，1993年，247-313頁。

▷5　加来和典「通勤と地域類型」山本努・徳野貞雄・加来和典・高野和良『現代農山村の社会分析』学文社，1998年，51-73頁。

▷6　この点は，7節で詳述します。

▷Uターン
「一旦県外の大都市などに出た人が，自分の出身市町

1　農村は定住社会か移動社会か？

　農村社会は，一般的には定住社会と考えられてきました。しかしながら，現在，都市化，グローバル化の進展や情報メディアの普及などによって，農村の定住性を自明視する考えも再考を迫られています。その状況を島根県益田市匹見町の様子からみてみましょう。匹見町では，広島市などの都市住民が，ブルーベリーやワサビなどの生産加工体験や農作業のボランティア活動に来ています。フランスやドイツなど外国人観光客が農家民宿や神楽の鑑賞に訪れたりもしています。地域活動をサポートする地域おこし協力隊やワサビ栽培に取り組む移住者（**図V-2**参照）なども徐々に増えており，そのうちの1人はユーチューバーとして活躍中です。

　このように農村もやはり移動の時代のただ中にあるのです。ただしいくつかの点で留意が必要です。まず人の移動が目立つからといって，定住社会が終焉を迎えたわけではありません。外部からの訪問，移住は地域組織側が受け入れているから成り立っている面があり，見方を変えると，日々の農作業や地域の行事，人付き合い，組織運営，土地の管理など定住生活の基本的な営みがあるからこそ人の移動が生じているともいえるのです。

　また人の移動が現代固有の現象であると断定するのもやや早計です。匹見町の例では，戦前戦後を通じて多くの人びとが流入流出を繰り返してきました。

図V-2　移住者によるワサビ栽培の様子（島根県益田市匹見町，本多俊貴撮影）

出典：広島大学総合科学部農村社会学研究室『現代山村の地域課題と社会文化に関する調査研究』2018年。

　古くは江戸時代の鉄山にたずさわる人びと，明治以降には，広島や石川，高知，北海道などから炭焼きや林業のために人が押し寄せました。その後，挙家離村や集落の移転など激しい人口流出を経験し，現在，再び新たな来訪者を受け入れているのです。農村の人びとからすると，定住と移動は必ずしも二者択一ではなく，いつの時代も定住と移動を組み合わせて暮らしてきたというのが実状に近いのです。

2　繰り返される日常的な移動

　農村社会の移動をみる場合，2つの移動があ

ることに気をつける必要があります。1つは，生活拠点を維持したまま行われる日常的な移動であり，いま1つは生活拠点自体の変更を伴う移動です。[注3]

まずは日常的移動を扱った諸研究についてみてみましょう。たとえば，1990年前後の山形県庄内地方の調査で，若夫婦が親夫婦から独立した財布を持つことで外食，買い物，旅行などの機会を増やし，スポーツ，趣味など余暇活動が広がったとの調査があります。[注4] また，宮崎県の自治体ごとの入勤率と出勤率を調べ，近郊農村型，孤立農村型，都市一体型，ベッドタウン型の通勤形態があることを指摘した調査もあります。[注5]

著者が実施した兵庫県豊岡市稲葉区（いなんば）の調査では，通学・通勤・通院・買い物・友人訪問・家族親族訪問・行政手続き・銀行やATMの利用など，日常生活上の目的で居住地から絶えず移動が繰り返されていました。このように農村で生活している人たち自身も，移動の経験をしながら日々の生活を送っているのです。

こうした日常生活上の移動の把握は，近隣の町や地方都市との行き来を想定しているので，村と町との交流ないしは広域的な地方生活圏の議論として展開される可能性も有しています。見方を変えれば，日常的移動の調査は，都市農村交流の議論や地方社会論の基礎作業ともなるということです。[注6]

3 生活拠点の移動の今昔

つぎに生活拠点自体の変更を伴う移動をみてみましょう。現在，注目されているのは，いわゆる**Uターン**と**Iターン**の動きです。これ以外にも，近年では，自然災害等による移動も取り上げられるようになってきました。[注7]

現在，目にするU・Iターンと災害による移動はずいぶん異なる形態ですが，過去にあった様々な移動の研究を振り返ってみると，それぞれの特徴や位置づけがわかってきます。例えば，戦前から戦後にかけて，一方では「**村入り**」や婚入，都市からの帰郷など，人口の流入や環流に関する研究がありましたが，他方では海外移民や北海道開拓，戦後開拓，集落移転（**図V-3** 参照）など，人口転出や別天地への移動などに関する研究がありました。[注8] 前者は，主として移動する当事者の「意図した移動」であったのに対して，後者は，たいていの場合，必ずしも自らの意にそわない「意図せざる移動」としての性格を持っていました。[注9] U・Iターンや災害移動もこうした歴史的なスパンと様々な移動との関わりの中でその特質を考える必要があるでしょう。近年，人の移動をふまえた農村社会のゆくえが1つの論点となっていますが，この点については，7節でふれることにします。[注10]

（福田　恵）

村（の厳密には出身集落）に帰ってくること」を指します。山本努『現代過疎問題の研究』恒星社厚生閣，1996，166頁。

▷Iターン
大都市出身住民による「主観的に〈田舎〉と定義された土地への，自発的移住」と定義されます。菅康弘「脱都市移住者の群像——'strange-native interaction' の理解のために」『甲南大学紀要』文学編109，1999年，141頁。

▷7　植田今日子『存続の岐路に立つむら——ダム・災害・限界集落の先に』，昭和堂，2016年。

▷村入り
「外来者が村に定住するにさいし，一般の村人と全く同等の資格を得るに至るまでに経過すべき一定の慣行」と規定されます。鈴木，前掲書，454頁。

▷8　図V-3にある石碑は，集落移転した一家が自らの生きた証を石に綴ったものです。

▷9　福田編，前掲書，40-42頁，256-259頁。

▷10　こうした移動の経験の多様性と共通点を考えるうえで，婚入した人々（嫁や婿，養子など）の家や村への包摂や個々人の葛藤は重要な手がかりとなります。

図V-3　移転集落に残された石碑
（島根県益田市匹見町，福田恵撮影）

V　「家・村」論のあゆみと現在

 農村調査の現場とモノグラフ

▷1　鈴木栄太郎『社会調査』（鈴木栄太郎著作集Ⅶ）未來社，1977年，16頁。ここでいう「観察」とは，実際の活動に参加して情報をえる「参与観察」ではなく，科学的かつ多角的な情報収集の方法を指しています。
▷2　鈴木，前掲書，66-259頁。

▷社会関係・社会集団
社会関係とは，「個人間の社会結合の関係」であり，社会集団とは，「組織」や「団体」などの「組織化の様々な段階」を含みます。
鈴木栄太郎『日本農村社会

① 村落のモノグラフ

　農村社会の調査は詳細な住民生活の記述であるモノグラフ調査を重視してきました。モノグラフ法は，一般的に社会調査法の質的調査に分類されますが，農村社会学では独自の意味も与えられてきました。鈴木栄太郎は，モノグラフを「一つのまとまった全体に対する観察」と説明しています[1]。これはどのような意味なのでしょうか。

　まずは鈴木栄太郎と喜多野清一が作成した調査項目を**表Ⅴ-2**で確認してみましょう[2]。ここに示されている調査項目は，農村の空間，歴史，社会，文化など多岐にわたっています。1つ1つの項目にも複数の質問事項が例示されていて驚くほどです。ただし，調査項目をただ単に羅列したわけではありません。じつは多角的な検証を通して，「基礎的社会構造」の把握を試みているのです。ここでいう社会構造とは，「**社会関係**」，「**社会集団**」，「**社会圏**」から成り立つものであり，それらを重ね合わせ，住民にとって重要な「基礎的」な生活単位として浮かび上がってくるのが村落とみなされています。その村落を，空間，歴史，社会，文化の面でまとまった全体としてみなすことで，その地域の一般性と固有性を捉えようとしたのです。

　有賀喜左衛門も同様に村落の詳細な調査を重視しました。彼の岩手県二戸郡石神村の調査は，「一部落の生活組織に関する総合的調査」と位置づけられ，しかも「生活事象の全項目を網羅すること」が総合ではなく，「生活事象における内面的関係」をみることが真の総合であると述べています[3]。ここでいう生活組織とは，具体的には石神村の人間関係を根幹で支えていた本家分家関係を意味し，内面的関係とはその本家と分家の意識上の強いつながりとその背景にあった村落の開発や家々の系譜など歴史的に形成されてきた深い関係性を指しています。**図Ⅴ-4**は，本家の斎藤家の家成員と雇人の集合写真です。1935年時点における家族総数は21人であり[4]，この斎藤家を中心として村落内の家々の関係を詳細に調べたのです。

　鈴木と有賀は，多様な調査項目と住民の深い意識を捉えるモノグラフ調査を用いることで，一村落の中に農村社会ひいては日本社会の核心的特質を読み取ろうとしたともいえるでしょう。

表Ⅴ-2　鈴木と喜多野の農村調査項目

番号	調査項目
1	調査地域の予備的決定
2	村の現在人文地図の作成
3	村の歴史の調査，
4	村の自然的条件
5	人口
6	生業
7	同族，家族，親族，姻戚
8	年中行事
9	衣食住
10	信仰
11	教育および教養
12	娯楽および休養
13	権威，権力および敵対的関係
14	近隣および村落
15	社会関係（家と家との関係）
16	各種共同地域
17	個人伝記の作製

出典：鈴木栄太郎『社会調査』（鈴木栄太郎著作集Ⅶ）未來社，1977年。

② 調査項目の多様化と全戸調査の実施

　戦後以降も農村調査はモノグラフを基本としましたが，調査法自体はかなり多様化しました。たとえば，福武直は，**表V-3**に示すような調査項目を重視し，調査の新たな対象と方法を提案します。[5]

　福武も調査上，「構造」を重視したのですが，鈴木の「構造」概念に比べると，土地や家計，財政などの経済基盤をより重視し，家々の関係の中でも支配関係や政治的関係に力点を置きました。[6] 戦後直後は，社会学のみならず，経済学，経済史，法学，政治学など社会科学全般で，農村の民主化が大きな時代的テーマとなっており，マクロな社会経済状況と農村社会との関わりが一大焦点となっていたこともこの調査設計の背景にあります。

　こうした研究の流れと，従来からある鈴木や有賀の研究の流れを組み合わせた調査も生まれてきました。たとえば，山形県庄内地方における水稲集団栽培の調査，[7] 北海道農村における農民の生産意欲や農業経営・労働の調査，[8] 新潟県における部落財政の調査[9] などです。いずれも各戸の土地所有や農業経営などの経済状況と社会的な関係や階層などを調査項目に据え，「経済」と「社会」との相互の関連を考察しています。

　鈴木や有賀がそうだったように，「社会」と「文化」の深い理解に力点を置いた調査も進展しました。農山漁村ごとに異なる村落形態と性別年序集団（青年会など）の文化の関わりを明らかにした下北半島の調査，[10] 焼畑，漁労や年齢，世代の観点から村落の生活文化を描出し，ライフヒストリーの手法を駆使して，入植者（ヨソモノ）の人生に迫ったトカラ列島中之島の調査，[11] また集落の社会構造を把握しながら，農民の伝統的価値観（自然観，人間観，技術観，社会観，世界観など）に関する意識調査を導入した熊本県矢部町の調査[12] などがあります。[13]

　ここで紹介した調査は，経済の方向と文化の方向に分岐しながら，それぞれに多様な調査項目と独自の方法を取り込んできました。ただし，ほぼすべての調査において，村落の全戸調査を基本としていました。村落調査のスタイルとして，村落の特定の人びとから地域の全体像や複数の出来事や歴史を聞き取る調査と，全戸の経済的位置や社会関係，意識状況を把握する調査がありますが，戦後以降は，後者の比重を強め自覚的に全戸の意向と生活状況をつかみとろうとしたといえます。

図V-4　石神村斎藤家の成員と雇人

出典：有賀喜左衛門『大家族制度と名子制度──南部二戸郡石神村における』（有賀喜左衛門著作集Ⅲ），未來社，1967年（初出：1939）。

学原理』（鈴木栄太郎著作集Ⅰ・Ⅱ），未來社，1968年（初出：1940年），48頁。序（2）も参照して下さい。

▷社会圏
「社会集団の成立の可能性が比較的多いと思われる人々の間の想定的関係圏」と考えられ，一例としては「売買共同圏」「通婚圏」「文化圏」といった「関心共同圏」が挙げられています。鈴木，前掲書，48頁，471-542頁。

▷3　有賀喜左衛門『大家族制度と名子制度──南部二戸郡石神村における』（有賀喜左衛門著作集Ⅲ），未來社，1967年（初出：1939），30-31頁。

▷4　有賀，前掲書，50頁。

▷5　古島敏雄・福武直『農村調査研究入門』東京大学出版会，1955年。

▷6　福武直『日本村落の社会構造』東京大学出版会，1959年，6-18頁。福武は，

表V-3　福武直による農村調査項目

調査の大項目	調査細目
土地所有をめぐる諸問題	土地所有関係，山林の公的所有，水利問題
村及び農家の経済	農業生産の構造，農林諸団体，財政金融関係
村の社会と政治	家族と親族，部落の構造，村の政治

出典：古島敏雄，福武直『農村調査研究入門』東京大学出版会，1955年。

構造を「経済構造を基礎と
して成り立つところの村落
の全体的社会構造，すなわ
ち政治構造をも含む村落社
会の全体的なしくみ」と定
義しています。

▷7　細谷昂『家と村の社
会学──東北水稲作地方の
事例研究』御茶の水書房，
2012年，177-261頁。水稲
集団栽培とは，1960年代を
中心になされた，共同田植，
共同防除，農業機械の共同
利用などを軸とする農業集
団化の動きを指しています。

▷8　布施鉄治『調査と社
会理論 上巻』（布施鉄治著
作集全2巻）北海道大学図
書刊行会，2000年（初出：
1963），40-308頁。

▷9　高橋明善「部落財政
と部落結合」『社会科学紀
要』9，1960年，67-129頁。

▷10　竹内利美編『下北の
村落社会──産業構造と村
落体制』未來社，1968年，

③ 新たな調査の試み：農村の空間と歴史の見直し

　現在，農村調査は，新旧の調査が試行錯誤される新たな局面を迎えています。鈴木栄太郎は，モノグラフの長所として，「どんな表現の形式も用い得ること」を指摘し，「一つの方法」に固執すべきではなく，統計，図表，写真，芸術的叙述，伝記なども含みうることを示唆していました[14]。家と村落の研究が，いかなる調査研究を模索しているのかいくつかの例をみてみましょう。

　まず1つの方向性として，家と村落のローカルな特質の広がりを探るために，地方社会の調査研究が進められてきました。たとえば，細谷昂は，複数の村落を調査することで庄内地方の家と村落の共通点と相違点を把握しようとする「方法としての地方」という考えを提起しています[15]。また藤井勝は，国家の動きやグローバリズムを内部化した「地方的世界」の考えを示し，村落と中小の町，都市住民，外国人などを含み込んだ農村社会のあり方を探っています[16]。徳野貞雄が提唱したT型集落点検は，周辺町村や近隣都市に他出した子ども（他出子）を含む広域的な生活圏の再発見を通じた地域づくりの可能性を示唆しています[17]。これらの調査では，町や都市，他出子あるいは外国人などを調査対象に含み込むことで，家と村落が単純に消失するのではなく，広域的な世界との相互作用の中で，地方社会が存立していることを確認しつつあります。

　もう1つの方向性として，農村の伝統や歴史に再考を迫る調査が続けられてきました。武田尚子は，広島県沼隈郡田島の事例を取り上げ，外務省の史料や空間分析を駆使して，明治以降，瀬戸内漁民がフィリピンまで漁業で繰り出したことを明らかにしています[18]。矢野晋吾は，長野県諏訪地方の酒造出稼ぎの調査から，出稼ぎでの仕事ぶりや生活態度が村落における評価や家の地位に影響を与えたことを指摘しています[19]。佐藤康行は庶民の歴史の解明に力点を置く社会史の手法を用いて，富山の薬売りの家と村落，行商の関わりを描き出しています[20]。いずれの研究も，出稼ぎという移動の行為を調査することで，村落社会が閉鎖的で硬直的ではない世界を持ったことを追究しています。筆者も兵庫県の一村落に複数の山村地域から林業出稼ぎ者が結集していたこと（図V-5），また出稼ぎ者の母村では複

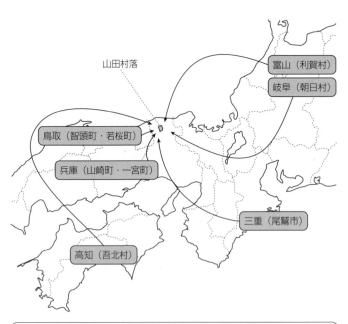

山田村落

富山（利賀村）
岐阜（朝日村）

鳥取（智頭町・若桜町）
兵庫（山崎町・一宮町）
三重（尾鷲市）
高知（吾北村）

図V-5　兵庫県村岡町山田における林業出稼ぎ者の流入状況（昭和20〜40年代）

出典：福田恵「近代山村における林業移動と人的関係網──広狭域に及ぶ山村像の把握に向けて」『年報 村落社会研究』52，農文協，2016年，95-144頁。

数の出稼ぎ先があり，山村間でネットワークが張り巡らされてきたことを明らかにしてきました[21]。この場合，調査方法は村落だけの調査ではなく，複数村落の多地点調査となり，各調査地の往復調査を行うことになります。

　以上のように，家と村落の調査は現在，広範囲におよぶ地方空間と人の移動を織り込んだダイナミックな歴史の解明に向かっています。鈴木は，モノグラフの意義について，農村社会の「地方的なまた歴史的な個性」を追究する点を指摘しましたが[22]，まさにそうした農村記述の可能性が模索されているのです。

④ 村落調査は必要か？

　農村のテーマが多様化し，調査方法が自由になれば，村落調査や全戸調査は必要なくなるのでしょうか。鈴木栄太郎は，彼の生きた「現代」において村落のモノグラフが必要だと述べていました。戦後の調査も，民主化の時代的要請を受けて社会科学化のプロセスを経験しましたし，現在では，地方社会，人の移動，自然環境などを組み込んだ手法も試みられてきました。そうした時代的変化の中で，調査方法が常に刷新されてきた経緯やそれでもなお村落調査が重視されてきた理由を再検証する必要があるでしょう。

　筆者が村落調査を用いてきたのは，次節で述べる理由の他に，たとえば次のような経験をしたからです。島根県のある村落で，全戸調査をした際，家族や農業，生活への考えなどの基礎項目を聞いていると，それぞれの家に事情があることが分かってきました。息子夫婦も孫もいて安泰の家もあれば，たった1人で生活している高齢者の家もあります。農業を営む家もあれば，会社勤めが多い家，年金を頼りにする家，さらには，男手を失った女性だけの家や，病気や障害を抱えた人がいる家などもあります。つづいて村落の役職者や古老に話を聞き，所蔵された資料などを確認すると，各家の調査でははっきり分からなかった，農業や水利，共有林野，神社，寺，祭り，学校や公民館，道路などのインフラ整備，行政や周辺村落との関わりなど，地域の重要な行事や事業が浮かび上がってきます。各家の事情が異なるので，地域の活動に対するそれぞれの考えも大きく異なってきます。場合によっては，意見がまとまらずもめ事やいざこざが生じることもあります。

　こうした見方をすると，村落調査は，各家の個別の事情と村落の多岐にわたる事柄が，つながったり，ぶつかったりする場面，いわば農村社会の生々しくも切実な場面をすくいとる方法上の工夫であったことがわかります。今後，新たな調査法，研究テーマを模索する場合も，複数の社会単位の重なり合いやズレに対してアンテナを張るような複眼的調査の工夫が求められることでしょう。

（福田　恵）

216-285頁，489—556頁。

▷11　鳥越皓之『トカラ列島社会の研究』御茶ノ水書房，1982年。

▷12　中野卓『離島トカラに生きた男・第一部——流浪・開墾・神々』御茶の水書房，1981年。中野卓『離島トカラに生きた男・第二部——霊界・覚醒・開拓』御茶の水書房，1982年。

▷13　山本陽三『農村集落の構造分析』御茶の水書房，1981年，1-158頁。

▷14　鈴木栄太郎『社会調査』（鈴木栄太郎著作集Ⅶ）未来社，1977年，19頁。

▷15　細谷，前掲書，15-17頁。

▷16　藤井勝・高井康弘・小林和美編著『東アジア地方的世界の社会学』晃洋書房，2013年，4-32頁。

▷他出子
⇨Ⅲ-3 参照。

▷17　徳野貞雄，柏尾珠紀『T型集落点検とライフヒストリーでみえる家族・集落・女性の底力』（シリーズ地域の再生11）農山漁村文化協会，2014年。

▷18　武田尚子『マニラへ渡った瀬戸内漁民』御茶の水書房，2002年。

▷19　矢野晋吾『村落社会と「出稼ぎ」労働の社会学』御茶の水書房，2004年。

▷20　佐藤康行『毒消し売りの社会史』日本経済評論社，2002年。

▷21　福田恵「近代山村にみる広狭域のネットワーク構造——森林資源をめぐる動員網と関係網」『社会学評論』284，2021年，595-614頁。

▷22　鈴木，前掲書，18頁。

V　「家・村」論のあゆみと現在

 7　現代農村を考える糸口

▷1　本郷枝郷とは本家分家のように，元の村落（本郷）と枝分かれした村落（枝郷，枝村）の関係を意味します。
▷2　福田恵「都市社会における共有地の形成局面」『年報 村落社会研究』47，農文協，2011年，117-155頁。
▷3　この「核」については，人の移動との関わりから著者が以下の文献で整理を行っています。福田編，前掲書，37-40頁。
▷4　同，277，280頁。
▷**他出子**
⇨ Ⅲ-3 参照。
▷5　徳野，前掲書。ゆるやかな家と村という発想は，末子相続地帯を調査した内藤完爾の考えと重なるところがあります。
▷**グリーンツーリズム**
「都市・農村の交流活動を内実とした持続可能な農村づくり」と規定され，農家民宿や農家レストラン，農産物の直売，地産地消・スローライフ・有機農業などの活動，棚田オーナー制，地域伝統文化の再興などを含みます。荒樋豊「日本農村におけるグリーン・ツーリズムの展開」『村落社会研究』43，農山漁村文化協会，2008年。
▷6　立川雅司「ポスト生産主義への移行と農村に対する『まなざし』の変容」『年報 村落社会研究』41，

1　農村の「核」を探す

　最後に，これまでの議論と著者の調査経験を交えながら，現代農村の理解に向けたいくつかの糸口についてふれておきましょう。家村論のモチーフの1つは，農山漁村に根づいている暮らしの土台に迫ることでした。これまでみてきた内容をふまえると，その共通の土台は理解しやすいのですが，現地の調査では，地域によって生活を支えるものがずいぶんと異なってきます。

　たとえば，秋田県北秋田市で調査をしたときには，「本家分家」の関係や村落間の「本郷と枝郷」の関係が思った以上に残っていたことに驚いたことがあります。[1] 兵庫県豊岡市下陰では，数名の私有地（畑）が「共有地」となり，神社有地，農業用溜池，公民館建設地へと次々に変転していく様を目の当たりにしました。[2] 出稼ぎなどの流入者が多く集まっていた宮崎県西米良村では，情報伝達や葬式など最低限の生活を確保するために，率先して近隣集団（組）を作っていました。このように地域や時代状況によって異なる地域の大切なもの，いわば生活の「核」を知ることこそ，現場では求められるのです。[3]

　この考え方は，現在の地域づくりの考え方ともつながっています。益田市匹見町三葛では，ワサビ栽培が重要な産業であり，神楽が住民の楽しみでした。そこで地域活動の一環として，この2つを組み合わせ，ワサビを冠した神社を建立し，ワサビを題材とした創作神楽も作ったのです。村落内の地域資源を見つける試みは，地域の核を再定義することと重なっていることがわかります。[4]

　現在，地域づくりの中で，徳野貞雄らの発案によって，「**他出子**」を重視する考えが提起されていますが，これは他出子を地域の「核」とみなし，残された親と子のゆるやかな「家」のつながりを再構築しようとする動きとして位置づけることもできるでしょう。[5]

2　政策と生活のズレ

　家村論の底流には，各時代で大きく変わる農村政策と，実際に暮らしている人たちの生活とのズレを明らかにするという1つのねらいがあります。鈴木栄太郎や有賀喜左衛門が，自然村や本家分家を可視化したのは，生活実態から離れてパターン化された行政村や地主小作関係とのズレを明示するためでもありました。

現代農村をみる場合も，こうした見方は重視されています。たとえば，立川雅司は，体験農業，農家民宿，直売所などの都市農村交流や**グリーンツーリズム**の諸活動の中に，政策・行政や都市住民が，農村空間をいびつな形で消費する動きを読み取っています[6]。徳野貞雄は，行政やメディアから高い評価を受けた棚田オーナー制度をリードしてきた人物が，「ムラはあと四〜五年しかもたない。ほんとうに疲れた」と述べたことを記し，一連の活動が外部の力に翻弄されながら，厳しい収支状況の中でなされ，無償の労働提供によって成り立っていたことを報告しています[7]。

こうした一見成功事例として手放しに語られる地域活動の中に，住民の意向を越えて突き進む外部の動きや生活に根ざした住民の本音を汲み取る作業は，家村論が現場で常に課題としてきたことだったといえます。

③ 農村社会のゆくえ：定住と移動の相互作用

現在，農村部では過疎化や高齢化がますます進みながらも，5節でふれたように人びとの移動も活発化しています。その中で，今後，どのようにして新たな農村社会はつくられていくのでしょうか。1つの手がかりとして，定住する人びとと，移動する人びととの関わり方について考えてみましょう。

1節でふれたように，鈴木栄太郎は，日本村落の価値規範の体系を「村の精神」から読み解きました。日本の農民の強固な土地意識や定住意識を指し示す「**永続的土着性**」や「**農民固着性**」といった言葉もあります。社会学者の村田廸夫は，そうした土地と農民が結びつく精神構造を農業社会の「エートス」と表現し，その亡びを「ムラの亡び」であると捉えました[8]。地域の亡びに抗する再生を考える際，5節で挙げた訪問者やIターン者，Uターン者が大きな鍵を握っています。ただし，流入者が，農村住民のエートスをそのまま継承したり，新たなエートスを独自に創り出したりすると考えるのはやや早計です。

島根県益田市匹見町の調査では，2019年までの20年間に，少なくとも29世帯60人の移住事例が確認できました。世帯代表者の出身地は，中国地方11人，関東地方7人，関西地方3人，中部地方3人などとなっており，大都市圏が一定数を占めますが，地方出身者も少なくありません。ずいぶん前に婚入してきた人や居着いた人など古株の移住者が，近年の移住者と旧住民の架け橋にもなっています[9]。また，旧住民の中には，生まれてからずっとその地域に住んでいる人もいますが，都市圏や海外で生活経験のある人も含まれていますし，たいていの人は周囲の町場や地方都市に日々移動を繰り返しています。

このように，新旧住民が地方と都市それぞれの移動経験と定住経験を有しているわけですから，そうした人びとの接触や相互作用を詳しくみることで，いかなる農村の暮らしのエートスが創り出されていくのかを考えていく必要がありそうです[10]。

（福田　恵）

農文協，2005年，7-40頁。立川は，この動きを「消費される農村」と表現しています。

▷7　徳野貞雄「農山村新興における都市農村交流，グリーンツーリズムの限界と可能性」『村落社会研究』43，農山漁村文化協会，2008年，43-93頁。

▷**永続的土着性**
東畑精一・神谷慶治『現代日本の農業と農民』（日本農業の全貌 第五巻，農業総合研究所刊行物258）岩波書店，1964年，368-420頁。

▷**農民固着性**
野尻重雄『農民離村の実証的研究』（近藤康男編，『昭和前期農政経済名著集』10）農山漁村文化協会，1978（初出：1942）年，60-61頁。

▷8　村田廸夫『ムラは亡ぶ』日本経済新聞社，1978年，4-6頁。村落とエートスの研究史については，以下の文献でまとめています。福田恵「村落と移動をつなぐ新たな地平」『年報村落社会研究』56，農山漁村文化協会，2020年，294-300頁。

▷9　福田・長坂，前掲論文。

▷10　農村の新たな暮らし方やエートスに迫るうえで，農村女性たちが蓄えてきた新旧の経験は無視できなくなっています。ジェンダー視点は，女性のみならず「こども，高齢者，障害者，外国人」などの役割や「男のしごと／くらし」を見直すことにもつながります。中道仁美「農村女性問題と地域活性化──ジェンダー社会の認知と課題」『農林業問題研究』36(4)，2001年，192-196頁。

環境問題の衝撃と社会学

1　農村における自然の豊かさ

　都市に比べて農村には豊かな自然がある，そう考える人が増えているようです。都市から農村に移り住む人びとを対象とした調査では，自然の豊かさが移住の理由の1つになっています。また，過疎に悩む農村の人びとや自治体が，エコツーリズムなどの活動をとおして，森林や川，湖，海の自然環境を地域社会の立て直しに活かす試みも広がりをみせています。

　多数の人びとが農村の自然環境を資源として利用したり，その恵みを享受したりできるのは，コモンズという共同利用の仕組みと関わっています。コモンズとは，後で詳しく説明しますが，みんなのものという意味です。農村の人びとが生活の中で共同利用する必要があったために，農村の自然環境はみんなのものとされ，そのことが自然を守ることに寄与したのではないか，と研究者たちの多くが考えるようになっています。一方で，現代農村には，コモンズの仕組みの弱体化も指摘されてきました。たしかに，20世紀の後半以降の農村では，公害や大規模開発の問題に加えて，山の荒廃，水汚染，魚介類の減少などの自然環境の荒廃が生じ，その再生への取り組みも行われています。

　この章では，人びとの生活保全に焦点をあてて，農村における自然環境の問題への理解を深めます。その理解の方法が，生活環境主義です。生活環境主義は，人びとの生活に視点を据えて環境問題を分析するための，環境社会学のパラダイムです。では，人びとの生活からみると，環境問題はどのようにみえてくるのでしょう。ここでは，水を例に考えてみましょう。

2　生活から問題を見直す

　数年前，奄美群島のある島の集落（字）にある，湧水を用いた立派な水場を訪ねました。この地方でホー（川）とよばれる，字の人びとの共同水源です（図Ⅵ-1）。草が刈られ，ベンチもあって，公園のようになっています。近くを通りかかった方に話しかけると，字のお年寄りを紹介されました。

　その方は，とても怒っていました。水場の水は汚染でもう飲めないというのです。共同水源の水汚染は，人の生存と関わる大問題です。ただ，島の水道普及率は100％で，この字の各家にも水道が入

▷パラダイム
科学史家のトマス・クーンが提唱した概念で，一般に認められた科学的業績であって，一時期の間，専門家に対して問いや答え方のモデルを与えるものである。
▷1　鳥越皓之『環境社会学の理論と実践——生活環境主義の立場から』有斐閣，1997年，ⅰ頁。

図Ⅵ-1　湧水を用いたホー（川）

出典：筆者撮影。

っています。健康リスクがなくなったのだから，問題は解決したと考えることもできます。実際，この考え方が，日本の各地に水道をあまねく普及させたのです。

この方は，なぜ怒っているのでしょう。理由をうかがうと，1950年代に撮影されたモノクロの写真を見せられました。そこには，牛と人とで賑わうホーが写っていました。写真を見ながら，ホーにまつわるエピソードやルールについて教えていただきましたが，見せていただいた字の広報誌に，「川を大切にしよう」という30年前の記事がありました。ホーへの関心低下と環境悪化を心配した住民が，字の人びとによびかけたものです。

記事は，こんな感じで始まります。ホー（川）は，この集落（字）の「シンボルであり，字民の心のよりどころであり，字民共有の大切な財産であります。その大切な財産は，全ての字民で管理・保存されなければなりません」というのです[2]。さらに，字の当番により毎月かかさず川掃除を行ってきたことを紹介し，川を大切にする自分たちの気持ちに衰えや変化があるとしたら，この地方の言葉でいう集落魂が空洞化し，「字も索莫（さくばく）としたものになることは疑う余地もありません」と述べています。ちなみに，この頃始まった「ホーまつり」は，30年たった今も続けられています。

このように，住民の生活環境ともいうべき自然環境悪化の問題では，人びとの生活の充実に応える再生が必要です。この字の例では，水道という近代技術で健康被害を防ぐだけではなくて，字での生活を「索莫」（心が満たされずさびしいさま）としない，生活レベルでの再生が求められています。このように，そこで生活する人びとの立場から，環境に働きかける人々の組織や活動を考えていくのが，生活環境主義のパラダイムに立つ研究の特徴です。

生活環境主義は，日本最大の湖である滋賀県の琵琶湖での農村社会学者たちによる調査研究の中で提起されました[3]。以下では，農村という地域社会の研究と環境問題との関係を中心に，その登場までの前史を説明しましょう。

③ 社会学者による公害研究の開始

戦後日本の**高度経済成長期**（1955—73年頃）には，農村と都市との関係が大きく変化しました。農村側からみた変化としては，農民の数の劇的な減少や兼業化の進行，若者の流出による山村や離島での過疎化の問題発生がよく知られています。加えて，この時期に生じたもう１つの重要な変化は，公害問題の顕在化です。社会学者による研究も，この時期に始まりました[4]。

工場や鉱業が住民にもたらす被害の問題は，足尾銅山鉱毒事件のように，戦前の日本社会にも生じていましたが，戦後の復興期から高度経済成長期にかけて，企業活動による公害問題という劇的なかたちで出現します。中でも「四大公害裁判」として知られている，水俣病，新潟水俣病，富山イタイイタイ病，四日市ぜんそくは，人の生存と関わる深刻な公害問題であり，裁判での原告の

▷2　この字の「壮年団」が出した『壮年だより』24号（1990年7月20日発行）。ここでは字名などを詳しく述べることを控えます。

▷3　古川彰「生活環境主義」見田宗介顧問，大澤真幸ほか編『現代社会学事典』弘文堂，2012年，735頁。

▷高度経済成長期
⇨Ⅲ-5 参照。

▷4　飯島伸子「総論 環境問題の歴史と環境社会学」舩橋晴俊・飯島伸子編『講座社会学12 環境』東京大学出版会，1998年，1-42頁，7頁。

▷5　飯島，前掲書，8-12頁。

▷6　島崎稔・島崎美代子『島崎稔・美代子著作集6　安中調査と鉱害裁判　調査報告1』安原茂編，礼文出版，2004年。同書所収の「近代鉱工業と地域社会の展開——安中地区調査」は，1955年に日本人文科学会編『近代鉱工業と地域社会の展開』として出版された。

▷7　福武直編『地域開発の構想と現実　Ⅲ』東京大学出版会，1965年。

▷8　飯島，前掲書，9頁。

▷9　友澤祐季「『問い』としての公害——環境社会学者・飯島伸子の思索』勁草書房，2014年，87-140頁。なお飯島関連の記述は，本書を参照した。

▷10　関礼子「分野別研究動向　環境社会学の研究動向——2001年から2003年を中心に」『社会学評論』55（4），2005年，514-529頁。なお，「環境問題の社会学」という研究のくくり方の詳しい説明は，飯島伸子「環境社会学の成立と展開」飯島伸子ほか編『講座環境社会学1　環境社会学の視点』有斐閣，2001年，1-28頁。

▷11　友澤，前掲書，74-76頁。なお，この点については，村落社会研究会『研究通信』第100号，1976年および，『村落社会研究』第13集，1977年なども参照のこと。

勝訴とともに，社会に大きな衝撃を与えました。このように，公害の問題では，住民（農民や漁民）は一方的に被害を受けました。川や海，水田などの環境を生活に利用する人びとを，工場からの汚染が直撃したからです。

　農民や漁民に被害が集中したこともあって，社会学では，農村社会学者たちが公害の被害地域の研究を始めます。そのような研究には，島崎稔らが1950年代に行った鉱害調査などがあります[6]。また，四日市石油化学コンビナートのような大規模開発がもたらす地域社会への影響や公害も調査されました[7]。それらの研究は，環境問題に関心を持ち始めた研究者たちに刺激を与えました。その1人に，後に環境社会学会の立ち上げに関わる飯島伸子がいます。

　水俣病の被害研究をしていた飯島は，島崎稔らの調査から分析方法を学んだと述べています[8]。飯島は，農民や漁民の公害による被害の内容と被害者運動，さらに，加害側の企業と被害者との関係などに関心を広げていきました。その中で，被害者の生活の視野からみた，被害総体の分析方法（被害構造論）などの注目すべき研究が生まれます[9]。加害—被害という，公害問題研究の下で生じた社会構造への関心は，やや遅れて注目された大規模開発の問題にも，新しい見方をもたらしました。たとえば，新幹線公害など，大規模開発によって生じる開発側（受益圏の代弁者）とそのマイナスの影響を強く受ける住民側（受苦圏）との紛争の研究などです。公害における加害—被害の社会構造研究や，大規模開発における紛争の研究は，「環境問題の社会学」と総称されています[10]。

　ただ，農村社会学者たちの初期の研究が，「環境問題の社会学」にどの程度寄与したのかは不明です。飯島ら，環境問題の研究者たちは，被害や受苦が生じる場所としての地域社会を重視しましたが，自分たちの研究が地域社会研究であるとは考えませんでした。被害を産み出す社会構造や被害者の社会運動を研究対象とし，生態学・工学など，他分野への越境が必要となる環境問題の社会学と，都市や農村という地域社会の実態解明を重視する地域社会学の問題関心とが，この時点ではうまく交わらなかったからだと考えられます[11]。

④　公害から環境問題への視野の拡大

　ところが，1980年代に入ると，環境問題と地域社会との関係が注目されるようになります。特定地域の人びとが一方的に被害を受ける公害や大規模開発の問題に加えて，日常生活における環境悪化の問題にも，関心が向かうようになったからです。このような，公害から公害を含む環境問題への視野の拡大には理由がありました。

　第1に，公害問題の様相の変化です。高度経済成長期が終わった1970年代の後半になると，生活公害という，日常生活における環境悪化の問題が知られるようになりました。ごみの量の著しい増加や処理工場の問題，自動車の排気ガスによる大気汚染，生活排水による河川や湖の水質汚濁などの問題です。生活

公害は，住民（農民や漁民）が被害者であると同時に加害者にもなっている点で，工場が引き起こす公害の被害問題とは仕組みが異なっていました。

公害問題の様相の変化に対応して，発生の社会的な仕組みから問題を分類する試みも始まります。たとえば，数理社会学者の海野道郎は，環境問題を，原点としての工場公害と，70年代以降に顕在化した生活公害・大規模開発問題・地球環境問題とに分けました。[12]この分類は，普通に生活している住民（農民や漁民）が加害側に巻き込まれ，自分たちの生活環境を破壊する，**社会的ジレンマ**[ ]という環境問題発生のメカニズムを強く意識したものでした。

第2に，1970年代以降の環境庁（環境省の前身）の発足や自治体の環境部局設置によって，環境運動や世論，行政諸部局との相互作用による環境主義が飛躍的に強化されたことです。北米の研究者たちがよく使う環境主義とは，環境運動や環境団体，闘争，環境政策，環境への意識など，環境保全を推進する社会的要素の総称です。[13]この環境主義にあたる社会領域は，日本では「環境制御システム」とよばれています。[14]この用語を提起した環境社会学者の舩橋晴俊は，環境制御システムの起動を1970年頃としています。[15]

日本社会における環境主義の強化は，公害による被害放置があたりまえだったそれまでの状況の改善を示す出来事でした。この改善は，多くの人びとに歓迎されました。ただ，農村社会学者たちからみると，日本の環境主義には欠けている面があるように思われました。

⑤ 日本の環境主義の問題点

高度経済成長期以降の生活公害の出現と環境主義の強まりは，農村社会学の研究者たちに，環境との関わり方を視野に入れた住民（農民や漁民）の生活研究の必要性を強く感じさせました。環境制御システムという日本の環境主義の説明をみると，その理由がわかります。

環境制御システムとは，「環境問題の解決を担当する行政諸部局と，環境問題の解決を第一義的に志向する環境運動とを制御主体とし，社会内の他の諸主体を制御の客体として，両者の相互作用の総体」からなるシステムです，[16]このシステムでは，農村の人びとは，政府・行政や環境運動による制御の客体の側に位置づけられます。家や村，自治会のような農村生活の組織は，環境問題の解決を第一義的には志向していないからです。このような位置づけの妥当性は，農村にも生じ始めた生活公害が証明しているようにもみえます。

しかし，こうしたわかりやすい図式には注意が必要です。そもそも，なぜこの時期に，自然環境を破壊する人びとの行動が目立つようになったのでしょう。また，村落の人びとが，水汚染への悩みを実感しているのはなぜでしょうか。それらの問いにフィールドから答えを出す試みを通して，生活環境主義という，社会学の環境問題研究のパラダイムが登場します。　　　　　　（牧野厚史）

▷12　海野道郎「環境破壊の社会的メカニズム」飯島伸子編『環境社会学』1993年，有斐閣，33-53頁。

▷**社会的ジレンマ**
ひとりひとりが自分勝手な行動をすることで，結果として全体としては不利益になる現象。

▷13　R. E. ダンラップ・A. G. マーティグ，満田久義監訳『現代アメリカの環境主義──1970年から1990年の環境運動』ミネルヴァ書房，1993年。

▷14　舩橋晴俊「環境制御システム論の基本視点」『環境社会学研究』10，2004年，59頁-74頁。なお，この論文ではこのシステムの中での生活環境主義の位置も説明されている。また，舩橋の「環境制御システム」概念の初出は，舩橋晴俊「社会制御としての環境政策」飯島伸子編『環境社会学』有斐閣，1993年，55-79頁。

▷15　舩橋，前掲論文，74頁。舩橋は，その開始の時期を1970年前後の世論調査等に見られる人びとの意識変化に求めている。

▷16　同，59-60頁。

Ⅵ　生活環境主義とコモンズ

 農村生活の変化と環境問題
──生活環境主義の登場

　琵琶湖の環境問題と社会学

▷パラダイム
Ⅵ-1 参照。
▷ 1　古川, 前掲書, 735頁。
▷ 2　鳥越皓之・嘉田由紀子編『水と人の環境史──琵琶湖報告書』御茶の水書房, 1984年。
▷ 3　鳥越皓之編『環境問題の社会理論──生活環境主義の立場から』御茶の水書房, 1989年。
▷ 4　嘉田由紀子『生活世界の環境学──琵琶湖からのメッセージ』農山漁村文化協会, 1995年。
▷ 5　鳥越皓之『環境社会学の理論と実践──生活環境主義の立場から』有斐閣, 1997年。
▷ 6　古川彰『村の生活環境史』世界思想社, 2004年。
▷ 7　琵琶湖環境権訴訟団・琵琶湖淀川汚染に反対する大阪府民連絡会編『水は誰のものか──日本の国をつぶす水官僚』三一書房, 1977年。

　生活環境主義は, 1980年代前半に, 琵琶湖湖畔の環境史調査をしていた鳥越皓之, 嘉田由紀子, 古川彰らの社会学者たち, さらには, 社会学以外の研究者も加わった調査研究の中で提唱された環境問題研究の**パラダイム**です。その成果は,『水と人の環境史──琵琶湖報告書』にまとめられています。その後, 理論編として,『環境問題の社会理論──生活環境主義の立場から』が出版され, パラダイムの輪郭が明確になりました。以降, 調査に加わった研究者たちによって, 琵琶湖を含む様々な地域を対象とした研究が進められています。その出発点となった, 琵琶湖の環境問題の調査研究を紹介しましょう。

　琵琶湖は, 滋賀県にある日本最大の湖です。湖の環境問題というと, 水質汚濁や魚類などの生態系の変化のような自然保護の問題, さらには災害制御や水の分配などの治水・水資源問題が思い浮かびます。1980年代に, 社会学者たちが調査を始めた頃の琵琶湖では, 特に2つの問題が争点化していました。1つは, 政府が始めた水資源開発事業の是非, もう1つは湖水の水質汚濁（富栄養化）でした。琵琶湖の水は, 淀川を通って大阪湾に注いでいます。大阪湾の周辺では, 高度経済成長期以降, 産業と人口の急速な集積が進み, 1970年代初頭, 政府は, 都市用水確保のために, 琵琶湖総合開発という水資源開発事業に着手しました。しかし, 資源開発か環境保全かをめぐって意見がわかれ, 下流の住民を主体とする, 事業差し止めを請求する訴訟（「琵琶湖環境権訴訟」）がおこりました。また, 水質汚濁の問題も争点化しました。1960年頃までは問題がなかった水質は, その後, 汚濁が急速に進み, 1977年には大規模な赤潮が発生します。琵琶湖の水質汚濁の進行は, 水資源開発事業の是非とも関連して, 社会問題化しました。琵琶湖環境権訴訟では, 事業による自然環境悪化を心配する下流の都市に住む人びとと, 下水道設置のような環境技術投入によって開発と保全の両立が可能だとする, 国, 県との対立が続くことになりました。

　このような琵琶湖の環境問題は, 生活公害型の問題としてアプローチすることも可能でした。琵琶湖の周りは, いくつかの市街地を除けば, 農村地帯になっています。また, 廃水を垂れ流す大きな工場もありません。したがって, 琵琶湖に赤潮の大発生をもたらした水質汚濁の原因が, 湖を取り巻く農村の人びとが流す排水による負荷であることは, 明白でした。もし, 社会学者たちが,

生活公害研究という方法を採用したならば，琵琶湖の環境制御システムにおける制御の対象として，農村の人びとを位置づけたかもしれません。

② 生活環境主義の登場

しかし，生活環境主義の立場に立つ社会学者たちは，農村の人びとを制御の客体とはみなしませんでした。研究代表者の１人である鳥越は，その理由を，魚が死んでも周りが気にしなくなったという湖畔村落の古老の言葉を引用しながら，次のように説明しています。「魚が死んでも，地元の若い仲間は問題にしなくなった，という古老のやるせない驚きこそを，私たちは大切にしなくてはならないとおもっている。この驚きをみちびきだしたところの，古老の観念世界に生きている過去の水の生活体系，そしてそこから現在までの人びとの観念世界の変化，これらを十全に把握することこそが，私たちの考える意味でのほんとうの政策を実施するためには不可欠」だからです[8]。人びとによる自然の再生を視野に入れたら，現在の水質汚濁ではなくて，汚濁問題の発生にいたる住民の生活とその変化こそが研究の中心になるはずだというのです。

こうして始まった調査研究は，環境問題の研究としては，風変わりなスタイルになっています。争点化していた琵琶湖の水質汚濁問題ではなくて，湖畔の１村落を住民の生活保全のシステムに見立てて，そのシステムを構成する人びとの水文化を綿密に調査したからです。この研究は，①人びとが生活に利用したのは，小河川の水であり，水の利用では湖水との関係は希薄だったこと，②さらに，水を利用する小河川は村落によって管理されており，また，人びとの水利用は伝統的用排水システムを通して行われ，そのことが利用者同士の軋轢回避にもなっていたこと，③しかしながら，水道普及という農村生活近代化が，川を中心とした伝統的用排水システムを崩壊させ，結果として湖の水質汚濁を促進したという指摘が，環境問題の研究としては有名です[9]。まとめると，人びとが水を汚すようになった理由を，川と濃厚に付き合ってきた人びとの組織の変遷をとおして提示してみせたのでした。

鳥越は，『水と人の環境史』における調査研究の方法を，農村社会学の研究成果に学んだと述べています。「この本の論理の骨格は，日本農村社会学におっている。日本農村社会学のひとつの成果である『生活論』を批判的に継承している」というのです[10]。では，研究の骨格となった農村社会学の生活論とは，どのような理論なのでしょうか。この点をみていきましょう。

③ 生活組織としての家と村

戦前の農村社会学の創始者たち，たとえば鈴木栄太郎や有賀喜左衛門らの農村研究は，家と村という組織体に強い関心をよせたために，**家・村論**とよばれています。それらの組織が，農村の社会構造そのものだったからでしょう。た

▷8　鳥越・嘉田編，前掲書，ⅲ頁。

▷9　和田英太郎監修，谷内茂雄ほか編『流域環境学——流域ガバナンスの理論と実践』京都大学学術出版会，2009年。

▷10　鳥越・嘉田編，前掲書，ⅱ頁。

▷家・村論
⇨第Ⅴ章参照。

▷11　有賀喜左衛門『有賀喜左衛門著作集V　村の生活組織』中野卓・柿崎京一・米地実編，未來社，1968年。なお，本書『村の生活組織』は1948年に『村落生活――村の生活組織』というタイトルで出版された。引用は，旧版『村落生活』の「後記」（著作集V 11-13頁）からのものである。

▷12　同，13頁。

▷13　同，13頁。

▷14　鳥越皓之「地域生活の再編と再生」松本通晴『地域生活の社会学』世界思想社，1983年，159-168頁。

▷15　同，160頁。この「生活保全のシステム」は，文脈により別の著書・論文では「小さなコミュニティ」や「小さな共同体」などとよばれることもある。

▷16　同，161頁。

▷17　同，162頁。

▷18　同，162頁。

▷19　同，162頁。

だ，彼らの著書をよく読むと，家と村の研究によって，社会構造とは別の何かを明らかにしたかったようにもみえます。この点を，有賀の『村の生活組織』（旧版『村落生活――村の生活組織』）からみてみましょう。[11]

有賀は，この本の序文で，自らの研究を振り返って，「村落の生活組織の究明を家制度の研究から着手して，聚落の基礎になる家連合の形態の追求を志した」と述べています。[12]家と村の研究は，生活組織（生活の必要から人びとがつくる組織）の研究だというのです。有賀は，農民たちが「彼らの村の生活を創り出したということは明らかな事実」だから，[13]人びとが家と村（家連合）を必要とする理由を把握すれば，村落生活を理解できると考えました。そこで，近代国民国家による統治など，大きな社会が要請する条件のもとで，農民たちが村落（家連合）をいかに形成したかを研究し，その形成に発揮されている農民たちの創造性を明らかにしようとしたのです。

鳥越は，有賀の動態的な生活研究法を，「生活再編」という用語で説明しています。[14]地域社会の生活組織は，家族，親族，近隣，自治会など多様ですが，それらの組織による住民たちの問題処理の仕組みを，鳥越は「生活保全のシステム」と名づけます。[15]このシステムは，村落がそうであるように，一定の自律性を持ちますが，他方で大きな社会の一部なので，システムの変化を促す外部からの大小様々な波にさらされます。農地改革のような制度改革，上下水道普及のような生活の合理化など波は様々ですが，それらの波が外部条件です。[16]

多様な外部条件を，有賀は生活条件と呼び，この条件が生活組織を拘束すると考えました。その場合，外部から地域生活に迫ってくる条件は，「有機的な統合のとれたものではなく，いわば，バラバラにやってくる。そのうち，どれが地域生活にとって意味があり，どれが拒否すべきものであるかということを選択する必要に迫られる。この選択の基準として機能する価値基準を有賀は『生活意識』と名づけ」た，と鳥越は説明します。[17]

この生活意識の役割は，現代の生活論でも重視されています。生活研究では，生活様式とか，生活構造などの言葉が使われますが，それらは，当事者がみた生活が体系だった論理性を持つことを示しています。この論理性をもたらすものが生活意識です。それは，生活上の経験から形成した文化のことで，生活の必要性と言い換えられます。住民たちは，生活の必要性に基づいて，外部条件を取捨選択しながら，生活を組み立てていることになります。

取捨選択された生活条件には，意思決定を含む組織的対処が必要になります。そのため，「地域生活には『装置』がつくられており，それが『生活組織』」です。[18]生活保全のシステムを構成する生活組織には，様々なレベルのものがありますが，問題により対処する組織は変わります。たとえば，環境の問題だと，通常は自治会で対処しますが，それが可能なのは，自治会が問題処理の「装置」，すなわち，生活組織の1つだからだと，鳥越は説明しています。[19]

このように，生活保全のシステムは，社会構造のように静的に記述できる対象ではなくて，時間の経過の中で生じる人びとの相互作用の過程として動的に把握できるものです。その過程における人びとの考え方と行動を，生活条件から内在的に理解し記述することが，有賀流の生活把握の方法になります。

4 生活論のリニューアル

では，生活環境主義とは，有賀流の生活把握を，環境問題に適用したと考えてよいのでしょうか。たしかに，その面もあります。ただ，有賀が農村を研究していた時代（高度経済成長期以前）の生活論とは，明らかに異なる点もあります。それは，生活の充実への関心が格段に大きくなったことです。

かつての家と村にも，生活の充実という役割はありました。有賀が『むらの生活組織』の中で，生産（労働）に加えて，祭祀や葬儀の組織，イロリと住居などの事象を取り上げたのも，この点を重視したからでしょう。[20] ただ，有賀の生きた時代の家や村には，生存を支える役割がかなり重要でした。たとえば，有賀は，調査地石神村を訪れたときの描写を，「昭和10年の夏も涼しい日が多かった。前年の大凶作におびえた人たちは日照りの多い，暑い夏を待ち望んでいた」という文章で始めています。[21] 前年の大凶作とは，1934年の東北大凶作のことです。凶作時の生活保障とは，生き延びるための食糧確保でした。[22]

しかし，1980年代の，生活環境主義の骨格となった生活論は，充実した生活の実現に主な関心を置きました。かつてとは，生活条件が違うからです。その違いは，具体的には，生活の立場を，自然環境主義や近代技術主義と区別したことに示されています。[23] この点については，少し丁寧に説明しましょう。

自然環境主義とは，自然環境を最も重要だと考える環境保全の立場で，近代技術主義とは近代技術を重視する立場です。この2つの環境主義は，有賀が農村を研究していた時代には登場していませんでした。それらは，20世紀後半の，公害などの生存の危機への対処を通して形成された環境制御の考え方です。

農山村，ことに山村の人びとが近代技術に出会うありふれたケースは，治水ダムのような，防災のための公共事業です。環境問題の研究者たちは，受益圏と受苦圏が分離した紛争としてその問題点を分析しましたが，事業の推進者との論争は，川の上流に位置する山村の人びとの生活か，下流住民の生存かという二者択一になりがちでした。生存保障は無論重要ですが，そのために，特定の人びとが生活を諦める選択を礼賛するのは，やはりおかしく思えます。[24] 他方，ダム建設の現場では，移転する上流の住民がダムの早期着工を望み，下流の住民が反対するケースもあります。[25] その場合，動植物の生態系保全という立場から反対意見が中心を占めることがあります。これも，よく考える必要があります。生態系保全の役割を農山村の人びとに一方的に期待するという論理は，人びとの生活の充実の否定につながりかねないからです。 （牧野厚史）

▷20 有賀，前掲書。

▷21 有賀喜左衛門『有賀喜左衛門著作集Ⅲ 大家族制度と名子制度——南部二戸郡石神村における』中野卓・柿崎京一・米地実編，未來社，1967年。21-22頁。

▷22 玉真之介，「1934年の東北大凶作と郷倉の復興——岩手県を対象地として」『農業史研究』47，2013年，22-34頁

▷23 鳥越編，前掲書，1989年。

▷24 帯谷博明『ダム建設をめぐる環境運動と地域再生——対立と共働のダイナミズム』昭和堂，2004年。

▷25 植田今日子『存続の岐路に立つむら——ダム・災害・限界集落の先に』昭和堂，2016年。

Ⅵ　生活環境主義とコモンズ

 農村の土地は誰のものか
——コモンズという発想

 コモンズへの関心の高まり

　高度経済成長期には，農村の深刻な環境悪化が注目されましたが，人びとは何もしなかったわけではありません。早めに手をうつことで自然を保全できた地域もありました。また，公害などの深刻な被害を受けた地域でも，生活と環境の再建へと向かう住民たちの活動が注目され始めます。生活環境主義という**パラダイム**の研究も，それらの人びとの活動を左右している，村落などの生活上の組織と環境との関係に注目したことになります。

　こうした保全や再生の活動を背景に，1990年代頃からコモンズという概念に関心が高まります。コモンズ（commons）とは，イギリス農村の伝統的な**入会**をさす言葉でした。日本農村の入会も，コモンと英訳されてきました。入会とは，単純化すると，自然資源の共同利用が可能な土地所有の仕組みです。この入会の仕組みをヒントにして，環境の保全や再生の活動を担える組織の特徴を考えていこうというのがコモンズ論です。

　伝統的な入会とコモンズとの関係を説明しましょう。日本の農村の土地は，住民たちの生活上の利用の仕方から，3つの空間に分かれることが多いようです。第1は，人びとが居住する屋敷地で，第2は，屋敷地の周囲に広がる水田や畑ですが，第3の空間として，水田や畑の外側に位置する山の領域があります。山の領域は，決まった利用者がいる屋敷地や水田や畑とは異なり，村落の人びとならば誰もが利用できる空間になっています。この空間が入会です。

　『新社会学辞典』（1993年）では，日本の農村の入会にcommonという英語をあてています。執筆した農村社会学者の熊谷苑子は，近世村落の入会林野をモデルに，その仕組みを説明しています。当時の農村生活では，原野・山林から草肥や飼料，燃料などを得ることが必要でした。人びとは，周囲の原野・山林を入会林野とし，一定のルールの下で共同利用しました。入会は，明治期以降，政府が地租改正の一環で行った官民有地区別処分により，国有地，あるいは村有や私有地として登記されましたが，共同利用は持続します。ただ，高度経済成長期の昭和30年代以降になると，利用方法が変化し，個々の農家に山を分ける村落が増え，入会の利用が続く場合でも，生活上の重要性は薄れてきたと熊谷は述べます。このように，法制度上の変化から沿革を説明すると，入会＝コモンズは衰退の一途を辿っていることになります。

▷パラダイム
⇨Ⅵ-1参照。

▷1　井上真『焼畑と熱帯林——カリマンタンの伝統的焼畑システムの変容』弘文堂，1995年。
▷2　『環境社会学研究』第3号，1997年。
▷3　井上真・宮内泰介編『コモンズの社会学——森・川・海の資源共同管理を考える』新曜社，2001年。
▷4　菅豊『川は誰のものか——人と環境の民俗学』2006年。
▷入会
農村の人びとが薪や草肥，牛馬の飼料，キノコなどの生活に必要な資源採取に共同利用してきた場所をさす。その権利を入会権とよぶ。
▷5　福田アジオ「村落領域論」『武蔵大学人文学会雑誌』12(2)，217-243頁。
▷6　熊谷苑子「入会」，森岡清美・塩原勉・本間康平編『新社会学事典』有斐閣，1993年，65頁。
▷7　熊谷，前掲書，65頁。

一方，現代のコモンズは，法制度上の入会よりも，広い内容を含んでいます。説明しましょう。農村に行きますと，「うちの家の山」と言う人がいます。その村落では，明治以降のある時点で，入会の山を個々の家に分けたのでしょう。つまり山は特定の家の財産になったわけで，法制度上は入会の解体ともいえます。人びとは，その一方で「うちの地区（むら）の山」という言い方もします。つまり，個々の家が所有する山も村落の財産にもなりうるのです。私有地である田畑や，公有となっている川も同様です。このように，人びとの生活上の関わり方では，自村の領域に属するかどうかが重要な意味を持つ場合が多々あります。環境社会学と農村社会学の研究者である藤村美穂は，村人の意識にみられる土地所有の二重性（私有地だがその根底に村人みんなの土地＝総有という意識があること）に注目して，農村の土地は，村落に住む人びととのコモンズとされており，その場合のコモンズとは「みんなのもの」だと指摘しています。こうした，コモンズを支える村人の総有の意識は，今では，川の環境再生や災害における農地の復興など，農村の人びとが農地などの資源を共同で動かす際の強みの1つとみなされるようになりました。

けれども，公害や開発による環境悪化を考えると，次のような疑問も出てくるはずです。入会と関わる権利（入会権）は，民法によって特定の人びと（入会集団）に認められた権利であるから，その侵害については裁判で闘うこともできる。だが，総有は，法認されているわけではない。いざ深刻な環境問題が生じた場合，裁判で争うことができない総有は，本当に役に立つだろうかという疑問です。重要な疑問ですが，答え方はそれほど難しくはありません。法律とは別の方法で，役立てる仕組みを住民が作ればよいのです。

❷ 共同体論とその再検討

コモンズ研究の出発点は，戦後，農村の研究者たちが，村落の組織の強固な結束力と，入会という土地の共同との関連に気づいたことにあります。こうした土地との関係からみた強固な組織の結束を示す村落は，村落共同体と呼ばれています。「共同体」は，K. マルクスの未完の草稿に由来する経済史の概念で，様々な解釈があります。ただ，戦後の研究者たちの村落の見方は，過疎化などによる組織の弱体化を問題とみなす，現代の人びとの関心とは違っていました。当時の村の組織の結束力は，かなり強固でしたが，共同体は封建的で遅れた社会関係なので解消すべきだと考える風潮が強かったのです。

しかし，共同体は封建的だという評価は，1970年代には，揺らぎ始めました。契機となったのは，公害や大規模開発の被害を受けた村落の人びとの抵抗力の発揮です。その1つに民俗学者の桜井徳太郎による，水俣市の水俣病激発地帯の調査研究があります。桜井は，激発地帯の中で最も強固な運動を最後まで継続したのが，小地域共同体ともいうべき「漁村型」の集落だったことを指摘し，

▷8 藤村美穂「『みんなのもの』とは何か——むらの土地と人」井上・宮内編，前掲書，32-54頁。

▷9 野口寧代・堀野治彦・三野徹「カワホリ・カワ掃除からみた農業用排水と用排水路の所有・利用・管理関係——滋賀県湖北地域を事例に」『農業土木学会論文集』70(3)，2002年，427-435頁。

▷10 田澤紘子・森永良丙「総有の意識に基づく東日本大震災前後の空間管理の変容について——仙台市若林区井土地区を事例に」『日本建築学会大会学術講演梗概集（関東）』2020年，227-228頁。

▷カール・マルクス
19世紀の社会思想家，実践家で，19世紀，20世紀の社会主義・共産主義運動に大きな影響を与えるとともに，その理論は経済学をはじめ様々な学問分野に大きな影響を与えた。

▷11 カール・マルクス，飯田貫一訳『資本制生産に先行する諸形態』岩波書店，1949年。

▷12 細谷昂『現代と日本農村社会学』東北大学出版会，1998年，108頁。

▷13　桜井徳太郎『結衆の
原点——共同体の崩壊と再
生』弘文堂，1985年。
▷水社会論
近世の日本列島では新田開
発が進み，灌漑用水は希少
化し，この希少化の下で水
の配分をめぐる地域間の対
立を調整するルールが成立
した。安定した用水慣行が
成立すると，重層的に用水
権が生まれ，水利秩序が慣
習法的な制度化をみた。こ
のような水利秩序を産み出
した社会を，農業経済学者
の玉城哲は水社会とよび，
その特徴は，近現代の農村
のみならず，日本人の感性
と行動様式にも作用してい
ると主張した。
▷14　玉城哲『水の思想』
論創社，1979年。
▷15　川本彰『むらの領域
と農業』家の光協会，1983
年。
▷農林業センサス
⇨Ⅱ-2参照。
▷16　川本，前掲書，11頁。
▷17　川本彰『日本農村の
論理』龍渓社，1972年，
105-112頁。

▷18　平松紘『イギリス環
境法の基礎研究——コモン
ズの史的変容とオープンス
ペースの展開』敬文堂，
1995年。
▷共有地の悲劇
1968年に，自然科学者のギ
ャレット・ハーディンは

共同体の解体を当然の事柄とみなす社会科学の理論に疑問を投げかけました。[13] また，水資源開発の妨げとなる慣行水利権などの灌漑水利のルールを解体せよというキャンペーンに対して**水社会論**を提起した農業経済学者の玉城哲の農業水利の研究も[14]，水を自律的に管理する村落組織の結束力の再考という点で，相通じる問題意識に立つ研究でした。こうした揺らぎに，さらに大きなインパクトを与えたのは，農業経済学者の川本彰による村落領域論の提起です。[15]

③　農村の土地は村人みんなの土地——村落領域論

　川本彰は，1970年の世界**農林業センサス**のデータを用いて，日本列島には領域の明確な村落が多いことを指摘し，領域の存立根拠を次のように主張しました。「現代社会は私有財産制度をその基盤としている。しかし，ムラ（村落のこと＝牧野）における土地所有は単なる私有につきるものではない。ムラにおける私有の根底には，村人総体の所有という事実が存在している。たとえば私的所有に属する一枚の耕地をとれば，その私有の一段下にムラ総体の所有関係が潜在している。それは入会地，共有地はいうに及ばず，土地台帳上，明確に私的所有地と登記されている土地においても同様である。このムラの総有的土地のわくが領ないし，領域であり，領域内の土地を領土とよぶ」としました。[16] これが，総有論と呼ばれる，村落領域論の核心となる考え方です。登記されている私有地とみんなのものという総有の意識が両立するのですから，村落での「土地所有の二重性」と言い換えることもできます。[17]

　川本の村落領域論は，土地と人との関係とされていた所有制度を，耕作など，土地に働きかける人びとの社会関係に置き直した点に重要性があります。これは，法的な入会地や入会権に注目する共同体論とは異なる所有制度の見方でした。その結果，村落の組織の説明も変化しました。村落組織の強い結束力は，土地利用の競合を抑える生活の必要性に根拠があると説明したからです。さらに，世界農林業センサスによる領域性の確認や，村人同士の農地の境界争いへの村落の介入などの，経験的な事実を紹介した点で注目を集めました。

　川本が提起した村落領域論は，農業からの説明のみで組み立てられましたが，環境問題に関心を持つ研究者たちにも注目されました。生活環境主義のパラダイムに立つ研究者たちもそうです。日本の地域開発では，自治会のような領域性を持つ住民組織の決定が開発の行方を左右することがあります。環境権が法認されていない日本で，なぜ環境権の行使にも似た現象がみられるのかを説明する上で，村落領域論はその手がかりを与えました。総有は法認されていないので役立たないという疑問には，役立てることが可能な強固な結束力を持つ組織を住民たちで作ればよいというのが，社会学的な総有論からの答えです。

❹ 生活保全におけるコモンズの役割

　世界的にみると，コモンズ研究には３つの潮流がありそうです。第１の潮流は，イギリス農村の入会とその変化に関する法社会学的研究で[18]，第２に，G.ハーディンが発表した論文「**共有地（commons）の悲劇**」に触発された社会的ジレンマの研究があります[19]。さらに第３の潮流として，「南」の国や地域での，農村部の人びとによる自然資源の共同利用の研究があります。それらの国や地域では，政府による自然資源の公有化や統制強化により，自然資源利用を必要とする住民たちの生活が崩壊しかねない状況があったからです[20]。

　日本の環境社会学や地域社会学は，主に，この第３の潮流の研究が紹介されました。紹介者の１人である井上真は，コモンズには２つの意味があると述べています。第１に「みんなの」共有資源（土地を含む）の意味であり，関わる人びとには，村落から地球全体にいたるまで様々な規模があると指摘しています[21]。第２は共有資源をめぐる人間同士の関係を規定する，所有制度という意味です。すなわち，政府による公有や，個人や企業の私有ではない，「共有権，入会権，共同利用権」などが該当します[22]。そのうえで井上は，コモンズを，「自然資源の共同管理制度，および共同管理の対象である資源そのもの」と定義しています[23]。

　ただ，井上は，定義にこだわりすぎて資源利用のどれがコモンズにあたるのかを議論することにはあまり意味がない，と注意を促してもいます。コモンズという新しい言葉の導入には，資源利用の持続性を，現代の社会的な問題として議論することに目的があるというのです[24]。

　では，総有に注目する生活環境主義の研究では，コモンズの位置づけはどうなるのでしょうか。たとえば鳥越は，日本の入会は，村落空間の様々な土地の中でも，総有という村人の意識がとりわけ強くはたらく場所であるとしました[25]。そのうえで，明治時代の琵琶湖湖畔の村落で，村有とされていた川漁の権利を，村落の困窮者に優先的に割り当てた事例を分析しました。その結果，日本列島のコモンズは，資源利用だけではなくて，困窮者などの弱者の生活を保障する機能があると指摘しています。

　生活環境主義からのコモンズ研究は，村落などの生活保全システムとの関わりから，その意義や可能性を考える点にあります。その結果，家の財産に対して，村の人びとの総有財産ともいえる，日本農村のコモンズの特徴を浮き彫りにしました[26]。この特徴は，条件次第では，山のみではなく，水田などの農地，河川や前浜にも成り立ちます。つまり，村人の生活意識に支えられているコモンズは，失われつつある古びた仕組みではなくて，その必要が村落の人びとに実感された場合には，いつでも生成されうる仕組みだということになります[27]。その要となるのが村落という組織なのです。

（牧野厚史）

"Tragedy of the Commons"（邦題「コモンズの悲劇」）という論文をサイエンス誌に公表し，共有資源の利用は持続不可能であり，公有化するか私有化する以外に資源の劣化による破滅を回避する道はないと論じ，論争となった。ハーディン論文の主張は，自然資源の共同利用についての研究により，誤りとされたが，論争の過程で世界各地のコモンズの実態への関心が高まることになった。

▷19　Hardin, G. 1968, "The Tragedy of the Commons", *Science*, 162, pp. 1243-1248.

▷20　井上真「コモンズとしての熱帯林——カリマンタンでの実証調査をもとにして」『環境社会学研究』３，1997年，15-32頁。16頁。

▷21　井上真「自然資源の共同管理制度としてのコモンズ」井上・宮内編，前掲書，1-31頁。9頁

▷22　井上，前掲書，10頁。

▷23　同，11頁。

▷24　同，8頁。

▷25　鳥越皓之「コモンズの利用権を享受する者」『環境社会学研究』３，1997年，新曜社，5-14頁。

▷26　川田美紀「農村コミュニティにおける農地管理と労働分担——滋賀県野洲市須原地区の事例から」鳥越皓之・足立重和・金菱清編『生活環境主義のコミュニティ分析——環境社会学のアプローチ』ミネルヴァ書房，2018年，251-257頁。

▷27　家中茂「石垣島白保のイノー——新石垣空港建設計画をめぐって」井上・宮内編，前掲書，120-141頁。

Ⅵ　生活環境主義とコモンズ

環境との関わり方から地域社会を立て直す

① 破壊された環境の再生をどうするのか

　生活環境主義の出発点となった『水と人の環境史』は，村落に住む人びとが水と関わってきた文化に関する総合的な調査研究でした。ただ，この研究の中では，人びとの詳細な水利用形態の長期的な変遷と，水質汚濁との関係の箇所が最も知られています。

　日本列島で水環境悪化が注目される理由は3つあります。1つ目の理由は，本章冒頭の奄美群島の島のように，水の環境悪化に悩んでいる地域が，とても多いことです。2つ目の理由は，その悪化のプロセスが環境問題の通念に反している点です。環境問題の研究者たちの間では，人間による自然環境の利用は，環境悪化をもたらすという指摘が主流です。ところが，水の環境悪化では，多くの場合その逆です。人びとが川を利用しなくなり，社会的・心理的に川から遠ざかったことが，環境悪化につながっています。

　そうだとすると，3つ目に，環境は破壊されたままでよいのかという，再生への関心がでてきます。生活からの疎遠化が環境悪化を招いたのなら，関わりを回復し，生活に水環境を近づける工夫が再生への端緒となるはずです。

　もっとも，関わりの回復に視点を据えた自然再生の活動は，単純ではありません。何も工夫しなければ，土地所有権の壁とぶつかる可能性が大きいからです。川をきれいにする活動では，環境の改変が必要となることがありますが，河川は公有なので，所有権の問題をクリアすることが必要になります。このようにいうと難しそうですが，川や堀の再生を行った地域もかなりあります。

② 堀割再生活動の仕組み

　今から数年前のことですが，福岡県の柳川市で，水の環境をどうするのかというシンポジウムを開きました。柳川は堀割の多い，小さな城下町です。縦横に市街地を走る堀割を舟で巡る観光客の姿をよく見かけます。シンポジウムでは，堀割保全の活動を担っている NPO の方をお招きして，お話をうかがいました。司会だった私は，冒頭で，自分の体験をもとに，「子どもの頃から，川の水は汚いものだと思っていました」という挨拶をしました。その後登壇された NPO の代表者は，地元で生まれ育った方でしたが，「私は，子どもの頃から，川の水はきれいなものだと思っていました」と応答されました。とても鮮

▷1　守田優『地下水は語る──見えない資源の危機』岩波書店，2012年。

▷2　鳥越皓之『水と日本人』岩波書店，2012年。

▷3　広松伝『ミミズと河童のよみがえり──柳川堀割から水を考える』河合文化教育研究所，1987年。
▷4　川端五兵衛『まちづくりはノーサイド』ぎょうせい，1991年。滋賀県近江八幡市の八幡堀再生活動の記録。

やかな応答だったので，今でもよく覚えています。

　NPOの代表者が子どもだった1950年代は，住民たちが，飲み水などの生活用水に堀割の水を使っていた頃です。その頃はきれいだった堀割の水が，水道の普及もあって使われなくなり，汚れていきました。ゴミの投棄があったり，堀を勝手に埋め立てたりする人もでてきたようです。そこで，1970年代には，いったんは埋めようかという話になりましたが，当時市役所の職員だった広松伝さんが，それはよくないと呼びかけを始めました。呼応した住民たちと市が協力して，浚渫などのハード面での作業を含む再生の活動を始め，堀割は残されることになりました。呼びかけた広松さんは亡くなりましたが，活動を引き継ぐかたちでうまれたのがこのNPOです。この地域でも，堀割の水を生活に使わなくなったことが水への関心の低さを招き，環境悪化をもたらしたといえます。と同時に，柳川の例は，再生とは，住民たちが，生活から離れてしまった対象との関わりを取り戻すことだということも教えてくれます。

　再生を左右する重要な条件の1つは，自治会のような，一定の地域空間の上に成立している組織の参加です。柳川の堀割再生の活動でも，自治会は大きな役割を果たしました。この活動では，水路を埋め立てて住民がつくった建造物の撤去が課題になりました。建造物は，住民の手で自主的に撤去されましたが，撤去の背景には，町内会（自治会）での話し合いがありました。その活動を目の当たりにした広松さんは，行政が取り払おうとすれば，たいへんなことになるが，この場合は自主的に撤去された。これは全く予期しないことだった，と述べています。[5]

❸ 地域の土地（環境）を共同管理する

　では，この活動をどのように名づけたらよいのでしょうか。第1に，「まちづくり」などの，地域づくりという言葉があります。活動に関与する自治体からみれば，この言葉が一番発信しやすいでしょう。第2に，環境悪化に対する「環境再生」や「自然再生」といういい方があります。堀割は水環境なので，実際の再生には，環境技術の投入も必要です。技術投入の専門家からみれば，環境再生が，一番しっくりくるように思います。また，川は自然環境という面もありますので，自然再生という言葉が使用される場合もあります。このように同じ活動であっても，重点の置き方によって，いくつかの捉え方ができます。

　では，住民の生活の立場に立つとどうなるでしょうか。自治会という生活組織の決定と関連があるので，生活再編でもよいのですが，それだと環境を含めた名称にはなりません。では，コモンズの再生だとどうでしょうか。これだといい感じになりそうです。つまり，むらづくりやまちづくりという，地域づくりの中での自然再生の方向の1つは，住民たち「みんなのもの」である環境を，現代の人びとが関われる入会＝コモンズとして再生することです。

▷5　広松，前掲書，34-44頁。

こうした環境の再生を軸とした地域づくりは，現代の日本では広くみられるので，生活環境主義というパラダイム以外にも，地域社会学からの説明がすでに提起されています。その有力なモデルが，農村社会学と地域社会学の研究者である中田実が提起した地域共同管理論です。中田は，まちづくりを志向する住民活動の台頭を，「所有」と「利用」とが拮抗し始めた兆候と考え，地域共同管理というモデルを構築しました。このモデルも，環境問題における自治会のような住民の組織が果たしてきた役割を見直し，そこから共同体論を修正するという流れになっています。

中田は，古典的な共同体論は，土地と住民との関係を所有から考えたけれども，利用のための管理の方が住民にとって重要だと指摘しました。そのうえで，地域住民組織は「三つの段階をへて，しだいに（利用を保障できる＝牧野）地域共同管理主体として成熟」するとしています。共同体が管理を担う「共同体型」，共同体が崩れて地主のような所有者が管理を担う「所有者支配型」，そして不特定多数の利用者が管理を決定しはじめる「共同管理型」です。中田は，3番目の共同管理型は，行政との協働が可能なほどに強力な住民主体の形成によって実現すると述べます。

たしかに，自治会は，行政の末端機関という役割や，住民運動の基盤となる点が注目される一方で，普段の活動についてはあまり関心が向けられてきませんでした。地域共同管理論は，普段の活動の中に，地域を共同管理する大切な役割がある点を指摘しました。この自治会活動の見直しは，環境からの地域社会の立て直しを考える政策論として，重要性を増すと考えられています。

4 環境の立て直しと地域生活の保全

地域共同管理論は，行政と住民との協働という地域づくりの動向の中で，再度注目されています。ただ，住民たちは，自分たちの意見をお互いに主張しなければならないことがあります。たとえば，川の利用者の間に生じる，上流と下流との地域間の葛藤はその代表的事例です。このような人々の葛藤を視野に入れると，地域共同管理とはまた別の立て直しの論理の必要性に気付きます。この点を，先に例をあげた柳川地域での水と人との関係からみておきましょう。

琵琶湖でもそうですが，通常は，川の上流部が農村部で，下流が都市部になっています。しかし，柳川地域では，その逆になっています。この地域では，有明海にむけて干拓を行ったために，都市の下流に広大な農村があり，人びとは堀割からの水を農業に使用しています。この下流の農村の人びとと，上流にあたる城下町での堀割再生活動との関係は，基本的には良好ですが，葛藤がないかというとそうではありません。たとえば，干ばつの際には，上流の都市では，川下りの観光船のために堀割に水を貯留する必要がありますが，他方，下流農村の農家からは，もっと水を流してほしいという希望がでることもありま

▷6　中田実『地域共同管理の社会学』東信堂，1993年。ただし，骨格となる論文は中田実「地域問題と地域住民組織——地域共同管理主体形成論序説」『地域社会研究会年報』第2集，1980年，11-46頁。
▷7　同，40頁。
▷8　同，41-42頁。
▷9　高村学人『コモンズからの都市再生——地域共同管理と法の新たな役割』ミネルヴァ書房，2012年。
▷10　黒田由彦『ローカリティの社会学——ネットワーク・集団・組織と行政』ハーベスト社，2013年。
▷11　牧野厚史「水辺コミュニティの水利用史からみた農業の持続性——有明海干拓農村における水田稲作農業の持続理由」『環境社会学研究』22，41-58頁，2017年。

す。また，今では，農村も川の最下流ではありません。さらに下流の海岸部で，ノリ養殖に従事する人が増えたからです。沿岸でノリ養殖を行う人びとと，上流にあたる農家集団の間で，水の流し方についてのルールを定めていますが，時に緊張した関係になることもあります。

　したがって，同じ川の水と関わる都市，農村，ノリ養殖の人びとが，自分たちの生活に必要な環境の保全について主張する必要があります。流域の人びととの共存は，人びとによる無秩序な環境利用上の競合を抑えることで成り立っているからです。こうした事情を考えると，総有という発想を，そこに住み環境を利用する多様な集団が，環境に働き掛けていることを根拠に，環境への発言力を強める施策が必要です。鳥越皓之は，この行政施策に翻案された総有の仕組みを「共同占有権」と呼んでいます。[12]

　地域づくりの研究では，往々にして，イベントなどの楽しい活動にスポットがあてられます。生活の充実との関係が直接的だからでしょう。一方，楽しい活動の出発点には，多くの場合，かなり深刻な環境悪化があります。環境悪化は，環境への関わり方の問題であると同時に，上流と下流など，環境の利用者同士の関係の問題と関連してもいます。そのため，環境を再生する活動では，最終的に人間関係の立て直しという，コモンズ再生が視野に入るのです。

　その例の１つに，1990年代に農村社会学の大野晃が高知県の山村をフィールドに提起した，「**限界集落**」という概念の批判的再構築があります。[13]この概念は，大野の意図を超えて使用が広がり，厳しく批判されました。集落存続への人びとの努力を損なうという実践的批判や，集落ではなくて自治体格差分析になっているという批判などです。けれども，大野が，それらの批判にどのように応答しようとしたのかは，意外に知られていません。

　大野が，最終的に期待したのは，川の最上流部にある山村の，流域環境からの再生活動でした。[14]大野は，山村の衰退が山の荒廃（人と自然の貧困化）をもたらし，その荒廃が川や海に与える悪影響に注目しました。この環境上のつながりが，山の利用者や都市居住者，さらには漁業者を含む流域の住民に，流域の自然環境を共同で管理，保全していく主体の形成を促す契機になると考えたのです。そのうえで「中流域，下流域の住民が上流域の住民と一緒になって森林をはじめとする流域の自然環境を共同で管理していく方法」を「流域共同管理」論として提起しました。[15]さらに，山村の人びとがそこで生活していける公的支援の必要性も指摘しました。[16]大野はコモンズという言葉を使用しませんでしたが，コモンズ再生と親和性の高い発想であることは明らかです。

　この流域共同管理が，山村に住み続ける人びととの共同占有権に裏打ちされたコモンズの再生へと向かうのか，それとも都市文化主導の山村文化保存博物館づくりに収束するのかは，大野の研究を介して私たちに届けられた，山村というフィールドからの問いかけだろうと思います。

（牧野厚史）

▷12　鳥越皓之「共同占有権の存在」『環境社会学の理論と実践──生活環境主義の立場から』有斐閣，1997年，65-79頁。

▷**限界集落**
⇨Ⅰ-7参照。
▷13　この概念および批判的検討については第Ⅰ章参照。

▷14　大野晃『山村環境社会学序説──現代山村の限界集落化と流域共同管理』農山漁村文化協会，2005年。

▷15　同，30頁。

▷16　同，30頁。

Ⅶ　暮らしと生業・小農

 暮らしと生業

1 生産と消費は分けられるのか

　社会学者の小林久高は，生活が職業生活，居住生活，余暇生活の3つからなること，近代以前には統合されていた職業・居住・余暇の場が近代化の進展とともに拡散したこと，特に都心部で職業を持ち郊外の自宅に住み，余暇を遠くの保養地で過ごすという生活のありようが当たり前のことになったとして，生活の3側面が統合から拡散（分断）へと変化したと述べています。[1]

　1961年制定の**農業基本法**に基づく農業近代化政策においては，経営の合理化，効率化や農家生活の改善などとして，生産活動と消費活動の分離が奨励されていきます。その結果，子どもから祖父母など，家族員がみな何らかの形で自家の生業と関わっていた状況は大きく変質しました。しかし，1970年前後から，自然の循環の中での生産と消費の未分離こそが，農業あるいは農的営みの本質であるとして，再び見直されていきます。農作業と家事・育児・介護・趣味・社会活動等が混然一体となった暮らしこそが，本当の豊かさなのではないか，と考える人たちが出てきます。

　生業とは，「せいぎょう，なりわい」と読み，一般には「生計を立てるための手段あるいは仕事のこと」を指します。雇用労働者が大半を占める現代社会においてはあまり使われなくなった言葉ですが，農山漁村においては今もなお，重要な意味を持っています。生業は経済活動としてのみ捉えられるものではなく，楽しみ，うるおい，生きがい，人と人とのつながりを作り出すもの，役割を見出すもの，といった社会的な意味も含んでいます。2011年3月の東日本大震災における福島第一原子力発電所の事故により，避難を余儀なくされた人びとが起こした裁判のスローガンが，「生業を返せ，地域を返せ！」で，「生業訴訟」とよばれていることは象徴的です。原告の多くがその土地に根を下ろし，自然と関わりながら，そこに住む人びととの間で人間関係を作り，文化や歴史を継承・創出してきました。そういう暮らし方は，自然と切り離された環境で，かつ流動性も高い都市に暮らす人びとにはなかなか分かりづらいものかもしれません。

2 農村と都市の関係

　明治以降，都市と農村の関係は，戦中戦後の食糧難の時代を除けば，都市の

▷1　小林久高「第6章　地域集団と政治」合場寿一編著『地方文化の社会学』1998年，世界思想社，126-127頁。

▷**農業基本法**
農業に関する政策の目標を示すために1961年に制定されました。他産業との生産性の格差是正のために農業の生産性の向上をめざすこと，農業従事者が所得を増やし他産業従事者と均衡する生活を営むことをめざしています。1999年，食料・農業・農村基本法の施行により廃止されました。

圧倒的優位が続きました。都市の生活は農村の支えなしには成立しえないものであるにも関わらず，農村は都市より「遅れている」「劣っている」と思われてきたのです。農村の人びとは，都市に対する強い憧れとコンプレックスを抱いており，そうした傾向は**高度経済成長期**（1957-73年の第1次オイルショック）に顕著となります。**農工間格差**の拡大により「農業は儲からない」「農業はきつい」「汚い」「カッコ悪い」とされました。また，「アトトリ息子には嫁が欲しいが，自分の娘は農家には嫁がせたくない」など，農家の多くの親たちは，一生懸命，子どもに都会へ出て，農業以外の仕事に就くことを薦めてきたのです。

　こうした風潮に少しずつ変化が現れるのが，1970年代からです。大量生産・大量消費がもてはやされる中で，**都市生活の歪み**に気づいた人びとによる新たな活動が，大都市を中心にみられるようになります。たとえば，「NPO法人使い捨て時代を考える会」は1973年，自分と社会のあり方を見直す市民運動として誕生しました。大都市に住みつつも「**純粋消費者**」を脱却していく試みとして家庭菜園，屋上菜園，縁故米運動，安全農産供給センターの取組みなどを通じて，息の長い活動を続けています[2]。

　農村の側でも，アトトリとして自家に残らざるをえなかった青年たちを中心に，都市とは違うモノサシ（＝尺度）があることに気づき，様々な活動が展開されていきました。1982年4月，中国山地の"過疎地"とよばれる市町村の若者が中心になって発足した「過疎を逆手に取る会」の活動はその典型例です[3]。

③ 家，村と個人

　家・村論（いえむらろん）は，日本の村落社会の伝統的な仕組みに関する理論であり，方法論でもあります。家と村という2つの基本的社会単位（基本的社会集団）を軸として，村落社会の構造や論理が形成されているという認識が，その前提となっています。初期の代表的な研究者として，有賀喜左衛門，鈴木栄太郎，喜多野清一，福武直らが挙げられます。

　高度経済成長期以降，兼業化，混住化，都市化，高学歴化などによる農村社会の大きな変化の中，1970年代には家，村という分析概念は古い，使えない，として，家族，地域社会という概念の提唱や地域社会学会の設立もみられました。1980年代後半からは，分析の単位として個人への着目も進んでいきます。しかし，住民の生活圏の広がりをふまえたうえで，なおかつ農村に居住し，農村内の田畑，山林，川などの地域内資源に働きかけて暮らす人びとにとっては，家，村が持つ生活保障の仕組みはその有効性を持ち続けています[4]。

　本章では，家は「成員の生活保障を最大の目的とする生活経営体」であり，村は「単なる家の集まりではなく，何らかの組織化された集落のこと」と定義しておきます。

（鶴理恵子）

▷**高度経済成長期**
⇨Ⅲ-6参照。

▷**農工間格差**
農業者と他産業従事者の所得・生活水準の格差のこと。1957年から始まる高度経済成長により第2・3次産業従事者の給料は大きく増加しましたが，農業者の所得はあまり増加しなかったため，格差が生じたことをさしています。

▷**都市生活の歪み**
都市の利便性の一方で，都市が多くの問題を抱えること。たとえば大気汚染，水質汚濁，住宅の貧困，交通渋滞，満員電車での長時間通勤，自然と切り離された生活，匿名性の世界の広がりなどが挙げられます。

▷**「純粋消費者」**
自分の食する物を全く生産しない，100%消費者のこと。

▷2　槌田劭「家庭菜園と縁故米でできる自給暮らし 自然と人間とか共生する道筋を」『社会運動』no.418，2015年5月号，61-68頁。

▷3　指田（1984）では，会の活動が克明に記されています。指田志恵子（1984）『過疎を逆手に取る 中国山地からのまちづくりニュー・ウェーブ』あけび書房。

▷**家・村論**
⇨第Ⅴ章参照。

▷4　鳥越皓之『増補版 家と村の社会学』で，家，村概念の有効性を述べています。鳥越皓之『増補版 家と村の社会学』世界思想社（1993年，初版は1985年）。

Ⅶ　暮らしと生業・小農

 戦後の農業・農村社会の変化

① 農村の民主化と農村研究

　敗戦後，日本の民主化は，GHQ（連合国軍最高司令官総司令部，General Head-quarters）による占領政策の一環として上から強力に進められました。

　農村の民主化に関わる代表的な政策として，農地改革と民法改正が挙げられます。農地改革は1947年から50年にかけて，地主から強制的に土地を安値で買い上げ，小作人に売り渡すことで分配が進められました。地主に経済的・社会的に隷属する状況から小作人を解放し農村の民主化を進めようとしたものです。明治民法の改正による新たな民法においては，家制度の廃止が大きな影響を与えました。

　そうした中，1953年，日本における農山漁村の社会科学分野の研究者によって構成された研究会が発足しました。村落社会研究会（通称：村研）です。社会学，経済学，経済史，法学，民俗学（文化人類学）など多様な分野の研究者が集まりました。戦後，家と村は「農村の民主化を阻むもの」，家は家長による権威主義的な支配であり，村は封建的な共同体である，それらをいかに乗り越えるか，家・村の払拭こそが農村の近代化・民主化の道であるとして，否定的な論調が強かったです。

　村研ではそうした論調を意識しつつも，フィールドワークを通して農山漁村で厳然と存在する共同性の持つ意味について問いかけることから研究を始めました。村の共同性，家が持つ共同性に注目したのでした。有賀喜左衛門（1897-1979）らは，その時々の社会的諸条件下，家と村が個々人および家々の生活を支える社会組織として存在してきたことに焦点を当てています。[1]

▷1　有賀喜左衛門『有賀喜左衛門著作集』全11巻，未来社，1967-1971年。

② 高度経済成長と基本法農政

　1950年代に入ると戦後復興も本格化し，高度経済成長を迎えます。

　「**農業基本法**」は，1960年の農業基本問題調査会の答申「農業の基本問題と基本対策」に基づき，農業に関する政策の目標を示すために制定されました。1999年，「食料・農業・農村基本法」の制定・施行により廃止されましたが，その理念である農業近代化路線は，今なお日本の農業政策を大きく規定し続けています。基本法農政とは，農業基本法（1961）に基づく農業政策のことで，基本法に含まれていたものと共通する志向の農業政策を一括して指すこともあ

▷**農業基本法**
⇨Ⅶ-1参照。

ります。

　1960年9月，池田内閣による「所得倍増計画」が提起されました。国民総生産（GNP）を10年以内に倍増させ，国民の生活水準を西欧先進国並みに到達させるという目標を設定しました。「生産第一」「経済成長」「科学技術万能」などの「高度成長のパラダイム」が形成され，これが人間の幸せを実現する手段だという意識が社会に広く浸透しました。

　それまでの農業政策は小農を維持することでしたが，農基法では構造政策の目標とすべき家族経営（自立経営）として，1 ha～1.5 ha以上の経営を想定し，それ以下の農家は他産業へ傾斜，離農を推進することで，自立経営の確立へと向かうこととされたため，「小農・貧農切り捨て」と批判されました。

　そもそも所得倍増計画が農業に求めていたのは，①農業から第2次・3次産業への労働力移動，②食糧の自給度向上よりも，貿易自由化を考慮した生産の選択的拡大，③行政投資における農業部門のシェア縮小と第2次・第3次産業のための社会資本投資に重点を移行，④地域格差や産業間格差の是正よりも日本経済全体の生産拡大に期待，ということでした。そのため最も重視されたのは日本経済の全体的な拡大で，弱体部門である農業には重点投資よりも成長部門支援（労働力の供給源）の役割が期待されました。

　このように，基本法農政は農業内的な論理によってのみ導かれたものではなく，純粋な意味での農業政策とは言い難いものでした。農業政策，地域開発論を専門とする都留大治郎（1975）は，基本法農政を「独占の要求に応じて，それに適応できるような体制・体系をつくっていくこと」にほかならなかった，と指摘しています。

　また，農業経済学者の近藤康男は1961年，農業基本法の抱える矛盾を以下のように記しています。「農民の所得を増やさねばならないが，米価をはじめ農産物の価格はあげられない。低米価低労賃はこれからの輸出競争のために一層徹底せねばならない。農産物の増産はいらないというのであるから，残った脱出孔は，農業者の数をへらして，生き残った農民一人当りの所得だけを増加して問題を解決したことに考える道があるだけである」。

　農基法による農業近代化政策により，土地改良事業による土地条件の改善と機械化の進展は進みました。しかし，1.5 ha以上の自立経営農家は思ったほど増えず，基本法農政がめざした自立経営農家の育成は失敗に終わりました。多くの農家は，経済成長による消費生活の水準の急激な上昇に対し，自立経営農家をめざす方向ではなく，農業収入＋農外収入という組み合わせを選びました。離農もあまり進みませんでした。住み慣れた村に住み続けること，先祖から代々受け継いだものとしての農地・家という観念，リスクを避ける・リスクに備えるという生活防衛的な感覚に基づくもので，これもまた当然のことといえるでしょう。

（鵜飼理恵子）

▷2　後に，公害問題，都市の過密／農山村の過疎，エコノミックアニマル，会社人間，父親不在／母子密着，物の豊かさから心の豊かさへなど，様々な問題が発生，噴出していくことになりました。

▷3　都留大治郎「第2章　農業の「近代化」とは農民にとってなにか──「強きを助け弱きを挫いた」のはだれか」安達生恒編『講座　農を生きる1　農業の論理（すじみち）とはなにか　近代化と農民』三一書房，1975年，45-85頁。

▷4　近藤康男「矛盾の本質」日本農業年報第10集『農業基本問題と基本政策』中央公論社，1961年，24頁。

Ⅶ　暮らしと生業・小農

農業の近代化とその代償

 兼業化の進行による生活水準全般の向上

　農業の近代化を進めることは，資本主義システムへの投企・埋没を意味しました。一般には，農業の近代化は，機械化，化学化，大規模単作化を指します。したがって，農家の生産活動における影響のみに目がいきがちですが，現実には生産だけでなく消費も含めた生活全般にお金が関わる（＝必要となる）ようになり，それは人びとの意識や行動を大きく変えることになりました。

　農業機械の導入は，農家の作業時間を大幅に縮減することとなりました。化学化，つまり農薬や化学肥料の導入は，除草や堆肥作りにかかる作業の時間短縮や労働強度の軽減につながりました。田植え後，暑さや腰の痛みに耐えながら這いつくばるようにして田の草取りをすることがどんなにたいへんだったか，除草剤はそれを一気に解決してくれた，という喜びの声は，当時を知る多くの農民が語ることです。

　機械化や化学化により余った労働力および時間の多くは，農外就労へと振り向けられました。兼業化が急激に進行する中，各農家の収入は，家計全体では農業収入と農外収入を合わせると増加し，生活水準全般の向上へとつながっていきました。これらの変化は農業近代化による「光」の部分として，肯定的に受け止められています。

 近代化の代償

　農業近代化の「影」の部分は「光」の部分と深い関連性を持っています。兼業農家の増大は農業の弱体化・農業の危機と捉えられました。機械化と化学化は，有畜複合経営の減少や自然の中での循環の断絶，村の共同性の変質等の社会的文化的側面だけでなく，農薬による農民の健康被害や自然環境の破壊・汚染，農作物や家畜の農薬残留・健康被害など，多岐にわたりました。

　1960年代は，科学万能主義の時代でしたが，アメリカの生物学者レイチェル・カーソンの『沈黙の春』（1962年）は，農薬や化学肥料等の化学物質による自然環境・生活環境汚染に対する告発の書として，世界各国でベストセラーとなりました。1970年代には有吉佐和子の『複合汚染』（1974年10月～1975年6月まで朝日新聞に連載された長編小説）がベストセラーとなりました。

　農業近代化が何をもたらしたのか，その負の側面として以下の8つを挙げて

おきます。

①物質循環や自然との関係を断ち切った近代農業への埋没

　　自給を基本とした有畜複合経営から，農薬や化学肥料，農業資材，農業
機械の導入による少品目大量生産の経営へと転換が進みました。

②農薬による農民の健康被害や自然環境の破壊・汚染。

③農薬や化学肥料，抗生物質等の使用による，農作物や家畜の農薬や化学物
　質の残留。

④農民の農業観の変化

　　米や野菜は「できる」ものから「作る」ものへと変化しました。自然へ
の畏敬の念や謙虚さの忘却・喪失も進みました。自然と共にある農業とい
う感覚が失われ，自然というノイズ，制約をいかに排除するかに関心が移
っていきました。様々なものを作り出す百姓から経営的視点を持つ農業生
産者への転換が求められました。

⑤ネガティブな農業観・農業者観の広がり

　　「農業は儲からない」「農業では食えない」「学校の成績が良ければ都会
に出て，大きな会社に入った方が幸せ」「息子に農業を継がせたくない」
「娘を農家に嫁に行かせたくない」。農業に誇りややりがいを持てないまま
農業をする親たちの姿を通して，子どもたちもまた農業に魅力を見いだす
ことは難しかったのです。

⑥食と農の断絶

　　流通経路の拡大は，食と農の現場の乖離を招きました。作る人と食べる
人が相互に社会関係を持たない状況が広がっていきました。

⑦農村の過疎化，のちに高齢化

　　農村から都市への人口移動が最も早かったのは，西日本の中国地方，特
に山陰（鳥取県，島根県）で，1960年代初頭から**挙家離村**の形で進みました。
東北地方においてはやや遅れて1970年代から，挙家離村ではなく若年層の
流出という形を取りました。人口や世帯数の急激な減少は，集落の社会
的・文化的諸機能の機能不全につながっていきました。しかし，後には女
性・高齢者・**UIターン者**などへの期待と活躍の場の広がりが生まれるこ
とになりました。

⑧家族内の役割構造，勢力構造の変化

　　農薬や機械化は子どもや高齢者を圃場から遠ざけました。伝統的な農業
技術や農業観は遅れたものとされ，新しい知識・技術・考え方を持つ者が
発言権を強めていきました。

　このように，農業近代化の代償は大きかったのですが，1970年頃からはこう
した諸問題に対し，消費者，生産者，研究者，技術者，ジャーナリスト，市民
など様々な立場からの取り組みがなされていきました。　　　　（靍理恵子）

▷**挙家離村**
家族員の誰かが転出するの
ではなく，家族全員で転出
すること。

▷**UIターン者**
Uターン者は生まれ育っ
た家へ戻った人，Iターン
者は全く関わりのない地域
へ移住した人のこと。

Ⅶ　暮らしと生業・小農

4 農学と農村社会学の射程

▷**基本法農政**
⇨Ⅶ-2 参照。
▷**Uターン**
⇨Ⅲ-6 参照。

▷1　橋本玲子『日本農政
の戦後史【三訂】』青木書
店，1996年，ⅲ頁。

▷**農業基本法**
⇨Ⅶ-1 参照。

▷2　安達生恒『安達生恒
著作集 5 近代化農政へ
の挑戦』日本経済評論社，
1981年，225頁。

▷**農協**
日本における農業者によっ
て組織された協同組合，農
業協同組合のこと。近年は
JA（Japan Agricultural
Cooperatives）とよぶこと
が多い。1947年制定の農業
協同組合法に基づき，全国
各地で設立された。相互扶
助の精神のもとに農業生産
力の増進と農業者の経済的
社会的地位の向上を図り，
国民経済の発展に寄与する
ことを目的としている。

▷3　安達，前掲書，226-
227頁。

▷4　2021年5月に農水省
が発表した「みどりの食料
システム戦略」では，2050
年までに化学農薬の使用量
を50％，化学肥料の使用量
を30％それぞれ削減するこ
と，有機農業に取り組む面
積を100万ha（2021年現在
の約50倍）にする，と記さ
れています。

1 基本法農政と農民の主体性

　農業の近代化を進める「**基本法農政**」は，日本の農家，農業，農村に多大な影響を与えてきました。ただ，農政が全面的に農民や農業の形を変えたわけではなく，農民の側の様々な対応や抵抗があったことが分かります。

　たとえば農業経済学者の橋本玲子は，日本の農政において「農政の対象となる農民がほとんど主体的主導的な役割を与えられず，単なる受け手＝客体であるかのような扱い」を受けていること，しかし全面的にいいなりになっているわけではなく，兼業化は急ピッチに進んでいるがすすんで農に就く**Uターン**青年はふえ，選択的拡大はたえず米への回帰でジグザグに進み，単一作目を追う専作的経営ではなく複合経営が，「確かな農民採算のなかで増加」してきている，「農民はあくまでも日本農業の主人公として，主体的存在として健在なのである。」と述べています。

　また安達生恒は，「60年代農政の中心は**農業基本法**にある」が，それについて「立案の立役者であった当時の学者や官僚の中からさえも，かなり基本的な反省がすでに出されています。基本法路線はその立案者の中においてさえ，すでに挫折した」。そして「基本法公布と同時に，これとはまったく異なる自主路線を打ち出し，以来20年にわたって努力を重ね，その成果が世の中に認められるに至った2つの事例」として，東北と九州のそれぞれ小さな**農協**を取り上げています。大分県下郷農協は有機農法と産直により近代化路線とは異なる道を歩んできたこと，岩手県志和農協は，志和型複合経営を形成・確立してきた，と述べています。こうした基本法農政とは異なる実践の積み重ねの一方で，日本の農業政策は2021年現在もなお，大規模化，単作化，化学化という農基法以来の「伝統」を固持しています。

2 農学への批判と小農への着目

　農業や農村に関係の深い学問として，ここでは農学と農村社会学，それぞれの射程を比較してみましょう。

　戦後の農学（agricultural sciences）は，農業の改良発達をはかるための学問，つまり応用科学として再出発しています。農業生産学（耕種学，畜産学，農芸化学）と農業経済学からなっており，品種の改良や病害虫対策などの栽培技術，事業

継続の方法を学ぶ農業経営，行政による支援のあり方を問う農業政策などです。

　農学者の中島紀一は，「農業の近代化」は一見合理的な農業保護，農業振興策のようにみえたこと，それは収量の増加，所用労働時間の縮減など，短期的視点からは農業の生産性が向上したためで，しかし，長期的には地力の低下，連作障害の蔓延，病虫害の多発と農薬大量散布の悪循環，周辺自然環境の汚染と荒廃，農民の健康障害の広がり，農作物への農薬残留などの事態を招いたとしています[5]。そして，1970年代から約50年にわたる自身の研究生活と農学の研究史および農業・社会のありようを重ね，「低投入・内部循環・自然共生」をキーワードとする「自然と共にある農業」こそが持続可能な農業の姿であり，社会を支えると述べています[6]。

　中島は総合農学から出発し，その研究や主張は社会学にたいへん近いです。農学研究の中心は農業近代化路線を疑うことなく，その枠組みの中でなされてきています。農業の近代化＝正しい農業・あるべき農業の方向性と捉えられ，専業農家こそが農業の正統派の担い手であり，兼業農家には負のレッテルが貼られてきました。

　中島より上の世代の農学者の中にも，農業の近代化を批判的に論じてきた研究者がいました。守田志郎，安達生恒はその代表です[7]。両者はそれぞれ，農家の声を聞き，農村の現状を見て，そこから見えてくる事実に基づき論を展開してきましたが，農学の学界では「黙殺」されています。

　生活農業論の立場から主流の農学を批判してきたのは，農村社会学者の徳野貞雄です。徳野は，農学と社会学の研究の射程を，ヒト・モノ・クラシ・カネの４つの象限で表しています[8]。農学はモノとカネを扱う（モノとカネしか扱わない，ヒトもクラシも扱わない），社会学は４つを扱う。戦後農村社会の変化を捉えようとするとき，人びとが何を思い，考え，行為を選択してきたか。それぞれの人はどのような暮らしをしてきたか。そうしたことを抜きにして何が分かるというのか，という根源的な批判です。

　基本法農政およびそれを支持する農学研究の潮流から研究者自身が自由になれば，兼業農家が地域農業，地域社会において果たしてきた役割が見えてきます。また，多様化する農の担い手の現状とその意味を捉えることの重要性にも気づくことができます。

　農村研究者の学際的学会である日本村落研究学会では，2018年度の大会テーマセッションにおいて，農業経済学者の秋津元輝をコーディネーターに「小農の復権——日本農業のイメージを解放する」を行い，『年報村落社会研究　第55集　小農の復権』にまとめました[9]。持続可能な農業・農村社会の実現，維持・存続が求められる中，世界的に小農への注目が高まっていること，そうした世界的潮流と日本の研究状況を比べてみることで，現状や課題，今後の展望などを明らかにしました。

（靏理恵子）

▷5　中島紀一『野の道の農学論「総合農学」を歩いて』筑波書房，2015年，50頁。

▷6　中島紀一『「自然と共にある農業」への道を探る　有機農業・自然農法・小農制』筑波書房，2021年。

▷7　共に多数の著作がありますが，ここでは守田（1971，1974，1975），安達（1975，1981，1993）を挙げておきます。守田志郎『農業は農業である——近代化論の策略』農文協，1971年（1987年，農文協人間選書96として），守田志郎『農家と語る農業論』農文協，1974年，守田志郎『小農はなぜ強いか』農文協，1975年，安達生恒編『講座　農を生きる1　農業の論理（すじみち）とはなにか　近代化と農民』三一書房，1975年，安達生恒，『安達生恒著作集　5　近代化農政への挑戦』日本経済評論，1981年，安達生恒『岐路に立つ日本農業　二一世紀への選択』有斐閣，1993年。

▷8　徳野貞雄『生活農業論』学文社，2011年。

▷9　日本村落研究学会企画，秋津元輝編『年報　村落社会研究55　小農の復権』農山漁村文化協会，2019年。

Ⅶ　暮らしと生業・小農

5 近代農業とは違うやり方・暮らし方

▷1　会の公式ホームページの URL は https://www.1971joaa.org/。

▷2　減農薬運動については，宇根（1987），八尋（2019）を参照。宇根豊『減農薬のイネつくり——農薬をかけて無視をふやしていないか』農文協，1987年，八尋幸隆「一般消費者・若者たちとともに農的暮らしを楽しむ」萬田正治・山下惣一監修，小農学会編著『新しい小農——その歩み・営み・強み』創森社，2019年，95-109

▷3　玉麻吉丸（1975, 1977）を参考にした。玉麻吉丸「第 6 章「産直」は農の理法を回復する——下郷農協の実践から」安達生恒編『講座 農を生きる 1 農業の論理（すじみち）とはなにか 近代化と農民』三一書房，1975年，179-210，玉麻吉丸「報告Ⅱ 単協からみた系統共販——下郷農協の販売活動」（1976年度秋

1　資本主義システムから距離を取る

　図Ⅶ-1 は，農業に関する 2 つの異なる論理を示したものです。左側が近代農業，右側がオルタナティブ農業です。1970年前後から，近代農業とは違うやり方や暮らし方を求める声やそれに基づく実践が展開されていきました。

　ここでは，オルタナティブなやり方の事例として，生産者と消費者による有機農業運動，農家と技術者による減農薬の米作り運動，小さな 2 つの農協の産直事業と自給運動を紹介します。

2　オルタナティブなやり方の事例

　日本における有機農業運動の草分けは，NPO 法人日本有機農業研究会です[1]。会は1971年10月，有機農業の実践，普及，交流を目的に生産者と消費者，研究者により結成されました。「提携」（単なるものの売り買いの関係ではなく，人と人との友好的付き合い関係）という考え方に基づく実践を始め，足元から社会を変えようとしてきました。反公害，科学盲進への反省などから出発し，社会状況の変化の中で反グローバリゼーション，地域に支えられた農業や家族農業の重視，遺伝子組み換え作物・食品に対する反対運動，世界の小農・家族農業との国際的連帯など，その関心を広げてきました。

　減農薬の米作り運動は，1970年代半ば頃から福岡県の農業改良普及員（宇根豊）と農家（八尋幸隆ら）により始まりました[2]。普及所が作成したカレンダー通りに農薬散布を行う米作り技術ではなく， 1 枚 1 枚の田んぼの様子をみて農薬の回数・時期を考えること，それが米作りの技術を農民の手に取り戻すこと，百姓であるという誇りや新たなアイデンティティの構築へとつながっていきました。運動を通して農業のやり方も変わりましたが，農民自身が変ったことが大きいといえます。「考える農民」ということ，百姓の技術を思い出す・創り出すということの認識の獲得です[2]。

　次に， 2 つの農協の取組みを紹介します。 1 つは，産直事業に取り組むことで「流通革命」を起こした，大分県下郷農協です[3]。農業近代化で形成された「大規模産地」とセットとなっている流通システムは，市場

〈近代農業〉		〈オルタナティブ農業〉
産業・経済の論理	⇨	生活の論理
強者の論理	⇨	弱者の論理
競争，攻めの農業	⇨	共生，共存
ライバル意識	⇨	仲間意識
拡大，成長路線	⇨	定常，維持・安定・継続路線
物質循環の断絶	⇨	物質循環
効率性，計画性	⇨	「無駄」，不確実性

図Ⅶ-1　農業に関する 2 つの論理

注：靏（2018）「多様化する農の主体——ジェンダー論からの分析」『農業経済研究』第90巻，第 3 号，238頁の第 4 図を一部修正。

制度・農協共販です。農家は農協に出荷し，農協から経済連を通じて各地の市場へ出荷，市場から仲買人へ，仲買人から小売店へ，という流れです。その市場制度・共販体制では，農家は自分の作ったものに値段を付けられません。豊作の場合，市場では値崩れしてしまい，再生産費も出ません。それでは農業を安定的に続けることは困難です。

　どうしたらよいかを考える中で，思いついたのが産直という新たな流通のしくみでした。食べてくれる人に直接届けよう，そうすれば価格の安定だけでなくやりがいが得られると共に，消費者には安心して食べてもらえます。お金のやりとりだけに還元されない関係も作ることができます。それが大分県旧耶馬渓町（現中津市）下郷農協の取り組みで，現在まで続いています。

　次に，農業近代化で切捨てられた自給を再評価する取組みを見てみましょう。1970年代，全国各地で農協婦人部の家計見直しや家庭菜園復活運動などとして始まりました。農業の近代化過程で，お金にならない（お金を生み出さない）自給部分の切り捨てが急速に進みました。家庭菜園の放棄，米や野菜，味噌，漬物を買うなどです。しかし，その弊害が顕在化する中，自給再評価の動きが始まりました。

　秋田県仁賀保農協はその先駆的事例です[4]。1973年から24年間，農協組合長を務めてきた佐藤喜作は，その運動の背景や経過，成果などを分かりやすくまとめています（佐藤 2000）。「仁賀保町の自給運動の経過」（**表Ⅶ-1**）は，仁賀保農協での1970（昭和45）年から平成5（1993）年までの23年間の経過を示したものです。

　類似の取組みは全国各地の農協で農協女性部を中心に展開され，そこから野菜の無人市や直売所，加工グループなどの農村女性起業活動へつながっていった例も多いです[5]。

季研究会報告，テーマ：農協販売事業の課題と展望）日本農業市場学会『農産物市場研究』4(0)，1977年，14-17。

▷4　佐藤喜作（2000）を参考にした。『自給自立の食と農』創森社。

▷5　詳細は，靍理恵子『農家女性の社会学　農の元気は女から』（コモンズ，2007年）に詳しい。

表Ⅶ-1　仁賀保町の自給運動の経過

年度	主な自給運動の内容
昭和45年	主婦の健康と家庭を守るため，自給自足運動を提唱。自給野菜類を組合病院に出荷
49	20万円自給運動を展開。鶏10羽運動（土の上で自給のえさで），豆植え（豆腐，納豆づくり運動）
50	40万円自給運動の展開。地元生協との自給農産物の取引開始。鶏10羽運動を子供の分担とする。豚1頭運動（老人の分担，残飯処理を兼ねる）
52	50万円自給運動へ。青空位置開設（余剰自給物を毎週金曜日に農協前で）。婦人部共同畑設置（2集落）
54	自給運動（健康）を生産費から見直す。「3，1，5，1運動」（生産費に占める農薬と化学肥料の割合逓減）。有機農業研究会設立。
55	有機農業研究会による有機米の作付け開始。
56	農協婦人部集落共同畑の実施。
61	婦人部協働畑20集落に（平沢地区7集落加入）。
62	青空市場10周年。有機朝どり野菜産直試み。第3回東北有機農民 "わざ" 交流会
63	農協百栽館発館。農協納豆づくり開始。婦人部共同畑21集落。有機朝どり野菜産直。特別栽培米50俵。
平成元年	第1回百栽館まつりの開催。学校給食，地元消費者グループへの有機農産物，納豆供給。自給運動は農家各戸から地域自給へ進展。
5	自給の味散歩道（45種）開始。

　出典：佐藤喜作『自給自立の食と農』創森社，，2000年，43頁を一部修正。

VII　暮らしと生業・小農

 6 # 新たなアイデンティティの
構築・獲得

 1 ## 胸を張って「百姓」と名乗ること

　アイデンティティとは、「私は何者か」への答えですが、他者からの社会的な承認を必要とします。農業や農家、農村に対する他者からのまなざしが否定的なものとなる中で、別の肯定的・プラスの意味づけを見出そうとするとき、同じようなことを考えている「仲間」は、そのアイデンティティを承認してくれる「重要な他者」となります。肩身の狭い兼業農家、ではなく、兼業農家こそが日本の農業、農村を支えてきた、支えていくという気概を持って胸を張る私、です。名刺に「百姓」と書かれていたり、プロフィール紹介の際の肩書として、「農業者」「農家」ではなく、「百姓」を使うのです。

　全国合鴨水稲会は、1991年、「合鴨水稲同時作が様々な地域の百姓の手によって実践され、技術的により深まり、確固としたものになることを願い」(『合鴨通信』創刊号、1頁、1991年6月) 結成された組織です。会員の大半は農家で、その他関連の事業者・研究者・消費者がいます。会は、暮らしのあり方、社会のありようを根底から考えたり、実践したりする運動体の側面も持っています。会員たちは自分の住む地域では仲間が見つからなくても、全国各地、アジアには同じような考えを持ち、実践する「仲間」がいます。年に一度の合鴨フォーラムやアジア合鴨農民交流は、そうしたことを確認できる貴重な場です。

　長崎県世話人の古川無逸は、「東京、山形、静岡、京都、埼玉、熊本、鹿児島等々おかげ様で各地のフォーラムに観光がてら行くことができました。全国の世話人の方々とその時々に語り飲みワイワイやりながら、『この会はいわゆる変人の集合体だけど皆さんきっとぶれない生き方をしているんだろう』と会うたびに感じていました」と記しています。

 2 ## 「百姓のまなざし」

　宇根豊は、70年代に九州で農家と共に減農薬稲作運動を始め、後に農業改良普及員を早期退職、就農し新しい農学 (百姓のための農学) 構築などの思索活動を続けています。宇根は、近代農業とは違う、自然の中での農の営みを行なう百姓には、特有のまなざしがある、といいます。百姓が赤とんぼ、カエル、オタマジャクシなどの田んぼの生き物たちにそそぐまなざしは、お金とはまったく関係ないもので、経済的には無価値です。田んぼの畔の草刈り中に飛び出す

▷1　『合鴨通信』創刊号、1頁、1991年6月。

▷2　古川無逸「30年目を迎えた合鴨水稲会に対し、思うこと」(高山耕二・高山志保編『合鴨通信』第77号、2021年7月、15頁。

▷3　宇根 (2005, 2007, 2011) を参考にした。宇根『国民のための百姓学』家の光協会、2005年、宇根『天地有情の農学』コモンズ、2007年、宇根『百姓学宣言経済を中心にしない生き方』シリーズ地域の再生、第21巻、農文協、2011年。

カエルを傷つけないように，その都度，草刈り機を止めることは，労働の効率性としては悪いです。カエルを無視してどんどん草刈りを続ければいい，でも，それは違う，といいます。

宇根と減農薬運動を始めた「百姓」の八尋幸隆が書いた「彼岸花」の話も，同様の感覚に基づくものです。八尋は，牛や馬を使って農耕をしていた60年ほど前までは，田んぼのあぜは田の水をためるための土手，稲の手入れをするための通路，家畜を養う草を得るための大事な場所だった，しかし，家畜がトラクターに代わってからは，あぜ草は邪魔者になり，あぜの草刈りは農家にとっては非生産的な作業となったこと，あぜに彼岸花が咲く風景は，自然に，勝手にできたのではなく，百姓のテクニックが必要だといいます。決して彼岸花をきれいに咲かせてね，と誰かに頼まれたわけではないし，米の収穫量が増えるわけでもないが，毎年，律義に咲くこの花のためにやっている。

米の収穫だけを目的とするならば，風通しが悪くなるあぜ草はない方がいい，そう考えてコンクリートで固めたり，除草剤で枯らした田んぼもあること，草刈りに費やす時間や草刈り機の代金など，経費を積み上げれば結構な金額になること，同じ計算でも，彼岸花を咲かせるための計算と，収支のための計算では大きくその意味もすることも異なっていること。八尋は「経済学の先生たちは，この仕事をどう評価しますかね。」と問いかけ，「この秋もたがうことなく咲きにける　彼岸花にぞ安らぎおぼゆ」と詠んでいます。

彼岸花やあぜ草刈り，あぜの管理の仕方の違いを生み出すもとは，どこにあるのでしょうか。百姓仕事が経済的活動のみにとどまらないことを表しています。

③ 農家と語る研究者・技術者の登場

1970年代には，**基本法農政**や近代農業が農家・地域の農業・農村社会に与えた影響を農家と共に考えようとする研究者が現れます。安達生恒，守田志郎はその嚆矢です。安達生恒は「農民を守るための農協が「資本の論理」に汚染されたとき農協は商社と化し，農民の加害者にさえ転化する。「資本の論理」が地域開発と農業「近代化」を通じて「農業の論理（すじみち）」を破砕しつづけた結果として，地域連帯の喪失，生産力の崩壊，見てくれだけの「偽商品」の生産・消費を強いる市場機構，農民の沈鬱で安らぎのない姿態が生じた」，と述べます。そして，「農業の論理」を回復し農民に安らぎを回復するためにも「農協の論理（すじみち）」を蘇生する必要があること，その方策を農民と市民の人間的交流に支えられた「産直」と複合農業，およびそれをおし進める農民組織と生産農協の思想と実践に求めました。

安達のこの主張が今なお古びていないのはとても残念なことですが，農家と語る研究者・技術者たちは，農業技術を含め，農の主体性を百姓の手に取り戻す姿勢を貫いてきました。その姿勢は今に受け継がれています。（靍理恵子）

▷4　八尋幸隆「彼岸花」（2021年9月13日掲載）「新聞記事連載　百姓の四季　むすび庵庵主　八尋幸隆」（西日本新聞社「西日本新聞」2021年4月から月2回，連載中）。

▷**基本法農政**
⇨Ⅶ-2参照。

▷5　安達生恒編『講座 農を生きる1　農業の論理（すじみち）とはなにか　近代化と農民』三一書房，1975年，3頁。

Ⅶ　暮らしと生業・小農

 「現代の小農」と多様化する農の担い手

 小農学会設立の社会的意義

　「現代の小農」とはどのような人たちを指すのでしょうか。ここでは，「儲けることを第一義とせず，自分または家族の暮らしを成立させ継続していくという目的で存在している人」と定義しておきます。

　小農学会は，2015年11月，福岡で設立されました。会員の多くは，1960年代から始まった**基本法農政**を基調に現在まで続く農業の近代化路線（大規模化，機械化，化学化，プロ化＝生活からの分離〔余暇・消費・再生産・楽しみなどの排除〕）とは明確に違う生き方（行き方）をしてきた人，あるいはそれらへの共感者です。農家，研究者，技術者，新聞記者，農に関心のある人，就農希望者など，多彩な顔ぶれです。

▷**基本法農政**
⇨ Ⅶ-2 参照。

　会の共同代表の1人，農民作家の山下惣一は，国連の報告書（日本語版『家族農業が世界の未来を拓く』）を読み，世界の農業の潮目が変わったと感じたことから会の設立を思いついたと記しています。

　会設立の社会的影響は大きなものでした。世界の潮流と日本政府の姿勢が大きくズレているが，日本各地で小規模・家族農業をやってきた自分たちは，世界の潮流と見事にシンクロしている，ということを提示しました。

▷1　山下惣一「どこの国でも小農は立国，救国の礎」萬田正治・山下惣一監修，小農学会編著『新しい小農——その歩み・営み・強み』創森社，2019年，10-26頁。

　たとえば，福島県二本松市東和地区は，中山間地域に位置する「条件不利地域」です。それゆえに自分たちなりの農業のあり方を模索してきました。出稼ぎに頼らず農業で暮らしを立てるために農業経営の多角化，多様化を追求し，有機農業，少量多品目，有畜複合経営と販路の開拓（直接販売，消費者とのつながりを作る），都市との交流事業などを行なってきています。平成の大合併後も取り残されないための方策としてNPO法人を立ち上げ，「ゆうきの里」宣言を地域の羅針盤として，個人・家・地域の維持存続を実現してきました。個人があって，ムラがあって，地域があるという，村落研究が押さえてきた農業・農村社会維持・継続の原理に立ち返ることで，中山間地域での持続的な農・暮らしが実現されているのです。

▷2　東和地区の取組みについては，靏（2019a）を参照のこと。靏理恵子（2019a）「第三章　複合して生きる暮らし」日本村落研究学会企画，秋津元輝編『年報　村落社会研究55　小農の復権』農山漁村文化協会，89-123頁。

 世界の潮流と日本

　世界的には，小農・家族農業の価値を再評価する潮流が加速しています。国際連合は，2014年を「国際家族農業年　International Year of Family Farming 2014」と制定しました。2017年の国連総会では，2019年〜2028年を国連「家族農業の10年」と定めました。

　翌2018年11月，国連総会第3委員会で「小農と農村で働く人びとの権利に関する国連宣言（小農の権利宣言）」が賛成多数で採択されました。この権利宣言は，家族経営等小規模の農家（小農）の価値と権利を明記し，加盟国に対して小農の評価や財源確保，投資等を促したものです。発展途上国を中心に賛成が圧倒的多数である一方，米国，英国，オーストラリア，ニュージーランドなどは反対，日本は棄権しました。

　こうした日本政府の姿勢は，これまでの日本の農業政策の流れと見事に一致しています。1961年制定の**農業基本法**以来，日本は農業の近代化（大規模化，単作化，化学化）を進めてきたこと，特に安倍政権下で新自由主義的な農業政策として企業参入が一層進められたことと，小農・家族農業再評価の世界の動きはちょうど真逆なのです。[3]

3　多様化する農の担い手

　日本社会における現実は，そうした政府の対応とは大きく異なっています。農業センサスには載りませんが，自給的，半農半Ｘ，農的暮らし，プランター栽培者まで含めると，農の担い手は実に多様化しています。かつては農地の管理・耕作者は，基本的にはその農地の所有者とその家成員でしたが，次第に村内外の農家，移住者，交流・関係する村外の住民へと広がってきました。最初は高齢化，後継者不足のために「仕方なく」始まった場合もありますが，近年はむしろ，積極的・肯定的な意味合いで村内の農地の耕作・管理が「開かれて」来ています。農地の所有権はそのままでも，関わる人びとが増え，個人所有のうえに新たに「公」的意味が付与されてきているのです。田んぼ講座，田んぼオーナー，体験農園など，様々な名称・やり方が各地で展開されています。

　農業や農村とは無縁の生まれ，育ちの人たちが，新規就農や農山村への移住を志向する動きがあります。親や祖父母たちが生き生きと農業をしていたり，楽しそうに暮らす姿を見て，主体的に就農する子どもや孫世代も出てきました。彼らに共通しているのは，農を介して暮らしや社会について考えようとする姿勢です。そして，そうした人たちの就農や移住をサポートするNPOや地域も生まれ，増えてきています。[4]

　2008年のリーマンショック，3.11の震災は，そうした動きが生れる1つの契機となりましたが，2020年から続くコロナ禍もまた，私たちに同様の問いを投げかけています。農に関わることを通して暮らしや社会のあり方を自分の足元から見直そうとする人たちが若い世代を中心に出てきています。これは大きな希望といえるのではないでしょうか。

（鵜理恵子）

▷農業基本法
⇨Ⅶ-1参照。

▷3　鵜（2019b）「報道されない，国連「小農」宣言」（一社）全国農業改良普及支援協会『技術と普及』2019年2月号。

▷4　荒井聡・西尾勝治・吉野隆子編著（2021）は，そうした取組みの軌跡が詳細に記されています。荒井聡・西尾勝治・吉野隆子編著『有機農業でつながり，地域に寄り添って暮らす岐阜県白川町　ゆうきハートネットの歩み』筑波書房，2021年。

Ⅷ　むらと女性

 ジェンダーと地域社会

ジェンダーとは

　本章では「むら」における女性のあり方について，いくつかの視角からその変化を学んでいきます。そのために本節ではまず，ジェンダーと地域社会について考えます。昨今，ジェンダー関係に対する関心がまた高まってきています。世間を騒がす政治家の失言問題や，世界中に広がる**性的マイノリティの権利**[1]に関する活動，夫婦別姓などの法制度に関わる問題など，その射程は広く，取り上げられ方も様々です。これらの関心の高まりの背後には，ジェンダーに関わる社会意識の変化があると考えられます。

　はじめに，ジェンダーという言葉について確認しておきましょう。最もシンプルには「社会的・文化的性別や性差」という意味で使われています。もともと言語学において名詞の性別を意味する用語であったことはよく知られていますが，1970年代の**第2波フェミニズム**[1]以降，上述の意味で使用されるようになりました。当初は生物学的な性である「セックス」との対比でつかわれましたが，1980年代には「生物学的性別」（sex）と「社会的・文化的性別」（gender）の二分法，生物学的性別を普遍的・客観的・不変的であると想定することへの批判が生まれ，たとえば，江原・山田（2008）では「当該社会において社会的・文化的に形成された性別や性差についての知識」とする定義が採用されています。この定義によれば，「生物学的性別・性差」についての知識も，生物学という科学研究によって社会的・文化的に形成された知識であるがゆえに，当然「ジェンダー」に含まれることになります。

2　性役割

　加藤（2017）は，ジェンダーについて「私たちは，さまざまな実践を通して，人間を女か男か（または，そのどちらでもないか）に〈分類〉している。ジェンダーとは，そうした〈分類〉する実践を支える社会的なルール（規範）のことである」と定義したうえで[2]，性役割とは「人がその性別に応じて社会の中で期待される行為のパターン」としています[3]。そして，期待を持つことは心の状態であるから，性役割とは男女の性質や行動の違いそのものではなく，そうした違いに関する人びとの考え（「女はこうあるべきだ」「男ならこうしてほしい」といった）を表す概念であると説明します。

▷**性的マイノリティの権利**
Ⅹ-6～Ⅹ-8参照。

▷**第2波フェミニズム**
フェミニズムとは女性解放論を指しますが，19世紀から始まった女性の参政権の獲得を中心とした運動を第1波フェミニズムとよぶのに対し，1960年代後半から70年代前半に世界で盛り上がったフェミニズムを第2波フェミニズムとよびます。文化や社会意識，また私的領域までも対象とした様々な潮流をまとめて第2波としています。
▷1　江原由美子・山田昌弘『岩波テキストブックスαジェンダーの社会学入門』岩波書店，2008年，5頁。
▷2　加藤周一『はじめてのジェンダー論』有斐閣，2017年，7頁。
▷3　同，70頁。

3　領域とジェンダー関係

　このような性役割は文化や社会のシステムによって異なり，その中に生きる人びとの日常に大きな影響を与えることになります。

　毎年発表され，新聞などで報道される「ジェンダーギャップ指数」というものがあります。多様な統計データを使用して，男性を1とした場合に女性がいくつなのかを示すもので，例年150カ国程度の対象国の中で日本の順位が低い（2021年では120位，0.656）ことが問題視されています。ここで注目したいのは，領域によって指数が大きく異なることです。日本の場合，教育（0.983）や健康（0.979）では高いのに対し経済では0.598，政治では0.049と非常に低く，ジェンダー関係が領域によって異なることが示されています。

　同様に人びとの認識も領域によって違いがあります。内閣府の「男女共同参画世論調査」において「男性が優遇されているか」「女性が優遇されているか」を質問した結果（平等感）をみると，領域によって異なる回答が得られています。とりわけ「政治の場」「社会通念，慣習しきたりなど」「職場」で男性が優遇されているとする回答率が高い結果が示されています。

4　ジェンダーと地域社会の関係

　さて，ここでようやくジェンダーと地域社会はどのような関係があるのか考えたいと思います。上述したようにジェンダー関係は領域によって異なることから，「地域社会の個性やその特質ごとに異なる」ことが前提となります。企業によってジェンダー関係が異なるように，地域社会によっても異なるジェンダー関係があると考えられるのです。伝統的な農村社会においては，男性と女性とは明らかに異なった性役割を持っていました。

　現代的なジェンダー視点からは，そもそも性別を男性と女性の二分法で語ることの問題が指摘されていますが，伝統的な農村社会が，その二分法に基づき「男性の役割」「女性の役割」を前提とした仕組みとして成立してきたことを無視するわけにはいきません。特に「いえ」における男女はその位置づけも役割への期待も画然とした違いがあり女性は抑圧されていました。農村の女性の地位向上を図ろうとする評論や活動は戦前から存在し，現在でも学ぶべき指摘が多くあります。中でも丸岡秀子は先駆者として知られ，農村の女性の置かれた厳しい状況を明らかにし，精神的自立の重要性を説きました。

　農村の女性の状況は都市とは異なる背景を持ち，それらに関するより深い理解によって，現状の課題への接近方法がみえてくると考えられます。本章では，伝統的な女性の位置づけはどのようなものであったのか確認し，全体社会の変化の中で，それがどのような変化を遂げてきたのかみていきたいと思います。

（原　珠里）

▷ジェンダーギャップ指数
非営利の財団法人である世界経済フォーラム（World Economic Forum）が2005年から毎年発表している資源や機会の配分の男女格差を示す指数です。算出には公的なデータが使用されています。1であれば男女平等，0ならまったくの不平等を示します。
▷4　内閣府『男女共同参画世論調査』

▷丸岡秀子（1903-1990）
戦前戦後に活躍した女性解放論の評論家です。産業組合中央会調査部につとめて全国の農村を回った経験から，農村の女性の自立と解放を訴えました。主著に『日本農村婦人問題』（1937年〔第3版，ドメス出版，1980年〕）があります。

Ⅷ　むらと女性

2 「いえ」の中の女性の位置

▷1　鳥越皓之『家と村の社会学』増補版　世界思想社，2008，10-12頁。

▷2　永野由紀子『現代農村における『家』と女性』，刀水書房，2005年，19-22頁。

▷末子相続
兄弟のうち，一番下の弟が財産や身分を相続することをさします。兄が次々と独立し，最後に残った弟が家を継ぐということで，日本では瀬戸内や九州に多くみられたとされます。

▷姉家督
第一子が女子であった場合，その下に弟ができた場合でも，その女子に家督相続をすることをいいます。実際には婿をとって婿が相続者となります。世代交代の時の労働力確保にこの方法が良いことが存在理由とされています。

▷3　福武直『日本の農村』東京大学出版会，1971年，29-42頁。

▷売物・あととり・用心棒
嫁出する売物としての女の子がまず生まれ，次に長男が生まれ，男1人では不安であるから用心棒として次男が生まれるというのが家にとって望ましいということを意味する言葉です。

1 「いえ」のあり方

　「むら」と女性について考える際に最も重要な要素は「いえ」のあり方といえるでしょう。では「いえ」とはどのようなものでしょうか。ここでは，鳥越（1993）に基づき，家産に基づき家業を経営し，家計を共にする経営体である，家系上の先人である先祖を祀る，直系的に存続し繁栄することを重視する，という性格を確認しておきます。

　家父長制家族は，家父長の伝統的な支配権力と，成員の恭順に基づく服従を基礎とする父系的な世襲家族であるとされます。いえの存続が最も大切なこととされていて，長子相続制にもとづき親子関係が中心的な家族関係とされ，夫婦関係は副次的な位置におかれていました。直系的に存続するということはどういうことかといえば，一組の両親がある規則に基づいて選択された子とその配偶者と，つまり原則的には二組の夫婦が同居して続いていくということです。日本においては，長男子が優先的に相続するというのが一般的な規則でした。

　明治民法（1898）における家族制度では，戸主の死亡時にはその身分と財産は単独相続され家督相続において長男子が優先されましたが，この民法は江戸時代の武士層をモデルに制定されたものであり，実際の民衆の家族の実態は異なっていたといわれています。農家の場合，鹿児島県などを中心とした**末子相続**や北関東に多いといわれる**姉家督**などが知られています。しかし，姉家督といっても長姉が婿をとって家督を継ぐのであり，女性の継承は男子の承継可能性がない場合に限られていたといえます。つまり，いえは原則的には男性から男性へと引き継がれるものであったことを押さえておく必要があります。

2 「いえ」の中の女性

　上述のような「いえ」の中で，女性はどのような位置を与えられていたのでしょうか。福武（1971）は，農家の特徴として以下のような点を指摘しています。まず，既存の家族の中に女子が婚入するという形が原則であった中で，女性たち（家長の妻や嫁）は，家長権の強さ（家産の管理権，農業の経営権）の下，受動的な労働を強いられていたこと。しかし，長子単独相続といっても，長男以外の子女も財産の分与は受けており，娘の婚出にあたっても，その後も何かと援助があったこと。「**売り物・あととり・用心棒**」などという言い方をし，

娘たちは「家」の存続のためには不要なもので，婚出させるのに金がかかる存在とされていたこと。そして，「家」制度のもとでは婚姻は家相互の問題で，家格と「働き手」としてふさわしいかどうかが考慮され，夫の妻である以上に舅姑の嫁として家風に適応しなければならなかったことなどです。夫が家長になり女性自らも主婦になって，その地位が完全に安定したとされます。

<ruby>舅<rt>きゅうこ</rt></ruby>姑

3 「いえ」の中の「主婦」

では「主婦」とは何かといえば，単なる世帯主の妻や家事担当者という意味ではなく，「いえ」制度を構成する一種の職階であったと理解されています。家長とならんで家政を担当する地位をさしており，主婦権は主婦の持つ権限（権能）で，慣習として主婦に裁量権のあった家庭における役割の範囲を示しました。しかし，主婦権といっても家長権に比較すれば小さな権限にすぎなかったと福武は指摘します[4]。また，何世代かの夫婦が同居する家族形態においては，家族員の役割はこうした地位をめぐって配分されていたのです。

4 戦後の「いえ」

第二次世界大戦の敗戦後，新憲法発布や旧民法の家族法の改正があり，日本の法律からは「いえ」や「戸主権」がなくなり，長男単独相続制も排除され，兄弟姉妹は基本的に同じ相続権を持つこととなりました。

しかし，法律が改正されても人びとの意識や家族関係がすぐに変化するというわけではありません。当時から，特に扶養に関する規定，共同分割相続制などに対して強い反対論がありました。それまでのように長男が相続しないのでは，親を扶養する子がいなくなるのではないか，農業経営が存続できないのではないか，といった点が中心的な論点でした。このような提起を受けて，1964年の通達を経て「贈与税納税猶予制度[5]」が創設されました。これは現在も有効な内容であり，経営の存続にとっては意義があるとしても兄弟姉妹の平等の観点からは問題も指摘されています。

また，実態としても「いえ」は存続しました。農地改革後に秋田県を調査した竹内利美の研究を参照して，永野（2005）は，家族生活は「生産」から一応解放された「憩いと楽しみの場」といったものではなく，むしろ厳しい規律による「企業の場」としての面を濃厚にする，と述べています。「家」における家長権の内容は，①生産労働の統制と②家計（「財布」）の管理という2つの場面で考察できる，とされます[6]。そして，生産労働の場面での主婦の主導力はごく弱く，後継者の妻は重要な労働力でありながら，男性の指揮にしたがう追随者にすぎないこと，また家計の管理においても，民俗学において説かれてきた**シャモジに象徴される権限**の強さにも関わらず，家長の経営管理の制限内におかれていたとするのです。そして，一方で家長自身も「いえ」の拘束から離れ

▷4　福武，前掲書。

▷5　川島武宜『日本社会の家族的構成』岩波書店，1950→2000年，203-232頁。
▷贈与税納税猶予制度
農業を営む人（贈与者）が，農地を推定される相続人の1人である農業後継者に贈与した場合には，農業後継者に課税される贈与税の納税を猶予し，贈与者または後継者のいずれかが死亡したときに免除されるという制度で，後継者への経営移譲を安心して進められる利点があるとされます。

▷6　永野由紀子『現代農村における『家』と女性』刀水書房，2005年，74-75頁。
▷シャモジに象徴される権限
主婦が持つ衣食を中心とした権限をさします。食事の分配は主婦の権利であることから，ご飯をよそう杓子（シャモジ）は権限の象徴であり，姑が主婦の座を嫁に譲る「杓子渡し（シャモジ渡し）」を経て，新しい主婦が認められるとされました。

▷7　同上。

た自由人ではなかったことも強調しています[47]。

　もちろん，地域，あるいは家族による差異も大きかったと考えられますが，法律が変わっても「いえ」というものの実質がすぐには変化しなかったという点が重要です。

5　家族意識の変化

　しかしながら，戦後の家族が大きな変化を経験したことも事実です。世帯員の減少やその多面的な機能の社会化により，家族の機能は縮小化してきました。また，家族とはどうあるべきかという人びとの意識も次第に変化したことについては農家家族も例外ではありません。

▷8　高橋明善・蓮見音彦・山本英治編『農村社会の変貌と農民意識──30年間の変動分析』東京大学出版会，1992年，204-206頁。

　秋田県と岡山県における3回の意識調査を実施した高橋らの研究では，1953年から1968年にかけて家族に関する意識が大きく変化したことが指摘されています。表Ⅷ-1にあるように，先祖の位牌や家の財産を長男が1人で相続するのが当然だという回答は，1953年では秋田でも岡山でも最も高い回答率を示していますが，68年にはかなり比率を下げ，「長男でなくても誰かが1人で相続するのがよい」という回答が最も多くの支持を集めています。1985年の段階で

表Ⅷ-1　いえ意識の変化

Q15
従来日本の農村では一般に長男が先祖の位牌をまもり，家の財産も一人でつぐのが普通とされてきましたが，そういうしきたりをどう思いますか（単位：%）。

質問項目	秋田			岡山		
	1953年	1968年	1985年	1953年	1968年	1985年
1 長男が一人で相続するのが当然だ	61.5	27.5	28.1	32.9	11.5	16.3
2 昔からの習慣だから長男が相続する	9.5	13.6	13.2	17.2	8.7	9.5
3 結局長子相続になるのはしかたがない	9.8	6.9	5.4	8.4	6.6	7.1
4 長男でなくてもだれかが一人で相続するのがよい	4.3	31.3	38.6	13.1	36.5	37.7
5 子どもの事情を考えて財産をわけるのがよい	} 9.7	12.2	5.4	} 25.6	24.7	14.3
6 子どもたち全部で均等にわけるのがよい		4.3	1.5		8.3	5.6
7 その他		1.9	1.2		1.4	1.2
8 わからない，無回答	4.9	2.4	6.6		2.4	8.3
合計	100.0	100.0	100.0	100.0	100.0	100.0
実数	367	419	334	273	288	252

注：1953年は，5，6，3に当たる回答は「長男だけにやれぬ」「もっと自由に」である。
出典：高橋・蓮見・山本（1992）。

Q15SQ1　（長男でなくても誰か一人で相続すると答えた場合）
　　　　　その誰か一人は男の子，女の子どちらを考えますか（単位：%）。

質問項目	秋田	岡山
	1985年	1985年
1 出来たら男の子がよい	42.6	46.3
2 出来たら女の子がよい	3.1	─
3 男の子，女の子どちらでもよい	54.3	53.7
0 無回答	─	─
該当者合計	100.0	100.0
実数	129	95

出典：高橋・蓮見・山本（1992）。

もこの傾向は変化していません[48]。

　そして，そう回答した場合，「その誰か1人は男の子，女の子どちらを考えますか」という質問に対して，秋田も岡山も過半数の回答者は，男の子，女の子どちらでもよいと回答しています。しかし，一方で40%以上が「できたら男の子がよい」としています。

6 農家家族の変化

　農家家族の変化については，多様な研究視角から分析されてきました。いえとその継承について山梨県勝沼町における30年以上に及ぶ長期反復調査により分析した堤（2009）[9]からは，変化と持続の両方の側面が浮かび上がります。また，熊谷（1998）[10]は，生活時間調査により「主に男性が遂行してきた村落において『家』を代表する役割には顕著な縮小がみられる一方，新しく，女性たちは家族内の役割に規定されず社会的役割に直結するような個人活動にのりだしている」と家族の成員が個別的な活動を増やしてきていることを分析しました。また，安倍（2005）[11]は「財布」と呼ばれる家計が多世代で1つの大きなものであった時代から，次第に世代ごとに「小財布」が別れ，また次第に夫婦間でもそれぞれの「財布」を持つようになってきたという変化を明らかにしています。このような動きを「個人化」とよぶ研究者もいます。「いえ」として一まとまりであった農家家族が大きく「個」へと変化したわけですが，この変化の背景には，兼業化などの社会の変化と，機械化などの農業技術の進展があったことはいうまでもありません。

7 いえと農業

　戦後，農政における農家女性は生活改善などの主体として位置づけられており，それが「農業者としての女性」という視角からはじめて捉えられるようになったのが，1992年の「農山漁村の女性に関する中長期ビジョン」であるとされます。以降，農家女性を対象として進められた施策の1つが「家族経営協定の推進」です。家族経営協定とは家族内のルールを文書として定めたもので，法的拘束力はありませんが，農業経営における役割や報酬，休日などについて定めています。つまり家族経営であっても，家族関係ではなく関係者が決定した規則によって経営を律しようとするものです。

　さらに，農業経営の法人化が進み，法人に就職する雇用就農も増加してきました。農業への新規参入者をはじめ，通いで農業を営む事例も増えています。これらにより，いえと個人の仕事，仕事と生活，農業経営と地域社会の分離が進んできています。もちろん，農外に就業する女性も増加しました。このように女性が個人として認知される機会も増えてきていますが，農家が「いえ」と「いえ」の繋がりを基本として「むら」を構成しているという構造がなくなってしまったわけではありません。そして，いえの中での女性の位置づけは，今でもむらにおける女性の位置づけを規定する一要素となっているのです。

（原　珠里）

▷9　堤マサエ『日本農村家族の持続と変動——基層文化を探る社会学的研究』学文社，2009年。

▷10　熊谷苑子『現代日本農村家族の生活時間——経済成長と家族農業経営の危機』学文社，1998年，187頁。

▷11　安倍澄子『現代農家の家計構造に関する研究』建帛社，2005年。

▷**農山漁村の女性に関する中長期ビジョン**
21世紀に向けての農林水産省はじめての女性行動計画として提案された報告書です。課題としては，以下をあげています。①あらゆる場における意識と行動の変革，②経済的地位の向上と就業条件・就業環境の整備，③女性が住みやすく活動しやすい環境づくり，④能力の向上と多様な能力開発システムの整備，⑤「ビジョン」を受け止め実行できる体制の整備。（女性に関するビジョン研究会編『新しい農山漁村の女性：農山漁村の女性に関する中長期ビジョン懇談会報告書』創造書房，1992年）。

Ⅷ　むらと女性

農村における女性の生活と伝統的組織

1 農村における女性のくらし

次に，農村の女性たちの生活とそれを相互につなぐ組織について概観したいと思います。

戦前の日本農村の暮らしを知ることのできる文献として，ジョン・F・エンブリー『須恵村——日本の村[1]』があります。エンブリーは社会人類学者であり，1935年から36年にかけて1年半を熊本県の南部に位置する須恵村で過ごし，妻のエラと共にフィールドワークを行った成果をとりまとめました。さらに妻のエラ・ルーリィ・ウィスウェルの日録をまとめた『須恵村の女たち　暮らしの民俗誌』は女性たちの暮らしの細部，会話の実際を伝えてくれます。厳しい労働に耐えねばならない日々にあって，おりがあれば酒を楽しみ猥談を楽しむ奔放な女性たちの生活が描かれ，戦前の農村として現在想像しがちのイメージとは異なる姿を知ることができます。ここでは，特に女性たちが所属していた組織についてみてみると「須恵村の女たちは，多かれ少なかれ，正式に組織されたいくつかの団体に属していた[2]」とされます。その中には，婦人会のように全国組織の一単位のもの，宗教的性格のもの，私企業が創設した養蚕組合などがあることを記しています。そして部落の婦人会と養蚕組合については，男性によって運営され，女たちは演説を聞いたり役割を引き受けたりと受け身であることが記録されています。日本が戦争への道を突き進む時代背景もあり，女性たちが組織を通じてコントロールされていく仕組みがみえます。一方，**講**については，女性の場合経済的な目的のものが多いけれども，同年講といって同じ年齢の女性が集う講は社交的な目的で持たれていたとしています。

2 性別年齢別集団

村落を構成する社会関係については，同族・親族，近隣組織の他，「性別年齢別集団」があるとされています。これは性別，年齢別に分かれた集団で，世界的にみてもアフリカ東部などで，特に男性の場合細かく分かれた集団があることが知られています。日本の場合，**図Ⅷ-1**にある例のように[3]，多くのむらで，子供時代から青年時代，そして壮年から老年へと移り変わるにしたがって，属すべき集団がありました。女性の場合は，経営主の妻なのか後継者の妻なのかによって属すべき組織が異なるということになります。

▷1　ジョン・F・エンブリー『新・全訳 須恵村——日本の村』農山漁村文化協会，2021年。

▷2　スミス，ロバート・J./ウィスウェル，エラ・ルーリィ『須恵村の女たち　暮らしの民俗誌』御茶ノ水書房，1987年，86頁。

▷講
⇨Ⅲ-3参照

▷3　竹内利美『竹内利美著作集3　ムラと年齢集団』名著出版，1991年，72頁。

男			女	
大正期以前	大正期以後		大正期以後	大正期以前
寺の講	寺の講	60	寺の講　観音講	寺の講　観音講
戸主会	契約会（戸主会）	50	（姑）	（姑）
壮年会（神明講）	壮年会	35	婦人会（山神講）（嫁）	山神講（嫁）
	青年団	25	青年団	
（子供仲間）		15		

図Ⅷ-1　性別年齢別集団の例

出典：竹内利美『竹内利美著作集3　ムラと年齢集団』名著出版，1991年，72頁。

　性別年齢別集団について，細谷は「家が出自の序列に従って縦につながる同族団の原理に対して家族内地位に応じて個人が横につながるもう一つの論理」であるとします[4]。そして細谷は，村落において女性（主婦も嫁も）は虐げられた存在というわけではなく，いえの営みにおける不可欠の重要な存在として年齢階梯集団を媒介として村の中に位置づいているとする竹内利美の視点を説明しています[5]。このように性別年齢別集団を介して村とつながるというのが，伝統的な農村における個人とむらとの関係の一側面でした。たしかに村の中に「位置づけられ」てはいたものの，男性が関与すべきことと女性が関与すべきことが画然と分けられており，あくまで村の中心は男性であったのであり，現在考えるような「平等な参画」とは異なっていたことも忘れてはならないでしょう。

3　女性組織とその変化

　戦後，また高度経済成長期以降も，むらには婦人会，若妻会などが存在し，様々な活動を行ってきました。地域によって，観音講や子安講の流れを汲んでいる場合も，**農協**婦人部（のちにJAミズなどと改名）と重なっている場合などもありました。いずれの場合も，上述のように後継者の妻の場合，その組織は経営主の妻とは異なっており，お嫁に来てすぐ姑に「この組織にはいるように」といわれたという話が1990年代頃まではよく聞かれました。活動は単なるお茶のみなどの社交である場合も少なくありませんでしたが，農作業や家の仕事で多忙をきわめる中，姑など家族公認で出かけて，同年代の女性たちと雑談をすることが，何よりの息抜きになったようです。

　さらに，戦後は県の職員である生活改良普及員の指導により，生活改善グループ，生活研究会などと呼ばれるグループを組織し，5節でみるように農産物加工などに取り組むようになります。また，これらの組織には県，地方，国などのレベルに応じた発表大会などもあり，発表の体験や役職体験などが，農家の女性の1つのキャリアルートとしての意味を持ったことも重要です。

（原　珠里）

▷4　細谷昂「農地改革後の東北農村における家と女性──竹内農村社会学の再評価によせて」日本村落研究学会，村落社会研究31，農山漁村文化協会，1995年，74頁。

▷5　同。

Ⅷ　むらと女性

4 農業における女性の労働の変化と地域とのつながり

① むらにおける共同作業・相互扶助

▷ユイ
⇨ V - 3 参照。

　高度経済成長期以前の農村では，特定の家々の間で共同作業（ユイ[1]）が行われる場面が多くありました。たとえば茅葺屋根のふき替えにおけるユイなど，生活面のユイもありましたが，農作業に関わるもの，特に田植えにおけるユイが重要でした。

　田植え作業の中心は「早乙女」と呼ばれる女性であることが多く，近所や親類など気の合ったものが5人から8人など共同でおこないました。愛媛県における実体験を描く永井（1989）によれば，執筆の10余年前までは，「早乙女がいないことには稲作りは始まらないということで，農家の女たちが一年中で一番光り輝くのは田植え時期とされていた[1]」といいます。「田植え前の田ごしらえを男たちが始めるころ，私より10歳上の姉たちはカスリの着物や帯を新調し，手甲，きゃはんに白い手ぬぐい，赤いタスキにモスリンの腰巻などを用意して華やいだ気分で手植えを待っていた[2]」というのです。しかし，その華やいだ気分とは裏腹に，「田植え作業は重労働の極み」で，朝早くから1日16時間も水の中で身体を二つに折っての作業は非常にきびしいものであったといいます。そして，技術の変化に伴い男性が田植えに加わり，やがて機械植えになって早乙女の役が男にとってかわられたという変遷を描いています。

▷1　永井民枝『農婦』日本経済評論社，1989年，162頁。

▷2　同，162-163頁。

▷3　柏尾珠紀「稲作農業の機械化と女性農業労働の変化──滋賀県の湖岸部集落における調査から」滋賀大学環境総合研究センター研究年報，vol. 13, no. 1, 2016年。

　同様の変化について滋賀県湖東地域において調査を行った柏尾（2016）[3]によれば，1970年代に一気に普及した田植え機の導入は，女性にとって最も重要な技術労働を軽減する一方，機械操作技術は男性に占有され，女性の労働は周辺的なものになったとされます。また，家族総出の仕事が，個人の農業者の仕事になる過程であったとも説明されますが，同時に女性たちが他の家の女性たちと共に田植えをおこなっていた共同作業が失われていく過程でもあったのです。

② 農業における性役割分業

　機械化などの進展により稲作を中心とした労働の効率化が進むと，野菜などの部門を設けて女性はそれを主に担当するケース，男性が兼業にでて女性が中心に農業を担うケース，女性は会計・財務などを中心に担当するケースなど，経営ごとの多様化が進むようになりました。しかし従来からの，男性は生産労働，女性は生産労働と再生産労働という分業の基本は変化せず続いていると

みられます。多世代同居の農家では，より体力のある「嫁」が農作業に従事し，家事・育児は「姑」が担当するという女性間での分業も一般的でしたが，そのような分業の形は若い後継者の妻が決められるものではなく，2000年代になっても自分で子育てをしたいという願いもかなわないような例も珍しくはありませんでした[4]。また，ジェンダーの視点から渡辺（2009）が分析するように，女性が従属的な農作業を行なっているのは女性の性質に適合的だからではなく，女性が従属的な地位にあるために従属的な農作業を行っているとも理解できます[5]。労働の配分にかかる意思決定を誰がどのように実施するのかが重要な問題です。

③ 女性の従業上の地位

高度経済成長期以降，農村部の女性も兼業に従事する事例が増えました。また，結婚前からの仕事を農業後継者との結婚後も継続するといったことも普通になり，かつてのように「農家の嫁」が就農するとは限りません。

一方，農業に従事する場合の立場について見てみましょう。国勢調査には従業上の地位という分類があります。農業従事者についてみると，女性の場合最も多いのは「家族従業者」であり男性とは大きく異なります（図Ⅷ-2）。しかし，この比率は低下しつつあり，一方で「雇用者」の増加が目立ちます。また「役員」「雇い人のある業主」も比率は低いながらその実数は増えており，経営において意思決定をする立場の女性が増加していることを示しています。経営において責任ある立場に女性がつくことにより，産休・育休制度の採用や，勤務時間の裁量性を高めるといった，女性にとって働きやすい労働環境の実現に結びつく事例が多くみられます。

むらとの関わりでいえば，それぞれの経営体（いえ）における女性の位置づけや役割が多様化してきたのに伴い，経営主が男性であることを前提に構成されてきた地域社会や農業関連の組織のあり方も変更を迫られています[6]。

（原　珠里）

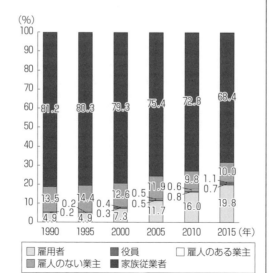

図Ⅷ-2　農業従事者（女性）の従業上の地位の構成

出典：国勢調査

▷4　原（福与）珠里『農村女性のパーソナルネットワーク』農林統計協会，2009年，30-31頁。

▷5　渡辺めぐみ『生きがいの戦略　農業労働とジェンダー』有信堂，2009年，186頁

▷6　原珠里「女性農業経営主の事例から見る女性の活躍と組織の変化」『農業および園芸』第92巻，第8号，2017年，697-704頁。

Ⅷ　むらと女性

 5 生活改善事業と農村女性起業

 農家における「食」の状況と生活改善事業

　戦後の農家の食事の状況は，地域による差異が大きかったと考えられますが，同じ時期に同じものばかり食べるなどの栄養面での問題，また農繁期には1日4回食事する場合もあり，家族だけでなく手伝いの人びとの食事まで準備しなければならない負担も指摘されていました。

　このような食の問題に取り組んだのが，戦後 GHQ の指導で展開した**生活改善普及事業**です。生活改善の目的は「生活技術」を民主的な「生活改善実行グループ」を通じて普及することによって「生活経営の合理化」を図り，さらにそれらを通じて「農家婦人の地位向上」と「農村民主化」に寄与することだったとされます[1]。当初の生活改善事業の内容は，①環境改善（水道・かまど・台所改善など），②協同化（共同炊事，共同洗濯場，託児所など），③家事の工夫（保存食，作業衣改善など）と整理されています。1950年代にかけて，生活改善実行グループなどとよばれる十数人のグループで，学習会，実習などが行われるようになりました。食に関しては，栄養の知識の学習，献立作り，調理教室などを実施し，生活改良普及員はこれらのグループ活動を主導するとともに，戸別訪問を行って知識の普及やグループ組織化を推進しました[2]。グループ活動における学習の実践が，農家の女性たちの知識やスキルの向上と，それを利用した活動へと導いた意義は大きいと考えられます。生活改善事業による女性の地位向上という「物語」の構築に鋭いメスを入れた研究も出始めており，相対化が必要ですが，その分析からも生活改善事業の実際の詳細が伝わってきます[3]。

2 農村女性起業の展開と意義

　1992年に示された「農山漁村の女性に関する中長期ビジョン」の中に女性の能力向上への支援の1つとして，起業への支援が位置づけられています。農村女性起業とは，農村に住む女性が中心となって行う地域産物を利用した経済活動とされます。食と関連した事業が多く，農産加工とその販売を中心に**農家レストランや農家民泊**などを含みます。例えば漬物などの農産加工は伝統的に女性によってそれぞれのいえで担われており，販売によって対価を得る機会は少なかったのが，起業と名づけられたことを契機に，より力を発揮することになったのです。1990年代，多くの活動は生活改善グループや JA 女性部などのグ

ループによって担われ，それぞれ自家経営との両立や家族の無理解に苦しみながらも成果を上げてきました。当時，農村女性起業がもたらした成果として，経済的収益獲得（現金収入），家族内評価の向上，自己評価の向上などの自己や家族に関わる項目の他，地域内評価の向上，地域資源の活用，地域活性化，伝統食の継承等があげられています。つまり，このような活動を通じて女性たちは自らの地域におけるプレゼンスを高めてきたのです。

❸ 農村女性起業の展開と地域社会

　時間を経る中で農村女性起業も変化してきました。まず，グループ組織率の低下と個人の経歴の多様化を背景に，個人での起業が増加したことが挙げられます。また，グループでの活動では，ビジネスとしてより大きく展開した事例とともに，社会企業といえる福祉的な活動へ参入して，高齢者への給食やデイサービス的な活動を実施したり，地域の伝統食の復活を試みたりと，地域社会に貢献する活動事例も各地で数多くみられるようになりました。

　たとえば和歌山県の古座川町にある農事組合法人「古座川ゆず平井の里」は，ゆず生産組合の婦人部としてスタートし，ゆずを使用した高品質な加工品の開発・販売を通じて発展しました。2004年に他の組織との統合により現在の法人を設立し，地域における就労機会創出に貢献するとともに地域ぐるみの集落営農としてゆずの生産から加工販売，さらにはレストラン経営における「うずみ飯」という伝統食文化継承などの意義も認められています。

　このように，全国で展開してきた農村女性起業では，男性の活動への参加，地域住民を巻き込む形での再編などが行われる事例も多く，農村女性起業という名称自体も6次産業化の推進という大きな流れの中に飲み込まれていきました。しかし，食というテーマをめぐって，女性たちがパイオニアとして経営や地域社会に貢献する活動を展開してきたことは重要です。

❹ 食の営みと女性

　かつてむらにおいては冠婚葬祭など大人数で飲食する機会が多くあり，そういう際には，女性たちは裏方として調理や接待を担当することが普通でした。一戸では対応できない場合も多く，女性たちは互いに助け合いながら飲食の場を支えてきたのです。これは，婦人会などの組織についても同様で，大きなイベントがあればその場の飲食担当として駆り出されることが少なくありませんでした。このような機会を通じて，食に関するスキルの共有や伝承が行われてきたことは重要です。食と女性の結びつきを強調しすぎることは性別役割の固定化という問題を孕んでいますが，農村の食に関して女性たちが中心となった新しい試みや発信が地域社会の新たな魅力の発現につながっていることに注目していきたいと思います。
（原　珠里）

▷4　澤野久美『社会的企業をめざす農村女性たち』筑波書房，2012年，187-190頁。

▷5　原珠里・堀田和彦「農村女性起業の組織的展開に関する考察」『農村研究』118号，2014年，29-40頁。

Ⅷ　むらと女性

農村における女性の社会参画

① 農村女性施策における「社会参画」

▷農業委員
市町村には，農業委員会が
設置されています。これは，
農地法に基づく売買・貸借
の許可，農地転用案件への
意見具申，遊休農地の調
査・指導などを中心に農地
に関する事務を執行する行
政委員会です。農業委員は
この委員会の委員で，かつ
ては選挙制と市町村長の選
任制の併用により選ばれて
いました。法律の改正によ
り「市町村長の任命制」に
変更されています。
▷1　藤井和佐「地域の意
思決定の場への参画——長
野県における女性農業委員
の活動から」原・大内編年
報　村落社会研究　第48集
『農村社会を組みかえる女
性たち——ジェンダー関係
の変革に向けて』農山漁村
文化協会，2012年，71-72
頁。

「農山漁村の女性に関する中長期ビジョン」では女性の「経営参画」と「社会参画」の推進がうたわれました。「社会参画」を測る指標として，その後主に使用されてきたのは，農協女性役員等の比率と，**農業委員**に占める女性比率です。いずれも，その比率は年々高まっています（図Ⅷ-3）が，人口比と比較すれば，まだまだ女性の参画が十分でないことが見てとれます。また地域政治における議員数の比率も参照されてきましたが，まだまだ低いレベルです。

地域における重要な問題についての意思決定に女性が男性と同等に参画することは，地域社会運営にとって非常に大切な課題です。その理由について，藤井（2012）は①意思決定の場においては一定の属性・集団が「排除される」べきではないという公共性の観点から，②地域社会においては，地域にある課題を担い切る，担える人になるのが主体化であるという観点から，そして③意思決定の質を確保する観点から，考えることができるとしています。女性の社会参画は女性にとってだけでなく，地域社会にとっての意味が大きいのです。

② JA（農協）における女性の活動

JA は日本で最も大きい総合農協で，戦後再編され新たなスタートを切りました。1948年頃から農協婦人部が設立され，51年には全国農協婦人団体連絡協議会も結成されて，食生活や衛生環境の改善などで成果をあげましたが，活動する女性たちは正組合員ではないケースが多かったのです。なぜなら，JA では長く一戸一正組合員体制（経営主が組合員）が常識となっていたためです。1986年に一戸複数組合員制度の推進が JA の方針となり，それ以降，青年部員や女性部員の正組合員加入が促進されてきました。また，女性の役員登用も少しずつ進んでいますが，いまだに男性中心の組織であることは否めません。

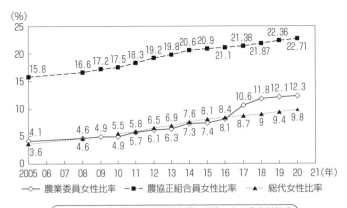

図Ⅷ-3　農業委員，農協正組合員・総代に占める女性比率

出典：農業会議所，JA 全国女性組織協議会。

③ 農業委員における女性の参画

　農業委員は地域社会における重要な役職の1つですが，女性の就任は少なく，各地で女性の農業委員を増やそうとする運動が実施されてきました。平成28（2016）年に施行された改正農業委員会法により，農業委員は選挙ではなく任命制で選出されることとなり，選出に当たっては年齢，性別などに著しい偏りが生じないように配慮する旨の規定が設けられました。

　女性の農業委員は，従来の活動の他，新たな領域として食育や後継者育成，男女共同参画などにも取り組む事例が報告されています。[2]女性の農業委員が増えることは地域社会に変化をもたらすといえるでしょう。

▷2　高地紗世「女性農業委員の就任経緯と就任後の活動における課題」『村落社会研究』24(1)，1-12頁，2017年。

④ 農村における女性の社会参画の障壁

　上述のような変化はみられるものの，農村における女性の社会参画は，経営参画と比較しても進展が遅いと考えられます。その要因として挙げられるのは，まず，農村における世帯主義でしょう。いえの代表者は経営主である男性であるとみなされ，地域社会における意思決定に女性が参画することへの抵抗感をいまだ持つ人もいます。次に，すでにみたように女性のみが対象の組織が発展した歴史があります。「婦人会」「JA女性部」，また「生活改善実行グループ」など女性のみの組織，また県によっては女性農業士等の認定制度が存在し，その中で女性たちは様々なスキルや組織運営技術を学習して来ました。会長などの役職，さらには広域地域の代表などとスキルアップしていく場の存在意義は大きかったものの，地域社会運営に関わって男性と対等の場に立つ機会を少なくしてきた一面もあると考えられます。さらに，農村の社会的規範と同調圧力が，女性たちの登用の障害となったという面も無視できません。近年，人口減少や担い手の不足が進行する地域において，かつて女性への門戸を閉ざしていた組織が女性の参加を歓迎するようになるという皮肉な事態も起こってきています。[3]

⑤ 新しい組織と女性参画

　このような組織をめぐる状況の中，女性たちが新しいネットワークを創出し自由に活動する事例も増えています。農村女性起業から発展したNPOや，環境や子供といった1つのテーマに関わるネットワークなどが，地域づくり協議会の1つの下部組織として意思決定に参画するという形もみられます。地域社会組織の編成のあり方が女性の社会参画を促進しているか否かは，地域社会をみるときの重要な指標であるといえるでしょう。

▷3　原珠里・西山未真「女性農業経営主の就農経緯と経営の特徴に関する試論」『農村研究』120号，1-14，9頁，2015年。

（原　珠里）

Ⅷ　むらと女性

 農村に居住する女性のパーソナル・ネットワーク

1　伝統的婚姻の変化

▷パーソナル・ネットワーク

個人の取り結ぶ関係性の網の目をパーソナル・ネットワークと呼びます。パーソナル・ネットワーク研究においては，都市化度が高い地域に居住するほど友人数が多くなり，親族や近隣ネットワークの量が相対的に低くなることなどが実証されてきました（クロード・S・フィッシャー『友人のあいだで暮らす』未來社，2002年）。東京都における研究においても，女性の方が親族をふくむ割合が高いこと，女性では既婚・未婚の別が強い規定要因となっていることなどが明らかにされています（中尾啓子「パーソナルネットワークの概要と特性──東京都居住者対象のネットワーク調査から」森岡清志編著『パーソナルネットワークの構造と変容』東京都立大学出版会，2002年，22-24頁）。

　本節では最後に，むらの範囲で，あるいはその範囲を超えて，女性たちが他の人びととつながる**パーソナル・ネットワーク**の特徴について考えていきます。

　はじめにまず，通婚圏について確認しておきます。これまで見てきたように，日本において「いえ」は男性から男性へと継承されることが基本であったので，通婚圏は妻の出身地の範囲としてとらえることができます。近畿農村を中心に部落内婚，村内婚が多かったことが知られ，全国的にみた場合，特に家の格が高い場合は，それに適した家との婚姻を実現するためにより広域から選択されてきたと言われています。

　戦後になっても，「嫁」の選択はいえの問題でした。それが1960年代にかけて急速に変化した様子を以下の表から読み取ることができます（**表Ⅷ-2**）。

表Ⅷ-2　「あととりの嫁」に関する意識の変化

Q16　あととりの嫁をもらう場合に，つぎのような意見があります。あなたはどれがよいと思いますか（単位：%）。

	秋　田		岡　山	
	1968年	1985年	1968年	1985年
1 親子同居しているのだから，親の意見を大切にすべきだ	4.3	6.3	2.8	2.4
2 昔からのやり方だから，親の意見を尊重すべきだ	1.2	0.3	2.1	0.8
3 子どもにまかせたのでは心配だから，親が考えてやった方がよい	2.9	2.4	2.1	1.6
4 子どもの意見を尊重しながら，親が決める	31.7	25.1	33.0	27.0
5 親の意見を参考にしながら，本人が決める	28.2	32.6	38.9	42.1
6 本人の自由にまかせる	29.6	25.7	18.8	17.9
7 その他	0.7	0.6	0.4	0.4
8 わからない（含む回答）	1.4	6.9	2.1	7.9
合　計	100.00	100.00	100.00	100.00
実　数	419	334	288	252

参考＝1953年調査

嫁を決めるのは親か本人か(%)	親	当人	両方	わからない	計（実数）
秋　田	47.9	13.6	36.7	1.6	100.0 (367)
岡　山	48.8	11.3	38.4	1.4	100.0 (273)

出典：高橋・蓮見・山本（1992）。

いずれにせよ，女性の多くは現住地の他に出身地があるという点は女性について考えるうえで重要です。また，農家出身者同士の婚姻が多かった時代から，農家比率の減少を背景に，農家後継者と結婚する女性が非農家出身者である比率も高まっています。

池田（2015）が指摘するように，農村地域では未婚者は圧倒的に男性に多いと言います。現在，一般的には結婚は個人の問題としてとらえられ，家のための結婚，ましてや地域のための結婚という発想は受け入れ難い状況にあります。しかしながら，いえという伝統が存続し，男性がそれに縛られている以上，彼らが配偶者を得ることができなければ，いえ，ひいては地域の再生産が困難になることも事実です。女性が住みやすい，住みたくなる地域づくりという構想の重要性は，女性のためだけではないのです。

② 農村女性のネットワークを規定するもの

他地域出身の女性は，婚姻を契機に移り住んだ地で新たなネットワーク形成をしなくてはなりません。地域社会においては男性よりも「所与」の関係性が少ないところからスタートします。かつて，集落に居住する女性たちのパーソナル・ネットワークについて行った調査では，関係別の動員パターンは原則的に類似していて，自分の親族や友人は情緒的サポート，夫方の親族は道具的サポートに動員することが多いことがわかりました。そして，近隣関係をどのように展開するか，どのような新しい関係を形成できるかが個人のパーソナル・ネットワークの特徴を規定するのです。また居住地の地理的環境（都市的か否か）や，組織などの布置・参加状況，また農村女性起業などの活動の「場」があるか否かが，女性たちのネットワーク形成に影響を与えます。もちろん，育児，介護などを担うライフステージと家族の状況，そして夫をはじめとする家族の考え方，そして何より本人の志向によって，どのような関係性を取り結ぶのかが異なってくるのです。

③ 女性によるネットワークの形成

3節で述べたように，女性の組織は集落，市町村，都道府県と様々なレベルで組織されていましたが，1990年代には全国的な女性農業者の組織が誕生しました。「田舎のヒロインわくわくネットワーク」はその中でも先駆的なものであり，1994年にゆるやかなネットワークとして発足しました。福井県の新規参入農家である山崎洋子氏が，仲間とともにヨーロッパへの視察旅行に行った経緯と学びを本として出版し（『われら田舎のヒロインたち』オケラ出版，1988），その本に感動した多くの女性農業者とのつながりを活かして出発したものです。初の全国大会は大変な活況を呈し活発な意見交換が行われました。家という枠組みを前提に繋がりが成立する村の中の関係とは異なり，個人として女性たち

▷1　池田亜希子「結婚家族から見た現代農村」徳野貞雄監修，牧野厚史・松本貴文編『暮らしの視点からの地方再生』九州大学出版会，2015年，117頁。

▷2　原（福与）珠里『農村女性のパーソナルネットワーク』農林統計協会，2009年，56-57頁。

▷ 3　野沢慎司「パーソナル・ネットワークのなかの夫婦関係」松本康編『増殖するネットワーク』勁草書房，1995年，79頁参照。
▷ 4　西山未真「地域再生のための農村女性起業の役割と課題──高知県四万十町旧十和村「おかみさん市」を事例として」原・大内編年報 村落社会研究第48集『農村社会を組みかえる女性たち──ジェンダー関係の変革に向けて』農山漁村文化協会，2012年，166-167頁。

▷ソーシャル・メディア
インターネットを利用して情報を手軽に発信できる双方向のメディアをさし，マスメディアを含まない概念とされます。

▷農業女子プロジェクト
2013年に農林水産省が開始したプロジェクトで，「女性農業者が日々の生活や仕事，自然との関わりの中で培った知恵を様々な企業の技術・ノウハウ・アイデアなどと結びつけ，新たな商品やサービス，情報を創造し，社会に広く発信していくためのプロジェクトです。」（農業女子 PJ サイト）とされます。メンバーは登録制です。

▷ 5　稲垣京子・原珠里「女性農業者による SNS を使用した新たな協働──埼玉・農業女子キャリアアップ講座 1 期生を事例に」『農村生活研究』第63巻，第 2 号，16-23頁，2020年。

がつながることの意義が示される契機となりました。その後 NPO 法人化し，現在では第 2 世代にひきつがれ，「NPO 法人田舎のヒロインズ」として活動しています。

パーソナル・ネットワーク研究においては，密度が高いネットワークは強い規範と結びつきがちであることが明らかにされています。すなわち，地域社会の規範から離れて全国的なつながりをつくることは，女性たちに規範的な圧力からの「逃げ道」を保障してくれると理解できるのです。

また，いえの経営の中心から疎外されてきた女性たちの活動と連携により「おかみさん市」が形成された経緯を分析した西山は，男性に比較して地域のしがらみにとらわれにくい女性たちの自由な取り組みが，地域再生への契機となり得ることを明らかにしました。個人単位のヨコのつながりを生かしたネットワーク型の組織を女性が中心となってつくり，それが，のちには男性，また都市住民も含めた広域の人びとを巻き込んだ取り組みに繋がっているのです。

これらの事例に見るように，女性たちは地域の範囲を超えてつながることに自由な発想を持ち，新たな価値創造をおこなっている例が全国でも多々みられます。

 ## オンライン・ネットワークと農村女性

日本では1995年が「インターネット元年」といわれますが，それから四半世紀が過ぎ，様々な**ソーシャル・メディア**が生まれ，利用されるようになりました。もちろん農村部の女性たちも例外ではありません。これまでみてきたように，いえを単位として考えられがちな農村部においては，様々な会合や研修などの案内も経営主を対象に発信されることが多かったのですが，個人個人が端末を持つことにより，女性個人が多様な情報に容易にアクセスできるようになったことは大きな意味を持ちます。

さらに，様々な場面で農村の女性たちはソーシャル・メディアを利用してネットワークを形成しています。埼玉県域で 6 次産業化をおこなう女性農業者のグループ「GO！GO！彩農ガールズ！」は，かつてのグループ活動のように農産加工や販売を共同で行うわけではなく，それぞれが開発している商品を，ソーシャル・メディアを利用して連携しながらマルシェに出店したり，PR を打ったりと，新しい形で協働しています。農業者の減少に伴い，集落内といった近距離で同じ志向や意欲を持つ人物をみつけることは困難になっており，SNS を活かすことによりそれを補う形を作りあげているわけです。

農林水産省が主催する「**農業女子プロジェクト**」に参加している女性たちを対象とした質問紙調査では，回答者260名中205人が農業経営の業務内容にソーシャル・メディアを利用しており，農業者との関係構築・維持，情報交換のほか，消費者との関係構築や維持，情報共有，小売・卸売業者との関係構築・維

持，情報共有にも利用していることが示されました。今後，ソーシャル・メディアを介してのネットワーク形成はますます盛んになると期待されます。

　ソーシャル・メディアが可能にするコミュニティは地域に限定されるものではありません。物理的な距離を超越した関係構築が可能になったことで，農村地域社会のポテンシャルはさらに上がったと考えられるでしょう。しかし，地域コミュニティでなくては得られない関係性や機能も当然あると思われます。両面から地域社会生活について考察していくことが必要になるでしょう。

5　これからのむらと女性

　これまでみてきたように，農村における女性の伝統的ネットワーク形成は，いえ同士のネットワークや，いえの中での役割に応じた伝統的女性組織・集団加入によるネットワーク形成などを中心に展開してきました。それが，近年は男性を中心としてきた組織への加入，自由な組織やネットワークへの加入や形成などによる関係形成が行われるようになってきています。一方で，古くからのいえ同士の関係性や組織の伝統がなくなってしまったわけではなく，女性たちはいわばそれらの中の所与性に規定されながら，選択も行ってきているといえるでしょう。

　最後に，これからのむらと女性について考えてみたいと思います。本章では日本国内の「むらと女性」についてみてきましたが，世界においても類似の状況や問題が存在しています。特に大きな問題としては，農地の所有に関する男女格差です。これは先進国といわれる国々に限ってみても制度上の平等にかかわらず実態として格差がある場合がほとんどです。そして，その他の社会的資源，自然資源のアクセスに関してもジェンダー平等が達成されているわけではなく，特に開発途上国においては情報へのアクセスの平等達成のため，FAO（国際連合食糧農業機関）などの国際機関が様々なプロジェクトを実践しています。

　先程とりあげた農業女子プロジェクト参加者への調査においても，260人の回答者のうち，自分名義の「農地・土地」を所有しているとの回答者は49名（18.8％）に過ぎません。「家産」としての農地が個人ではなく「いえ」のものとして認識されてきたことを理解したうえで，このような状況をどのように打破していくべきかが問われているといえるでしょう。

　本章でみてきたような伝統的な農村社会におけるジェンダーのあり方は，多様なバックグラウンドを持つ住民の増加に伴い，変化を余儀なくされています。様々な就業経験，都市における生活経験，さらには海外での居住経験などを持つ人びとが，ジェンダーに関わらず暮らしやすい地域社会を形成していくことが期待されます。

（原　珠里）

▷6　稲垣京子・原珠里「ソーシャル・メディアを利用した女性農業者の社会関係資本形成——閉鎖的ネットワークから得られるサポートに注目して」『農業経済研究』93巻3号，319-324頁，2021年。

⎰理解促進のために⎱

原珠里・大内雅利編『農村社会を組みかえる女性たち——ジェンダー関係の変革に向けて』『年報 村落社会研究』第48集，農山漁村文化協会，2012年。
佐藤一子・千葉悦子・宮城道子編著『〈食といのち〉をひらく女性たち』農山漁村文化協会，2018年。

第3部

都市的世界の展開

「都市」とは何か

① 社会学の成立と都市社会の研究

　本章では，都市の社会，とりわけ都市の異質性と多様性を取り上げます。そもそも社会学という学問の誕生には，急激に近代化が進んだヨーロッパの都市が深く関わっていました。まず，社会学が成立した背景に目を向けましょう。

　18世紀後半より，イギリスで産業革命が勃興し，工場制機械工業が発展しました。その後，産業革命の波はヨーロッパ諸国やアメリカなどへと広がりました。これらの革命が起こった国々では，劇的な社会変動を経験します。まず，資本主義経済が確立し，農業中心の社会から工業中心の社会への転換（産業化）が進みました。産業化にともなって，農村部から大工場が集積する都市部へ大量の労働者が流入し，ロンドンやマンチェスターなどの巨大な産業都市が出現します。さらに，大量の人口集中の結果，住宅不足や疫病の蔓延，大気汚染などが発生しました。また，貧困層の集住地であるスラム街では，多くの労働者家族が劣悪な環境での生活を強いられたのです。このように，産業化によって封建社会から近代資本主義社会へ移行する過程を，近代化とよびます。

　こうした近代化の進展にともなう歴史的な大変動を契機に，都市を主な舞台として出現した新たな社会とはどのような社会なのか，また，社会の変容は人びとの意識や行動にどのような影響を及ぼすのかを探究する試みとして，社会学が登場しました。つまり社会学は，変貌する「社会」そのものへの着目を出発点として，19世紀の終わり頃，ヨーロッパで確立されたわけです。

② 近代化がもたらした社会統制力の低下

　社会学の樹立に貢献した1人であるテンニエスは，血縁や地縁，友情などによって自然発生し，人びとが感情的で親密な関係を結んでいる共同社会をさす「ゲマインシャフト」と，自己の目的達成のための合理的手段として，人びとが利害の一致に基づき表面的で機械的な関係を形成している利益社会をさす「ゲゼルシャフト」という概念を提唱しました。そして，近代の大都市は後者の典型で，そこで利己的な人びとが互いに競合しあっていると述べました。[1]

　また，近代化する社会の病理を，「アノミー」という概念を用いながら論じたのは，デュルケムです。アノミーとは，社会的規範が緩み，社会の秩序が乱れた状態を意味します。彼によると，無規制の産業化によって社会的分業化

▷1　F.テンニエス，杉之原寿一訳『ゲマインシャフトとゲゼルシャフト──純粋社会学の基本概念』上・下，岩波書店，1957年（原著1887年）。

（職業の職能的専門分化）が進めば，共通の価値や規範が創出されず，アノミー状態が引き起こされます。さらに，こうした状況下での欲望の肥大化が，自殺をうながす社会的条件の1つになると指摘しました。

このように社会学創成期の理論家たちは，近代化の進展が伝統的な規範や社会秩序の崩壊を招き，それによって社会統制の機能が損なわれたと論じたのです。

3　都市をどう捉えるか

都市を対象とした研究において，都市の捉え方は多岐にわたっています。

まず，ウェーバーは，住宅が密集しており，しかも住民が互いに知り合いの関係にはなれないほど大きな聚落（集落）が社会学的にみた都市であると述べています。また，ワースによると，「都市は相対的に（人口規模が）大きく，密度が高く，社会的に異質な諸個人からなる，永続的な居住地」（カッコ内は引用者）を意味します。日本の都市研究においても，倉沢進が人口量の多さ，人口密度の高さに加えて，非農業従事者の多さから，都市を定義しました。これら3者の定義はまったく同じではないものの，多くの人びとが密集して生活する集落として都市を捉えた点は共通しています。

さらに，鈴木栄太郎は，なぜ人口の集住地が発生するのかを説明した理論として，「結節機関説」を提唱しました。結節機関とは，社会的交流の結び目となるような交通，通信，行政，教育，娯楽などの機能を持つ施設をさします。鈴木は，都市とはこれらの機関が集積する集落であり，多くの結節機関の存在が住民の異質性や社会構造の複雑化とも関連していると論じました。

こうした都市の構造的な特徴は，都市生活者の心理状況や他者との関係のありようにも影響を及ぼします。ジンメルによると，多様な人びとが集住し，常に強い刺激に満ちている大都市での生活は，逆説的に何事にも反応できない飽きの態度を育み，人びととの間に適度な距離を維持した関係を構築させます。その一方で，ジンメルは，そうした行動様式こそが個人の自由を保障する条件にもなると指摘しました。磯村英一が提唱した「第三の空間」も，都市生活における個人の自由に注目した概念です。第三の空間とは，家庭（第一の空間）や職場（第二の空間）とは異なる秩序を持った盛り場や余暇活動の場を意味します。そこは，異質な人びとが匿名状態のもとで選択的・瞬間的に関わりあい，日常のしがらみから解放されて自由を謳歌できる空間です。磯村は，第三の空間の存在が都市の特徴であり，そこが都市文化形成の場であると述べました。

このように，社会的に異質な人びととの増大がもたらす多様性は，都市の社会学的な研究の1つの主題となってきました。都市の異質性や多様性は，情緒的なつながりを持たない個人を生み出し，社会の統制を不可能にする一方，個人の解放をうながす源泉でもあると認識されてきたのです。　　　（二階堂裕子）

▷2　E. デュルケーム，田原音和訳『社会分業論』筑摩書房，2017年（原著1893年）。

▷3　E. デュルケーム，宮島喬訳『自殺論』中央公論新社，2018年（原著1897年）。

▷4　M. ウェーバー，世良晃志郎訳『都市の類型学』創文社，1964年（原著1921年），4頁。

▷5　L. ワース，松本康訳「生活様式としてのアーバニズム」松本康編『近代アーバニズム』日本評論社，2011年（原著1938年），97頁。

▷6　倉沢進『日本の都市社会』福村出版，1968年，21頁。

▷7　「人口量と人口密度」以外の都市の要件，すなわちワースが提示した「社会を構成する人々の異質性」，および倉沢が唱えた「農業以外の産業に従事する人々の多さ」は，各々が展開した都市研究の独自性と関連しています。ワースはアーバニズム論（Ⅸ-5），倉沢は都市的生活様式論（Ⅰ-2）をそれぞれ提唱しました。

▷8　鈴木栄太郎『都市社会学原理』有斐閣，1957年（『鈴木栄太郎著作集Ⅵ 都市社会学原理』未來社，1969年）。

▷9　G. ジンメル，松本康訳「大都市と精神生活」松本康編『近代アーバニズム』日本評論社，2011年（原著1903年）。

▷10　磯村英一『人間にとって都市とは何か』日本放送出版協会，1968年。

IX　シカゴ学派と民族関係論の現在

 2 シカゴ学派の都市研究（1）
——本格的な実証研究の幕開け

▷都市社会学
日本では，明治期から始まる資本主義の拡大とそれにともなう社会の劇的な変容を背景として，戦前から農村社会学と，シカゴ学派の影響を受けた都市社会学の研究がそれぞれ進められてきました。その後，1950年代後半以降の高度経済成長期を迎えると，社会全体で都市化が進み，農村と都市の区分が曖昧となります。そのため，従来の農村社会学と都市社会学の枠組みだけでは人びとの生活や地域社会の実情を十分に把握できなくなりました。こうした認識の高まりを受けて，1960年代後半より地域社会学という新たな学問領域の確立が模索されるようになりました（古城利明「地域社会学の構成と展開」地域社会学会編『キーワード地域社会学』ハーベスト社，2000年，2-4頁）。

▷1　松本康『「シカゴ学派」の社会学——都市研究と社会理論』有斐閣，2021年，9-12頁。

▷リトル・シシリーやゲットー
リトル・シシリーはイタリア人，特にシチリア島出身者の居住地，ゲットーはユダヤ人の居住地をさします。

▷2　松本康，前掲書，13-14頁。

▷エスノグラフィ
エスノグラフィとは文化人

1 シカゴの発展と都市社会学の誕生

　社会学がヨーロッパで成立したあと，アメリカのシカゴで「都市」や「都市的なもの」を研究対象の主軸とする社会学者のグループである「シカゴ学派」が登場しました。その研究は，**都市社会学**の源流として今日でも強い影響力を持っています。その背景には，どのような社会状況があったのでしょうか。

　ヨーロッパで勃興した産業化の動きは，やがてアメリカにも波及しました。中でも，ミシガン湖の南西部に位置するシカゴは，19世紀半ばから鉄道網や水運が整備されて内陸交通の要衝となり，農畜産業に続いて鉱業や重工業がいちじるしく発達しました。やがて中心市街地には，高層ビル群が出現します。こうしてシカゴは，19世紀後半から20世紀初頭にかけて，五大湖沿岸工業地帯の中心地としての地位を確立し，アメリカの産業化を牽引する役割を担ったのです。

　シカゴの驚異的な発展を支えたのは，ヨーロッパなどから押し寄せた膨大な数の移民やアメリカ南部から移住したアフリカ系アメリカ人でした。1850年のシカゴの人口は約3万人でしたが，大量の移民の吸収によって1900年には170万人に達し，1930年には340万人を抱える巨大都市へと急成長を遂げたのです。

　シカゴでは，同じ言語や文化をもつ移住者が集住する地域（コロニー）——たとえば，**リトル・シシリーやゲットー**——が多数形成され，異なるエスニック・グループに対する不寛容や排斥が生じることも珍しくありませんでした。また，移民第1世代の多くが暮らすスラム街では，貧困，失業，犯罪や非行などが蔓延しており，シカゴの経済的繁栄の陰で，様々な社会問題が顕在化するようになりました。このような状況を背景に，シカゴでは労働者を主体とした労働運動や都市専門職層による社会改革運動が活発に展開されました。

　シカゴにおける社会問題の集積や実践的な社会運動は，独自の研究スタイルを持つ社会学者の集団を生み出す素地となり，彼らが取り組むべき研究を決定します。彼らはシカゴ大学の研究者で，都市社会学の礎となる**エスノグラフィ**を数多く手がけ，のちに「シカゴ学派」とよばれるようになりました。

2 産業化の進展と社会解体

　シカゴ大学は，シカゴで噴出する都市問題の解決を使命として，1892年に開学しました。このとき，社会学の専門教育を本格的に行う世界初の学部と大学

院が創設されます。シカゴ社会学の研究者たちは，急激な産業化の進展とそれにともなう移民の急増によって都市の異質性が高まる中，眼前に出現した諸問題の解明をめざして，シカゴをフィールドとした研究に取り組みました。

シカゴ社会学の初期の研究成果として，『ヨーロッパとアメリカにおけるポーランド農民』があります。本書は，トマス（Thomas, W. I.）とズナニエッキ（Znaniecki, F. W.）が，ポーランドの農村からシカゴへ移住した人びとの態度変容を描いたものです。同書によると，ポーランド人移民は連帯を重んじる家族をはじめとした相互扶助組織を新天地へ持ち込みます。しかし，都市生活の中でそうした伝統的集団の統制に従わない個人が生み出され，移民共同体はやがて解体に向かいました。また，伝統的な価値が失われ，移民の態度は反抗的で自己中心的な様相を呈するようになり，中には非行や犯罪に手を染める者も出てきました。同書は，急激な産業化や社会移動によって移民共同体の統制力が減退し，その結果従来の価値や規範が維持できなくなり，反社会的行動が増加することを示唆しています。産業化・都市化に起因するこうした社会解体（social disorganization）をめぐる議論は，コミュニティの衰退や逸脱行動の発生を説明する理論的枠組みとして，次世代のシカゴ社会学へ継承されました。

③ 多様な社会調査技法を駆使した実証研究

『ポーランド農民』は，研究方法の面でもシカゴ社会学の独自性を最初に示した画期的な**モノグラフ**でした。ヨーロッパの古典的社会学は，具体的事実に基づかない観念的な議論を展開する傾向にありました。一方トマスらは，シカゴへ渡ったポーランド人が母国の家族や友人と交わした764通の手紙の他，ポーランド人移民が自らの半生を回顧してつづった生活史，教会や移民保護協会など各種機関の記録を集めて分析し，移民の価値と態度の変容を促す要因を追究しました。トマスらは，多様なデータに基づく因果関係の解明と普遍性の高い社会法則の探究により，「科学」としての社会学をめざしたのです。

この作品は，シカゴ社会学の最大の特徴ともいえる本格的な実証研究の嚆矢となりました。当時のシカゴは，多様な社会文化的背景の人びとが短期間に集住し，かつて誰も経験したことのない混沌とした状況下にありました。そのため，その未知なる生活世界を多面的に捉える手法が不可欠だったのです。トマスの同僚，パーク（Park, R. E.）は，積極的に街へ飛び出し，現実社会の実相をつぶさに観察するよう学生に促しました。学生たちは，参与観察やインタビュー，日記などのドキュメント分析をはじめとする多様な調査技法を組み合わせて，ホームレス，非行少年，風俗店の女性従業員と客，ホテル生活者など，様々な都市住民の生活や意識に肉薄しました。彼らの躍動感あふれるモノグラフは当時のシカゴを彷彿とさせるもので，今も読者を惹きつけてやみません。

（二階堂裕子）

類学や社会学の用語で，ある特定の集団や社会の文化や行動様式を，統計調査ではなく，フィールドワークによって理解しようとする研究手法，およびその成果を具体的かつ網羅的に記述したものをさします。

▷3 W. I. トマス・F. W. ズナニエッキ，桜井厚生訳『生活史の社会学――ヨーロッパとアメリカにおけるポーランド農民』御茶の水書房（部分訳），1983年（原著1918-20年）。

▷**モノグラフ**
モノグラフとは，ある集団や地域社会の人びとが行う相互作用の様子を，それが置かれた社会的状況と関連させながら，全体的・動態的に捉えて詳細に記述した記録のことを意味します。

▷4 宝月誠『シカゴ学派社会学の可能性――社会的世界論の視点と方法』東信堂，2021年，3-66頁。

▷5 たとえば，N. アンダーソン，広田康生訳『ホーボー――ホームレスの人たちの社会学』上・下，ハーベスト社，1999-2000年（原著1923年），C. R. ショウ，玉井眞理子・池田寛訳『ジャック・ローラー――ある非行少年自身の物語』東洋館出版社，1998年（原著1930年），P. G. クレッシー，桑原司他訳『タクシーダンス・ホール――商業的娯楽と都市生活に関する社会学的研究』ハーベスト社，2017年（原著1932年），N. S. ハイナー，田嶋淳子訳『ホテル・ライフ』ハーベスト社，1997年（原著1936年）などがあります。これらの作品群は，「シカゴ・モノグラフ」とよばれています。

IX シカゴ学派と民族関係論の現在

 # シカゴ学派の都市研究（２）
——人種・民族関係への視点

 ### シカゴ学派都市社会学の確立

　シカゴ社会学の都市研究は，1920年代から30年代に最盛期を迎えました。この時期のシカゴ社会学を牽引した指導者の１人であるパークは，ミシガン大学を卒業後，新聞記者を経てドイツでジンメルから社会学を学び，1914年にシカゴ大学に着任しました。彼には，新聞記者時代に培ったインタビューなどの**質的調査法**のスキルがありました。また，シカゴ大学への着任前からアフリカ系アメリカ人の地位向上運動と接点があり，人種問題に関心を寄せていました。こうした彼の才能や経験が研究や教育に発揮され，社会の現実を経験的に観察することで社会法則の発見をめざすシカゴ学派の確立に貢献しました。[1]

②「社会的実験室」としての都市

　パークは，「都市」という論文で，「都市は，（中略）人間の性質と社会過程をもっとも都合よく有益に研究できる実験室」であると述べています。[2] 彼は，都市という社会とそこに生きる人びととをどのように捉えたのでしょうか。

　まず，パークにとって都市とは，個人や社会的施設などの単なる集まりではなく，「一種の心の状態」です。[3] 彼によると，大規模な人口集中により，人びとは自分に見合った生活環境を探し求めて都市内を移動するようになります。その結果，類似した特性の住民が集住する近隣地区——たとえば，スラムや富裕層の居住地区——が形成されます。こうして都市には，ある特有の感情によって特徴づけられた，風変わりなタイプの地域コミュニティが出現するのです。

　また，パークによると，近代都市では，通信・交通手段の発達により個人の生活圏が多様化・拡大したため，家族，教会，近隣地区に対する感情が希薄化しました。その結果，個人に対する抑制力が衰退して道徳的秩序が解体し，都市における悪徳と犯罪を増加させたのです。他方で，移民や同じ職業の人びととが凝離（集住）する地域，とりわけ周囲から偏見を持たれた地域では，親密性と連帯性が維持・強化される傾向にあります。さらに，新聞社など独自の社会組織を発展させた移民コミュニティでは，母国の道徳的秩序がかなり長い間維持されました。ただし，移民第２世代になると，そうしたエスニック・コミュニティの社会統制力が崩壊し，犯罪の多発を導いたとパークは指摘しました。

　都市の社会解体を論じる一方で，パークは都市固有の魅力にも言及していま

▷質的調査法
質的調査法とは，人びとの意識や行為の意味，ある社会現象の成立過程など，数値や統計では把握しにくい質的なデータを収集し，分析結果を文章の記述によって提示する調査法をさします。具体的には，参与観察法やインタビュー，ドキュメント分析などの手法があります。一方，調査票（アンケート）によって統計的データを収集し，平均や比率などを用いた計量的，統計的な分析と記述を行う方法を，量的調査法や統計調査法といいます。
▷１　松本康『「シカゴ学派」の社会学——都市研究と社会理論』有斐閣，2021年，24-27頁。
▷２　R.E.パーク，松本康訳「都市——都市環境における人間行動研究のための提案」松本康編『近代アーバニズム』日本評論社，2011年（原著1925年），87頁。
▷３　パーク，前掲論文，41頁。

す。都市への人口集中は，互いに交流のない独立した無数の小世界を作り上げます。よって，小さな町では変わり者と見なされ，抑圧される人物も，都市では同類の仲間が集う「道徳地域」に自分の居場所を見出し，そこで良かれ悪しかれ自らの資質を磨くことができるわけです。道徳地域の例として，芸術や音楽に情熱をもつ人びとの他，犯罪者や悪徳者のコミュニティがあります。つまり，都市の道徳地域には人間の善悪がきわめて明瞭に出現するのであり，だからこそ都市は人間の本質を研究できる格好の「社会的実験室」であるのです。

③　人間生態学の視点と人種関係サイクル

　パークにとって，多様性が増す都市で，どうすれば社会統合を実現できるのかは重要な研究テーマでした。彼は移民の都市環境への適応過程をダイナミックに捉えるため，社会学的な人種・民族関係研究の出発点となる「人間生態学」（human ecology）の考え方を示しました。ある空間に生息する動植物は異種との生存競争にいやおうなく巻き込まれ，生き残った種はやがて各々落ち着くべき適所を見出します。こうして，個別の種を超越する秩序が形成されれば，その空間で結果的に共棲が成立するのです。パークは，この生態学の知見を人間社会に援用し，多様な文化的背景の個人や集団が競争と淘汰を繰り広げることで，都市社会に空間的な棲み分けが起こると述べました。ただし，人間社会が生物界と異なるのは，慣習や伝統などによって社会的な共同が生み出される点です。ゆえに，人間社会は，（生物と同様に）競争に基づく共生的社会（symbiotic society）と，コミュニケーションに基づく文化的社会（cultural society）の2側面から成立するとパークは論じました。つまり，人間社会を人間社会たらしめるものは，コミュニケーションや相互作用だというのです。

　こうした視座のもと，パークはホスト社会における移民の適応過程を説明するモデルとして，「人種関係サイクル」（race relation cycle）の概念を示しました。これは，異集団が接触のあと，競争，闘争，応化（適応）の各段階を経て，最終的に同化へ達するというものです。同化（assimilation）とは，「個人や集団が，他の人間や集団の記憶，感情，態度を習得する相互の浸透や融合の過程」であり，「他の人間や集団の経験と歴史を共有することにより，共通の文化的生活に組み込まれる過程」を意味します。彼は，共通規範が醸成されにくい都市において，同化に社会統合の可能性を見出そうとしたのでしょう。

　けれども，同化は，マイノリティである移民がマジョリティであるホスト社会の文化や価値を一方的に受け入れることを期待するものとなりかねません。両者の関係は対等ではなく従属的で，同化が社会目標となれば，マイノリティにマジョリティへの従属を強要する社会にもなりうるのです。パークは，同化が不可避のものと認識しつつ，その過程で移民独自の文化を否定したり，強引に同化を求めたりする政策や社会の趨勢を厳しく戒めています。　　（二階堂裕子）

▷4　R.E.パーク，町村敬志訳「人間生態学」町村敬志・好井裕明編訳『実験室としての都市──パーク社会学論文選』御茶の水書房，1986年（原著1936年）。

▷5　Park, R. E. and Burgess, E. W., *Introduction to the Science of Sociology*, London: Forgotten Books, 2018（orig. 1921），p. 735.

▷6　Park, R. E. and Miller, H. A., *Old world traits transplanted*, Milton Keynes: Lightning Source UK Ltd, 2018（orig. 1921），p. 308.

IX　シカゴ学派と民族関係論の現在

4 シカゴ学派の都市研究（３）
——移民の居住地移動

1 都市の成長過程を描く同心円地帯理論

▷ 1　E. W. バージェス, 松本康訳「都市の成長——研究プロジェクト序説」松本康編『近代アーバニズム』日本評論社, 2011 年（原著1925年）。

▷ 2　バージェス, 前掲論文, 31頁。地図の上から下に引かれた縦の線はミシガン湖の湖岸線で, シカゴの場合は左側のみの半円となっています。

▷ リトル・シシリーやゲットー

IX-2 参照。

パークとともにシカゴ学派都市社会学の黄金時代を築いたのが, バージェス（Burgess, E. W.）です。彼は, 人間生態学の理論を下敷きにして, 都市人口の地理的分布とその変動過程を説明しようとしました。それが「同心円地帯理論」（theory of concentric circular zone）です。この理論は, 都市生活者の居住地の選択や移動にみられるパターンを地図に描いて可視化したもので, その後シカゴ学派の都市研究の見取り図となりました。

この理論が示す都市の空間構造を理念的に表した同心円モデルは, 4 重の同心円で構成されており, 中心から順に「Ⅰループ」「Ⅱ推移（遷移）地帯」「Ⅲ労働者住宅地帯」「Ⅳ住宅地帯」「Ⅴ通勤者地帯」と呼ばれています。このモデルをシカゴのまちに適用したものが図Ⅸ-1 です。

まず, 真ん中の「LOOP」と書かれたⅠの場所が中心業務地区で, 高層オフィスビルや市役所などの都市的施設が立ち並ぶ地域です。中心業務地区を取り囲むⅡ推移地帯には, 下宿屋街（roomers）, 犯罪がはびこる暗黒街（underworld）, **リトル・シシリー**（little sicily）, **ゲットー**（ghetto）, 中華街（China town）, 貧民街のスラム（slum）, 悪徳地区（vice）があります。都心に隣接したこの地域では, 近々中心業務地区が拡大し, 開発の手が伸びることを見込んで, 老朽化した建物が放置されています。環境が劣悪であるものの, 家賃が安価で, 都心への通勤に要するコストが低いため, 移住して間もない貧しい移民第 1 世代にとって, 最も好ましい居住地でした。多くの移民がひしめき合う推移地帯は, 犯罪, 貧困, 非行などの「逸脱行動」が蔓延する都市問題の集積地であり, 社会解体が進む地域の象徴として認識され, しばしばシカゴ・モノグラフの舞台となりました。

推移地帯の外側にあるのは, Ⅲ労働者住宅地帯です。ここは, 安定した生活基盤を築き, 労働者

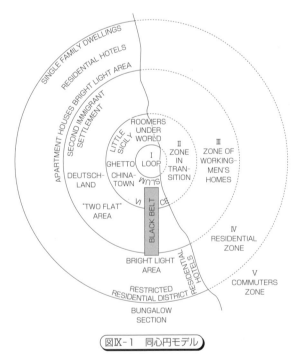

図Ⅸ-1　同心円モデル

出典：バージェス（2011：31）をもとに作成。

として定着した人びとの居住地です。この地域には，移民第2世代の居住地（second immigrant settlement）や二階建て住宅（two flat area）の他，推移地帯のユダヤ人街に隣接した場所に「ドイチュラント」（Deutschland）が形成されています。これは，推移地帯から抜け出したユダヤ人がドイツ系ユダヤ人の生活水準を模倣しているようにみえることを皮肉った言葉です。つまり，推移地帯に流入した移民の子ども世代が貧困から脱すると，推移地帯よりも住環境の良い労働者住宅地帯へ移り住んだというわけです。

　労働者住宅地帯のさらに外側にあるIV住宅地帯は，中産階級の住宅地です。静かで良好な住環境を備えたこの地域には，家族向け一戸建て住宅（single family dwellings），居住用ホテル（residential hotels），賃貸集合住宅（apartment houses）の他，歓楽街（bright light area）や限られた階級のみが居住する高級住宅街（restricted residential district）が形成されています。同心円モデルの一番外側に広がるのは，V通勤者地帯です。最も豊かな経済的成功者が，田園の面影を残す郊外でのんびり暮らす場所で，バンガロー地区（bungalow section）があります。富裕層は，都心にあるオフィスへ車で通勤する余裕があったのです。

2　同心円地帯理論が示す都市の動態

　バージェスがこの理論で示そうとした都市の動態として，次の2点があげられます。まず1つ目は，同心円そのものの拡大過程です。経済発展とともに中心業務地区が拡大すると，推移地帯が都心部に取り込まれます。また，移民の増大により推移地帯がその外側の労働者住宅地帯を侵食するにつれて，労働者住宅地帯の住民がさらに外側の住宅地帯へ移動します。こうして内側から外側へ各地域が玉突き状に広がり，都市全体が拡張していくことを示しています。

　2つ目は，人口移動の空間的パターンです。これは，推移地帯のエスニック・コミュニティに流入した移民が，社会階層の上昇とともに労働者住宅地帯，住宅地帯，さらに一握りの富裕層のみが居住できる通勤者地帯へと，居住地を移動させることを説明しています。ワース（Wirth, L.）は，推移地帯のゲットーに住むユダヤ人移民が，富を蓄えてそこを脱出し，外部社会に同化するにつれて，旧来のユダヤ人共同体が衰退していく過程を描きました。この論調は，まさにトマスに始まる社会解体論にほかなりません。ただし，脱出者の中には，外部社会でユダヤ人への偏見や排斥を経験し，ゲットーに舞い戻る者もいたと述べています。つまり，移民に対する差別は，移民共同体を解体させる一方で紐帯を存続させる要因ともなるのです。移民の社会統合を検討する際，移民の同化は必ずしも直線的かつ一方向に進むのではないこと，移民とホスト社会の相互作用をより丁寧に捉えるべきであることが理解できるでしょう。

（二階堂裕子）

▷3　L. ワース，今野敏彦訳『ユダヤ人問題の原型・ゲットー』明石書店，1993年（原著1925年）。

IX　シカゴ学派と民族関係論の現在

 都市における多様な下位文化の発達

 アーバニズムと都市住民の異質性

急激な都市への人口集中と異質性の増大は，都市の構造や都市住民の意識と行動にどのような影響を及ぼすのでしょうか。

ワースは，シカゴ大学でパークやバージェスらに学び，シカゴ学派の隆盛期を支える指導者となった1人で，アーバニズム論を唱えました。「アーバニズム」（urbanism）とは，都市に特徴的な生活様式を意味する概念です。彼は，テンニエス，デュルケーム，ジンメルなどの先人の議論に加え，シカゴ学派に通底する社会解体論や人間生態学の視点とそれに基づく数々のシカゴ・モノグラフを土台に，近代都市で社会解体が進むメカニズムを理論化しました[1]。

ここでワースは，都市を「人口量が大きく，密度が高く，社会的に異質な人びととの永続的な集落」と定義したうえで，これらの都市要因が社会構造，社会関係，都会人のパーソナリティに与える影響を描きました。アーバニズムの中枢をなす特徴として，まず，社会組織の機能分化と分業化があげられます。たとえば，従来家族や移民コミュニティが担ってきた教育，生産，消費などの機能が外部の**機能集団**へ移行され，個人が学校や企業など複数の機能集団へ限定的に関わるようになる状況です。そのため，都市生活者の人間関係は，**第一次的接触**が減退し，第二次的接触が優勢となります。これにより，人びとは窮屈で感情的なしがらみから解放されるものの孤立状態に陥り，社会がアノミー状態になるのです。こうした都市環境により人びとは異質性に対して寛容になる一方で，主体性を喪失し，利己的な態度を取るようになります。その結果，都市は村落よりも自殺，非行，犯罪，汚職が多発するのだとワースは論じました。要するにアーバニズム論は，大量の人口，高密度，異質性の高さという都市の生態学的な3つの特徴が既存の紐帯の崩壊，すなわち社会解体と個人の孤立を促し，ひいては逸脱行動を生み出すという図式を提示したのです。

 都市における非通念性の出現

1970年代以降，ワースとは異なる観点から，都市において逸脱が発生するメカニズムを説明したのがフィッシャー（Fischer, C. S.）です[2]。

彼が創案した「下位文化理論」（subcultural theory）には，以下の特性があります。第1に，逸脱の概念を「社会の支配的で伝統的な規範から外れた行動様

▷1　L. ワース，松本康訳「生活様式としてのアーバニズム」松本康編『近代アーバニズム』日本評論社，2011年（原著1938年）。

▷**機能集団**
機能集団とは，ある特定の目的や利益を追求するために，人為的に形成された集団をさします。具体例として，企業，政党，学校，ボランティア団体など様々な集団があり，派生集団や目的集団ともよばれます。血縁や地縁によって形成される家族や村落社会などを意味する基礎集団に対応して用いられる概念です。

▷**第一次的接触**
家族や遊び仲間などにみられる親密で全人格的な関わり方を，第一次的接触や第一次的関係といいます。これに対して，自己の感情を抑制した表面的で非人格的，打算的なつきあい方を，第二次的接触や第二次的関係とよびます。

▷2　C. S. フィッシャー，奥田道大・広田康生訳「アーバニズムの下位文化理論に向けて」奥田道大・広田康生編訳『都市の理論のために——現代都市社会学の再検討』多賀出版，1983年（原著1975年）。

式」と規定し，そこに犯罪や非行など社会が厳しく非難するものに加え，新進気鋭の芸術活動や発明など社会が承認する行動様式も含めた点です。第2に，そうした非通念的なものが生じる原因を人口の多さと密度の高さ（都市度の高さ）に見出す点であり，その結果として都市の異質性が高まると論じています。第3に，都市の逸脱が，集団の衰退による社会規範の弛緩に起因するのではなく，逆に集団やネットワークの活性化と多様な下位文化の生成により出現するものと捉える点です。「下位文化」とは，より大きな社会や文化の中に形成される文化のことです。職業やエスニシティを同じくする人びと，犯罪者などの集団がその例で，各集団内では独自の価値や規範が共有されています。彼は，都市であるからこそ，こうした非通念的な下位文化が顕在化すると述べました。

③ 下位文化がもたらす都市の革新性

　下位文化理論によると，都市度が高い地域ほど，類似した個人特性や利害関心を持つ人びとが出会い，ネットワークを形成する機会が増えるので，多様な下位文化が創出されます。また，都市度が高いほど，下位文化の強度が増します。たとえば，小さな町よりも大都市のほうが職業的な犯罪者どうしの接触機会も多く，さらにある一定の人数（臨界量）を超えると独自のたまり場や「技術」伝達のための組織といった諸制度も創設されうるので，犯罪者集団内部の紐帯が強化されます。さらに，ある地域で集団の規模が拡大したり多様性が増したりすれば，他の犯罪者集団との競争や紛争も発生しやすくなります。この過程で，集団内の凝集性がさらに高まり，自分たちの規範を肯定するようになるのです。彼は，こうして都市における逸脱行動が増幅されると考えました。

　また，都市度が高くなれば，伝播——他の下位文化の信念や行動様式を取り入れること——も起こりやすくなります。たとえば，ある野球チームのファンが始めたトランペットを吹く応援スタイルを，他チームのファンが採用するといった現象です。こうした下位文化間の文化融合が，都市の社会的改革を促すのです。

　さらにフィッシャーは，都市でも，エスニック集団や家族などの第一次集団が崩壊しているわけではないが，村落と比べれば，これら第一次集団以外の関係にも頼る頻度が高いのだと主張しました。なぜなら，都市のほうが，個人が参加できる多様な下位文化が形成されているので，社会関係の選択肢が村落よりも豊富であるからです。よって，都市住民は，ワースが論じたような「孤独な群衆」の中で孤立する存在ではないと批判しました。

　このようにフィッシャーは，都市への人口集中が社会解体に帰結するのではなく，むしろ他者との共通項を媒介に，社会的ネットワークを形成・選択する機会を増やし，新たな下位文化を創造する要因であることを示唆したのです。

（二階堂裕子）

▷3　C. S. フィッシャー，松本康・前田尚子訳『都市的体験——都市生活の社会心理学』未來社，1996年（原著1984年）。

グローバル都市の台頭と移民の集住

 グローバル都市における社会階層の分極化

　1970年代以降，交通や情報通信技術の発展を背景に，経済活動を中心とする諸活動が地球規模で活発に行われるようになりました。この動きとも連動して，先進諸国では戦後の経済成長を支えてきた製造業が海外移転によって斜陽化し，情報やサービスを扱う第3次産業が経済の中核となる「脱工業化」が進みます。では，グローバル化や産業構造の変化は，都市をどう変容させたのでしょうか。

　企業の活動が世界各地へ分散する中，いくつかの大都市に地球規模の経済活動を指揮命令する中枢機能が集中し，そこがグローバルな支配力を持つようになりました。サッセン（Sassen, S.）はこうした都市を「グローバル都市」（global city）とよび，その典型であるニューヨーク，ロンドン，東京において共通の社会変動が生じたと論じました。これら3都市では，製造業が衰退する一方，多国籍企業の経営管理や研究開発の部門と，これらの企業に金融，保険，広告，会計などの高度専門サービスを提供する企業が集積していったのです。同時に，これらの成長産業で活躍する高収入のグローバルエリートが集まりました。

　さらに，グローバル都市では，いま述べた上層サービス職の増加によって，低技能・低賃金の下層サービス職が膨大に派生しています。なぜなら，日々激務に従事し，消費意欲の旺盛なエリートたちは，上質で効率的なライフスタイルを好み，多様な**労働集約的**サービスを必要とするからです。たとえば，オフィスビルや住宅の清掃・警備，レストランの給仕，家事や育児を行うケア労働があげられます。こうした非熟練の不安定な職種を担う安価な労働力として，発展途上国出身の大量の移民がグローバル都市に吸収されてきたのです。

　このように，グローバル都市では，製造業の発展のもとで形成されてきた分厚い中間所得層が脱工業化によって縮小し，他方で上層サービス業と下層サービス業の成長によって高所得層と低所得層が増大しています。サッセンは，グローバル都市における経済構造の変化が，社会階層の分極化を招いたと主張したほか，所得水準やエスニシティによる住み分けを促したと論じました。

 インナーシティの空間的・社会的な変貌

　フリードマン（Friedmann, J.）は，世界都市が形成され，その内部で所得格差が拡大することにより，空間的な分極化が発生し，インナーシティに貧困層

▷1　S. サッセン，伊豫谷登士翁監訳，大井由紀・高橋華生子訳『グローバル・シティ──ニューヨーク・ロンドン・東京から世界を読む』筑摩書房，2008年（原著2001年）。

▷**労働集約的**

作業の性格上，機械化を進めるには制約が大きく，労働力への依存が高いことを労働集約的といいます。そうした特徴を持つ産業を労働集約型産業とよび，農林水産業やサービス業などがこれに該当します。

▷2　サッセンは，大都市における低賃金労働の需要を満たす移民として，発展途上国出身の女性が増加する傾向にあることを指摘しました（S. サッセン，田淵太一・原田太津男・尹春志訳『グローバル空間の政治経済学』岩波書店，2004年，原著1998年）。

▷3　園部雅久は，東京における都市の分極化仮説の妥当性を検証し，東京は分極化の兆しがみてとれるものの，ニューヨークやロンドンほどではないと結論づけています（園部雅久『現代大都市社会論──分極化する都市?』東信堂，2001年）。

▷4　J. フリードマン，町

やエスニック・マイノリティの集住地が出現すると指摘しました[4]。「インナーシティ」とは，バージェスが同心円地帯理論において推移地帯とよんだ地域のことで，大都市中心市街地の周辺部に位置し，住宅・商店・工場などが混在する土地利用の不安定な場所です。戦後，ロンドンやニューヨークのような大都市では，多くの中高所得層の住民や企業のオフィスが快適な環境の郊外へ転出しました。また，脱工業化にともない，都心から工場の移転や閉鎖も相次ぎました。その帰結として，1970年代よりインナーシティでは，人口減少や失業者の増大，低所得者や高齢者など社会的弱者の滞留，建物の老朽化などを経験します。さらに，非熟練低賃金労働に従事する外国人の大量流入が始まると，住民の異質性や匿名性は急激に高まり，コミュニティの脆弱化が深刻となりました。

ところが，1980年代以降，インナーシティの空間を激変させる現象が発現します。老朽化した建物や工場跡地の再開発を通して，高級なマンションやオフィスビル，最先端の商業施設などが整備され，富裕層の嗜好に沿う空間への転換が図られたのです。その結果，高度専門サービス業に従事する裕福な**新中間層**が転入する一方，旧住民である低所得の労働者やエスニック・マイノリティが立ち退きや路上生活を余儀なくされました。さらに1990年代以降，排除された人びとへの攻撃とそれに抵抗する人びととの衝突が発生しました[5]。この一連の過程は，「ジェントリフィケーション」（gentrification）とよばれます。

インナーシティの「高級化」や，中高所得層が大量に流入する「都心回帰」は，日本でも東京や大阪などで勃興し，富裕層と貧困層および旧住民と新住民の分断を招きました。そのため，コミュニティの再生が課題となっています[6]。

❸ インナーシティにおける住民の連帯

住民の社会文化的背景や価値観がきわめて多様なインナーシティにおいて，人びとが分断を乗り越えることははたして可能なのでしょうか。

東京の新宿・大久保は，1980年代後半からアジア系外国人，1990年代後半から専門・技術職やサービス職の若年層の大量流入を経験しました。そこで起こった24時間型保育園の認可獲得運動は，多様な職業や働き方，家族形態の保護者や地域住民によって展開されました。夜間保育に対する強いニーズを持った保護者たちは，前例のない要望への対応に及び腰の行政の壁や夜間保育へ向けられる世間の偏見と闘いながら，ともにその成果を勝ち取ったのです[7]。

また，高度経済成長を支えた労働者のまちとして知られる大阪市西成区では，1990年代より商店街の衰退が進む中，新華僑が経営するカラオケ居酒屋の出店が急増しました。当初は，日本人店主との間に軋轢が生じたものの，地域経済の活力再生をめざして，両者の間で協働関係の構築が模索されています[8]。

こうした事例は，異質な住民が共通して抱える課題に取り組もうとする場合に，互いが手を結ぶ契機が生まれることを示唆しています。　　　（二階堂裕子）

村敬志訳「世界都市仮説」町村敬志編『都市の政治経済学』日本評論社，2012年（原著1986年），48-51頁。なお，フリードマンが「世界都市」（world city）とよんだ大都市を，サッセンは「グローバル都市」と表現しています。

▷新中間層
中間層とは，社会の階層構造において，資本階級と労働者階級の中間に位置する層のことです。このうち新中間層とは，産業構造の変化とともに大量に出現した専門・管理・事務などの職種に属する雇用従業者をさします。これに対して旧中間層とは，自営農民や商工自営業者など伝統的な生産手段によって生計を立てる層のことを意味し，中産階級ともよばれます。なお，新中間層と旧中間層を合わせた中間層を中産階級とよぶ場合もあります。

▷5　N.スミス，原口剛訳『ジェントリフィケーションと報復都市――新たなる都市のフロンティア』ミネルヴァ書房，2014年（原著1996年）。

▷6　鯵坂学・西村雄郎・丸山真央・徳田剛編『さまよえる大都市・大阪――「都心回帰」とコミュニティ』東信堂，2019年。

▷7　大野光子『大都市東京の「多文化空間」で生きる人びと――新宿・大久保の24時間保育園の記録』ハーベスト社，2020年。

▷8　陸麗君「インナーシティの新華僑と地域社会」鯵坂学・西村雄郎・丸山真央・徳田剛編『さまよえる大都市・大阪――「都心回帰」とコミュニティ』東信堂，2019年。

Ⅸ　シカゴ学派と民族関係論の現在

 外国人労働者の流入と地域社会の多文化化

▷3K
「3K」とは，「きつい」「汚い」「危険」を特徴とした職種や職場のことをさす表現です。肉体的な重労働をともなう製造業，建設業，農林水産業の他，介護などのサービス業の労働が主に含まれます。

▷1　実際には，朝鮮半島にルーツをもつ在日コリアンや，中国，台湾にルーツをもつ華僑・華人，アイヌ民族など，固有の文化やアイデンティティをもつ人びとが戦前から日本で生活しています。それにもかかわらず，「単一民族社会である」という「神話」（浅野慎一「日本社会における『単一民族神話』の構造と転換」『神戸大学発達科学部研究紀要』1 (1)，1993年，1-16頁）が構築され，信じられてきました。

▷2　日系人の多くが持つ「永住者」や「定住者」などの在留資格は，家族をともなう滞在が認められているので，子どもの教育環境を考慮した結果，日本での滞在期間の延長や定住化を選択する場合があります。

▷3　梶田孝道・丹野清人・樋口直人『顔の見えない定住化——日系ブラジル人と国家・市場・移民ネットワーク』名古屋大学出版会，2005年。

▷4　厚生労働省『「外国人雇用状況」の届出状況ま

1 日本における労働市場の開放と「顔の見えない定住化」

　1980年代後半より，バブル経済の隆盛や少子高齢化による労働力不足を背景に，大量の外国人労働者の流入が始まりました。また，1990年の「出入国管理及び難民認定法」改正により，海外で暮らす日系人が日本で就労しやすくなったため，主に南米出身の日系人の来日が一気に加速します。特に「3K」の労働現場では，日本人労働者の確保が困難である場合が多く，外国人が急増しました。長い間，日本は「単一民族国家」であるという認識が保持されてきましたが，この頃から社会の多文化化・多民族化が一目瞭然となったのです。

　大半の外国人にとって，日本での就労は一時的な出稼ぎにすぎません。ただし，長期滞在と全職種への就労が可能な日系人の場合，滞在が長期化しています。日系ブラジル人の集住地では日本での生活を支えるブラジル料理レストラン，学校，新聞社などが整備され，日系ブラジル人の下位文化の存在が可視化されました。けれども，そこで形成される移民コミュニティのメンバーの多くは，互いに継続的な協力関係を結んでいるわけではありません。なぜなら，彼・彼女らは頻繁に職場配転や住居移動を繰り返す流動的な労働者であるからです。さらに，高賃金獲得のため長時間労働に従事する人が多く，地域住民との接触機会も限定的となります。そのため，日系ブラジル人は地域社会で認知される存在とはなりえず，こうした「顔の見えない定住化」の帰結として，日系ブラジル人に対する日本人の無理解や両者の対立が社会問題化しました。

2 外国人技能実習生の受け入れ

　日本で働く外国人のうち，近年，人手不足を補う人材として飛躍的に増加しているのが技能実習生です。2010年の外国人労働者の総数は64万9,982人で，そのうち技能実習生は1万1,026人（総数に占める割合は1.7%）でしたが，2020年は総数172万4,328人，うち技能実習生が40万2,356人（同23.3%）にまで増大しています。なかでもベトナム人の増加がめざましく，技能実習生全体の49.2%（2020年現在）を占めています。また，技能実習生は，大都市圏に加え全国の中小規模市町村でも受け入れが進んでおり，特に労働力の確保が困難な東北，四国，九州などでは，技能実習生への依存が高まっています。

　その一方で，技能実習生に対する賃金不払いや暴力などの不正行為と，技能

実習生の行方不明が後を絶ちません。技能実習生は，母国の送り出し機関から日本の監理団体（受け入れ機関）を経て，実習実施者である企業で就労します[5]。見方を変えると，監理団体と企業によって二重に「管理（監理）」される立場でもあります。また，外国人技能実習制度の規定により，転職や家族同伴が認められず，日本での滞在期間は最長で5年間と定められています。よって，日系ブラジル人のような下位文化が発達せず，たとえ職場で人権侵害に遭遇しても，連帯して抗議運動を展開することは自ずと困難になります。これに耐えかねた技能実習生が行方不明となる，それを阻止するため，監理団体や企業が技能実習生の交流や外出を制限するなどの管理体制を強化する，それが技能実習生の不満を増幅させるといった具合に，イタチごっこの関係が生じています。

　また，技能実習生の下位文化が顕在化しない状況下で，地域住民にとって彼・彼女らは，日系ブラジル人の場合よりもさらに「顔の見えない」存在とならざるをえません。技能実習生が散住する**中山間地域**などでは，より一層その傾向が強くなります。そのため，地域住民との間にトラブルが頻発し，不要なトラブルを回避したい企業側がさらに監視を強めるという悪循環に陥るのです[6]。

3 過疎地域の産業を支えるベトナム人技能実習生

　岡山県美作市は，人口2万6,608人（2021年10月末現在）で，人口減少と高齢化の進行が深刻な自治体です[7]。同市は，労働力不足を補うため，ベトナム人技能実習生を積極的に受け入れています。また，ベトナム人の生活支援を充実させるため，日本語が堪能なベトナム人を市の嘱託職員として採用しています。同市の外国人人口は443人で，そのうち技能実習生は208人です。また，ベトナム人は233人で，外国人全体の52.6%を占めています（2020年末現在）[8]。

　美作市の取り組みについて特筆すべき点は，第1に行政が旗振り役となり，商工会，企業，市民を巻き込みながら技能実習生の受け入れ体制を整備していることです。第2に，こうした連携を基盤として美作日越友好協会を設立し，日本人住民を対象としたベトナム語講座や，市内の企業で働くベトナム人技能実習生の交流事業など，多様な試みを実施していることです。この事業で知り合った就労先の異なる技能実習生らがサッカーチームを結成し，日本人チームとの交流試合も行いました。第3に，これらの取り組みが技能実習生，就労先企業関係者，行政職員，美作市民の顔の見える関係を築く契機となっていることです。顔の見える関係が築かれていれば，各々が何か問題に直面した際，支援を求めることができます。よって，企業が，住民とのトラブル発生を懸念して技能実習生を囲い込む必要もありません[9]。

　精力的な活動の背景には，人手不足による地域経済の崩壊への強い切迫感があります。外国人に「選ばれる自治体」でなければ，市の存続も危ういのです。

（二階堂裕子）

とめ（令和2年10月末現在）」，2021年（https://www.mhlw.go.jp/stf/newpage_16279.html 2021年9月30日閲覧）。

▷5　技能実習生の受け入れ方法は，ここで示したような監理団体を媒介とする「団体監理型」の他に，企業が海外の現地法人や取引先企業の職員を直接受け入れる「企業単独型」があります。ほとんどの技能実習生は，団体監理型によって就労しています。

▷**中山間地域**
⇨Ⅲ-7参照。

▷6　たとえば，食用に田畑のカエルを捕まえることは，ベトナム人技能実習生の母国においてごく一般的な行動様式ですが，日本社会ではこれが「逸脱行為」となり，しばしばトラブルの原因となります。

▷7　美作市「美作市の人口・世帯数（令和3年度）」2021年（http://www.city.mimasaka.lg.jp/shisei/gaiyo/jinko/1620979312577.html 2021年11月3日閲覧）。

▷8　法務省出入国在留管理庁「在留外国人統計（旧登録外国人統計）統計表」，2021年（https://www.moj.go.jp/isa/policies/statistics/toukei_ichiran_touroku.html 2021年11月3日閲覧）。

▷9　二階堂裕子「中山間地域における外国人技能実習生の受け入れ政策――岡山県美作市の事例から」徳田剛・二階堂裕子・魁生由美子編著『地方発 外国人住民との地域づくり――多文化共生の現場から』晃洋書房，2019年。

IX　シカゴ学派と民族関係論の現在

 新たな民族関係の構築の可能性

▷ニューカマー
日本の旧植民地であった朝鮮半島と台湾にルーツをもつ人びとや中国にルーツを持つ人びとなど，戦前からの長い定住の歴史を持つ外国人を「オールドカマー」や「オールドタイマー」とよぶのに対して，1980年代以降に来日した外国人を「ニューカマー」とよびます。
▷ 1　総務省『多文化共生の推進に関する研究会報告書──地域における多文化共生の推進に向けて』，2006年，5頁。
▷ 2　塩原良和『共に生きる──多民族・多文化社会における対話』弘文堂，2012年など。
▷ 3　渡戸一郎「外国人政策から移民政策へ──新たな社会ビジョンとしての『多民族化社会・日本』」渡戸一郎・井沢泰樹編『多民族化社会・日本──〈多文化共生〉の社会的リアリティを問い直す』明石書店，2010年，金侖貞「多文化共生をどのように実現可能なものとするか──制度化のアプローチを考える」馬渕仁編『「多文化共生」は可能か──教育における挑戦』（勁草書房，2011年）など。
▷ 4　宮島喬『多文化であることとは──新しい市民社会の条件』岩波書店，2014年，8-9頁。

1　「多文化共生」？それとも「他文化強制」？

　1980年代後半から本格的なグローバル化の波とともにインドシナ難民，中国残留日本人，留学生，労働者，日本人と国際結婚をした人びとなど，**ニューカマー**[1]の大規模な日本への流入が起こりました。社会における文化的民族的多様性の高まりを経験する中，1990年代に「多文化共生」というスローガンが台頭してきます。さらに，2005年に始まった総務省の「多文化共生の推進に関する研究会」は，多文化共生を「国籍や民族などの異なる人々が，互いの文化的ちがいを認め合い，対等な関係を築こうとしながら，地域社会の構成員として共に生きていくこと」[1]と定義し，全国の自治体に多文化共生施策の推進を要請しました。今日，多文化共生は日本の大きな社会目標となっています。

　しかし，多文化共生施策のあり方には，課題も見受けられます。第1に，日本社会への適応支援の対象がニューカマーに限られており，オールドカマーやアイヌ民族など他のエスニック・マイノリティが視野の外に置かれていることです。よって，後者の課題が看過される危険性も否定できません。第2に，多文化共生の推進において，外国人を「支援の必要な存在」と位置づける一方，日本人に対しては異文化理解を促すことにとどまり，日本人の意識や社会制度の再検討や修正に取り組むという視点が希薄であることです[3]。つまり，もっぱら外国人のみが日本語習得などの努力を求められ，日本人や日本社会には変革の必要性がほとんど問われないのです。これでは多様な文化を相互に認め合う「多文化共生」というより，日本の文化や価値観の受容を強いる「他文化強制」となりかねません。しかもその暗黙の前提には「日本人の同質性」という認識があり，ジェンダーや障害の有無など「日本人の多様性」は想定外なのです。外国人への「他文化強制」は，日本人への「同質性の強制」でもあります。

　誰もが排除されず生きがいをもって生活できる社会を創造するため，いかにして，異なる立場や背景を持つ人びとが「その文化的多様性を対話と理解のなかで受け入れつつ，豊かな文化資源にしていけるか」[4]が問われています。

2　多様な社会文化的背景をもつ人びとの連帯による識字運動

　兵庫県神戸市長田区に拠点のある「ひまわりの会」は，読み書きに不自由な人びとが文字を学ぶ活動を行っています。1995年に阪神・淡路大震災が発生し

たあと，非識字の被災者が避難所で救援物資の配布を知らせる掲示文を読めず，不利益を被っていました。被災地に集った市民ボランティアがそうした非識字者の存在を「発見」し，1996年にひまわりの会が誕生したのです。長田区は典型的なインナーシティで，戦前より定住してきた在日コリアンのほか，多様なエスニック・マイノリティが生活しています。そのため，在日コリアンの高齢者，ニューカマーの中国人やベトナム人などが学習者として多く参加する他，病気や貧困，不登校のため十分な学校教育の機会を失った日本人もともに学んでいます。一方，ボランティアスタッフとして会社員，退職者，学生などが参加しています。

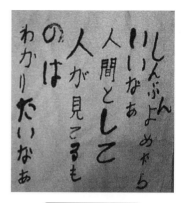

図Ⅸ-3　学習者の作文

出典：筆者撮影。

　長年，自分が非識字であることを隠してきた学習者は，この活動を通して読み書き能力を身につけるだけではなく，自信や誇りを持ち，より主体的な生き方を探り始めます（**図Ⅸ-3**）。また，長らく封印してきた自分の思いや経験を文字で仲間に伝えるとともに，仲間の作文を読むことで他者の思いをくみ取り，それを共有できるようになります。一方，スタッフにとってこの活動は，過去を生き抜いてきた学習者の姿勢や紡ぎ出された言葉から多くの示唆を得て，自らの生き方を捉え直す機会となります。こうして，ひまわりの会の人びとは，「学び合うことの楽しさ」や「新たな自己の発見」という経験を積み重ねることで，ともに学ぶ仲間としてのアイデンティティを育み，安定した信頼関係を築き上げているのです。

　つまり，ひまわりの会の活動は，異なる下位文化に属する人びとが共通の生活課題を媒介として出会い，経験を共有しながら協働関係を取り結び，社会文化的背景の違いを越えて「われわれ意識」を醸成していく取り組みです。同じ志を抱く人であれば，誰もがそこへ参画することができます。インナーシティであるこの地域において，多様な困難を抱えた住民を包摂する新たな下位文化が創造されることの意義は，決して小さくありません。

③ 異質な人びとによる協働に向けて

　多文化共生への道筋が模索される今日，異文化理解のための活動やイベントが各地で展開されています。本節で取り上げた事例は，そうした「異質性」を前提とする活動というよりも，生活課題の「共通性」を結節点として，異質な人びとが協働しながら解決の糸口を探る試みであり，その結果として，異質性を越えたネットワークが創出されていました。

　今日の地域社会には，産業の衰退，格差拡大，育児や介護の負担増，災害リスク，環境悪化など，問題が山積しています。こうした共通問題の解決に向けて多様な社会文化的背景を持つ人びとがともに活動することで，共生社会が築かれる可能性があります。さらに言うと，地域社会の多様性が増す今日，多様な人びとの参画がなければ，真の問題解決は遠のくでしょう。（二階堂裕子）

▷5　二階堂裕子「記憶を共有する──『識字99％』のニッポンにおける識字運動」宮岡真央子・渋谷努・中村八重・兼城糸絵編『日本で学ぶ文化人類学』昭和堂，2021年。

（理解促進のための推薦図書）

N.アンダーソン，広田康生訳『ホーボー──ホームレスの人たちの社会学』上・下，ハーベスト社，1999-2000年（原著1923年）。
C. S.フィッシャー，松本康・前田尚子訳『都市的体験──都市生活の社会心理学』未來社，1996年（原著1984年）。
鯵坂学・西村雄郎・丸山真央・徳田剛編『さまよえる大都市・大阪──「都心回帰」とコミュニティ』東信堂，2019年。
徳田剛・二階堂裕子・魁生由美子編著『地方発　外国人住民との地域づくり──多文化共生の現場から』晃洋書房，2019年。

X　エスニシティとセクシュアリティ

 # 日本における外国人の増加と 「多文化共生」

2020年現在，日本で暮らす人の50人に1人が外国籍です。この節では，まず基礎知識として，日本において**外国人**がなぜ増えたのか，どこに多く住んでいてどのような地域社会での課題があるかを学びましょう。

1　全国各地で増える外国人住民

2020年末現在，日本で暮らす外国人は288万7,116人（総人口の2.2%）で，この数は京都府の人口よりも多いです。この年はコロナ禍による入国制限で外国人数は微減したものの，2015年から2019年にかけて在日外国人数は大幅に増えました。国籍別のランキングでは，中国（77万8,112人），ベトナム（44万8,053人），韓国（42万6,908人），フィリピン（27万9,660人）となっています。

では，彼（女）らはどこに多く住んでいるのでしょうか。市町村別の外国人数ランキングでは，一位が大阪市（14万4,123人），二位が横浜市（10万2,248人），三位が名古屋市（8万4,109人）と，政令指定都市が上位に並びます。一方，市町村の総人口に占める外国人比率では一位が大阪市生野区（21.8%），二位が群馬県邑楽郡大泉町（18.8%），三位が北海道勇払郡占冠村（17.0%）と，市町村すべてが並んでいます。生野区は戦前から在日コリアンの集住地区があり，大泉町は自動車や家電製品の大きな工場があり1990年代からブラジル人が多く居住する町で，占冠村は2010年代以降に外国人がスキーリゾートの経営に乗り出し，欧米や台湾出身者が多く暮らしています。外国人の集住は大都市でも小規模自治体でも見られることがわかるでしょう。

2　外国人の受入れ政策

それでは，なぜ，日本でこれほど外国人が増えたのでしょうか。**表X-1**は，日本で外国人が増加した経緯を，おおまかに示したものです。1980年代からアジア諸国，1990年代は南米からも来日が相次ぎました。また，2020年現在，日本で最も多くの外国人が持つ**在留資格**は「永住」（80万7,517人），次いで**技能実習**（37万

表X-1　日本における外国人増加の経緯

時期	外国人の属性と出身地
1900年代～	朝鮮半島や台湾等の旧植民地出身者（当時は日本国籍）の来日
1980年代～	インドシナ難民の来日，中国残留日本人の帰還。留学生の増加。
1990年代～	日系人（主に南米），日本人の配偶者（結婚移民）の来日，技能実習制度開始。
2000年代～	経済連携協定による看護・介護人材の受け入れ開始。
2010年代～	家事支援人材，介護人材，技能実習生の受け入れ拡大。

出典：筆者作成。

▷**外国人**
ここでは，日本国籍を持たない人（外国籍の人）を「外国人」とよびます。

▷1　総務省「住民基本台帳に基づく人口，人口動態及び世帯数（令和3年1月1日現在）」より筆者作成。

▷**在留資格**
外国籍の人が日本で滞在する際に得る許可のこと。日本での活動内容や居住歴により在留資格は異なり，2021年現在，29種類ある。

▷**技能実習**
技能実習法（2017年）上の認定を受けた技能実習計画に基づいて，講習を受け技能等に係る業務に従事する活動をするための在留資格。

▷**特別永住**
旧植民地出身者で1952年のサンフランシスコ講和条約で日本国籍を離脱し外国籍となった人びとが対象。

▷**技術・人文知識・国際業務**
文系・理系分野の技術と知識を要する業務や外国の文化を基盤とする思考・感受性が必要とされる業務につく人が得る在留資格。

8,200人），**特別永住**（30万4,430人），**技術・人文知識・国際業務**（28万3,380人），留学（28万901人）と続きます。

　国境を越える人の移動には歴史的経緯や人道的理由，送出国・受け入れ国の二国間関係など，様々な要因がありますが，国は出入国管理を行い，人はそのもとで移動できます。政策により特定の国から特定の属性や活動目的の人を日本へ受け入れた結果が，上記の在留資格別の人数なのです。そして，総人口に比べて外国人人口は若いです（**図X-1**）。

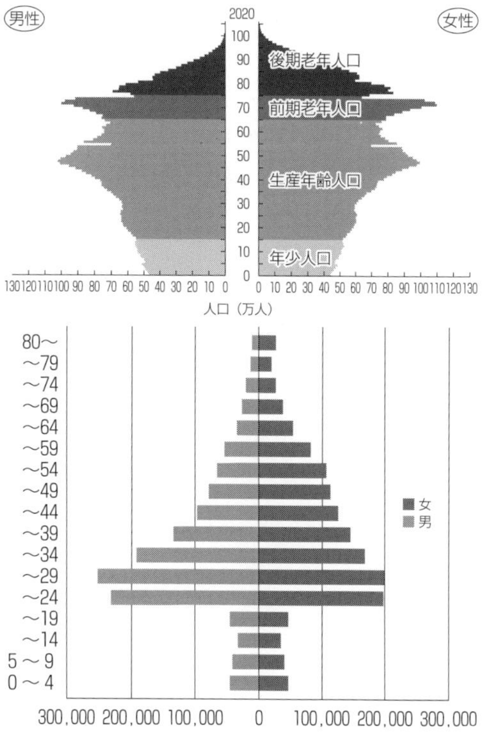

③ 外国人集住地域

　では，どのような特性を持つ地域に外国人集住地区ができやすいのでしょうか。都市社会学者の渡戸一郎は，1990年代に増加した「多国籍化・マルチエスニック化・多言語化が進展する外国人集住都市」を「多文化都市」と名づけ，外国人集住地域の類型化を試みています（**表X-2**，渡戸 2006：118-119）。外国人の来住時期を縦軸，地域特性を横軸として，大都市中心型，大都市インナーシティ型，大都市郊外型，鉱工業都市型，観光地型・農村型が示されています。この表から，その地域の大都市からの距離や産業構造が外国人住民の居住を規定することがわかります。これらの地域に住んでいる人は小中学校のクラスメイトや近所の人など，身近に外国人と接する機会があると思います。2000年代以降，「多文化都市」や外国人集住地区は増加しています。次項以降では集住地区での状況を詳しく見ていきましょう。

（高畑　幸）

図X-1　日本の総人口と在日外国人の人口ピラミッド

出典：（総人口）厚労省・社会保障・人口問題研究所ウェブサイト（http://www.ipss.go.jp/），（在日外国人）法務省・在留外国人統計から筆者作成（https://www.moj.go.jp/isa/policies/statistics/toukei_ichiran_touroku.html）。

（参考文献）

渡戸一郎「地域社会の構造と空間——移動・移民とエスニシティ」町村敬志ほか編『地域社会学の視座と方法』東信堂，2006年，110-130頁。

表X-2　外国人集住地域の諸類型

	大都市中心型	大都市インナーシティ型	大都市郊外型	鉱工業都市型	観光地型・農村型
オールドタイマー中心型（規制市街地，旧来型鉱工都市）		大阪・京都・神戸・川崎・三河島等の在日コリアン・コミュニティ，横浜・神戸等の中華街		北九州，筑豊等の在日コリアンコミュニティ	
ニューカマー中心型（大都市中心部から郊外や地方へ分散）	東京都港区・目黒区等の欧米系コミュニティ	東京都新宿・池袋，上野周辺のアジア系コミュニティ，川崎，横浜・鶴見，名古屋・栄東，神戸・長田等のマルチエスニック・コミュニティ	相模原・平塚市等（南米日系人），横浜I団地（マルチエスニック・コミュニティ）	群馬県太田・大泉・伊勢崎，浜松，豊橋，豊田，大垣，四日市等の南米日系人コミュニティ	温泉観光地等（フィリピン人等），山形，福島等の町村（アジア系配偶者，アジア系研修生）

出典：渡戸（2006：119）。

Ⅹ　エスニシティとセクシュアリティ

 エスニックタウンの変貌
──東京都・大久保

　日本で外国人が増加し始めた1980年代，外国人住民の増加は「都市的現象」でした。人口が多い大都市ほど異質性が高い人びと（来日まもない外国人）にできる仕事が多く，彼（女）らが暮らしやすかったからです。本項では東京都新宿区の大久保（新宿区大久保1・2丁目と百人町1・2丁目）に注目します。新宿区は9人に1人が外国人。大学生の皆さんには大久保といえばK-POPのグッズやコリアンコスメの店が集まる街，というイメージかもしれません。エスニックタウンの形成と変貌を見ていきましょう。

① 日本語学校とエスニックビジネスのまち

　1990年から大久保の景観の移り変わりを写真に収めてきたのが，都市計画研究者の稲葉佳子です。稲葉は大久保を「新宿・歌舞伎町の周縁にある移民都市」と表現しています。江戸時代には下級武士の屋敷地だったJR新大久保駅界隈は，戦後に開発された夜の街・歌舞伎町で働く人びとのベッドタウンとなり住民の流動性が高いまちとなりました。そして1983年の「**留学生10万人計画**」により主に中国・韓国・台湾出身の留学生たちが流入しました（稲葉，2008：49）。中国は1978年からの**改革開放政策**で海外渡航へのハードルが下がり，また韓国は1989年に海外旅行が完全自由化され，地理的にも言語文化的にも近い日本，特に日本語学校が多くあった大久保に若者たちが向かったのです。当初，家主さんたちは外国人を特別視していましたが，古い物件でも気にせずに入居する外国人は次第に「お客さん」だと意識が変わり，外国人がさらに物件を借りやすくなりました（稲葉 2008：76）。

　専門学校や大学を卒業した留学生たちは，大久保で同国人を相手に食堂，食材店，美容室などの小規模ビジネスを始めました。この場所には古い雑居ビルが多くあり比較的家賃が安かったため，スタートアップがしやすかったのです。そして次第に，教会や寺院など，移民たちの信仰生活を支える施設も増えていきました。1990年代後半にはJR新大久保駅の北西に南アジア出身のムスリムの人びとが経営する商店が増え，今では「イスラム横丁」としてGoogleマップに載っています。

② 観光地・大久保の盛衰

　時代とともに大久保は変わりました。社会学者の申惠媛は，大久保の変容を

▷**留学生10万人計画**
中曽根総理大臣の指示により設けられた「21世紀への留学生政策懇談会」が1983（昭和58）年8月に提出した報告書「21世紀への留学生政策に関する提言」にある提言。21世紀初頭に日本の留学生受け入れを10万人にするとの目標を設定した。

▷**改革開放政策**
1978年に中国共産党が農業・工業・国防・科学技術の「4つの現代化」の国家目標を掲げて改革開放路線を提唱し，1980年代以降，その目標実現に向けた高度人材育成のための留学生送出が拡大した。

▷**ヘイトスピーチ**
特定の国の出身者であるこ

3期に分けています。第1期が1980〜90年代のエスニック・コミュニティの形成期。先に書いたとおりです。第2期が2000年代〜2010年代初頭の「観光地・新大久保」の誕生期です。2002年のワールドカップ日韓共催や韓流ブームにより韓国系店舗が急増し、日本人客が大久保に押し寄せます。2010年代からはK-POPの流行でグッズやコスメを売る店やイベントが増え、観光地化が進みます。他方、そこに住んで働く韓国人も増えるので、大久保は「観光地と生活空間」が同時に展開しました（申 2019：42）。その様子を地理学者の金延景は「昼間は韓流ファンを中心とした日本人が多く、夜から深夜にかけては飲食を楽しむ韓国人が多い」と観察しています（金 2019：259）。そして、第3期が2010年代半ばからの「危機と変容」の時代です。観光地化した大久保は2010年代初頭をピークとして、その後一時衰退します（申 2019：43）。その背景には日韓関係の悪化があります。移民たちの出身国と日本との関係が微妙である場合、エスニックタウンは**ヘイトスピーチ**の標的になります。そして大久保では「衰退」からの変容過程において、様々な事業者の「国境を超える連帯」が現れました。

③ 大久保における「共生」とエスニックな自営業者たちの連帯

大久保では1980年代から外国人の若者たちが自営業でチャンスをつかんできました。現在、彼（女）らは地域づくりの担い手になっています。上記の2010年代初頭の「衰退」を経て、地域で織りなされる人びと、あるいは集団間の関係は再編されました。まず、2014年に「新宿韓国商人連合会」が発足し、地域に根差した観光地としての新大久保のマネジメントが意識化されました（申 2019：43）。さらには、2017年に発足したのが「新大久保インターナショナル事業者交流会」です。韓国人団体が「自営業の先輩として、起業して間もないネパール人やベトナム人の悩みにアドバイスしたい」と声を上げたことがきっかけで、新大久保商店会が中心となり、日本・韓国・ネパール・ベトナム出身の事業者たちが交流会を持ち、よりよい商店街と地域づくりを目指しています（**図X-2**）。日本人経営のお店も商店街の活動をする後継者も減っているので「次の5年先、10年先を考えると、今から（外国人と）交流していろいろな国の人たちと一緒に商店街を作り上げたい」とは日本人商店主の声です（稲葉 2021：13）。

大久保はもはや「日本人と〇〇人」という対立の場ではなく、様々な国から来た人びとがこのまちに居場所を見つけ、自営業に励み、時には競合し、共生による地域全体の活性化を模索する場所となっているのです。

（高畑　幸）

とやその子孫であることのみを理由に、日本社会から追い出そうとしたり危害を加えようとしたりするなどの一方的な内容の言動のこと。この解消のため、日本では2016年に「ヘイトスピーチ解消法」が施行された。

（参考文献）

稲葉佳子『大久保　都市の力——多文化空間のダイナミズム』学芸出版社，2008年。

稲葉佳子「『外国人支援』から『共にまちづくりを考える地域の一員』へ：新宿区および新大久保の事例から」『むすびめ2000』，2021年，114：10-13。

金延景・中川紗智・池田真利子「エスニック都市空間の夜の領域性に関する一考察：大久保コリアタウンの夜間営業施設に着目して」『地理空間』12(3)，2019年：247-262。

申惠媛「『開かれた』地域社会の重層性：エスニックな観光地化する『新大久保』の事例から」『アメリカ太平洋研究』19，2019年：37-48。

図X-2　大久保にある日本語・韓国語併記の掲示

出典：2019年9月，筆者撮影。

X　エスニシティとセクシュアリティ

繁華街の外国人住民と地域社会

繁華街といえば，皆さんはどんなイメージを持ちますか。2節で見た新大久保も1つの繁華街ですが，飲食店や食材店など，昼間に営業する店が多い町です。比較対象として，この項では夕方から明かりが灯る「夜の街」，名古屋市中区・栄東地区を事例に，外国人が増えた繁華街の地域社会と外国人住民との関係について考えてみましょう。

① 繁華街の外国人コミュニティ

名古屋市中区・栄東地区は「フィリピン人が多い繁華街」です。JR名古屋駅から地下鉄東山線で2駅の栄駅の南東部に広がるエリア（栄4・5丁目）で，大通り沿いには中区役所や大規模オフィスビルもありますが，一筋，中に入ると「レジャービル」と呼ばれる飲食店向けの雑居ビル，アパート，小規模商店，町工場等が混在する大都市**インナーシティ**です。

特に4丁目にレジャービルが多く，ここでは1980年代半ばから2000年代半ばにかけて，半年間有効の「**興行ビザ**」で来日したフィリピン人の女性歌手やダンサー（興行労働者）がショーを披露する「フィリピンパブ」が集まり，2000年代前半には約80軒ありました。同時に，日本人男性との望まない妊娠，離婚による母子世帯の困窮，男性パートナーからの暴力など，問題を抱える女性たちが多く住む街ともなったのです。2000年，この地区にあるアパートの1室にフィリピン人移住者センター（FMC）が事務所を作り，そこには連日，複雑な悩みや大きなお腹を抱えた女性たちが押し寄せました。まるで日本社会の中にフィリピン人だけが入れる扉があるような空間でした。

② 地域行事への参加から始まる「社会参加」

「時には苦しい思いをしながらも繁華街で働き続けるフィリピン人女性たちを，地元の日本人はどう思っているのか？」と疑問を持ったのが，筆者が2002年に行った住民意識調査の発端です。栄東地区の日本人住民500人を対象とした意識調査を行うための事前交渉に中区の地域振興課（現・まちづくり推進室）へ出向き，町内会役員を訪問して理解を求めました。その時に出会った地域役員のCさんは「栄東の**ゲットー化**を防ぎたい」との意向があり，筆者は住民意識調査の前後にCさんと区役所職員DさんをFMCへ案内して

▷**インナーシティ**
官公庁や大企業が集まる都市中心部から少し外れた場所にある「都市内集落」で，比較的家賃が安く，低所得者層が暮らしやすく，移民が流入し起業しやすい場所となる。

▷**興行ビザ**
在留資格「興行」のことで，演劇，演芸，演奏，スポーツなどの興行に関わる活動に従事する人が得る在留資格。例：俳優，歌手，ダンサー，プロスポーツ選手等。

▷1　興行労働者の入国規制が厳しくなった2005年からその数は減りましたが，現在も地区内を歩くと，フィリピン，ブラジル，東欧などから来た，地区内のスナックやラウンジで外国人女性の姿が見られます。

▷**ゲットー化**
⇨ⅨX-2 参照。

図X-3　栄東地区のフィリピン食材店

出典：2019年7月，筆者撮影。

フィリピンコミュニティと引き合わせました。

　さて，2002年の日本人住民意識調査では，回答者194人のうち，97％が地区内の外国人住民の増加を認識しており，外国人の町内会への加入には64.9％，夏祭りへの参加（盆踊り等）には約9割が賛意を示しました（高畑 2012：512）。これが『中日新聞』で報道されたこともあり，2003年には栄東地区の町内会や商工団体等が代表者を出して「栄東まちづくりの会」ができ，その活動目的の1つが「多文化共生のまちづくり」となりました。中区まちづくり推進室の後押しもあり，FMCは地域の夏祭りや防災訓練，年末行事等に団体として参加するようになりました。FMCが移住女性の団体と地元の町内会をつなぐ「窓」として機能し，集団間の結合的民族関係の形成が見られたのです（高畑 2017：347）。

③ 「地域社会の多文化共生」を街の魅力に

　2004年，名古屋新世紀計画2010第2次実施計画の策定にともない「外国人との交流と共生のまちづくり事業」が平成16-18年度の地域別計画に組み込まれ，以降もそれが続いています。また，2011年，名古屋市が**多文化共生推進プラン**を策定するにあたり，栄東地区から日本人Cさんと FMC 代表のフィリピン人 A さんを委員に入れました。このように，地域共生事業は地区内の出来事から区の地域別計画に基づく事業になり，そこでの蓄積が「ボトムアップ型」で市の外国人施策へと生かされています（高畑 2012：511）。

　その後，2013年にFMC，2015年に栄東まちづくりの会が愛知県多文化共生推進功労者表彰を受けました。2016年には栄東まちづくり協議会に多文化共生部会ができ，2019年には栄東まちづくりの会を中心に外国人旅行者向けの「栄東おもてなしパック」が企画され，弓道体験等の日本文化紹介に加えて「安全に遊べる夜の街」を案内するツアーが行われました（『中日新聞』2018年8月7日）。

　2020年は新型コロナウイルス感染症の拡大で「夜の街」の様子は一変しました。日本各地で自治体が「外国人コミュニティへ感染対策等の情報を伝える方法」を模索する中，すでに外国人コミュニティと町内会および区役所で「顔が見える関係」ができていた栄東地区では，2020年10月に保健所とFMCが一緒に，地区内で外国人が働くお店を回ってマスク，フェイスシールド，除菌ティッシュ，子ども虐待等の相談先のチラシを，このまちで暮らし働く外国人に手渡すことができました。地域社会で作られた結合的民族関係，いわば地域社会の多文化共生は，社会が危機的状況になった時にこそ，その役割が発揮されるのだと思います。

（高畑　幸）

▷**多文化共生推進プラン**
2006年，総務省が地方公共団体における「多文化共生の推進に係る指針・計画」の策定に資するため「地域における多文化共生推進プラン」を出した（2020年に改訂）。これに基づき各自治体が各地の事情に即した多文化共生推進プランや推進計画を策定している。
▷2　http://www.pref.aichi.jp/0000065831.html
▷3　http://www.pref.aichi.jp/0000088339.html
▷4　2020年12月27日，FMC代表者からの聞き取り。

参考文献

阿部亮吾『エスニシティの地理学——移民エスニック空間を問う』古今書店，2011年。

高畑幸，2012，「大都市の繁華街と移民女性：名古屋市中区栄東地区のフィリピンコミュニティは何を変えたか」『社会学評論』62(4)：504-520。

高畑幸「結婚移住女性と都市コミュニティ」伊藤守ほか編『コミュニティ事典』春風社，2017年，346-347。

Takahata, Sachi, 2021, "Filipino Enclaves as Products of Migration Industry: Cases in a Big City's Downtown and a Port City's Coastal Area", in Yoshitaka Ishikawa (ed.) *Ethnic Enclaves in Contemporary Japan*, Springer（ISBN：9789813369948）

山本明代「都市と多文化共生」伊藤恭彦ほか編著『転換期の名古屋の都市政策』ミネルヴァ書房，2020年，279-299。

X　エスニシティとセクシュアリティ

4　日本人高齢者と外国人ファミリーが暮らす団地

▷改正入管法施行
「定住者」等の10種類の在留資格が新設され，南米系日系人労働者の受け入れと定住化が北関東や東海地方を中心に進んだ。

▷日系人
日本以外の国に移住し当該国の国籍または永住権を取得した日本人，およびその子孫のこと。特に南米に多い。

1節でみた渡戸（2006）のいう「多文化都市」を可視化させるのが，外国人が多い団地の景観です。1990年の**改正入管法施行**により**日系人**が実質的な外国人労働者として自動車産業等で歓迎され，自動車関連の工場がある場所で外国人集住団地が増加しました。以下に，自治会活動を中心にみていきましょう。

1　なぜ団地に外国人が多いのか

「外国人にとっての暮らしやすさ」が，集住地域を作ります。稲葉佳子らは，渡戸の類型で「鉱工業都市型・ニューカマー中心型」地域にある外国人が多い10カ所の団地での調査から，外国人が集住する公営団地が発生するメカニズムを「民間賃貸住宅に比べて入居時に外国人差別がなく礼金等も不要で魅力的な物件であり，（中略）ひとたび外国人の入居が始まるとその情報が同国人に広がっていく」としています（稲葉ほか 2010：2402）。公営団地は入居時に所得制限があり家賃が安くおさえられています。特に，古くて交通の便が悪い団地は空室が出やすいため入居しやすく，外国人住民が増えると外国人を敬遠する日本人が転出するのでますます外国人比率が高まり，団地内に同国人のコミュニティができ外国人は暮らしやすくなり，結果的に集住が加速します。

2　外国人集住団地での自治会活動

▷自治会
地域により「町内会」「町会」ともいう。日本に特有の地域組織（地縁団体）で，住民等によって組織され，親睦，共通の利益の促進，地域自治を行う。

公営住宅は自主運営が基本で，**自治会**活動として団地内の掃除やごみ集積場の管理が行われます。稲葉らが行った10カ所の団地調査によると，外国人住民の増加により，日常的問題として「ゴミ問題」「騒音問題」「違法駐車」など，日本人と共通する問題に加えて「香辛料の匂い」など，外国人特有の問題が挙げられました（稲葉2010：2402）。

稲葉らの調査では，団地の外国人住民は20〜40代の子育て世代であり，かたや日本人居住者は高齢者が多く，世代も言葉も文化も生活習慣も違う両者がたまたま同じ空間で過ごしているのが団地です。

言葉の壁もあり，自治会活動を外国人住民とともに行うことは困難を伴います。では，どのような取り組みが行われているのでしょうか。稲葉らが10カ所の団地調査からまとめた「外国人住民の増加に対する自治会の取り組み」の5つのモデルにまとめています。

モデル1は「自治会執行部の並列体制型」です。団地自治会の中に日本人執

行部と外国人執行部を設置し，両者は月１回の定例会を行い，外国人住民向けの告知等は外国人執行部が担当します。

　モデル２は「NPO等による自治会協力型」です。自治会が外国人支援のNPOの協力を得て団地内で日本語教室を行い，外国人住民との交流を深める方法です。

　モデル３は「自治会・行政・NPOによる三角体制型」です。行政がNPOに委託して団地内での外国人支援事業（転入者向けの生活ガイダンス，日本語教室，通訳・翻訳サービス提供等）を行います。

　モデル４は「広域自治会と行政による支援型」です。団地の自治会（単位自治会）を地区自治会と連合自治会がサポートしたり，行政が多文化共生センターを団地内に置くなどの事例があります。

　モデル５は「関連部局・団体等による支援型」です。団地の管理・運営主体（**UR都市機構**）が行政と連携して団地自治会を支援する取組体制です。住宅管理者が生活ルールのパンフレットを作成し，行政が日本語教室を行い，自治会が外国人住民への日常的対応や交流事業を行います。

図X-4　静岡県磐田市の団地にある日本語・ポルトガル語併記の「駐車禁止」

出典：2016年５月，筆者撮影。

愛知県の県営住宅の事例

　最後に，愛知県の事例に見ていきましょう。愛知県の県営住宅では入居者に占める外国人比率が2005年以降に１割を超え，かつ，入居者全員に自治会加入が原則とされています（松宮 2019：23）。愛知県県営住宅自治会連絡協議会は1987年，入居者の生活環境向上等を目的に作られました。ここで2010年から参与観察を続けてきた都市社会学者の松宮朝は，そこで得た知見を３点まとめています（松宮 2019：30-31）。

　第１に，この協議会では外国人住民の課題を「自治会活動で解決せざるを得ない課題」ととらえ，外国人住民に自治会活動への参画を促し，自治活動の取り組みとして解決することを目指したことです。さらには，自治会活動から彼（女）らの生活支援・教育支援につなげました。

　第２に，協議会内の懇談会での情報交換・意見交換から，各自治会で実際に外国人住民が参加しやすいにルールを改変したり，その方法を地道に共有する実践をしてきました。

　第３に，自治を基盤とした取り組みの両義性です。地域組織や自治のあり方は常に流動的で，自治会や日本人住民側は外国人住民の「包摂」と「排除」の間を行ったり来たりするということです。

　各地の団地で試行錯誤が繰り返されたことがわかりますね。今後も，外国人集住団地や集住地域が日本各地に現れるはずです。場所によってそのスピードに差はあっても，人びととの日常的な接触と話し合いで，地域社会の多文化共生が作られていくことは確かなのです。

　　　　　　　　　　　　　　　　　　　　　　　　　　　　（高畑　幸）

▷ **UR都市機構**

国土交通省所管の独立行政法人都市再生機構の略称である。1955年の日本住宅公団が源流で，大都市や地方中心都市における市街地の整備改善や賃貸住宅の供給・管理を行う。

参考文献

稲葉佳子ほか「公営住宅および都市再生機構の賃貸住宅における外国人居住に関する研究——外国人居住への取組が行われる10団地を対象に」『日本建築学会計画系論文集』75(656)，2010年：2397-2406。
松宮朝「外国籍住民と公営住宅（上）」『社会福祉研究』20，2018年：21-28。
松宮朝「外国籍住民と公営住宅（下）」『社会福祉研究』21，2019年：23-32。

多様性の中の調和
——民族関係の結び目は

1節から4節まで「外国人住民が増えたまち」の事例を紹介しました。長年その土地で暮らし日本語を母語とする人が多い場所に外国人住民が増えると，言葉の壁や生活習慣の違いが原因で何らかのトラブルが起きることは避けられません。では，トラブルを避けて，あるいは克服して地域社会で結合的な民族関係（異なる民族集団に属する人たちが共に行動して，力を合わせて活動する関係）が，どのように可能となるのか。いくつかの社会的条件をご紹介します。

① 接触仮説

移民の国・アメリカ合衆国では1950年代から「人種間の偏見を減らすにはどのように人びとを接触させたらよいか」の研究がなされてきました。**オールポート**の古典『偏見の心理』（日本語版1968）を受けつぎ，**ブラウン**は『偏見の社会心理学』（日本語版1999）で「集団間の接触が一定の条件で行われるならば偏見を低減できる」とし，そこで4つの条件——①制度的支持，②十分な頻度・期間・密度の濃さ，③当事者同士の対等な地位，④協同活動，を提示しました。これが接触仮説です（R.ブラウン 1999：277）。

「制度的支持」とは，互いに異文化の背景を持つ集団の接触が，法的にあるいは社会の多くの人びとから認められ支持される状態にあることです。3節でみた栄東地区で地域の多文化共生事業が区の事業になったり，4節でみた公営住宅の自治会で自治会の活動に外国人住民への支援や交流が含まれていたのも制度的支持にあたります。「十分な頻度・期間・密度の濃さ」とは，互いに居住地が近接している，数年に渡り同じ空間（例えば学校や公営住宅）で過ごす，などです。「当事者同士の対等な地位」は，2節でみた大久保での「自営業者同士」や，4節でみた「公営住宅の住民同士」などです。「協同活動」は2〜4節で出てくる地域活性化の活動や清掃活動，あるいはイベントの運営など，たくさん事例がありました。接触仮説は日本においても有効です。

② バイパス結合

都市社会学者の谷富夫は，大阪市生野区において1987年10月から半年間，**在日朝鮮人**と日本人との民族関係に関する調査を行いました。そこから索出された，結合的な民族関係を作る社会的条件は「近接居住や経済的統合等を与件とする，剥奪仮説とバイパス結合」でした。

▷**オールポート**
Gordon Willard Allport（1897-1967）はアメリカの心理学者，社会心理学者，宗教社会学者で，パーソナリティ研究および偏見の研究で知られる。

▷**ブラウン**
Rupert Brown は英国の社会心理学者で，現在，サセックス大学名誉教授。偏見，グループ・プロセス，集団間関係の研究で知られる。

▷**在日朝鮮人**
朝鮮半島にルーツを持つ日本で暮らす人びと。第2次世界大戦前の日本の植民地支配の間に，朝鮮から日本に移住したり，または労働力として強制連行されたりした人たちが多い。

　まず，民族的背景が異なる人たちが互いに近くに住んでいて，外国人住民も日本において経済的にある程度安定している状態を前提とします。1つ目の「剝奪仮説」とは，「本来あるべき価値が奪われている困難な状況では，周りにいる人たちと言葉や文化の壁を越えて力を合わせざるを得ない」ということです。2節でみた大久保で2010年代初頭以降に現れた自営業者たちの商店街活性化活動や，3節でみた栄東地区の「安全に歩ける夜の街」を案内するツアーも，商業地や繁華街にあるべき「賑わい」という価値が剝奪されている状況を何とかしようとする取り組みです。

　次に「バイパス（迂回）結合」とは，近隣居住で同じ教室に学んだり，同じ職場の上司と部下や同僚の関係だったり，町内会で役員同士だったりと，様々な地位―役割関係が形成され，これらの関係をバイパス（迂回路）として，互いの民族性を理解し互いに尊重していけるという考え方です。先に紹介した剝奪状況での結合関係も，バイパス結合のありかたの1つと考えられます。4節でみた外国人が多い公営住宅の事例を思い出して下さい。家賃が安い代わりに団地内の掃除等を自力でやらねばならない公営住宅は，自然と「力を合わせる」必要が出てきます。接触仮説の「協同活動」ともつながります。外国人が増えた地域社会では「バイパス」を増やす仕掛けをたくさん作る必要があります。

❸ 「生活者」「納税者」としての外国人とともに

　外国人は日本において「権利」が限定される場面があります。たとえば，自分の在留資格を延長したり家族を呼び寄せようとしても，法務大臣の裁量の部分があるため，すべての願いが叶えられるわけではありません。また，**外国人には参政権**がなく，採用時に日本国籍が条件となる仕事には就けません。ほとんどの公務員（行政職），公立学校の教諭，警察官，消防士，裁判官等に加え，貧困や家族関係の相談にのる民生委員児童委員にもなれません。

　このようなことから，外国人住民は家族と離れて暮らさざるを得なかったり，雇用状態が不安定だったりします。そして外国人住民の「声」は行政の意思決定をする人びとには届きにくくなりがちです。しかし，今後は特に若い世代で外国人の流入と定住がさらに増えていきますし，日本の地域社会における「生活者」に占める外国人の割合は高まり，1990年代に来日した外国人が老いていきます。今後は同じ地域や自治体内で暮らす住民はもちろん，上記の職に就く人たちも外国人の生活への理解と共感力を持ち，彼（女）らの生活ニーズに対応する必要があります。地域の多文化共生は，納税者である外国人住民が正当に行政サービスを受け，生活の質を保ちながら家庭を持ち子どもを育て，老後を過ごせる社会であり，地域をより住みやすいものとし，災害などがあれば助け合えるような「顔が見える関係」を作っていくことです。それは地域で暮らすすべての人の利益になると思います。

（髙畑　幸）

▷外国人参政権
居住する国の国籍を有しない外国人に付与される参政権のこと。地方レベルで参政権を付与する国もあるが（特にヨーロッパ諸国），日本では国政レベル・地方レベルともに外国人に参政権は与えられていない。

（参考文献）
谷富夫編『社会再構築の挑戦――地域・多様性・未来』ミネルヴァ書房，2020年。
ブラウン，R.（橋口捷久・黒川正流編訳）『偏見の社会心理学』北大路書房，1996年。

（理解促進のために）
稲葉佳子『オオクボ 都市の力――多文化空間のダイナミズム』学芸出版社，2008年。
丹辺宣彦・中村麻理・山口博史編著『変貌する豊田――グローバル化と社会の変化に直面するクルマのまち』東信堂，2020年。

Ｘ　エスニシティとセクシュアリティ

6 ゲイコミュニティの形成と発展

1 性的マイノリティとは誰か

　本章の後半ではセクシュアリティに注目して、都市の持つ**ダイバーシティ**の側面を学んでいきます。近年、「LGBT」という言葉を目にすることが多くなってきました。LGBT とは、レズビアン（女性同性愛者）、ゲイ（男性同性愛者）、バイセクシュアル（両性愛者）、トランスジェンダーの頭文字をとったもので、これらの人びとをまとめてよんだり、これらの人びとを含むより多様な性的マイノリティを総称したりするときに用いられます。[1]

　性的マイノリティには大きく分けて性自認（Gender Identity, 自身の性別についてどのようなアイデンティティを持っているのか）におけるマイノリティと、性的指向（Sexual Orientation, どのような性別の人を好きになるのか）におけるマイノリティがあり、それぞれのセクシュアリティのあり方は様々に異なっています。[2]

　LGBT という言葉が盛んに用いられるようになったのは近年のことですが、性的マイノリティの人びと自体が、突然現れたり、急増したりしているとは考えにくいでしょう。LGBT、あるいは性的マイノリティという言葉が使用される以前から、今日それらの言葉でよばれるような人びとは存在していました。そして、そのような人びとの受け皿となったのが都市という空間に形成されたゲイコミュニティだったのです。

2 ゲイコミュニティの形成

　ルービン（Rubin G.）によれば、都市におけるレズビアンやゲイのコミュニティの形成は次のような過程をたどったといいます。

　近代産業社会の成立以降、農村部において逸脱的なセクシュアリティを持つ人びとは、家族による迫害から逃れて、都市に移住して生活するようになります。そして、都市に移り住むようになった性的マイノリティは、都市の一郭に集合的に居住するようになり、そこにコミュニティを形成します。そして、そのコミュニティが、さらに迫害から逃れて農村部から都市へ移り住む性的マイノリティの受け皿になったのです。このような地域は19世紀には西洋や北米の都市に見られるようになりました。また、1950年代には今日でもレズビアンやゲイのコミュニティとして知られるようなアメリカ合衆国のゲイコミュニティも形成されていました。[3]

その中でもサンフランシスコのゲイコミュニティは，大規模な移住による居住の集中が起こったことで知られています。このように形成されたコミュニティは，政治的な影響力を有することにもなっていきます。1977年にサンフランシスコ市議会の議員に当選し，アメリカ合衆国においてゲイとして初めて公職についたハーヴェイ・ミルクの生涯を描いた映画『ミルク』（2008年）でも，ゲイコミュニティがコミュニティの外部との対立を経験しながら政治的影響力を確立していく様子が描かれています。

③　日本におけるゲイコミュニティ

それでは，現代の日本においてゲイコミュニティはどのような状況にあるのでしょうか。これまでに見てきたようなレズビアンやゲイが大規模に集住しているという意味でのゲイコミュニティは存在しないと言ってよいでしょう。

たとえば，日本で最大のゲイタウンとしてメディア取り上げられることの多い「新宿二丁目」には，売春防止法の施行による「赤線」地区の空洞化によって1960年代から多くのゲイバーが軒を連ねるようになりました。2001年時点で300軒を超えるゲイバーが所在するにいたっていますが，「実際に土地を所有している者の大部分はゲイではなく，住んでいる者の大部分もゲイではない」のです。

このようなゲイタウンと呼ばれる地区は日本各地に存在しています。日本全国に存在するゲイタウンについてその全体像を示すことは容易ではありませんが，ここではコミュニティセンターの存在を手がかりに考えることとします。コミュニティセンターは厚生労働省によるエイズ対策として，ゲイタウンの利用者へのエイズ予防啓発を目的として設置されているものです。日本各地のゲイタウンに対して必要十分な数のセンターが設置されているわけではないため注意が必要ですが，2020年時点で東京都新宿区のほか，大阪市，名古屋市，仙台市，福岡市，那覇市の6カ所に設置されています。三大都市に加えて，福岡市，仙台市というように，比較的規模の大きな都市に設置されており，ゲイタウンの形成が都市的な現象であることがうかがえます。

また，集住する地区がないからといって，日本にゲイコミュニティが存在しないとはいうことはできません。エイズ対策として設置されたセンターがコミュニティセンターと名づけられているように，ここにはゲイタウンにおけるゲイの集合性のもとで，ゲイの当事者がエイズの予防という共通の目的を持って活動を展開している姿があるのです。

なお，当然のことながら，ゲイをはじめとする性的マイノリティの人びとは都市だけでなく，あらゆる地域に居住し，生活しているということも忘れてはなりません。

（井上智史）

▷3　G. ルービン，河口和也訳「性を考える」『現代思想』25(6)，1997年，112頁。

▷4　C. S. フィッシャー，松本康・前田尚子訳『友人のあいだで暮らす──北カリフォルニアのパーソナル・ネットワーク』未來社，2002年，334-335頁。

▷5　三橋順子『新宿「性なる街」の歴史地理』朝日新聞出版，2018年，180頁。

▷6　砂川秀樹『新宿二丁目の文化人類学──ゲイ・コミュニティから都市をまなざす』太郎次郎社エディタス，2015年，27頁。

▷7　同，133頁。

▷8　日本においてエイズ発症者やエイズ発症の原因となる HIV の感染者の感染経路は男性同性間での性的接触による感染が最多となっていることから，エイズ対策においてはゲイを対象とした施策を行う必要があると考えられてきました。日本におけるゲイとエイズ問題の関わりについては新ヶ江章友『日本の「ゲイ」とエイズ──コミュニティ・国家・アイデンティティ』（青弓社，2013年）に詳しく述べられています。

▷9　⇨ X-7 「セクシュアリティをめぐる排除と包摂」参照。

X　エスニシティとセクシュアリティ

 7 セクシュアリティをめぐる 排除と包摂

① 同性愛に対する寛容性には地域によって違いがあるのか

▷**下位文化**
⇨ IX-5 参照。

　前節でみてきたように，性的マイノリティのコミュニティは主として都市に
おいて形成されてきました。そこには，都市が多様な**下位文化**の形成を支える
側面がうかがえます。また，都市における人びとの異質性の高さは，自分とは
異なる他者への寛容さを生み出すとも考えられます。

　ここでは，性的マイノリティへの寛容性について考えるうえで，同性愛に対
する寛容性に関するデータを取り上げます。「世界価値観調査」における日本
分の結果を分析した石原英樹によれば，同性愛に対する寛容性は1990年代以降
全国的に上昇しています。地域別に詳しく分析すると，東京都の特別区や政令
指定都市といった主要都市部で先行して寛容度が上昇し，その後，周辺部で上
昇する傾向が見られ，主要都市部と周辺部との差は縮まってきています。ただ
し，近年でも首都圏で寛容性が高く，東北の周辺部などで寛容性が低い傾向が
依然としてみられ，地域や都市規模による差異は存在している可能性があると
いいます。[1]

② 性的マイノリティに寛容な都市，不寛容な地方という図式

▷1　石原英樹「性的マイ
ノリティをめぐる地域環境
──「世界価値観調査」に
よる地域差分析と地域サポ
ート組織の取り組み」『明
治学院大学社会学・社会福
祉学研究』147，2017年，
14頁。

　このような状況をふまえれば，日本においても性的マイノリティに対して不
寛容で抑圧的な地方と性的マイノリティに寛容な都市という図式は一面で当て
はまるといえるでしょう。

　しかしながら，都市こそが性的マイノリティが抑圧にさらされずに幸せに暮
らすことができる場所であり，地方におかれた性的マイノリティは抑圧的な状
況で耐え忍んでいるという理解にも問題があるといえます。河口和也はこのよ
うな理解が，地方で生活する性的マイノリティの存在をみえにくくしていると
指摘しています。[2]大都市に生活する性的マイノリティの姿はメディアを通じて
盛んに描かれる一方で，地方に暮らす性的マイノリティがどのように生活の場
を作り上げているのかという点は注目されてこなかったといえます。そして，
これはメディアにおける描かれ方の問題だけではなく，性的マイノリティを対
象とする研究の問題点でもあり，今後，大都市部以外における性的マイノリテ
ィの状況が明らかにされる必要があるといえます。

▷2　河口和也「わたした
ちはここにいる──地方中
核都市に生活する性的マイ
ノリティの「語り」から」
『理論と動態』9，2016年，
74頁。

　そのような中，地方に暮らす性的マイノリティの中にも，自ら声を上げて活

動する人びとがいます。2019年に青森市で行われた**レインボーパレード**では「故郷を帰れる街に」「この街に生きていることを忘れないで」といったプラカードが掲げられました[3]。ここでは，性的マイノリティに寛容な都市，不寛容な地方という図式を前提としつつ，故郷である自分の街を性的マイノリティにとってより暮らしやすい場所にしていきたいという思いが表明され，地方に暮らす性的マイノリティの可視化が訴えられています。

③ 地方自治体におけるパートナーシップ制度の導入

次に地方自治体において導入されているパートナーシップ制度を例にみていきましょう。パートナーシップ制度は法的な婚姻制度から排除されてきた同性同士のカップルをパートナー関係として制度的に承認しようというものです[4]。日本においては地方自治体のレベルで制度化が進んでおり，2015年11月の東京都渋谷区，世田谷区の運用開始を皮切りに，全国の市区町村で導入が進められています（**図X-5**）。2021年4月時点で制度を導入した自治体は100を超えており，茨城県のように都道府県単位での制度導入もみられます。

どのような自治体が制度を導入しているかに目を向けてみると，東京都の特別区や政令指定都市での導入率が比較的高くなっており，人口規模が多い都市で導入されているようにもみえます。しかしながら，2019年1月に制度を導入した群馬県大泉町のような「町」においても導入が進んでおり，なかには宮崎県木城町のように人口が1万人に満たない町で導入された事例もあります。つまり，都市部で導入が盛んであり，地方では導入の動きが低調であるとは一概にはいえない現状があるのです。

自治体の制度導入に至る経緯には，当事者による請願をもとに制度導入に至る場合や，首長がトップダウン的に導入する場合など様々なものがあり，自治体の制度導入をその地域における性的マイノリティへの寛容度を示す指標として単純に理解することはできません。しかしながら，地方に暮らす性的マイノリティの姿が行政による制度の導入によって可視化されるきっかけとなっていることは指摘できるでしょう。このような取り組みを通じて，地方にも性的マイノリティの当事者が暮らしており，彼らの生活者としての暮らしを支えていかなくてはならないという認識が広がっているのです。

（井上智史）

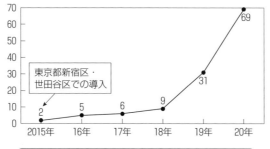

図X-5　パートナーシップ制度を導入している自治体数

出典：「渋谷区・虹色ダイバーシティ・全国パートナーシップ制度共同調査」（2021年）より筆者作成。

▷**レインボーパレード**
性的マイノリティの当事者やその支援者が一緒に街を歩き，性的マイノリティの存在を示したり，多様な性的マイノリティへの連帯を示したりするものです。プライドパレード，プライドマーチなどの名称でよばれることもあります。
▷3　『毎日新聞』2019年7月1日（青森版）。

▷4　自治体で導入されているパートナーシップ制度は，多くの場合，法的効力を持ちませんが，制度に基づきパートナーとなることで，自治体における公営住宅への入居申し込みが可能となる例や自治体の公立病院などで同意書の署名などが婚姻関係と同様に取り扱われるといった取り組みがなされています。

X　エスニシティとセクシュアリティ

 性的マイノリティをめぐる社会運動

 どうして社会運動が必要なのか

今日の日本では全国のいたるところでプライドパレードが行われるなど，性的マイノリティの人びとの存在を可視化させ，性的マイノリティの人びとの権利擁護を訴える社会運動がさかんに行われるようになっています。

ひるがえって考えてみると，性的マイノリティの人びとは逸脱的なセクシュアリティを有することによって，差別にさらされたり，社会の多数派の人びとが享受している権利を獲得できなかったりしている状況があるわけです。日高庸晴の調査によれば，性的マイノリティの当事者のうち，職場や学校で性的マイノリティについて差別的発言を聞いたことがあるという回答割合は7割を超えています。また，前節でみたように，自治体におけるパートナーシップ制度の導入は進んでいるものの，同性婚は法制化されておらず，同性同士で結婚をすることはできません。このように，差別的な言動にさらされたり，権利の保障が十分でなかったりする現状に対して，その状況を変えるために様々なかたちでの運動が展開されているのです。

2　ストーンウォール事件

このような性的マイノリティをめぐる社会運動について，その源流としてしばしば言及される，1969年におこったストーンウォール事件と呼ばれる事件を紹介します。この事件はニューヨーク市のゲイコミュニティ，グリニッジ・ビレッジにある「ストーンウォール・イン」というバーに対して酒類販売法違反を名目とする警察の捜査がなされたことを発端とする事件でした。

当時のニューヨーク州の法律には飲食店は同性愛者であるとわかっている客に対して酒を提供してはいけないという規定があり，ゲイバーの経営者は警察へ賄賂を支払うことにより摘発を逃れていましたが，その支払が滞るとバーが摘発されるという状況がありました。普段はこうした状況に対して公然たる反抗がなされることはありませんでしたが，ストーンウォール事件は起こった日には，客として訪れていたレズビアンやゲイなどの人びとが警官に対して反抗し，暴動が起こったのです。

この事件以降，**フェミニズム運動**や**公民権運動**などといった既存の社会秩序に対して異議申し立てを行う社会運動の成立を背景として，レズビアン・ゲイ

▷1　日高庸晴によって実施された「REACH Online 2016 for Sexual Minorities」というオンライン調査の結果を示しています。調査の概要は「LGBT 当事者の意識調査——いじめ問題と職場環境等の課題」（http://www.health-issue.jp/reach_online2016_report.pdf）から確認することができます。
▷2　風間孝・河口和也『同性愛と異性愛』岩波書店，2010年，88-90頁。
▷**フェミニズム運動**
フェミニズムとは社会に存在する女性に対する差別や抑圧を告発し，平等や自由を求める女性解放思想のことをいい，このような思想に基づく社会運動をフェミニズム運動といいます。
▷**公民権運動**
1950年代なかばから60年代にかけてアメリカ合衆国においてアフリカ系アメリカ人によって展開された，人種による権利制限や人種隔離といった法のもとの人種差別を撤廃することを求める運動をいいます。

解放運動とよばれるような新しい社会運動が生み出されることになりました。このような解放運動は同性間での性行為を禁止する州法の廃止や，アメリカ精神医学会の精神疾患リストからの同性愛の削除といった成果を挙げていくことになり，今日の性的マイノリティの権利擁護運動の礎となったのです。

③ 日本における社会運動の展開

　砂川秀樹によれば，日本おいても1970年代後半からいくつもの小さなゲイ解放運動団体が発足していました。これらの団体はミニコミ誌の発行などを行っていましたが，その活動はどれも長く続かなかったといいます。つづいて，1980年代に活動を開始した団体には，「IGA（International Gay Association）日本」や「動くゲイとレズビアンの会（アカー）」などのように継続的に活動を行う団体がみられようになりました。このうち，アカーは「NPO法人アカー」として現在も活動を続けています。

　IGA日本は，ゲイ雑誌『アドン』の編集長であった南定四郎によって1984年に国際的な性的マイノリティの解放運動団体のもとに立ち上げられた団体です。また，アカーは1986年に創設され，1990年代には「府中青年の家事件」裁判を展開し，日本ではじめてゲイの人権をめぐって裁判を起こしました。この裁判はアカーが府中青年の家を利用した際，他の団体の利用者からの同性愛差別的な言動をきっかけに，アカーが都によって施設の利用を拒否されたことをめぐる裁判でした。6年間に及ぶ裁判をへて，高裁判決において，施設の利用拒否という都の対応は同性愛者に対する無理解に基づくものであり違法であると判断されました。

　さらに1990年代にはエイズに関連した分野でソーシャルサポートを行う，ゲイを中心としたボランティア団体が誕生しています。このようなソーシャルサポートの提供を中心とする団体は，社会問題に対する関心を共有して成立する点ではゲイ解放運動団体と共通していました。ただし，ゲイ解放運動が社会構造を問題視し社会変革を第1に志向する一方で，ソーシャルサポート提供の活動は行政などとの連携を図りながらゲイの抱える問題を当事者への支援によって解決することを目的とするという特徴がありました。

　このように1990年前後に，ゲイ解放運動団体，エイズ関連のソーシャルサポートを行う団体がそれぞれに関わりを持ちつつ誕生し，1990年代後半からゲイの間でますます深刻化していったエイズの問題はそれらの結びつきを強める役割を果たしました。本章6節で厚生労働省によりゲイを対象とするエイズ対策が展開されていることを紹介しましたが，日本においてそのような対策が重点的に行われるようになった背景には，性的マイノリティの人権を訴えて展開されてきた社会運動の存在があったのです。

（井上智史）

▷3　砂川秀樹『新宿二丁目の文化人類学——ゲイ・コミュニティから都市をまなざす』太郎次郎社エディタス，2015年，262-263頁。
▷4　アカーは英語のoccur（考えが浮かぶ，変化が起こる）に由来する名称であり，同性愛者が置かれている困難な状況に変化をもたらすという意味を象徴的にあらわしています。1990年代のアカーの活動については井田真木子『もうひとつの青春——同性愛者たち』（文藝春秋，1997年）に詳しく描かれています。
▷5　「府中青年の家事件」をめぐる裁判については，風間・河口，前掲書の第2章でも詳しく解説されています。
▷6　砂川，前掲書，264頁。

理解促進のために
砂川秀樹『新宿二丁目の文化人類学——ゲイ・コミュニティから都市をまなざす』太郎次郎社エディタス，2015年。
C.S.フィッシャー，松本康・前田尚子訳『友人のあいだで暮らす——北カリフォルニアのパーソナル・ネットワーク』未来社，2002年。

XI　排除と貧困

 1 貧困の社会調査
——イギリスにおける古典的な貧困調査

1 C. ブースによるロンドンの労働者地区での調査

▷1　時代背景，ブースの生涯と業績については以下を参照。阿部實『チャールズ・ブース研究——貧困の科学的解明と公的扶助』中央法規出版，1990年，3-34頁。石田忠「人と業績　チャールズ・ブース」『季刊社会保障研究』1968年，4(2)：75-79頁。

▷2　「貧困層」について，ブースは，社会における「まともな自立した生活」にかろうじて十分な収入であり，生活の必需品を得て家計をやりくりするのに苦労するような生活を想定しています。Charles Booth, 1904, *Life and Labour of the People in London, First Series : Poverty*, 1, Macmillan, p. 33.

▷3　阿部，前掲書，3頁，42-67頁。なお，施設収容者を含めた算出結果では32.1%となっています。

貧困は社会調査を通してどのように捉えられてきたのでしょうか。イギリスにおける古典的な貧困調査として，C. ブースのロンドンの調査，B. S. ラウントリーのヨークの調査から考えてみましょう。

ブースは，1886年から1902年にわたる調査によって，ロンドンにおける貧困の実態について明らかにし，その結果を *Life and Labour of the People in London* という17巻からなる報告書にまとめました。ブースのロンドン調査を特徴づける主要な知見として，当時のロンドンにおける貧困層の割合とその要因を示したこと，「貧困地図（Poverty Map）」を作成したことが挙げられます。

まず，ブースは，生活水準や雇用の状況によって，**表XI-1**のような［A］〜［H］の8つの階級の分類に分けて考え，さらに最終的には表の右側の5つの区分によって，ロンドンの全人口の分類および貧困層の算出を試みました。その際に，所得の水準では週21シリング以下で生活している［D］以下の層と，週22シリング以上で生活をしている［E］以上の層の間に「貧困線（Poverty Line）」を引き，［A］［B］［C］［D］を「貧困」とみなし，その割合の算出結果から，当時のロンドンの人口の30.7%が「貧困線」以下の生活を送っていることを示しました。このような貧困層の中には，働いている労働者であっても，賃金が少額であり，貧困に陥っている層が存在することがわかります。さらに，東ロンドン地区を取りあげた貧困の要因についての検討により，貧困の最も大きな要因は雇用の問題であり，その次に大家族や病気といった環境の問題が続き，飲酒や浪費といった習慣の問題は少数であることが明らかになりました。貧困の原因を個人の問題としてではなく，雇用という社会の問題として考えるということは，現代の社会問題を考えるうえでも重要な視点であるといえるでしょう。

また，ブースと調査員たちは，調査によって幅広いデータを収集し，ロンドンの「貧困地図」を完成させています。色

表XI-1　ブースのロンドン調査における分類と貧困層の割合

［A］臨時日雇労働者・浮浪者・準犯罪者	［A］最下層	0.9%
［B］臨時的な稼得者	［B］極貧層	7.5%
［C］不規則な稼得者	［C］［D］貧困層	22.3%
［D］規則的・少額の賃金の労働者		
（貧困線より上）		
［E］規則的・標準的な賃金の労働者	［E］［F］労働者階級の快適な生活水準の層	51.5%
［F］高賃金の労働者		
［G］中産階級の下	［G］［H］中産階級・それ以上の富裕層	17.8%
［H］中産階級の上		

出典：阿部實『チャールズ・ブース研究——貧困の科学的解明と公的扶助』中央法規出版，1990年，44-45頁，55-56頁をもとに筆者作成（一部表現は変更）。

分けされた貧困地図は London School of Economics のウェブサイト（http://booth.lse.ac.uk/）で見ることができます。現代の地図とロンドン調査による貧困地図とを対比させて見ることができ，貧困地図上の各街区とスキャンされた手書きの調査ノートのページとがリンクされています。

2　B. S. ラウントリーによるヨークの調査

　その後のイギリスの古典的な貧困調査として，ラウントリーは，前述のブースの調査に影響を受け，イギリスのヨークを対象とし，1899年の第1回調査，1935〜36年の第2回調査，1950年の第3回調査を行い，ヨークにおける労働者の貧困について明らかにしました。[6]　その中でも，第1回調査をもとにした*Poverty : A Study of Town Life* は有名であり，日本語にも翻訳されています。[7]

　ラウントリーは，ブースの結論が代表的な地方都市であるヨークにおいて，どの程度適用可能かを明らかにしようと考えました。[8]　そして，ヨークの労働者階級すべての戸別調査が必要であると考え，住居の状態，職業，所得，子どもの人数および年齢について調査を行いました。[9]

　ラウントリーは，貧困層を「第1次貧困」と「第2次貧困」の2つに区分し，身体的な健康を維持するために必要最小限のものを得るのに十分ではない所得の家族を「第1次貧困」，有用であっても浪費であっても，[10]所得の一部が他の支出に費やされることがなかったとしたら，身体的な健康を維持するには十分な所得の家族を「第2次貧困」と定義しました。[11]　原著における2つの違いを簡潔に述べるとすれば，第1次貧困は，そもそもの総所得が少ないために必要な最小限に満たない状況を指し，第2次貧困は，総所得の一部が浪費や無計画な支出などに費やされることで，必要な最小限に満たない状況にあるという，要因の違いが存在すると考えられます。[12]　ラウントリーは，栄養素を用いた食料費に加え，家賃や家庭雑費（衣服・燈火・燃料など）の費用をもとに最小限の費用を算出しました。[13]　調査の結果，「第1次貧困」と「第2次貧困」を合わせると，ヨークの総人口の30％近くが貧困な生活を送っていることを指摘しました。[14]

　さらに，「第1次貧困」の要因は，規則的に労働しているものの低賃金であることが約半数を占めており，次に子どもが多く大家族であることが約2割，死別などによる主な稼得者の不在が約1.5割，その他に稼得者の病気や老齢，失業，不規則な労働などの要因があることが明らかになっています。[15]　また，ラウントリーは，労働者の一生について，子ども期，結婚後の子育て期（自分の子どもが稼ぎ始めるまで），働くことができなくなった老齢期に「第1次貧困」の「貧困線」を下回り，貧困に陥る可能性があることを示しています。[16]　ラウントリーのヨークにおける調査は，貧困層の割合とその要因，および労働者のライフサイクルと貧困との関連について明らかにした重要な研究であるといえます。

（吉武理大）

▷4　阿部，前掲書，3頁，62-64頁。

▷5　調査の経緯や調査方法・結果の詳細については以下を参照。阿部，前掲書，35-116頁。

▷6　小沼正「人と業績　シーボーム・ラウントリー」『季刊社会保障研究』1969年，5（3）：107-116頁。

▷7　B・S・ラウントリー著，長沼弘毅訳『貧乏研究』千城，1975年。

▷8　同，序16-20頁。

▷9　同，序17頁。

▷10　第2次貧困の要因には，飲酒や賭博，無知な／不注意な家計管理，または不規則な所得によって引き起こされることが多いその他の無計画な支出が挙げられています。B. Seebohm Rowntree, *Poverty : A Study of Town Life*, Macmillan, 1901, p. 87, p. 141-142.

▷11　Ibid., p. 86-88.

▷12　第1次貧困よりも第2次貧困は少し上の生活水準として設定されているとする見解もあれば，このように生活水準の違いではなく要因の違いであるとする見解もあります。江口英一・川上昌子『日本における貧困世帯の量的把握』法律文化社，2009年，4-7頁。

▷13　ラウントリー，前掲書，98-125頁。

▷14　Rowntree, 1901, p. 117-118.

▷15　Ibid., p. 119-121. なお，主な稼得者の不在には，死別，夫からの遺棄や離別を含むことが記されています。

▷16　Ibid., p. 136-138.

XI　排除と貧困

 イギリスにおける貧困研究
──相対的剥奪

▷1　タウンゼントの研究についての日本語によるわかりやすい説明としては，以下の書籍および論文を参照。アンソニー・ギデンズ『社会学（第5版）』而立書房，2009年，367-369頁。阿部彩「貧困と社会的排除の測定」『社会と調査』2015年，14：12-19頁。

▷2　Poverty and Social Exclusion in the United Kingdom のリサーチプロジェクトのウェブサイトでは，Townsend (1979) の文献およびその調査票，Mack and Lansley (1985) の文献が閲覧可能です。調査メンバーやフィールドワークを行ったインタビュアーをはじめとする，調査に関連する人びとのインタビュー映像も見ることができます。

▷3　Peter Townsend, *Poverty in the United Kingdom : A Survey of Household Resources and Standards of Living,* University of California Press, 1979, p. 93-115.

▷4　Townsend, 1979, p. 31. さらにタウンゼントは後に雇用や教育，社会関係などにも言及した再定義を行っています。Peter Townsend, *The International Analysis of Poverty,* Harvester Wheatsheaf, 1993, p. 94.

P. タウンゼントによる相対的剥奪

　相対的貧困率は日本の政府統計などで最もよく使われる相対的貧困の概念の指標の1つであり，3節で説明しますが，その他の関連する指標として，以下ではP. タウンゼントによる相対的剥奪（relative deprivation）の概念および剥奪指標について見てみましょう。イギリスのタウンゼントは，著書 *Poverty in the United Kingdom* を執筆し，1979年に刊行されています[1][2]。タウンゼントは，1960年代後半にイギリスで行われた調査を分析することで，貧困な生活を送っている人びとの人口を推定すること，およびそのような人びとが有する特徴や問題を明らかにすることを目的としていました[3]。

　タウンゼントは1979年の著書の中で，「相対的剥奪」という概念について，「所属する社会において，習慣になっている，または少なくとも広く推奨されているか認められているような，種類の食事を手に入れたり，活動に参加したり，生活水準や設備を得たりするための資源が不足している[4]」ことに着目しています。タウンゼントは当初，調査において，食事，衣服，住宅における設備や環境，仕事，健康，教育，余暇や社会関係など，60項目にもわたる剥奪指標を検討しています[5]。しかし，それらの項目の中には，全体よりも一部の集団に

表XI-2　タウンゼントの剥奪指標（deprivation index），1968/69年，イギリス全国調査

剥奪指標	該当者の%
1.　この12カ月，家を離れて1週間の休暇を過ごすことがなかった。	53.6
2.　（大人のみ）この4週間，親戚や友人を食事や軽食に家に招くことがなかった。	33.4
3.　（大人のみ）この4週間，食事や軽食に親戚や友人のところに出かけることがなかった。	45.1
4.　（15歳未満の子どものみ）この4週間，友達を遊びやお茶に招くことがなかった。	36.3
5.　（子どものみ）この前の誕生日に誕生日パーティーをしなかった。	56.6
6.　この2週間，午後や夕方に娯楽のために外出することがなかった。	47.0
7.　1週間に4日間ほど多くは生鮮食品の肉を食べない（外食を含む）。	19.3
8.　この2週間のうち1日以上，調理された食事をとらずに過ごした。	7.0
9.　1週間のうちのほとんどの日は，調理された朝食をとらなかった。	67.3
10.　世帯に冷蔵庫がない。	45.1
11.　世帯は普段，日曜日に肉のローストを食べない（4回のうち3回食べない）。	25.9
12.　世帯が単独では以下の4つの設備を室内で使用していない（水洗トイレ，流し台と洗面台と水の蛇口，備え付けの浴槽かシャワー，ガスか電気の調理器）。	21.4

注：複数回答。
出典：アンソニー・ギデンズ『社会学（第5版）』而立書房，2009年，368頁を参考に，Townsend, 1979, p. 250 より筆者作成。

当てはまるだろう指標も含まれていたため，剥奪指標を要約したものとして，食事，住宅の設備，余暇や社会関係などの主要な側面を含めた，人口全体に検討可能な（一部には大人／子どもの選択式の項目も含む）12項目の剥奪指標（表Ⅺ-2）を選び出して分析しています[6]。表Ⅺ-2の剥奪指標を見てみると，当時のイギリスの社会においてどのような生活が一般的であったのかが垣間見えます。

　さらに，タウンゼントは，所得と剥奪指標のスコアとの関連から（図Ⅺ-1）[7]，所得が減少すると，該当する剥奪指標のスコアが急激に増加する地点が存在することを発見し，そのような所得水準を下回るような人口が22.9%であることを示しました[8]。タウンゼントの研究では，絶対的な貧困ではなく，当時の一般的な生活様式や社会関係にも着目されており，相対的な視点から貧困が捉えられているという意義は大きいと考えられます。

2 剥奪指標の妥当性の議論とその後の研究

　タウンゼントによる剥奪指標の妥当性の議論については，タウンゼントが選び出した剥奪指標の項目が妥当なものであるか，剥奪指標に当てはまる場合に，本当にその個人が貧困であると考えられるのか，といった問題もあります。タウンゼント自身の研究においても，剥奪指標について，貧困であっても裕福であっても，何らかの他の理由で特定の活動や習慣があったりなかったりする可能性や，指標に含まれる価値観を持たない人もいる可能性にも言及がなされています[9]。

　このような剥奪指標の妥当性については，その後のジョアンナ・マックとスチュワート・ランズリーの研究によって（Breadline Britain調査），「社会において大多数の人によって認められる必需品であるか」「必需品が欠如しているのは，その個人の選択なのか，それとも経済的に余裕がないからか」といった問題についても検討がなされています[10]。また，タウンゼント自身も，1979年刊行の著書以降も，多数の調査を行い，剥奪の指標や概念についても再定義を行っています[11]。

（吉武理大）

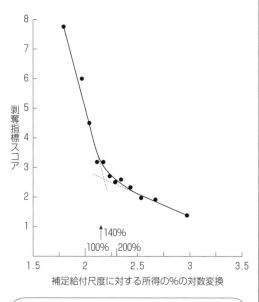

図Ⅺ-1　剥奪指標スコアと所得（補足給付に対する所得の%の対数変換）との関連（注7参照）

出典：Townsend, 1979, p. 261.

▷5　60項目全体については，Townsend, 1979, Appendix Thirteen を参照。

▷6　Townsend, Ibid., p. 251.

▷7　公的扶助の受給基準が貧困を把握するために用いられることがあるように，イギリスの当時の補足給付制度の基準に対する所得の%の対数変換が横軸となっています。給付を受けている家族の大多数が補足給付基準を40%上回る（＝140%の）所得基準の範囲までに収まるとされています。Townsend, Ibid., p. 241-247.

▷8　Townsend, Ibid., p. 260-262, p. 272-273.

▷9　Townsend, Ibid., p. 252, p. 261.

▷10　Joanna Mack and Stewart Lansley, *Poor Britain,* George Allen & Unwin, 1985, p. 49-133.

▷11　柴田謙治「イギリスにおける貧困問題の動向――『貧困概念の拡大』と貧困の『基準』をめぐって」『海外社会保障情報』国立社会保障・人口問題研究所，1997年，118：4-17頁。

XI　排除と貧困

 3　貧困の概念と指標，相対的な視点へ

 1　絶対的貧困と相対的貧困

　「貧困とは何か」と問われると，発展途上国における飢餓を貧困と考える人もいれば，家庭の経済的な理由で食べ物に困る子どもたちを貧困と考える人もいるかもしれません。まず，貧困の主な概念に絶対的貧困と相対的貧困がありますが，絶対的貧困は，生存に必要な衣食住などの最低限の生活に必要な資源が不足している状態に着目しています。それに対し，相対的貧困は相対的な視点を持った概念であり，生存は可能であったとしても，その社会における標準的な生活水準に満たない場合には，相対的貧困であると考えます。

　現代の日本において「本当に貧困はあるのか？」と考えるかもしれません。たしかに，発展途上国における飢餓のような貧困状態は身近にはほとんど現れてこないかもしれません。しかし，生存に必要な最低限の食料はあったとしても，社会において多くの人びとが享受している生活水準に満たない状態にあるという人びとは存在しています。相対的貧困の視点に立つ場合には，その貧困の基準はそれぞれの国や社会によっても異なると考えられます。

2　貧困の指標

　主な貧困の指標にはどのようなものがあるでしょうか。絶対的貧困に関する指標の例として，世界銀行が定める国別貧困線（national poverty line）と国際貧困線（global poverty line）の基準から考えてみましょう。国別貧困線は，そのラインを下回ると，最低限の栄養，衣服，住居といったニーズをその国で満たすことができないという貧困の基準に基づいており[1]，その基準は国によって異なります。国際貧困線は，世界の貧困層を把握するために，世界の最貧国の国別貧困線の基準をもとに算出されており，2015年以降は1人当たり1日1.90ドルという基準が主に用いられています（2021年現在）。これらの基準は，最低限の生活水準に着目しており，絶対的貧困の指標であるといえます。一定の基準を設け，その基準のもとでの貧困層の割合を算出できるという利点がある一方で，特に先進国では貧困の問題を捉える十分な指標となりえない場合があります。

　次に，相対的貧困に関する指標の例として，OECD貧困基準の相対的貧困率を取りあげて考えてみましょう。日本の国民生活基礎調査でも用いられている相対的貧困率とは，簡単にいうならば，**世帯**の人数を考慮した（世帯の人数

▷1　The World Bank, 2015, "FAQs: Global Poverty Line Update,"（http://www.worldbank.org/en/topic/poverty/brief/global-poverty-line-faq）.
▷2　注1と同様。
▷世帯
⇨Ⅲ-2 参照。
▷3　他の調査やデータでは目的によって，貧困線として中央値の半分（＝50％）だけではなく，40％や60％が用いられることもあります。
▷格差
ここでの相対的貧困率の指標で示される「格差」とは，「標準的」な世帯の所得の半分に満たないという意味での所得の「格差」です。「格差」という言葉自体は，代表的には所得の差として，その他にも職業や学歴などの差としても，広い意味で用いられます。

のルートで割った）手取りの世帯の収入を順番に並べ，その真ん中の値（中央値）の半分を貧困線とし[3]，貧困線に満たない所得で生活をしている人の割合を算出しています。したがって，中央値にあたる世帯の所得によって，貧困線の基準も左右されるという特徴を持っており，**格差**[4]に関連した指標であるとの見方もできます。その国における「標準的」な所得の半分に満たない世帯の所得で生活している人がどのくらい存在するのか，数値で示すことができる一方で，所得以外の面で具体的にどのような資源やサービスが欠如しているか，どのような家族の特徴があるのか，といったことには着目できないという限界があります。相対的貧困の指標の例は，この相対的貧困率だけではなく，前節で紹介したタウンゼントの剥奪指標も相対的貧困の指標の1つといえるでしょう。

③ 貧困と社会的排除の概念

　貧困に関連した概念として，ヨーロッパを中心に広まった「社会的排除（social exclusion）」という概念があります。この社会的排除という言葉が現代における形で使用されるようになった起源は，一般的に1970年代から1980年代のフランスであるとされています[4]。当時，「フランスの社会保険制度の網からこぼれ落ち，周縁化された集団を幅広く指す[5]」言葉として用いられ始めました。そして，フランスにおいて失業や不安定雇用が拡大する中で，それまでの障害者や社会的規範から排除された人びとの問題だけでなく，若者や長期失業者の新しい貧困の問題が現れるようになり，不安定な仕事と長期的な失業，社会的ネットワークの弱体化，社会的地位の喪失といった多次元の問題に直面する人びとが増加しました[6]。そのような新しい貧困の問題の中で用いられるようになったのが社会的排除の概念です。フランスの政策において，社会から取り残された人びとの「社会への参入」が目指されており，「排除」と「参入」という用語が用いられていましたが，その後「社会的排除」と「社会的包摂（social inclusion）」という形で広くヨーロッパで用いられるようになりました[7]。

　社会的排除と貧困の概念を比較すると，まず**表XI-3**にあるように，一次元／多次元，静態的／動態的の2つの組み合わせで考えると，貧困は所得という一次元，かつ静態的なアウトカムに着目しているとされます[8]。その一方で，社会的排除は所得や身体的・物質的ニーズだけでなく，たとえば社会関係や社会参加などの多次元の側面，かつ動態的なプロセスに着目していると考えられます[9]。さらに，社会的排除は，個人や世帯だけでなく，コミュニティもその分析対象としていることも特徴として挙げられます[10]。ただし，社会的排除の具体的な定義と指標については，その目的によって様々な設定がなされます（次節参照）。

（吉武理大）

▷4　ルース・リスター，松本伊智朗監訳，立木勝訳『貧困とはなにか──概念・言説・ポリティクス』明石書店，2011年，115頁。岩田正美『社会的排除──参加の欠如・不確かな帰属』有斐閣，2008年，16-20頁。アジット・S・バラ／フレデリック・ラペール，福原宏幸・中村健吾監訳『グローバル化と社会的排除』昭和堂，2005年，3-6頁。福原宏幸「社会的排除／包摂論の現在と展望」福原宏幸編『社会的排除／包摂と社会政策』法律文化社，2007年，12頁。

▷5　リスター，前掲書，114-115頁。

▷6　バラ／ラペール，前掲書，4頁。福原，前掲書，12頁。

▷7　岩田，前掲書，17-20頁。

▷8　Jos Berghman, "Social Exclusion in Europe: Policy Context and Analytical Framework," G. Room ed., *Beyond the Threshold : The Measurement and Analysis of Social Exclusion,* The Policy Press, 1995, p. 261.

▷9　Matt Barnes, *Social Exclusion in Great Britain : An Empirical Investigation and Comparison with the EU,* Routledge, 2005, p. 16.

▷10　Ibid., p. 16.

表XI-3　貧困と社会的排除の概念

	静態的なアウトカム	動態的なプロセス
所得（一次元）	貧困（Poverty）	貧困化（Impoverishment）
多次元	剥奪（Deprivation）	社会的排除（Social Exclusion）

出典：Berghman, 1995, p. 261 より一部修正して作成。

XI　排除と貧困

 社会的排除の調査と分析

1　イギリスにおける社会的排除の調査

　1960年代後半の調査を用いたタウンゼントの研究，マックとランズリーの研究で用いられた Breadline Britain 調査（1983年，1990年）の後，1999年に Poverty and Social Exclusion Survey of Britain という貧困と社会的排除に関する全国調査がイギリスで実施されました[1]。この調査では Breadline Britain 調査をもとに，まず人口の大多数がイギリスの社会で必要だと認める物や活動を検討し，さらに経済的理由でそれらが欠如しているかを明らかにしました[2]。

　この調査では，衣食住や貯金以外にも，入院中の友人や家族を訪ねること，特別な行事を祝うこと，結婚式や葬式への出席，趣味や余暇の活動，子どもの学校を訪れること，友人や家族へのプレゼント，年に1度の家を離れた休暇など，様々な社会関係や生活様式，社会的な活動への参加が大多数による支持を得る項目となっています[3]。これら35項目のうち，少なくとも2つ以上の項目が経済的理由により欠如している「貧困」な人びとが25.6%，2つ以上欠如しているが相対的に所得が高く，貧困から抜け出したと考えられる人びとが1.8%，2つ以上は欠如していないが相対的に所得が低く，貧困の影響を受けやすいと考えられる人びとが10.3%いることを明らかにしました[4]。

　さらに，社会的排除について，「十分な所得や資源からの排除，労働市場からの排除，サービスからの排除，社会関係からの排除」といった側面を検討しています[5]。公共の施設，交通機関，病院，銀行，スーパーやパブ，映画館などの公的／私的なサービスの利用について，その地域で利用できないという「集合的排除」，個人が経済的理由で利用できないという「個人的排除」に分けている点も特徴の1つです。この点からも，社会的排除は個人や世帯だけなく[6]，コミュニティにも着目した概念であることがわかります。

　その他にも，労働市場への参加，家族や友人と会ったり連絡をとったりする頻度，社会関係からのサポート，選挙などの市民活動への参加，スポーツ団体や宗教団体，地域の団体への参加など，多様な側面が検討されています[7]。このように，所得や物質的なニーズだけでなく，社会関係や多様な活動，社会への参加など，多次元の側面をとらえた指標となりうることがわかります。

　ただし，リスターによると，社会的排除は「貧困概念のひとつの見方であって，その代替物ではない」とされ，「社会的排除はあらゆる社会で起こるが，

▷1　David Gordon and Christina Pantazis eds., *Breadline Britain in the 1990s,* Summerleaze House Books, 1997, p. 1-4. David Gordon, Laura Adelman, Karl Ashworth, Jonathan Bradshaw, Ruth Levitas, Sue Middleton, Christina Pantazis, Demi Patsios, Sarah Payne, Peter Townsend, and Julie Williams, 2000, *Poverty and Social Exclusion in Britain,* Joseph Rowntree Foundation, p. 7-12.

▷2　Gordon et al., p. 10.

▷3　Ibid., p. 14-15.

▷4　Ibid., p. 18-19.

▷5　Ibid., p. 54.

▷6　Ibid., p. 56-59.

▷7　Ibid., p. 56-67.

その意味もさまざまなら，表れ方もさまざまな形態をとる」ことも指摘されています[8]。実際に様々な調査や分析で社会的排除の概念が用いられますが，たとえば心身の健康や近隣の環境，教育などが指標となることもあります[9]。それぞれその目的によって，社会的排除の定義や指標は異なるといえるでしょう。

② 日本における社会的排除の指標と分析

「社会生活に関する実態調査」（2006年）を用いた菊地英明と阿部彩による分析をもとに日本における指標の例を考えてみましょう。菊地の研究では，社会保険，相対的貧困（中央値の50％基準），食糧購入，居住，家財・家電，サポートネットワーク，地域での活動といった側面が検討されています[10]。日本で**剝奪指標**や社会的排除の分析を試みていることでも知られる，阿部の研究では，所得や衣食住に関連した指標以外にも，制度からの排除（選挙，社会保険，公共施設・サービス，ライフライン），社会関係の欠如（家族や友人との関わり，親戚の冠婚葬祭への出席，同居家族以外からのサポートなど），レジャーと社会参加の欠如（旅行，外食，地域での活動），主観的貧困（主観的経済状況，家計の赤字，貯金がない／切り崩している）など，多岐にわたる項目が検討されています[11]。同様のデータを用いたとしても，指標の設定は様々であることがわかります。

これらの研究から，男性・単身者・勤労者であっても排除されていること，解雇・離婚・病気や怪我・15歳時の経済状況といった過去の経験も現在の排除に影響すること，「子ども期の恵まれない経済状況→低学歴→不安定・低賃金の職」というパス（経路）が存在する可能性があることが明らかになっています[12]。また，必ずしも経済的に貧困であること＝社会的排除というわけではないことも指摘されています[13]。このことからも，所得に限定されない，様々な側面における排除について着目する重要性があるといえるでしょう。

③ 社会的排除と地域

最後に，社会的排除の調査や分析から，地域との関連について考えてみましょう。M. Barnes は，British Household Panel Survey を用い，所得，居住環境や設備，サポートネットワーク，心身の健康，近隣の環境を検討しています[14]。この近隣の環境を特に取りあげると，何らかの近隣の問題があり（孤立感，交通の騒音や危険，その他の騒音，安全でない／親しみがない／好きではない地域など），引っ越したいと思うかという項目が用いられており，社会的排除として地域という側面も検討される場合があることがわかります[15]。分析の結果，近隣の環境の側面における排除を経験しやすいのは特に無業者であり，その他にも低学歴層や若年層がそのような排除を経験しやすい傾向が示されています[16]。項目は異なるものの，日本でも前述の菊地の分析では，中卒者や非自発的な失業者が地域における活動から排除されやすいことが示されています[17]。　　（吉武理大）

▷8　リスター，前掲書，114-116頁。

▷9　Barnes, 2005, p. 49-50. Pasi Moisio, "The Nature of Social Exclusion : Spiral of Precariousness or Statistical Category ?" Ruud J. A. Muffels, Panos Tsakloglou and David. Mayes eds., *Social Exclusion in European Welfare States*, Edward Elgar, 2002, p. 170-183.

▷10　菊地英明「排除されているのは誰か——『社会生活に関する実態調査』からの検討」『季刊社会保障研究』43(1)：4-14頁，2007年。

▷剝奪指標
⇨ XI-2 参照。

▷11　阿部彩「日本における社会的排除の実態とその要因」『季刊社会保障研究』43(1)：27-40頁，2007年。

▷12　菊地，前掲書，8-13頁。阿部，前掲書，38-39頁。

▷13　阿部，前掲書，38-39頁。

▷14　Barnes, 2005, p. 49-50.

▷15　Ibid., p. 34, 49. 一部は British Household Panel Survey User Manual Volume A を参照。

▷16　Barnes, 2005, p. 60-62.

▷17　菊地，前掲書，11-12頁。

XI　排除と貧困

 ## 5 鈴木栄太郎の都市社会学における正常人口と異常人口

▷ 1　鈴木栄太郎『鈴木栄太郎著作集Ⅵ　都市社会学原理』未來社，1969年，31頁。

▷世帯
⇨Ⅲ-2参照。鈴木は「休養の場所に形成されている集団」について，多くの場合家族であるとしていますが，都市では家族は様々な「崩壊の段階を示して」おり，また「家族から独立しているもの」もあるとし，「世帯」という語で示しています。鈴木，前掲書，153頁。

▷職域集団
鈴木は「職場に形成されている集団」は，様々な集団の複合体であるとし，「職域集団」とよんでいます。同，153頁。

▷ 2　同，35-36頁。

▷生活拡充集団
鈴木は「生活拡充集団」を「地区集団」とともに，生活の余暇の中に生じている余暇集団であるとしています。同，231頁。

▷地区集団
鈴木は「地区集団」を余暇集団であるとしつつも，「生活拡充集団」と区別している理由として，「一定の地域内に居住する者はことごとく加入する事を建前としている」こと，「実質上，世帯を成員とし，個人を対象にしていない」ことという 2 つの特性を挙げて

1 鈴木栄太郎の都市社会学の視点

　日本の農村や都市の研究で重要な古典に位置づけられる鈴木栄太郎は，「社会生活の基本的構造を明らかにするのが社会学である[1]」と指摘しています。都市における社会生活はどのような視点で着目されてきたのか，鈴木の研究から考えてみましょう。鈴木は，様々な集団の中で，都市に関する調査が研究すべき，都市の基本的な集団として，「**世帯**」と「**職域集団**」（またその外にある「学校」）を挙げています。そして，これらの基盤の上にあるのが**生活拡充集団**（文化団体，体育団体，レクリエーション団体，社交団体など）と**地区集団**（町内会，隣組など）であり，生活の余暇の中にこれらの集団が生じているとしています。鈴木は，「世帯」や「職域集団」，「学校」を最も重視しており，その他の様々な集団はいわば「浮光的泡沫的集団」であると指摘しています[4]。ただし，鈴木は，生活拡充集団や地区集団，その他の集団について検討していないわけではありません[5]。鈴木がいうところの生活拡充集団や地区集団に着目することも重要な社会学の研究となりうると考えられますが，鈴木の都市社会学では，特に家族や職場，学校といった集団への着目が重視されていたことがわかります。

2 正常人口と異常人口

　鈴木は，都市の社会生活における基本的構造を明らかにするために，「正常人口の正常生活」の理論を用いています。まず，「正常人口の正常生活」と「異常人口の異常生活」とを対比させていますが，ここでいう「正常」と「異常」とは単に人口の多さによって決まるものではありません。「正常な生活とは，その生活の型を続けて行く事によって，少くとも（原文ママ）社会の生活が存続し得るものであり，異常な生活とは，その生活の型を続けては社会の生活が存続し得ないものである[6]」と述べられています。また，正常人口／異常人口の当時の例として，学齢に達して学校に入学する者／入学しない者，学校を卒業して職を求め何らかの職に就いている者／職を求めず職に就いていない者などを挙げています[7]。ただし，時代や社会によっても，何が正常人口／異常人口とみなされるかは異なると考えられるでしょう。加えて，正常人口の生活とは，必ずしも正常生活だけであるというわけではなく，正常人口による異常生活もあることが指摘されています[8]。たとえば，正常人口であっても，仕事を一

時的に休んでいるというような，正常人口による異常生活もしばしば存在することが例として挙げられています。当時のアメリカの都市社会学者が異常生活について研究を行っていた一方で，鈴木は，都市の社会構造は「正常人口の正常生活に即応して構成されている」と考え，「都市の社会構造を見出すためには，異常人口と共に，正常人口の異常生活をもあらかじめ除去する事が必要である」と指摘しています。鈴木は，複雑な都市の社会生活について，まず正常人口の正常生活を通して理解することを試みたといえます。

　前節までは，貧困や剥奪，社会的排除の概念を紹介しましたが，鈴木の概念はこれらとは異なり，そのままの状態で「生活の再生産が順調に行われる状態」を「正常」，「その状態を仮りに（原文ママ）大多数または全人口が持続すれば社会生活の存続はあり得ない」状態を「異常」としています。したがって，鈴木の「異常」の概念は，社会の生活の再生産に着目した，より広い概念であると考えられるかもしれません。鈴木は，正常人口の正常生活に着目し，必ずしも異常生活にあたるものを重視してはいませんでしたが，社会の生活の再生産に着目するという意味では，重要な視点を示したとも考えられます。

3　正常人口の正常生活と集団

　鈴木は，人の一生を①学齢までの幼児期，②入学から卒業までの就学期，③職業期，④職を去った後の老衰期，に分けて考えました。また，集団との関連について，都市に住むあらゆる人びとにとって，都市の社会生活の中心は世帯であるとしています。さらに，世帯に加えて，就学期の人びとにおいては学校，職業期の人びとにおいては職域集団が生活の主要な部分であるとしています。幼児期や老衰期には，所属している集団が家族以外にはほとんどないため，生活のパターンを家族以外の他の集団によって規定されることが少なく，生活のパターンの個人差が大きい一方で，就学期や職業期には，学校や職場などの集団によって生活の多くが規定されているとの見方がなされています。都市において，就学期の正常人口が所属する学校には様々なものがあり，職業期の正常人口が所属する職域集団も同様に様々であるものの，それぞれ世帯と学校，世帯と職域集団が生活の中心であり，それらの集団を通して彼らの都市における生活の主要な部分を知ることができると考えました。

　幼児期や老衰期には人びとが所属している集団が家族以外にほとんどないという鈴木の指摘には，議論の余地があるかもしれません。しかし，就学期や職業期は所属する集団が多い傾向にあり，家族以外の集団によって生活が規定される部分が多いとはいえるでしょう。当時のアメリカの都市社会学者が職業や学校以外の多種多様な団体への参加に着目した一方で，鈴木は「生活拡充集団」ではなく，世帯や職域集団，学校といった集団に着目して都市の基盤的構造を明らかにする重要性を説いたといえます。　　　　　　　（吉武理大）

▷3　同，36頁，155頁，231頁，233頁。
▷4　同，35-36頁。
▷5　鈴木による生活拡充集団や地区集団，その他の集団についての言及は，以下を参照。同，231-284頁。
▷6　同，150頁。
▷7　同，150頁。
▷8　同，156頁。
▷9　同，424-425頁の注1。
▷10　同，149頁。
▷11　同，157頁。
▷12　同，149頁。
▷13　同，150頁。
▷14　同，153-154頁。
▷15　同，152-154頁。
▷16　同，150-152頁。
▷17　同，150-154頁。
▷18　同，231頁，577-578頁。

本文上部欄外：います。同，235頁。

XI　排除と貧困

 ## 6 アメリカにおける都市の貧困

▷1　鈴木，前掲書，424-425頁の注1。
▷推移地帯
⇨IX-4参照。
▷シカゴ学派
IX-2参照。また，シカゴ学派社会学の流れについては，以下を参照。中野正大「1　シカゴ学派社会学の伝統」中野正大・宝月誠編『シカゴ学派の社会学』世界思想社，2003年，4-32頁。
▷同心円地帯理論
⇨IX-4参照。
▷2　E. W. バーゼス「都市の発展──調査計画序論」R. E. パーク／E. W. バーゼス／R. D. マッケンジー，大道安次郎・倉田和四生訳『都市──人間生態学とコミュニティ論』鹿島出版会，1972年，53頁。
▷3　バーゼス，前掲書，52-60頁。
▷4　同，57頁。
▷5　同，54頁。
▷6　「ビジネス・センター」とは「中心業務地区」（IX-4参照）を指しています。
▷7　「推移的地域」とは「推移地帯」（IX-4参照）を指しています。
▷8　奥井復太郎『現代大都市論　復刻版』有斐閣，［初版1940］1985年，114頁。ただし，引用では旧字や旧仮名遣いなどを一部改めた。

 ## 1　E. W. バージェスの推移地帯

　鈴木栄太郎は，アメリカにおける都市の異常生活に関する研究に言及し，「正常な都市生活についてのまとまった考えなくして，どうして異常な都市生活について理解する事ができようか」とも指摘しており，まず都市における正常生活を明らかにすることを重視しました。鈴木の都市社会学と当時のアメリカの都市社会学とは対照的ですが，アメリカの都市の異常生活にあたる現象はどのように研究されてきたのでしょうか。本節では，アメリカの都市における古典的な研究として，E. W. バージェスの「推移地帯」の概念，アメリカの都市における貧困についての具体的な調査研究から考えてみましょう。

　アメリカのシカゴ学派の都市社会学者であるバージェスは「同心円地帯理論」において，都市が拡大する典型的な過程を同心円状に示すことができると考えました。これらの一連の同心円は，「都市伸長の接続する諸地帯や拡大過程において分化した諸地域の類型を示すために数段にわけることができる」と指摘しています。バージェスは，都市をIX-4の図IX-1のように理念的に図示し，都市の中心にある中心業務地区（Ⅰ），都心を囲む退廃的な地域である推移（遷移）地帯（Ⅱ），工場労働者や商店従業員，二世の移民などが居住している労働者住宅地帯（Ⅲ），そこを越えた住宅地帯（Ⅳ），さらに都市の境界線を越えた，郊外地域や衛星都市から都心まで通勤する人びとが居住する通勤者地帯（Ⅴ）に分類しています。特に「推移地帯」について取りあげると，中心業務地区を取り囲んでいる退廃的地帯には，「貧困，堕落，疾病などが氾濫している地域や犯罪と悪徳のどん底社会のある，いわゆる『スラム』（"slum"）や『不良地区』（"bad lands"）が存在している」と説明されています。

　バージェスはこの理論をシカゴに適用して考えましたが，この図は理念的なものであり，「シカゴはもちろんのこと，その他のいかなる都市でも，この理念的な構図と完全に一致するものではない」とも指摘しています。この点について参考になる指摘をしているのが，1章で紹介されていた，奥井復太郎です。奥井は，「バージェスがシカゴ市について試みたる『都市膨張』の図表的解剖は，細密にわたっては，どの都市にもあてはまるとは言えない。例えばビジネス・センターに密着するいわゆる『推移的地域』の形成についても，例えばシカゴ市におけるがごとき典型は東京なぞの場合それ程はっきり現れているとも

思われない。文明事情の異なったわが国または東洋の都市にそのまま応用する事の困難なるはもちろん，欧州旧大陸の古い都市にもこれを適用し得るや否や疑問である」と述べています。奥井の指摘は，同心円状の都市の拡大は，古い都市や，地理的・経済的・文化的要件が異なる他の都市にもあてはまるのか，「推移地帯」は日本でもみられるのかなど，重要な論点につながっています。

② 推移地帯における調査研究

アメリカの都市におけるこのような推移地帯は，当時の調査研究において，どのように明らかにされてきたのでしょうか。N. アンダーソンによる『ホーボー』とH. W. ゾーボーによる『ゴールド・コーストとスラム』（図XI-2）から考えてみましょう。

アンダーソンは，1920年代にシカゴ市の中心にある「ループ」に隣接した，「ホーボー」が集まる地区（ホボヘミア）に実際に住み込んで調査を行い，そこに住む人びとの生活について得られた知見を記述しています。実際の観察や事例などから，渡り歩く労働者であるホーボーや関連する人びとの定義や分類，彼らの生活や経験，集まる場所やそこでの関係性，衣食住や日々の生活費の工面，渡り労働者や放浪する人びとやホームレスのそこへ至る経緯・背景的要因，仕事や健康上の問題，関連する組織や団体など，その内容は多岐にわたります。実際にアンダーソン自身がそこに住み，生活したからこそ得られた記述は，貴重な調査研究の蓄積であるといえます。ホーボーをはじめとする人びとの観察や事例からは，バージェスがいうところの当時のシカゴの推移地帯の人びとの生活がみえてきます。

同じく1920年代のシカゴ・スタイルの研究として，ゾーボーは，シカゴ市の中心のループから徒歩圏内にある「ニア・ノース・サイド」において調査を実施し，様々な当時の記録や情報も参照しながら，各地域の特徴や変遷，人びとの生活を考察しています。「社交界」のリーダーたちが住む最も高級な住宅街である「ゴールド・コースト」，貸部屋の地域，タワータウン，スラム，様々な移民の居住する地域などについての記述からは，都市の流動性や，モザイク状に近接した多様な地域集団と，そこでの社会的な隔たりがみえてきます。前述の奥井はこのような都市の状況について，「富豪の上流邸宅と貧民窟とが背合わせになっている事は，地理的接近にもかかわらず社会的には非常な距離を示している」と述べており，都市における重要な知見を示しています。

（吉武理大）

以下同様。

▷9 渡り労働者だけでなく，季節労働者，その都市に滞在している日雇い労働者（ホーム・ガード），放浪する人びと（トランプ），都市に滞在しているが働いておらず，物乞いや布教団体の世話になって生活をしている人びと（バン）などについても，類型化し，記述がなされています。詳しくは，以下を参照。N. アンダーソン，広田康生訳『ホーボー（上）』ハーベスト社，1999年，129-143頁，144-160頁。

▷10 中野，前掲書，14-16頁。

▷11 タワータウンについての詳細は，以下を参照。H. W. ゾーボー，吉原直樹・桑原司・奥田憲昭・高橋早苗訳『ゴールド・コーストとスラム』ハーベスト社，1997年，104-123頁。

▷12 奥井，前掲書，512-513頁。

図XI-2　ゾーボーによる貧困と慈善事業の図

注：‥援助を受けた家族，◎寄付者
出典：H. W. ゾーボー（吉原直樹ほか訳1997：201）。

XI　排除と貧困

日本における都市の貧困

1　磯村英一による都市研究

　磯村英一は『都市社会学』や『社会病理学』において，スラムや浮浪者，売春などに着目し，都市の社会病理現象について明らかにしました。『都市社会学』におけるスラムの章のはじめには，ゾーボーの『ゴールド・コーストとスラム』を読み，実際にシカゴのスラムを見たエピソードも書かれています[1]。スラムの発生について，磯村は奥井復太郎を引用する形で，「都市社会の間隔地帯にスラムが生ずるという考え方は，社会学的にみて最も興味のある点である」とし，スラムが都市社会の「割れ目」に生じると考えました[2]。

　さらに，磯村は「第三の空間」の概念でも著名ですが，まず，都市における生活について，「第一の空間」を住居を中心とした家庭，「第二の空間」を職場としてとらえ，さらに，それ以外の道路・交通機関，広場・公共施設，レクリエーションの場などを含めた「第三の空間」を「盛り場的空間，大衆空間」として，都市の人びとにとって重要なものであると考えました[3]。都市の人びとは，住居から職場に移動する際に，ほとんどがこの「第三の空間」の中におかれ，そのような「第三の空間」は，単なる交通機関の利用のような消極的な場と，職場から離れて何らかの目的を持って空間を利用するような積極的なレクリエーションの場とに区別できるとされています[4]。そこは，家庭や職場とは異なり，匿名性があり，身分から解放された自由な場所として，都市を魅力あるものにすると考えられています[5]。

　磯村はこの「第三の空間」について，都市の貧困と関連した言及もしています。**ドヤ街**に住む人びとについて，「職安や手配師によって，その日限りだが彼等はトラックや乗用車で職場に運ばれる。……いわゆる一日限りの疑似通勤者となるのである。そして再び第一の空間であるドヤ地区にもどる」とし，住居と職場の2つの空間を同一にしているわけでないことを指摘しています[6]。しかし，その一方で，「彼等は，一般のサラリーマンのように，第三の空間を楽しむ余裕がない」とし，それは金銭の問題や時間の問題ではなく，「職場から真直ぐ（原文ママ）第二の生活空間に帰ることを余儀なくさせられること」であるとしています[7]。磯村は，ドヤ街にも第三の空間があるのではないかという批判に対して，行きつけの屋台や食堂，道路での長話はあるが，「どこか身分や役割のわからない第三の空間に行けるだろうと思うのは一般の人びとの考え

▷1　磯村英一（1989a）『磯村英一　都市論集Ⅰ』有斐閣，1989年，570頁。

▷2　同，572頁。

▷3　磯村（1989b）『磯村英一　都市論集Ⅲ』有斐閣，1989年，127頁，144-145頁。
▷4　同，127頁，145頁。
▷5　同，149頁。
▷ドヤ街
ドヤ街とは，日雇労働者の簡易宿泊所街です。詳しくは以下を参照。青木秀男，『寄せ場労働者の生と死』明石書店，1989年，19頁。
▷6　磯村（1989b）147頁。
▷7　同，147頁。
▷8　同，148頁。関連する議論は以下を参照。同，147-149頁。
▷9　同，149頁。
▷10　江口英一・川上昌子『日本における貧困世帯の量的把握』法律文化社，2009年，20頁，33頁。
▷11　同，54-56頁。
▷12　同，31頁，56頁。
▷生活保護
生活保護とは，生活に困窮

である[▽8]」と指摘しています。都市の貧困層の人々が第三の空間を享受できているのかは議論が分かれるところですが，都市の第三の空間には支配階層が独占しているような場所もあるという磯村の指摘は重要であると考えられます[▽9]。

② 江口英一による貧困層の研究

江口英一は低所得階層や貧困の把握に貢献した研究者ですが，ブースの貧困調査を参考に社会階層に着目した1952年の富山調査[▽10]，ラウントリーのような方法で「最低基準生活費」の算出を試みた1970年代の調査[▽11]など，ブースやラウントリーの調査とも関連する側面があります。ただし，江口は，被保護世帯だけが貧困なのではなく，低所得階層も含めてより広く貧困を捉えるという意識をもっていました[▽12]。このような問題意識は，**生活保護**[▽]を受給していない貧困層が存在するというボーダーライン層[▽13]の問題においても重要であると考えられます。

江口の低所得階層や最低生活費に関する研究は有名ですが，ここでは山谷の日雇労働者の研究を取りあげ，都市の貧困という視点から考えてみましょう。江口らは，戦後の**高度経済成長期**[▽]の1967年から7年以上にわたって調査を実施しました[▽14]。そして，山谷の日雇労働者が「予備労働力のさらに予備労働力」として失業と就業を繰り返し長期化する過程で，「次第に『流動的』な形態から脱落・下降」し，失業の「停滞的形態」として再編され，最下層として「固定化される[▽15]」と考えました。さらに，「公的な扶助・救恤なしには」生存さえ不可能な最下層に陥り，単なる失業だけでなく，「『住所不定』化と『浮浪者』化[▽16]」する可能性さえあると捉えられています。山谷はこのような最下層の人びとの「集積地」であり，「『ベルト』的に全国の底辺に拡がるこのような層の，一時的滞溜地区[▽17]」であるとしました。江口らの研究においては，山谷の日雇労働者に聞き取り，面接調査を行うにあたって，対象者からの協力を得る難しさや危険な経験など，かなりの苦労を伴う調査であったことも記されています[▽18]。

江口の**寄せ場**[▽]研究について，青木秀男は「そこに，寄せ場労働者に内在する『先進性』の契機，人間の主体的な状況の解釈と変革の意志への着目はない[▽19]」と述べ，青木自身は，差別の構造の中にある寄せ場労働者の主体的な側面から，〈ミジメ〉と〈ホコリ〉という2つの意味世界を描き出しています[▽20]。

ゾーボーは「シカゴでの貧困層がもっとも集中している[▽21]」とする**リトル・シシリー**について，「新聞の見出しや社会機関への嘆願を通してのみこの世界を知り，あるいはその貧しさと不潔さと犯罪だけを知り，そこは悲劇の世界であるとだけ考える人々がいる。しかし，そこの生活に参加をしてきた者にとって，そこにはペーソスとユーモアもあるのだ[▽22]」と述べています。青木が寄せ場労働者の主体的な意味世界を明らかにし，ゾーボーがリトル・シシリーには貧しさや犯罪だけでないことを指摘しているように，社会学において対象者の視点からみることで明らかにできることもあると考えられます。　　　　（吉武理大）

している人びとに対して，最低限度の生活を保障するための公的扶助です。

▷13　ボーダーライン層の議論については以下を参照。小沼正，『貧困——その測定と生活保護』東京大学出版会，1974年，136頁。橘木俊詔・浦川邦夫，『日本の貧困研究』東京大学出版会，2006年，14-15頁。

▷**高度経済成長期**
⇨ Ⅲ-5 参照。

▷14　江口英一・西岡幸泰・加藤佑治編『山谷——失業の現代的意味』未来社，1979年，ⅰ頁。
▷15　同，ⅱ-ⅲ頁。
▷16　同，ⅵ-ⅶ頁。
▷17　同，ⅶ頁。
▷18　同，22頁。

▷**寄せ場**
寄せ場とは，日雇労働者の就労場所のことであり，主に大都市において簡易宿泊所であるドヤが密集している地域に位置づくとされます。青木，前掲書，19頁。
▷19　同，12頁。
▷20　同，73-207頁。
▷21　ゾーボー，前掲書，200頁。

▷**リトル・シシリー**
⇨ Ⅸ-2 参照。
▷22　ゾーボー，前掲書，208頁。

（理解促進のために）

ハーベイ・W・ゾーボー，吉原直樹・桑原司・奥田憲昭・高橋早苗訳『ゴールド・コーストとスラム』ハーベスト社，1997年。
B・S・ラウントリー，長沼弘毅訳『貧乏研究』千城，1975年。
岩田正美，『社会的排除——参加の欠如・不確かな帰属』有斐閣，2008年。

XII　沖縄の都市的生活様式とそのルーツ

 〈沖縄的なるもの〉

　沖縄の都市化

▷生活様式

生活様式は，way of life の訳。食事や挨拶の仕方から，ものの考え方，感じ方，価値観まで，さまざまな生活の仕方を含みます。これが規範として社会の秩序維持に機能する側面が，本章でのポイントです。

▷ゲマインシャフト的第 1 次関係

「ゲマインシャフト」は「あらゆる分離にもかかわらず，本質的には結合した関係」と定義されます。「第 1 次関係」は，家族，近隣，友人など直接的接触による親密な結合のことで，連帯感や基礎的な道徳意識の形成に欠かせない。同義反復で意味を強調しています。

▷ 1　鈴木広「アーバニゼイションの理論的問題」『社会学研究』46，1983年，21-53頁。

▷ 2　谷富夫『過剰都市化社会の移動世代——沖縄生活史研究』渓水社，1989年，を経て，岸政彦・打越正行・上原健太郎・上間陽子『地元を生きる——沖縄的共同性の社会学』ナカニシヤ出版，2020年，などへ継承されています。

▷無業率

就職も進学（含予備校）もしていない者の割合。

▷Ｕターン

⇨ III-6 参照。

　この章では沖縄の都市的生活様式について議論します。「都市的生活様式」は様々に定義される社会学の概念ですが，ここでは「人びとが都市生活に適応するために用いる**生活様式**」をいいます。都市社会学者の鈴木広は1980年前後の那覇都市圏を調査して，沖縄には独特の都市的生活様式があるとし，これを〈沖縄的なるもの〉とよびました。その意味は，ひと言で「**ゲマインシャフト的第 1 次関係**」です。鈴木は，沖縄のあらゆる社会領域——人間関係という個人レベルから企業体などの組織レベルまで——で，家族，親戚，友人，同郷，同村，同窓などの「第 1 次関係」が社会統合と秩序維持の重要な機能を担い，人びとはこれによって沖縄の厳しい都市的環境に適応している，という理論をいち早く社会学界に提起しました。この都市理論はその後，次世代の研究者に引き継がれ，現在もなお活発な議論が続いています。

　当時の「厳しい都市的環境」とは，端的に那覇都市圏のきわめて高い失業率と人口集中率に起因する経済問題です。沖縄県の失業率は日本に復帰した1972年から最近まで，つねに本土の 2 倍，ときに 3 倍の高さで推移しました。これが近年劇的に改善されていることは後述しますが，今も非正規雇用率や新規学卒者の**無業率**は高く，県民所得も常時47都道府県中ワースト・ワンです。

　一方，那覇都市圏への人口集中率は県人口の 6 ～ 7 割に達します。この人口集中には 3 つのルートがあって，①沖縄本島北部・中部や先島（宮古・八重山など）からの直接流入，②いちど進学，就職などで県外へ出た後の**Ｕターン**，および③本土の系列企業からの転勤や自衛隊の転属など県外者の流入，です。

　このうち高い失業率を背景においた場合，②のＵターンは一見奇妙な現象にみえます。③は失業率とは無関係です。①と②が那覇都市圏の失業率を押し上げる一因になっていると考えられるわけですが，とりわけ②が不思議なのは，東京や大阪で正規雇用で働いている人でも，ある日突然会社を辞めて戻ってくる。戻ってきてもたいした仕事はないとわかっていて戻ってくる。当時はそういう行動パターンが珍しくなかったのです。

　かくして1975年の人口統計では 1 年間に沖縄県民の 1 万8,000人が県外に他出し，同数の 1 万8,000人（！）がＵターンしました（後掲図XII-1 参照）。これではただでさえ窮屈な沖縄の労働市場になかなかゆとりは生まれません。この

年の失業率は，全国平均1.9％に対して沖縄県は5.3％でした。このＵターン現象をどう説明するか？　これが，鈴木理論を踏まえて当時の私が取り組んだ研究テーマです。

2　過剰都市化論を越えて

「経済の発展段階から予想される程度をはるかに上回る都市化（人口集中）」のことを「過剰都市化」（over-urbanization）といいます。かつて発展途上国の**首座都市**に顕著に見られた急激な人口膨張を説明するために，1950年代半ばから社会学や経済学で使われ出した概念です。高い失業率と人口集中率の同時併進が主な指標です。鈴木が那覇都市圏の研究を始めたきっかけも，この過剰都市化論でした。彼は，発展途上国の首座都市に近似した都市を日本国内で探した結果，那覇都市圏を見出したのです。

しかし，今日，発展途上国の過剰都市化論は学説史の一テーマに過ぎません。同時に，沖縄の過剰都市化も過去の話になりつつあります。第1，失業率が2010年代後半以降，劇的に改善されました。2019年2月の失業率は，全国平均2.3％を下回る2.0％でした。こんなことはいまだかつてなかったことです。県民所得も非正規雇用率も無業率も今なお全国ワースト・ワンですが，全国平均との差は徐々に縮まってきています。

近年の沖縄の経済成長に関しては，東アジアの台頭や経済のグローバル化に伴う沖縄の位置の地政学的変化——日本の辺境からアジアの中心へ——と，復帰後5次にわたる沖縄振興計画が2010年代になってようやく効果を現しはじめたことにより，観光リゾート産業・情報通信関連産業・国際物流拠点産業をリーディング産業とする自立経済の道が開けてきた，と分析されます。その結果，県民総所得に占める基地関係収入の割合は1972年の16％から2013年には5％まで低下しました。軍用地料などの軍関係受取り額も，今では観光産業の半分以下であり，この割合は年々低下の一途を辿っています。振興予算を含む国庫支出金など，国からの財政移転も，国土の周辺部に位置する類似県（秋田県や鹿児島県など）と大差はありません。今や「沖縄県は，『基地』や『補助金』という札束で左右される存在ではない」のです。

それにもかかわらず，本章では1980年代の研究に基づく議論を展開しようとしています。その狙いは3つ。1つは，鈴木が40年前に見出した〈沖縄的なるもの〉が今日なお那覇都市圏で〈生きている〉ことを，最近の私の調査から明らかにします。2つに，〈沖縄的なるもの〉のルーツを探ります。そのために，今から40年前の沖縄本島北部の村落共同体に「タイムスリップ」します？！3つ目は，地域調査方法論です。質的調査による「仮説の発見」と，量的調査による「仮説の検証」のコンビネーションを，社会調査の1つの方法として読者の参考に供します。

（谷　富夫）

▷3　その一成果が，谷，前掲書。

▷**首座都市**
primate city の訳。一国内で，1つだけ飛び抜けて人口規模の大きい都市。発展途上国で典型的に見られます。
▷4　過剰都市化論に先鞭をつけた論文は，Davis, K. and H. Golden, Urbanization and the Development of Preindustrial Areas, *Economic Developent and Cultural Change,* vol. 3, no. 1, 1954, pp. 6-25.
▷5　過剰都市化論の理論的集約は次の論文を参照。新津晃一「首座都市論と過剰都市化論の妥当性をめぐって——東南アジアの大都市研究のための視座」『アジア文化研究』28，2002年，35-53頁。
▷6　高良倉吉編著『沖縄問題——リアリズムの視点から』中央公論新社，2017年，41頁。
▷7　同，121頁。
▷8　同，116頁。
▷9　同，124頁。なお，沖縄経済の近況に関しては異なる見解を述べる文献もありますが，ここでは長期のトレンドを踏まえた同書の分析に依拠しています。
▷10　谷富夫「沖縄的なるものを検証する」谷富夫・安藤由美・野入直美編著『持続と変容の沖縄社会——沖縄的なるものの現在』ミネルヴァ書房，2014年，2-22頁。

Ⅻ　沖縄の都市的生活様式とそのルーツ

 # 移動世代

1 「非合理な U ターン」の合理的説明は可能か？

　繰り返しですが，沖縄県の失業率が全国平均の 2 倍も 3 倍も高かった1970～80年代，1 年間に 1 万8,000人もの人が県外に移住し，同じく 1 万8,000人が戻ってきました。どうしてこのような現象が起こるのか？

　人はふつう，仕事を求めて地域移動をします。たとえば造船業で成り立っている町があるとして，突如造船会社が倒産したら，何百人，何千人の従業員はやがてその町から姿を消すでしょう，仕事を求めて。これは「目的合理的行為」です。求職という目的があって，移住という合理的手段が選択されている。このロジックでいけば，当時の沖縄の U ターンは「非合理的」です。東京で正社員で働いていても U ターンして，失業状態だったり半失業状態（非正規，日雇など）だったりということが珍しくなかったからです。この「非合理的行為」の合理的説明は可能か？

2 U ターンする人はどんな人？

　この U ターン行為を理解するためには，それを調べる前に 2 つの準備作業が必要だと考えます。第 1 の作業を本節と次節の第❶項で，2 つ目は次節の第❷項で説明します。まず，どういう人が U ターンするのかを突きとめる必要がある。かりに U ターン者が高齢者ばかりであれば，会社を定年退職して故郷で隠退生活を送るためだと推測できます。このように，U ターン者の社会的属性が絞られれば，それに適した調査計画を立てることが可能になります。

　そこで，**図Ⅻ-1**を見てください。これは，1975年の沖縄県出身者の県外への流出と還流（U ターン）を年齢層で分けたものです。折れ線グラフは「流出」から「還流」を引いた結果です。沖縄総合事務局の統計資料を元に，私が作成しました。「10代後半～20代前半」で大量に流出し，「10代後半～20代後半」で大量に U ターンしていることがわかります。端的に，U ターンとは若者の行動なのです。

　では，若者の U ターンは本土復帰後の一時的な現象なのか？　次にこういう疑問が湧いてきます。この問いに答えるために役立つ人口統計が「生残人口」です。少し説明します。現在10代後半の人は，5 年後には20代前半になってますね。そこで，5 年ごとに実施される国勢調査を使って，ある年の20代前

▷ 1　全貌は，谷，前掲論文，6 頁を参照。

▷**年齢効果**
ちなみに，ある時代の影響を「時代効果」といいます。例として戦争。第 2 次世界大戦は，その時代のすべての年齢層に影響を及ぼした。2020年春頃からはじまった「新型コロナウィルス」の流行——これは短期の時代効果であってほしい！

▷ 2　「移動世代」は，mobile generations の訳。複数形（s）であることに注意されたい。詳細は，谷，前掲書。

半の人口を5年前の10代後半の人口で引いた数が，その年の20代前半の「生残人口」です。これが，高齢者層でマイナスと出れば死亡者が多いはずだし，青壮年層でマイナスならば他出者が多いでしょう。

　私は，国勢調査の第1回（1920年）から最近までの全データを使って，沖縄県の年齢層別生残人口の推移を調べてみました。見本として一部をここに掲載します（**表XII-1**）。調べた結果，沖縄近現代史を一貫して「10代後半〜20代前半」の若者が大量に流出していることがわかりました。沖縄から本土への移動は，ある時代のある世代の特徴というよりは，いつの時代にも若年層で起こっていたのです。これをライフコース論（後述）では「**年齢効果**」といいます。

　こうして，時代を超えた「移動世代」の普遍性を突きとめることができました。そこで私は，これを「戦前戦中期の移動世代」「高度経済成長期の移動世代」「日本復帰後の移動世代」の3つに分類してみました。ちなみに，右表では「戦前戦中期の移動世代」が浮彫になっています（1925〜1940年の列）。

（谷　富夫）

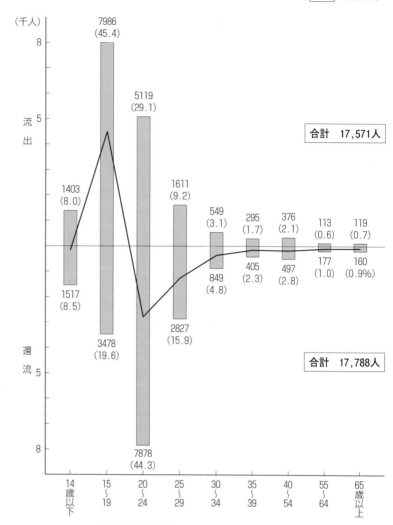

図XII-1　沖縄県出身者の県外流出と還流（1975年）

注：沖縄総合事務局「沖縄移動状況調査」をもとに筆者作成。

表XII-1　沖縄県の生残人口（1920〜1955年）

	1925年（対20年）	1930年（対25年）	1935年（対30年）	1940年（対35年）	1955年（対50年）
5-9歳	-7581 （-9.5）	-4796 （-5.9）	-5271 （-6.2）	-6408 （-7.6）	-1322 （-1.2）
10-14歳	-4913 （-7.1）	-4202 （-5.8）	-4277 （-5.6）	-5309 （-6.7）	-234 （-0.3）
15-19歳	**-16618 （-25.8）**	**-12287 （-19.2）**	**-15656 （-22.8）**	**-26917 （-37.6）**	**-2333 （-2.7）**
20-24歳	**-16907 （-29.9）**	**-8018 （-16.8）**	**-12031 （-23.2）**	**-16546 （-31.2）**	**-5392 （-6.9）**
25-29歳	**-8437 （-19.3）**	**-3992 （-10.0）**	**-3769 （-9.5）**	**-7680 （-19.3）**	**-1842 （-3.0）**
30-34歳	-7935 （-18.6）	-3287 （-9.3）	-1812 （-5.1）	-5238 （-14.5）	-615 （-1.3）
35-39歳	-4389 （-12.6）	-2234 （-6.5）	-1455 （-4.6）	-3008 （-8.9）	53 （0.1）
40-44歳	-3703 （-11.1）	-2162 （-7.1）	-1929 （-6.0）	-2198 （-7.2）	-259 （-0.7）
45-49歳	-2821 （-9.2）	-1813 （-6.1）	-1672 （-5.9）	-1960 （-6.4）	-604 （-1.9）
50-54歳	-2850 （-9.7）	-2061 （-7.2）	-2041 （-7.3）	-1812 （-6.8）	-771 （-2.7）
55-59歳	-3188 （-12.1）	-2845 （-10.7）	-2509 （-9.5）	-2595 （-10.0）	-1293 （-5.4）
60-64歳	-2552 （-13.1）	-3006 （-13.0）	-2731 （-11.5）	-2976 （-12.5）	-1115 （-5.1）

注：国勢調査をもとに筆者作成。

XII　沖縄の都市的生活様式とそのルーツ

 ライフコースの生活史調査

世代×性別×学歴

▷1　私の調査当時，大学
進学で本土へ行く人は少な
かったので，「大卒」は
「高卒以上」にまとめてい
ます。実際には，私の31人
のインフォーマント（後
述）の中に短大を含む大卒
者が数人いました。
▷Jターン，Sターン
「Jターン」とは，たとえ
ば宮古島出身の人が宮古島
に帰らずに，途中の那覇に
留まるタイプのUターン。
「Sターン」はU・Jター
ンを繰りかえすこと。

　ひと口に若者といっても，いろんな属性の人がいます。その属性によって，行動のしかたや意味づけは異なってくると考えられます。では，若者のUターンを考察する場合，どのような社会的属性を考慮すべきか？　1つは「世代」。上述した3つの移動世代からまんべんなくUターン経験を聞き取る必要があります。加えて「性別」（男・女）と「学歴」（中卒・高卒以上）は外せません。これらの組み合わせで移動世代の12タイプが構成されます。［世代（3）×性別（2）×学歴（2）］の「基本12タイプ」です。

　その他，①Uターン，Jターン，Sターンの別。②Uターン後の有業，半失業，失業の別。そして，③就職先がインフォーマルセクター（自営業）かフォーマルセクター（大企業や官公庁）かも，第三次産業がかなりの比重を占める沖縄の産業構造では不可欠な観点です。

　これでは属性の組み合わせが膨大な量となります。すべてを網羅するインタビュー調査は，とくに1人で取り組む卒業研究では，まず不可能です。質問紙調査ならできないことはない。さてどうするか？　調査法を選択する前に，もう1つの準備作業があります。それは問いの設定です。どんな研究も問いがないと前に進めません。

問いを立てる

　よくよく考えてみると，Uターンそのものの理由や事情を深く理解するためには，そもそも「本土へ行く前に何をしていて，なぜ本土へ行ったのか？」を知る必要があります。さらには「行った先でどういう生活をしていたのか，それがUターンとどういう関係があるのか？」も知る必要があるし，その人の人生上のUターン経験の意味を知るためには「帰県後の生活」についても尋ねる必要があるでしょう。したがって，Uターン研究のリサーチ・クエス

図XII-2　Uターン研究のリサーチ・クエスチョン

チョンは，**図XII-2**のような図式となります。Uターンという行為をその人の
ライフコース上の「ひと節」と捉える，ということです。

　こうしてUターン現象を調べる準備が整いました。調査対象者が明確にな
り，問題が設定された。では，この問いにふさわしい社会調査法は何か？　こ
ういうプロセスで社会調査の段取りを徐々に整えていくのです。

③ ライフコースと生活史

　左下図の問題解明にふさわしい調査法を社会学の在庫目録から探すと「生活
史法」があります。「生活史」とは，個人の一生の記録，または個人の生活の
過去から現在までの記録のことです。具体的には，口述史，自伝，伝記，日記
などがあります。これらの質的データを収集，分析する方法が生活史法です。

> ▷2　谷富夫編『新版ラ
> イフヒストリーを学ぶ人の
> ために』世界思想社，2008
> 年，4頁。

　生活史法はライフコース研究の1つです。「ライフコース」とは，「年齢別に
分化した役割と出来事を経つつ個人がたどる生涯の道」と定義されます（『新
社会学辞典』，傍点筆者）。Uターン経験者も，それぞれの年齢において「卒業」
「本土他出」「就職」「Uターン」「再就職」という出来事を一定の役割におい
て経験するので，ライフコース研究にマッチします。なお，ライフコース研究
は量的調査でも質的調査でも，どちらでもやれます。では，沖縄Uターン者
のライフコース研究は，なぜ生活史法なのか，量的調査ではダメなのか？

　そう，ダメなのです。その理由を1つだけ挙げると，私は当時，沖縄のU
ターン経験者のことがまったくわかっていませんでした。私は1979年に初めて
沖縄に行き，知り合いも皆無で，ゼロからのUターン調査でした。したがっ
て，Uターンの理由に関してリアリティがほとんどありません。沖縄県商工
労働部など（官公庁）が作成したUターンの調査報告書には網羅的に目を通し
ていました。そこには若者のUターン理由に関する調査結果もありましたが，
それをそのまま流用してよいものか，確信が持てなかったのです。

> ▷3　管見ながら，当時は
> 沖縄のUターンに関する
> 本格的な学術研究もノンフ
> ィクションも，まだ現れて
> いませんでした。

　一般に，調査票を用いる量的調査は「仮説の検証」が得意です。量的調査で
も「仮説の発見」はできますが，実際にはなかなか難しい。一方，インタビュ
ーなどの質的調査はこれが得意です。長時間，じっくり人の話を聞くからです。
まずは話を聞いてUターンのいろいろな理由を発見し，それを量的調査で検
証する。このように質的研究と量的研究を組み合わせる研究方法を「混合研究
法」といいます。この方法の実際を紹介することが，本章の1つの目的です。

　ただ，生活史法を採用するにしても，本節第❶項で述べた限界があります。
想定しうる社会的属性の持ち主をすべて網羅することなど，私一人では到底不
可能です。そこで立てた戦略は「基本12タイプ」は押さえよう。その他の属性
に関しては，できるだけ幅広くカバーする努力をしよう。この戦略でフィール
ドワークに臨んだ結果，31人の方から生活史を聞き取ることができました。

（谷　富夫）

XⅡ　沖縄の都市的生活様式とそのルーツ

 Uターンの生活史

 〈沖縄的なるもの〉＝自力主義＋家族主義＋相互主義

　31人の生活史を分析して，やはりライフコースの節目節目で〈沖縄的なるもの〉が効いていることがわかりました。また，生活史をじっくり聞くことで，〈沖縄的なるもの〉の構成要素を発見できたのは1つの成果と考えます。それは，自力主義，家族主義，相互主義です。

　「自力主義」とは，所与の条件と各自の力量に応じた「手職」（資格や技術）の獲得の意志と能力のことです。「家族主義」とは，自己の生活をある程度犠牲にしても家族規範に従う価値意識です。沖縄の儒教的な**家父長制**が基盤にあります。「相互主義」とは，友人，親族，同村，同郷，同窓などの第1次集団（関係）における相互扶助の原則です。家族主義と相互主義の違いは，前者が**偏務的関係**を含むのに対して，後者は双務的（お互いさま）です。これら3つを持っていれば，本土の都会でも，Uターン後の厳しい経済状況でも，なんとか生き抜くことができます。たとえば，次のような生活史が典型例と思われます。なお，以下で取り上げる3人のライフコースを**表XⅡ-2**にまとめました。

② 人生の襞（ひだ）に分け入る

○〈沖縄的なるもの〉を持っている人

　1948年，宮古島生まれの平原光照さん（仮名，以下同）は，中学を卒業して那覇市内の理容専門学校に進学しました。理容免許を取得後の1969年，憧れの東京で理容店に就職します。そこでさらに腕を磨いて沖縄に戻り，1972年，浦添市で理容店を開業するのですが，経営に失敗します。同時に離婚しました。二度と床屋はやらないと決心し，翌年，同郷の友人のツテで横浜市鶴見区の建設会社で日雇で働きます。そこでブロック積みの技術を習得し（自力主義），2年後の1975年，那覇に戻って工務店を開業しました。土地・建物代といった高

▷**家父長制**
沖縄では原則として父から長男へ，父系的に家督権，財産権，先祖祭祀権などが継承されます。これに儒教の「長幼序あり」の道徳が加わり，家族成員は親子関係を軸とする家の存続，発展を優先させる価値観を大事に考えてきました。

▷**偏務的関係**
家族主義の「偏務的関係」を，子が親の犠牲になる側面と，親が子の犠牲になる側面の両面を含めて定義する。義理と人情が絡まっています。

表XⅡ-2　Uターン経験者のライフコース

平原光照（男）高度経済成長期の移動世代。1948年宮古島生れ，32歳。中卒―専門学校卒―本土日雇―Sターン―自営業。
部瀬俊国（男）高度経済成長期の移動世代。1941年那覇市生れ，39歳。本土中卒―Uターン―高卒―長期療養中。
渡嘉敷陽子（女）日本復帰後の移動世代。1957年那覇市生れ，23歳。高卒―本土正職員―専門学校卒―Uターン―求職中。

　注：名前は仮名，年齢は調査当時（1979～1980年）。

額な開業資金は親に頼る（家族主義）。電気器具類は，那覇に住む同郷の友人の電気店から購入する。後日，その友人が店を改修するときは自分が請け負う（相互主義）。開業した翌年，同郷の幼なじみと再婚しました。

このように3つの生活様式がうまく噛み合えば，当時の那覇でもなんとか暮らしは成り立ちます。逆に，どれもない人はかなり厳しい。実際にそういう事例が，私が収集した31人の生活史の中に1つだけありました。

○持っていない人

1941年，那覇市に生まれた部瀬俊国さんは本家の長男です。親は，彼の将来を見込んで東京の私立中学（中～大一貫校）に入れました。しかし，那覇では勉強もよくできて，スポーツ万能の優等生でしたが，東京では何もかも歯がたちません。沖縄から来たということで都会の同級生にからかわれて引きこもるようになり，勉強もいやになって，成績は下がる一方です。やがて高校に進学すると，突如親が教育方針を変えます。「国費留学生」（当時沖縄は外国でした）として本土の大学に行かせるために，彼を那覇の実家に呼びもどしたのです。エスカレーター式に大学へ行けるものと安心しきっていた彼は慌てます。難関の国費生など，とても無理だと思ったからです。自分の低い学力と，親や一族の期待の大きさ（本家の長男）とのギャップでストレスが溜まり，それがピークに達したのが，親のすすめで早稲田大学を受験する前夜のことです。トイレで倒れて失神状態になり，そのまま寝込んでしまいました。その後は精神病院を出たり入ったりの日々で，私が彼と出会ったのはその頃でした。彼は私にこう言いました。「頭がカッカすると人の声がするんです。おやじや親戚のおじさんが私を非難する声が」。家族主義，相互主義，自力主義のすべてから疎外された人の生活史です。

○家族主義の引力

渡嘉敷陽子さんは1957年，那覇市に生まれました。1976年に高卒後，川崎市の個人病院に住み込みで働きながら，夜間の准看護師学校に通いました。沖縄を出るときは，准看の資格を取ったらUターンするつもりでした。川崎での人間関係は良好で，兄弟，同郷，学校で知り合った友人，職場の医師・同僚など，豊かな人間関係に囲まれて暮らしていました。無事に准看の資格を得て，仕事は順調です。このまま川崎に居続けることも考えるようになり，しばらく留まっていたのですが，ついにUターンを決心します。決め手は家族でした。両親は，沖縄市内でインテリア関係のお店を夫婦で経営しています。2人の姉は婚出し，家事はすべて母親が担っています。「やっぱり親も年とってきてるから，お母さんひとり沖縄市の店と那覇市の家を行き来してるからきついんじゃないかな，少しは手助けできないかな，と思って帰ってきたんです」。帰郷は1980年2月，インタビューはその直後に行いました。目下求職中で，准看の資格があるので再就職の心配はまったくしていません。　　　　（谷　富夫）

XII　沖縄の都市的生活様式とそのルーツ

 仮説の発見から検証へ

 量的調査に近づく

ライフコースの節々で〈沖縄的なるもの〉の3要素が作用している。これが,生活史調査から発見した仮説の1つです[41]。すべて持っている人とどれも持っていない人で,人生の明暗がはっきり分かれていました。そこで,これら3つの要素を組み合わせて〈沖縄的なるもの〉の人間類型を構成します。**表XII-3**の8タイプです。平原さんと渡嘉敷さんはAタイプ,部瀬さんはDタイプです。両者の中間類型（BとC）についても考察を加えましょう。

沖縄の若者の間では自営志向がとても根強くあります。平原さんも「床屋がダメなら工務店」という粘り強い生き方をしていました。その場合,「手職の獲得」が決定的です。平原さんは横浜でブロック積みの技術を習得し,那覇で工務店を開業しました。ここがA・BとCの違いです。しかし,比較的不利なCでも,家族主義と相互主義の相乗効果が期待できるC_1と,期待できないC_2やC_3では,職を獲得するチャンスや職の質（定職かフリーターか）に格差が生じる可能性があります。とはいえ,CとDを隔てるクレバスほど深い闇はないでしょう。3要素のどれかを持っているA〜Cが量的差異,五十歩百歩であるのに対して,Dとそれ以外は〈無と有〉の質的差異です。Dは,他のタイプと同じ尺度では測れない〈底知れぬ困難さ〉を内包しているに違いない。事態はかなり深刻です。

では,Uターン者における8タイプの分布状況はどうなっているでしょうか？　もしも多くの人が2つ,3つの要素を持っていれば,Uターン後の暮らしはそれなりに安定している可能性が高い。逆に,何もないDタイプが多ければ,Uターンはそれこそ「非合理的行為」と結論せざるをえません。この分布状況を知るためには量的調査をする必要があります。質的調査は仮説の発見までです。

こうして量的調査の一歩手前まで来ました。調査票に盛りこむべき質問項目がわかりました。2008年に那覇都市圏の市民意識調査を実施しました[42]。1989年に生活史研究をまとめてから20年もかかってしまいました。遅延の主な原因は,私がUターン経験者の母集団を設定しなくてはならないと強く思い込んでいたからです。そんな設定は不可能です[43]。ところが21世紀になって,私は,那覇都市圏にかなりの割合のUターン経験者がいることをうか

▷1　他の仮説は次項で述べます。

▷2　調査概要は次の通り。那覇市,宜野湾市,浦添市,豊見城市,糸満市,北谷町,南風原町に在住する20〜59歳の男女2,193人を選挙人名簿から無作為抽出しました。有効回収766人（35%）。内訳は,沖縄出身者695人（91%）,他県出身者71人（9%）。沖縄出身者の内のUターン経験者は49%（341人）でした。回収率の低さに注意が必要である。

▷3　那覇都市圏のUターン経験者だけを網羅した名簿（母集団）の作成は不可能だという意味。

表XII-3　〈沖縄的なるもの〉の人間類型

類型	自力主義	家族主義	相互主義
A	○	○	○
B_1	○	○	×
B_2	○	×	○
B_3	○	×	×
C_1	×	○	○
C_2	×	○	×
C_3	×	×	○
D	×	×	×

出典：筆者作成。

がわせる情報をつかみました。[44]それで，那覇都市圏の住民を母集団に質問紙調査を行った結果，住民の49％，半分がＵターン経験者だったのです。[45]

2　Ｕターンの理由

　第3節で，当初はＵターンの理由が皆目わからなかったと申しました。とはいえやはり，多少の予想は持っていました。「本土で差別され，いじめられて帰ってきたのだろう」と。かつて「沖縄差別」があったことは事実です。近世，近代を通じ，薩摩藩，明治政府，本土政府，アメリカ占領軍によって支配，搾取された抑圧の歴史に根づく本土人の差別意識です。これとＵターンを結びつける俗説を，生活史調査を始める前によく耳にしました。しかし，私が聞き取った31人で差別体験を理由にＵターンした人は皆無でした。たしかに，ほとんどの人が本土で差別体験を受けていた。その詳細も聞き取っていますが，ここでは先を急ぎます。要するに，生活史調査からは「差別体験とＵターンは無関係である」という仮説が得られました。これも，ぜひ量的調査で検証してみたいと思ったことです。

　その結果をここで示します。**表XII-4**のように，「差別」を理由にＵターンした人は皆無でした（選択肢7）。他のネガティブな理由（5，6）もとても少なく，むしろ家族主義（2）や自力主義（3）を示唆する回答率が高かった。これは，〈沖縄的なるもの〉に関する私の仮説を間接的に支持する結果です。直接的な結果は次節で述べます。

　もう1つ，当初は予想もしていなかったことが生活史調査でわかりました。それは，31人のほとんどが，もともとＵターンを前提に他出していたのです。この仮説も量的調査で検証できました。質問紙調査で「本土に行く際，あなたはいずれ沖縄に帰るつもりでしたか」と尋ねた結果，回答者の70％が「帰るつもりだった」と回答しました。表XII-4でもっとも回答率が高かった「選択肢1」は，その表れとも解釈できます。[46]

　以上の分析結果を総合すると，Ｕターンは一見「非合理」に見えるけれども，じつはそうではなかったのです。
はじめから帰るつもりでしたし，差別が原因の帰郷でもない。さらに，Ｕターン者は本土で積極的に「手職」を獲得していたことを次節で証明します。

（谷　富夫）

▷4　波平勇夫氏が宮古島市や石垣市など，先島を含む県内10都市で実施した「沖縄県主要10都市調査」（1997年）では，本土就職経験者が30％でした。その後，安藤由美氏が2006年に発表した「本島中南部17市町村調査」では，本土就職経験者が40％でした。全県で30％，本島中南部で40％とくれば，那覇都市圏にはもっと多くのＵターン経験者がいるに違いない，と推論できました。

▷5　Ｕターン経験者を特定するための質問文は「あなたはこれまでに，3カ月以上，本土で暮らしたことがありますか」。

▷6　もっとも，Ｕターンを前提に他出した人は戻り，本土定住を志した人は本土に留まるという傾向も否定はできません。本土の「郷友会」（⇨XII-7）で調べてみるとわかるかもしれません。

表XII-4　Ｕターンの理由

1．沖縄に住むため	26.9%
2．沖縄の家族が帰郷を望んだから＋親の面倒をみるため	22.6
3．県外へ行った目的を達したから	21.0
4．県内に就職先が見つかったから	10.8
5．本土の生活になじめなかったから	3.9
6．本土の仕事が合わなかったから	2.6
7．本土で差別やいじめにあったから	0.0
8．その他	12.1
	100.0（N＝305）

出典：筆者作成。

XII　沖縄の都市的生活様式とそのルーツ

 6 # 共同性は〈生きている〉か？
——〈幸せ〉の在処

1　Uターン論を越えて

　量的調査は当初，Uターン経験者を対象に行うつもりだったところ，結局，市民意識調査になりました。結果的にこの方が良かったのです。なぜならば，第1に，Uターン経験者と非経験者の比較ができます。沖縄出身者と県外出身者の比較も可能です。第2に，〈沖縄的なるもの〉の分布状況を，那覇都市圏という面的な広がりで明らかにすることができます。県人口の6〜7割が集中する那覇都市圏で〈沖縄的なるもの〉を持っている人が多ければ，沖縄社会は安定していると見ることができます。逆に，何もない人（Dタイプ）が多ければ，社会秩序は崩壊の危機に瀕しているでしょう。Uターンに関しては前節でほぼ結論が出たので（残っている論点はすぐ後で），本節では那覇都市圏の今日的状況を検証する方向へ大きく踏み出します。

2　Uターンと手職

　「自力主義」の有無を調べるために，質問紙調査では次の質問をしました。「専門的な技能，技術，資格を身につけることを『手に職をつける』といいます。あなたは，そのような『手職』をもっておられますか。なお，手職には，理容師，菓子職人，教師，医師，翻訳家など，無数の種類があると思われますが，あなたにとって，これが『手職』だと考えられるものをもとに答えていただいて結構です。」

　その結果をUターン経験の有無別で見たのが，**図XII-3**です。Uターン経験者の方が非経験者よりも「手職あり」の割合が有意に高い。

　また，手職を本土で獲得したかどうかも聞いています。「あなたが，これまでの本土在住中に，なにか身につけた資格・技術がありま

図XII-3　Uターン経験と手職

図XII-4　本土で獲得した手職と現職

すか。」

　この回答結果と現職の有無の関係を見ると（**図XII-4**），「あり」が「なし」よりも有職率が有意に高いという結果でした。ここからもUターン者の強い自力志向と，それによる都市での適応戦略をうかがうことができます。以上により，Uターンという行為の目的合理的性格を確認することができたと考えます。

3 老親扶養と老親介護

　「家族主義」の指標としては「老親扶養」と「老親介護」を取り上げます。前者に関しては次の質問をしました。
「あなたは，年をとって収入がなくなった親を扶養するのは，子どもの義務だと思いますか。」
　後者に関しては，
「親が寝たきりなどになった時，子どもが介護するのは当たり前のことだと思いますか。」
　沖縄県出身者に限った回答結果を「全国調査」と比較します。**図XII-5，6**です。那覇都市圏の方が全国調査よりも家族規範意識がかなり強いことがわかりました。念のため，Uターン経験者と非経験者で分けてみましたが，回答結果に違いは見られませんでした。
　前表XII-4の「Uターンの理由」で見た家族主義的Uターンの多さを，ここのデータに重ね合わせれば，沖縄の人びとの家族主義の強さが検証できたと言ってよいでしょう。

4 模合に見る相互主義

　「相互主義」の指標として「模合」を取り上げます。模合とは，たとえば10人で1グループを作り，掛金を定めて定期的に（月1回とか）持ち寄ります。そして，1回の会合で掛金の総額（1人1万円なら10万円）を1人のメンバーに融通し，これを10回繰り返して全員が利益を享受します。要するに，金融と親睦を兼ねた共同体の互助組織で，本土の頼母子講と同じです。
　沖縄ではこれがまだ〈生きている〉。しかも，友人関係から企業体まで——沖縄社会の個人レベルから組織レベルまで——どこを切っても模

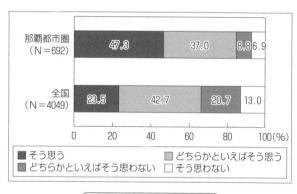

図XII-5 老親扶養は子供の義務

注：全国データはNFRJ-2008の28〜62歳サンプル。

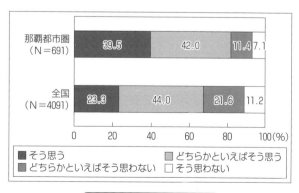

図XII-6 老親介護はあたりまえ

注：全国データはNFRJ-2008の28〜62歳サンプル。

表Ⅻ-5　模合の加入率（$p < .001$）

	N（人）	加入あり	加入なし
沖縄出身者	683	46.9	53.1
県外出身者	70	21.4	78.6

単位：％

出典：筆者作成。

▷1　模合の社会学的考察として次の論文が参考になる。鈴木広「過剰都市化の社会的メカニズム──那覇都市圏の事例」同著『都市化の研究』恒星社厚生閣，1986年，379-419頁。

合が顔を顕します。かつて私は，那覇にある新聞社の代表取締役から，自身が胴元（責任者）をしている「企業模合」の実例をうかがったことがあります。地元マスコミ各社の社長が月1回，公金百万円を持参して集まっていました。かつてその新聞社が倒産しかけたときに銀行から見放され，窮地に陥ったのですが，同業各社が模合で助けてくれた。その恩があるので，自ら胴元となって今日まで続けているとのことでした。模合は沖縄社会の基礎構造であり，沖縄の相互扶助の精神を象徴しています。表Ⅻ-5は，那覇都市圏の沖縄出身者と県外出身者で模合の加入率を比べています。前者の方が加入率が有意に高いことがわかります。

⑤　沖縄社会の「正常性」

　以上，〈沖縄的なるもの〉の3要素を一定の指標を用いて分析しました。これを総合します。前図Ⅻ-3の「○と×」を次のように定義します。「自力主義」は「手職あり」を○，「手職なし」を×。「家族主義」は「老親扶養」の「そう思う＋どちらかといえばそう思う」を○，「そう思わない＋どちらかといえばそう思わない」を×。「相互主義」は，模合に「加入あり」を○，「加入なし」を×とします。こうして〈沖縄的なるもの〉の3要素の分布状況が，表Ⅻ-6の最右列に表れました。

　私の目をもっとも引いたのはDです。わずか5％しかありませんでした。反対に，Aはその3倍もあった。また，95％の人が構成要素の1つ以上を有し，2～3個の人が60％，過半数を占めています。私はこの結果を見て，沖縄の社会統合と秩序維持の観点から心底ほっとしました。本表からはまた，「家族主義」の持ち主の多さも改めて確認することができます。表の上半分，分布率2ケタ台の行に「家族主義」の○がすべて並びました。那覇都市圏で共同性は〈生きている〉──調査結果からは，こう結論づけることができると思います。

表Ⅻ-6　〈沖縄的なるもの〉の分布

類型	自力主義	家族主義	相互主義	分布
C₂	×	○	×	27.0% (182)
C₁	×	○	○	24.4 (165)
B₁	○	○	×	17.6 (119)
A	○	○	○	15.4 (104)
D	×	×	×	4.9 (33)
C₃	×	×	○	3.7 (25)
B₃	○	×	×	3.6 (24)
B₂	○	×	○	3.4 (23)
				100.0 (675)

表Ⅻ-7　〈沖縄的なるもの〉と生活満足度

類型	自力主義	家族主義	相互主義	生活満足度
C₃	×	×	○	76.0%
A	○	○	○	75.0
B₂	○	×	○	73.9
C₁	×	○	○	71.5
B₁	○	○	×	68.1
C₂	×	○	×	63.2
B₃	○	×	×	54.2
D	×	×	×	48.5

しかし，わずか 5 ％の D を無視してよいということにはなりません。D の
〈底知れぬ困難さ〉を克服する道が〈沖縄的なるもの〉の再構築であるとすれ
ば，それを可能にする条件は何か？　他の道があるとすれば，それは何か？
——1 つの都市問題がここに浮上します。

6　〈幸せ〉の社会学的条件

　第 3 節で，「量的調査で仮説の発見は難しい」と申しました。たしかにそう
なのですが，時には思いがけない発見もあります。那覇都市圏市民意識調査で
は，人びとの幸福度を尋ねています。質問文は，「あなたは今の生活に，全体
としてどの程度満足していますか」。回答は，「満足，どちらかといえば満足，
どちらかといえば不満，不満」の 4 択です。なお，「生活満足」と「幸福」は
言葉は違いますが，同じ意味ととらえます。『広辞苑』で「幸福」の項を引く
と「心が満ち足りていること」とあります。

　さて，回答の全体では，大きく二分して「満足」が 67 ％，「不満」が 33 ％で
した。「3 分の 2」が満足感を抱いている。私のこれまでの調査経験に照らせ
ば，那覇の人びとの幸福度は高い方だと思います。

　表 XII- 7 は，〈沖縄的なるもの〉と生活満足度の関係です。「満足 + どちらか
といえば満足」の割合が高い順に類型をリソートしました。まず，A タイプ
の満足度がきわめて高い 75 ％に対して，D タイプが最下位の 49 ％であったの
は予想どおりでした。とても意外だったのは，上位 4 つが皆，「相互主義」の
持ち主で，下位 4 つはそうでなかったことです。

　相互主義が幸福度にプラスの影響を与えている。相互主義しか有さない C_3
が，ほんのわずかな差ですが最上位にきているということは，沖縄の生活世界
は，ホンネの部分では義理（家族主義）よりも人情（相互主義）が克っている，
とも解釈できそうです。また，B_3 のように自力主義だけあっても幸福度は増え
ないようです。前述したように，自力主義は沖縄の厳しい経済状況を乗り越え
るための必要条件（の 1 つ）ですが，それだけでは満たされない。B_3 は C_3 より
も 20 ％も幸福度が低かったのです。念のため，「現職の有無」と生活満足度の
関係も調べてみましたが，仕事があってもなくて，どちらも全体の傾向（「満
足」3 分の 2，「不満」3 分の 1）とほぼ同じでした。

　以上の調査結果からいえることは，結局，沖縄は友達社会なのです。仲の良
い友達がいてはじめて沖縄は「満ち足りた場所」になる。とはいえ，どの社会
も義理と人情が絡まって成り立っています。いわんや儒教の伝統が根強い沖縄
です。人情の相互主義と義理の家族主義の組み合わせで沖縄社会を見ないと，
大事なことを見落としてしまいます。

（谷　富夫）

▷ 2　この都市問題に挑ん
だ社会学的研究として，打
越正行『ヤンキーと地元
——解体屋，風俗経営者，
ヤミ業者になった沖縄の若
者たち』（筑摩書房，2019
年）を参照。

▷ 3　データの詳細は，谷，
前掲論文，19 頁を参照。

XII　沖縄の都市的生活様式とそのルーツ

7 ルーツへ「タイムトラベル」！？
──沖縄北部の村落共同体

1　40年前の沖縄へ

▷1　芥川賞受賞作『カクテルパーティ』文藝春秋，1967年。2020年没。

▷2　大城立裕『沖縄──「風土とこころ」への旅』社会思想社，1973年，147頁。

▷3　調査期間1983年3月17日～3月24日。「過剰都市化の社会学的研究」（研究代表者・鈴木広）の一環。

▷4　社会学や文化人類学では「文化」（culture）という言葉を「生活様式」の意味で使います。例「恥の文化」。

　沖縄初の芥川賞作家として知られる大城立裕氏が，沖縄本島（**図XII-7**）北部の国頭村（**図XII-8**）についてこう述べています。「沖縄全体に村落共同体はまだ十分に意識として残っているが，国頭の山間部落に，それはまだ制度として残っており，意識もそれにともなってまだ他地方にくらべてより根強く残っている。安波，安田，奥という三つの部落がそれである」（ルビはママ，傍点筆者）。

　大城氏は，沖縄県立沖縄史料編集所長や県立博物館長などを歴任するかたわら，小説を書きました。この先達の言葉に導かれて，私たちが国頭村のフィールドワークに入ったのは1983年のことでした。〈沖縄的なるもの〉のルーツを探る旅です。那覇都市圏はある意味，村人の集まりです。本島北部や先島の農村部からたくさんの人が那覇に移住しています。彼らは「村の文化」をもって都市にやって来る。したがって，彼らの母村を訪ねることによって「沖縄の都市的生活様式」がいっそうよく理解できるに違いない。そう考えてフィールドワークを行いました。古いデータですが，いや，そうであればこそ，〈沖縄的なるもの〉の原型を考察するのにふさわしい──ということで，皆さん，40年前の沖縄へ「タイムスリップ」しましょう！？

図XII-7　沖縄本島

図XII-8　国頭村

② ヤンバルクイナの棲息地

　本島北部を別名「山原」といいます。国頭村の95％が山地で，国の天然記念物，ヤンバルクイナが棲息しています。平地は東西の海岸線に沿って点在し，そこに20の「シマ」があります。東海岸と西海岸を結ぶ横断道路が貫通したのが1955年，海岸沿いの一周道路が東海岸まで到達したのが1963年です。東海岸のシマでは，これらの道路が使えるようになるまでは，船（山原船）が移動・運搬手段でした。東海岸の道路開発は西海岸に比べてかなり後れました。ちなみに，国頭村役場をはじめ主要な**結節機関**は西海岸の辺土名という字に集中しています。南隣の大宜味村に近いところです。

　大城氏が典型的な村落共同体とした3つのシマは東海岸にあります。私たちは，それらを含む東西8つのシマで**区長**から聞取り調査をしました。とくに印象深かったことはシマの同質性です。どのシマも共同体的性格をとても強く持っていた。こういうタイプの社会を社会学では「**環節型社会**」といいます。ここでは，大城氏の言う「制度」について特に詳しく聞き取ることができた東海岸のTというシマを取り上げます。

③ 共同体の諸制度──フィールドノートから

　T集落は，東は太平洋に面し，他の三方は山に囲まれています。シマの発祥は諸説あって定かではありませんが，すでに『琉球国由来記』（1713年）にその名がみえるので，はるか昔に遡るようです。シマの現状をY区長にうかがいました。

　Tは約90世帯，280人の農漁村です。農家が約50軒，すべての農家でサトウキビを栽培しています。そのうち専業農家は1軒だけで，多くは漁業との兼業です。Yさんもこの種の兼業農家です。国頭村漁協の正組合員が約20人いて，うち専業漁家は5軒です。その他は農業との兼業です。漁師はみな，1人用漁船に乗って個々に就業しています。キビ農家以外はほとんどが老人世帯で，他に地元小学校の独身教諭が十数人住んでいます。

◯サトウキビとユイマール

　農業の中心はサトウキビです。蔬菜も少しあるが芳しくありません。キビがTに導入されたのは1960年頃，横断道路が開通して直後のことでした。キビの運搬がトラックで可能になったからです。現在のキビ農家は，第1種兼業が20軒，第2種が30軒。経営規模は多い人で70〜80トン，少なくて高齢者の10トン前後です。

　キビは「**ユイマール**」で刈り取ります。ユイマールは沖縄の共同体を象徴する互助組織の1つです。農家が集まって1グループを作り，メンバー総出で一軒一軒のキビを順に刈り取っていきます。同じ労働量を交換するのが基本です。

▷5　国頭の山地は「ジャングル」と形容できる森林地帯です。山中に米軍の「北部訓練場」があります。これは県内最大規模の軍事演習場で，密林環境での戦闘技能の習得が訓練の目的。

▷シマ
本土で「ムラ」と呼ぶ集落を，沖縄では「シマ」といいます。社会学は，人びとの営みの中で自然にできあがった「自然村」と，行政が計画的に村域を定める「行政村」とを区別します。ムラ・シマは自然村で，これが行政村の一画であることを表すとき，地名に「字」を付けます。例「国頭村字奥」。

▷結節機関
官公庁や企業など各種機関・組織体のこと。これが都市と都市，都市と農村など，集落間の交流の結び目として機能します。より上位の結節機関（本社，本店など）がより多く集まる集落ほど都市的であり，その対極が農村的。国頭は農村だが，辺土名に銀行の支店が1つだけあります。鈴木栄太郎『都市社会学原理』を参照。

▷区長
シマは行政村の末端組織でもある。これを「行政区」といい，その代表が区長。

▷環節型社会
デュルケム『社会分業論』に出てきます。ミミズの環形のように同質的，類似的な部分（ここではシマ）が連なってできている社会。

▷6　T集落の調査日は，1983年3月21日16：00〜18：30。T区長への聞取りは私がひとりで行ない，録音させてもらった。

▷ユイマール
「ユイ」は結ぶ，「マール」は順番の意味。

Ｙさんの家では，1983年の収穫量はトラック５台分でした。トラック１台で7.5トンの収穫が標準です。１台分を刈るのに１日４，５人の共同作業で３日，延べ12〜15人が必要です。Ｙさんが組むのは「友達，親戚，隣人」です。Ｙさんが言う「友達」とは同級生や年齢差のない人たちのことです。

○共有財産

Ｔには共有財産の山林があります。戦前から戦後まもなくにかけて，村人はここから薪や用材を刈り出して生計を立てていました。これを「山稼ぎ」といいます。刈った材木は「共同店」（後出）が買い取ります。そして，共同店所有の山原船で与那原港へ運び，那覇の市場で売ります。売った代金で村人の生活物資を買って戻って来ます。

船での輸送は道路のない時代のことです。道路が開通してからは，トラックで直接那覇へ運ぶようになりました。しかし，キビの導入とともに林業はやらなくなりました。「道路が通ってからは，まるっきり生活環境が転回した」と言います。「それまでは雨が降っても山から材木を担ぎ出さなければ，生活できなかった。それが全部林業やめて，キビだけになりました」。

共有財産は他に，県道の一部や，乳牛センター・診療所・灯台などの敷地があり，この貸地料が自治会予算のかなりの割合を占めています。

○共同店

沖縄の共同店は，シマの住民が共同で出資，運営する商店で，戦前からの長い歴史があります。とくに本島北部に多く，シマ毎に共同店がありました。設立の背景に，消費も共同で行わなければならない不便な生活環境があります。その一端が先ほどの「山稼ぎ」の例です。調査当時，住民は買い物のほとんどを共同店で行っていました。辺土名などに用事があって行くついでに買い物をしてくることはありますが，買い物を目的に出かけることはありません。

Ｔの共同店は，山稼ぎの時代は掛け売りをしていましたが，今はしていません。金銭の貸付けは行っています。20万円以下は保証人なし，20万円以上は保証人付きで借りられます。この仕組みもあってか，シマ内で模合は行われていません。

運営の仕方を規約で定めています。Ｔの場合は，乳児から大人まで一律1,000円出資です。現在の株主は280人（全村民）。出生・嫁入り・Ｕターン者は，1,000円の出資で新規株主となります。脱退者には出資額を支払います。株主は配当を受けます。その仕方が，これまでは一律配当でしたが，近年は住民の利用度に顕著な差があるということで，次年度から利用配当に変えます。また，共同店から自治会へ年間90万円を「特別分担金」として支出しています。共同店の代表を「主任」（１名）といい，互選で任期は２年，再選を認めています。

○自治組織

自治会の「会則」で正会員は18歳以上と規定され，現在は約170人います。

役員構成は，区長，会計（各1名），**班長**（6名），**評議員**（15名），共同店主任，監査委員（3名）。役員の選出方法は，区長は立候補制，その他は互選です。会議は「定例常会」が年に2，4，12月の3回で，これには正会員の全員出席が原則です。また，貸地料など外部収入が潤沢なので，住民から会費を徴収していません。年間相当額に上る**区長事務委託金**も自治会会計に入れます。共同店からも融通されることは上述の通りです。

シマの年齢集団は，成人会（30～65歳），青年会，生活改善グループ，老人会などで，各団体に規約があります。成人会は美化清掃や村内野球大会を主催します。青年会は美化清掃の他，小中学生のスポーツ指導も行っています。これにはスポーツを通じた子供の健全育成という狙いがあります。

シマの共同作業は，保安林の下草刈りを春秋2回，公園清掃，下水道のドブさらい，簡易水道の砂の入れ替えがそれぞれ年1回，などがあります。これらは住民総出で行います。

総じてＴは，しっかりした制度がよく機能している自治組織だといえます。

○郷友会——都市のなかのシマ

沖縄の村落共同体に関してもう1つ見逃せない制度が他出先で作る同郷団体です。見知らぬ土地で互助と親睦の機能を担う同郷団体。これを沖縄では「郷友会」といいます。ただし，沖縄だけが同郷団体を作るわけではありません。日本社会の普遍的現象ですが，沖縄の特徴は，シマから県レベルまでの様々な範域で，しかも県内・国内に留まらず，海外でも作られていることです。たとえば，東京竹富郷友会，関西沖縄県人会，北米沖縄県人会など。[7]

「Ｔ郷友会」は大規模です。本島中南部の都市部にシマの約3倍，800人のメンバーがいます。地域ごとに連絡員をおいて，行事などがある時に連絡をとりあいます。役員も市町単位で置いてます。郷友会からシマへは新年会，村対抗運動会，**シヌグ**で来ます。シヌグの時は400人の郷友会メンバーが来ます。反対に，シマから郷友会へは新年会，運動会，敬老会などに参加します。双方の運動会で，互いに応援や選手の補充をしあいます。また，シマが大きな事業を行う時は郷友会から援助があります。最近の例では，1960年代に公民館を建てたときに寄付をもらいました。「都市のなかのシマ」，それが郷友会です。

④〈沖縄的なるもの〉の原型

他にも家族・親族，冠婚葬祭，宗教行事など，詳しく聞いているのですが，本章の考察でとくに重要と思われる制度に絞って記述しました。これらがシマ内で，村落—都市間で，都市内部で，重層的に絡まって共同体を維持，強化しています。読者の皆さんが〈沖縄的なるもの〉の原型をここに見出していただけたら，今回の「タイムトラベル」は成功です!!

（谷　富夫）

▷**班長，評議員**
「班長」はいわゆる隣組代表。シマ全体を6班に地域割りしている。「評議員」は議長，副議長，財産管理担当総務委員，経済委員等を含みます。

▷**区長事務委託金**
1年を通して役場からシマへ様々な業務委託があります。広報誌の各戸配布など。その対価が区長への給料という名目でシマに支給されます。

▷7　沖縄でも県レベルの同郷団体は「県人会」といいます。

▷**シヌグ**
旧暦7月に行われる豊年祈願祭。シマ最大の年中行事である。語源については「災厄を凌ぐ」など諸説あります。

（理解の促進のために）

高良倉吉編著『沖縄問題——リアリズムの視点から』中央公論新社，2017年。
谷富夫・芦田徹郎編著『よくわかる質的社会調査——技法編』ミネルヴァ書房，2009年。
谷富夫・山本努編著『よくわかる質的社会調査——プロセス編』ミネルヴァ書房，2010年。

人名索引

事項索引

執筆者紹介（氏名／よみがな／現職／五十音順／＊は編著者）　　　　執筆担当は本文末に明記

井上智史（いのうえ・さとし）
中村学園大学短期大学部幼児保育学科講師

高畑　幸（たかはた・さち）
静岡県立大学国際関係学部教授

谷　富夫（たに・とみお）
大阪市立大学名誉教授

鶴理恵子（つる・りえこ）
専修大学人間科学部教授

寺岡伸吾（てらおか・しんご）
奈良女子大学大学院人文科学系教授

二階堂裕子（にかいどう・ゆうこ）
ノートルダム清心女子大学文学部教授

原　珠里（はら・じゅり）
東京農業大学国際食料情報学部教授

福田　恵（ふくだ・さとし）
広島大学大学院人間社会科学研究科准教授

福本純子（ふくもと・じゅんこ）
福岡県立大学人間社会学部講師

藤村美穂（ふじむら・みほ）
佐賀大学農学部教授

本多俊貴（ほんだ・としき）
日本獣医生命科学大学応用生命学部非常勤講師

牧野厚史（まきの・あつし）
熊本大学大学院人文社会科学研究部教授

水垣源太郎（みずがき・げんたろう）
奈良女子大学研究院人文社会系教授

山下亜紀子（やました・あきこ）
九州大学大学院人間環境学研究院准教授

＊山本　努（やまもと・つとむ）
神戸学院大学現代社会学部教授

吉武由彩（よしたけ・ゆい）
熊本大学大学院人文社会科学研究部准教授

吉武理大（よしたけ・りお）
松山大学人文学部講師

《編著者紹介》

山本　努（やまもと・つとむ）

1956年生まれ。
九州大学大学院文学研究科博士後期課程中途退学。博士（文学）。
現　在　神戸学院大学現代社会学部教授
『地域社会学入門——現代的課題との関わりで』（編著），学文社，2019年
『人口環流（Uターン）と過疎農山村の社会学　増補版』学文社，2017年
『現代の社会学的解読——イントロダクション社会学　新版』（編著），学文社，2016年

やわらかアカデミズム・〈わかる〉シリーズ
よくわかる地域社会学

2022年3月30日　初版第1刷発行　　　　　　　　　〈検印省略〉

定価はカバーに
表示しています

編著者　山　本　　　努
発行者　杉　田　啓　三
印刷者　江　戸　孝　典

発行所　株式会社　ミネルヴァ書房

607-8494　京都市山科区日ノ岡堤谷町1
電話代表（075）581－5191
振替口座　01020－0－8076

© 山本努ほか，2022　　　　　　共同印刷工業・新生製本

ISBN978-4-623-09353-3
Printed in Japan

キーコンセプト社会学

ジョン・スコット編著，白石真生・栃澤健史・内海博文監訳
四六判　376頁　本体4500円

●イギリス社会学の泰斗ジョン・スコットによる現在の社会学を学ぶ上での重要なキー概念を網羅した一冊。日本の読者に向けて，50音順に配列し，68の概念を解説する。社会学を学ぶ者の座右に相応しい書。

新・社会調査へのアプローチ──論理と方法

大谷信介・木下栄二・後藤範章・小松洋編著　Ａ５判　412頁　本体2500円

●基本的な社会調査理論・方法論を網羅し，そのノウハウをわかりやすく解説した社会調査の入門書。社会調査のおもしろさ・奥の深さを発見させ，「とにかくやってみよう」と思わせる一冊。

よくわかる質的社会調査　プロセス編

谷富夫・山本努編著　Ｂ５判　244頁　本体2500円

●社会調査の概説，歴史的展開と，問いを立てる➡先行研究に学ぶ➡技法を選ぶ➡現地に入って記録する➡収集したデータを処理して報告書を作成する，までの過程を具体的にわかりやすく解説する。

よくわかる質的社会調査　技法編

谷富夫・芦田徹郎編著　Ｂ５判　232頁　本体2500円

●質的社会調査のスタンダードテキスト。社会調査の考え方，質的調査の調査技法・分析技法をわかりやすく解説。社会調査士資格標準カリキュラムＦ「質的な分析の方法に関する科目」に対応。

─── ミネルヴァ書房 ───

https://www.minervashobo.co.jp/